U0943345

铁路行业工程建设标准
发展研究报告

| 2021 |

《铁路行业工程建设标准发展研究报告（2021）》编写组　编著

中国铁道出版社有限公司

2023年·北　京

图书在版编目(CIP)数据

铁路行业工程建设标准发展研究报告.2021/《铁路行业工程建设标准发展研究报告(2021)》编写组编著.—北京:中国铁道出版社有限公司,2023.1
ISBN 978-7-113-29909-5

Ⅰ.①铁… Ⅱ.①铁… Ⅲ.①铁路工程-行业标准-研究报告-中国-2021 Ⅳ.①U2-65

中国国家版本馆CIP数据核字(2023)第001260号

书　　名:**铁路行业工程建设标准发展研究报告(2021)**
作　　者:《铁路行业工程建设标准发展研究报告(2021)》编写组

责任编辑:王　健　　　**编辑部电话**:(010)51873065
装帧设计:崔丽芳
责任校对:苗　丹
责任印制:樊启鹏

出版发行:中国铁道出版社有限公司(100054,北京市西城区右安门西街8号)
网　　址:http://www.tdpress.com
印　　刷:北京九州迅驰传媒文化有限公司
版　　次:2023年1月第1版　2023年1月第1次印刷
开　　本:787 mm×1 092 mm 1/16　**印张**:21.75　**字数**:360千
书　　号:ISBN 978-7-113-29909-5
定　　价:108.00元

版权所有　侵权必究

凡购买铁道版图书,如有印制质量问题,请与本社读者服务部联系调换。电话:(010)51873174
打击盗版举报电话:(010)63549461

编写组

总 编 审： 谢晓东

主　　编： 党　立　左鹏飞

副 主 编： 倪光斌　薛吉岗　桑翠江　朱海军　高　策

编写人员：（以姓氏笔画为序）

马莉亚　王　磊　王凯林　王燕波　文晓玲　方文珊
石少帅　师睿鑫　朱飞雄　刘　华　刘传朋　刘诗慧
闫宏伟　闫保营　苏　昶　李艳琴　李鸿江　杨　旸
杨思博　杨常所　吴歆彦　林传年　范正日　周勇政
赵　琳　赵泽宇　胡立铮　姜森浩　夏　炎　柴冠华
钱　京　黄一昕　黄建勇　曹　策　梁　政　葛建坤
董素格　蒋函珂　鲍　薇　蔡　晶　霍建勋　戴　颖

审查成员： 杨鹏健　徐　艳　江　成　黄佳强　张立青　王玉龙
刘　洋　孙海富　王培峰　余　鹏　张　静　辛振省
陈怀智　原郭兵　祝　威　张晓波

编著单位： 国家铁路局规划与标准研究院
中国铁路经济规划研究院有限公司

前言

2021 年，铁路行业坚持以习近平新时代中国特色社会主义思想为指导，全面贯彻国家标准化发展要求，紧紧围绕统筹推进“五位一体”总体布局和协调推进“四个全面”战略布局，按照党中央、国务院决策部署，坚持稳中求进工作总基调，坚持以人民为中心，立足新发展阶段、贯彻新发展理念、构建新发展格局，聚焦交通强国建设，把握科技发展总体趋势和我国铁路发展需求，着力推进铁路标准体系建设，强化重点领域标准制修订，提升标准国际化水平，完善标准化体制机制，夯实标准化技术基础，增强标准化服务能力，为满足铁路改革发展和技术进步需要、服务国家发展战略提供有力支撑。

《铁路行业工程建设标准发展研究报告（2021）》是以铁路工程建设标准化发展相关数据、事件以及研究成果为基础，反映铁路工程建设标准发展历程、现状及发展趋势的年度报告。报告收集铁路工程建设标准化工作基本情况数据资料，分析标准应用需求，总结铁路建设运营实践经验和科研成果，研究标准化重点工作，预测标准发展趋势，提出标准化工作建议。

报告共分五章，包括概述、2021 年度铁路工程建设标准编制发布情况、近年来铁路工程建设重点标准编制发布情况、2021年度铁路工程建设标准基础性课题研究情况、展望等，另有7个附录，暂未包含工程造价标准的相关内容。

在此，对所有支持和帮助本项研究工作的领导、专家和同仁致以诚挚谢意。由于水平所限，报告中难免有疏漏和不妥之处，敬请提出宝贵意见，以便在今后的工作中不断改进和完善。

本书编写组

目录

第一章 概　　述

内容导读

2021 年，铁路行业坚持以习近平新时代中国特色社会主义思想为指导，以习近平总书记对铁路工作的重要指示批示精神为根本遵循，全面贯彻党的十九大和十九届历次全会精神，坚决落实党中央、国务院决策部署，有力有效应对国内外形势变化和新冠肺炎疫情带来的多重考验，奋力推动铁路高质量发展取得新成效，实现“十四五”良好开局。截至 2021 年底，全国铁路营业里程达到 15 万公里，其中高速铁路超过 4 万公里，全国铁路路网密度 156.7 公里/万平方公里。

服务铁路高质量发展，努力当好中国现代化的开路先锋，系统做好铁路标准化工作顶层设计。贯彻落实《国家标准化发展纲要》《交通强国建设纲要》要求，适应铁路建设发展需要，编制《“十四五”铁路标准化发展规划》，系统谋划“十四五”时期铁路标准化工作。制定《铁路标准体系建设方案》明确体系框架结构图和明细表，构建形成涵盖装备技术、工程建设、运输服务三大领域更加完善的铁路标准体系，明确提质工程建设标准子体系任务要求，为保障铁路工程质量安全和提高建设投资效益提供坚强保障。

服务川藏铁路建设等国家战略实施，扎实开展铁路工程建设标准编制及研究工作。完成复杂艰险山区新型工程地质遥感解译技术标准等 5 项基础性研究工作，发布《高速铁路工程静态验收技术规范》等 12 项铁路工程建设标准，发布《市域（郊）铁路设计规范》等 27 项标准英文版，运用“互联网 + 宣贯”新方式宣贯《市域（郊）铁路设计规范》等 5 项标准，着力开展《新建铁路工程项目建设用地指标》《客货共线铁路设计规范》《铁路工程物理勘探规范》等一批重点标准制修订。

第一节 铁路工程建设标准化工作状况

2021年,铁路工程建设标准化工作统筹做好顶层设计,科学谋划标准体系建设,着眼国家重大战略实施、铁路安全生产质量提升、"四新"技术融合应用,加快推进重点标准制修订,全面深化标准基础研究,持续推进标准国际化,积极组织标准宣贯。实现"十四五"铁路工程建设标准化工作良好开局。

一、标准化工作顶层设计持续优化

发布《"十四五"铁路标准化发展规划》,系统总结"十三五"时期铁路标准化取得的成绩,分析研判"十四五"时期铁路标准化面临的形势、要求、任务,明确"十四五"时期铁路标准化发展的指导思想、遵循原则。提出到2025年,铁路标准体系谱系化、一体化水平显著提升,标准更加先进适用,参与国际标准化活动能力不断增强,标准化基础不断夯实等4个主要目标,明确构建铁路标准体系新格局、强化重点领域标准制修订、深化铁路标准化交流合作、加强铁路标准化基础研究等4大主要任务。其中明确提出要提质工程建设标准,强化标准在铁路工程质量控制、安全保障、绿色环保等方面"保基本、兜底线"的作用,推进适应不同铁路特点的重点标准制修订,推动新一代信息技术在铁路工程建设的融合应用,为保障铁路工程质量安全和提高建设投资效益提供技术支撑。

二、标准体系建设不断完善

印发《铁路标准体系建设方案》,提出体系建设的指导思想、基本原则和建设目标,确立强化各层级标准功能定位、明确各类别标准主攻方向、促进各属性标准协同配套、构建全链条标准体系建设新格局、推进各阶段工作落地见效等5项主要任务,制定加强组织领导等5个方面的保障措施,实施3年行动计划,明确将提质工程建设标准子体系作为主攻方向。完成年度标准体系建设任务,理清标准管理界面,明晰各层级、各类别、各属性标准功能定位和制定范围,提出国家标准、行业标准"立改废"建议,编制完成铁路标准体系建设框架结构图和明细表。铁路工程建设标准子体系涵盖通用、勘测、设计、施工、验收、检测等共计6类157项标准。

三、支撑国家重大战略实施能力更加彰显

贯彻落实习近平总书记和中央领导同志关于川藏铁路规划建设的重要指示批示精神，制定发布《川藏铁路隧道施工安全监测技术规程》，组织完成川藏铁路复杂艰险山区新型工程地质遥感解译技术标准研究，支撑川藏铁路建设。服务区域协调发展，着力解决铁路发展不平衡不充分问题，满足我国西部地区铁路建设需要，开展《客货共线铁路设计规范》关键技术标准研究，形成铁路分级、速度匹配等方面重要成果。关注和支持粤港澳大湾区城际铁路建设，组织开展《城际铁路设计规范》局部修订，支持地方探索编制城际铁路设计细则。

四、保障安全质量作用充分发挥

强化铁路建设生产安全，贯彻新《中华人民共和国安全生产法》，在《铁路建设工程风险管理技术规范》中纳入重大危险源辨识和重大事故隐患判定要求。加强铁路建设及运营期安全管控，制定发布《邻近铁路营业线施工安全监测技术规程》《铁路车辆运行安全监控系统设计规范》等2项标准。提升铁路工程质量和管理水平，制定发布《铁路工程水文勘测设计规范》《铁路工程地质勘察监理规程》等7项标准，完成国家标准《铁路工程术语标准》和铁路工程结构可靠度设计系列标准，混凝土实体质量检测、特殊岩土勘察、不良地质勘察等8项标准编制工作。充分发挥基础研究支撑作用，《铁路无缝线路梁轨相互作用力深化研究》等7项课题研究取得阶段性成果。

五、标准创新驱动成效突出

发布《铁路工程信息模型统一标准》，系统总结铁路工程BIM技术研究成果和工程应用经验，明确基于信息模型的铁路数字工程应用模式和基本规则，为推动铁路工程BIM技术应用提供标准支撑。制定《铁路客站结构健康监测技术标准》，系统分析铁路客站结构特点和安全风险，明确健康监测的监测对象及监测指标，提出结构预警和状态评估的确定原则，对确保铁路客站结构健康安全具有重要规范作用。深入开展铁路工程建设应用北斗技术标准基础研究，确立铁路工程勘测、轨道几何状态测量、基础设施变形监测等应用场景，推进“铁路+北斗”技术融合创新发展。坚持生态优先，推进《铁路装配式房屋建筑技术规程》等标准编制，开展桥梁转体及预制拼装技术标准研究。

六、标准开放联动效应日益增强

主持制定的国际铁路联盟（UIC）高速铁路通信信号专业首个系统性、综合性设计标准——《高速铁路设计　通信信号》IRS 60681：2021 发布实施，标准聚焦高速铁路建设运营的先进技术和发展需求，吸收国际上广泛采用的 GSM-R 无线通信系统、调度集中系统（CTC）等成熟技术，纳入我国 CTCS 列控系统、信号集中监测系统等特色技术，为世界高速铁路建设运营贡献中国智慧和中国方案。发布《磁浮铁路技术标准（试行）》等 27 项标准英文译本，贯彻立足铁路、接轨国际的基本原则，着力加强规则标准“软联通”，积极促进基础设施“硬联通”，为推进铁路“走出去”和高质量共建“一带一路”提供有力保障。

七、标准实施和运行管理更有成效

推进标准实施和协调发展，构建多渠道多元化的标准宣贯工作体系，宣贯《市域（郊）铁路设计规范》等 5 项标准，组织铁路工程勘察设计、施工建造、运营管理等单位技术、管理人员 4 300 余人次参会，强化标准宣贯的广泛性和时效性。提升标准公开质量，在国家铁路局政府网站发布现行铁路工程建设标准目录、文本及相关信息。及时回应社会关切，全年答复网友来信 17 件，获得满意评价。优化信息公开平台功能，完成《铁路技术标准信息公开平台研发》课题结题验收。加强标准化理论和应用研究，完成《铁路工程建设标准应用动态和需求分析》等专题研究报告编制，为促进铁路标准化发展提供基础支撑。

第二节　铁路工程建设标准体系建设

铁路工程建设标准体系服务铁路改革发展，在质量控制、安全保障、技术创新、环境保护等方面发挥着基础性战略性引领性作用。体系结构合理、衔接配套、覆盖全面、适应经济社会发展和铁路建设需要。

一、标准体系建设重大意义

1. 开展体系建设是推进铁路治理体系和治理能力现代化建设的必然要求。为推进铁路治理体系和治理能力现代化，明确将标准体系建设作为行业监管中一项重要任务。开展铁路标准体系建设,全面梳理归纳总结现行铁路标准体系,进一步固根基、扬优势、补短板、强弱项,是对制度体系建设的接续延展,更是对铁路治理体系和治理能力现代化建设的深化拓展。

2. 开展体系建设是为提升监管质量效能提供基础支撑的迫切需要。全面监督管理铁路工程质量,需要有系统完备的铁路标准体系提供支撑。但现行铁路标准体系完整性不够、系统性不强,一些涉及源头性、本质性安全质量方面的标准尚有短板,亟待围绕高速、城际、市域(郊)、客货共线、重载等铁路建设运营需要,以确保安全、运营高效为目的,以要紧的、守底线的、强制性的标准为重点,推进形成涵盖装备制造、工程建设、运营管理和服务等内容的铁路标准体系。

3. 开展体系建设是为铁路高质量发展提供基本遵循的必需举措。推动铁路高质量发展是新时代铁路工作的主题,只有高标准才有高质量。开展铁路标准体系建设,就是要以标准促进建设运营安全质量和市场化水平提升,推动铁路发展由追求速度规模向更加注重质量效益转变;以标准助推关键核心技术突破和管理创新,推动铁路发展由依靠传统要素驱动向更加注重创新驱动转变;以标准助力交通基础设施联通、运输服务联程和信息数据融合,推动铁路由相对独立发展向更加注重与其他运输方式一体化融合发展转变,为铁路高质量发展提供"强引擎"和"硬支撑"。

4. 开展体系建设是为"十四五"开好局的切实行动。开展铁路标准体系建设,以持续性标准创新支撑铁路应对新发展阶段的新任务新挑战,以关键性标准突破带动铁路贯彻新发展理念整体水平提升,以高质量标准供给助力铁路强国建设服务构建新发展格局,是落实立足新发展阶段、贯彻新发展理念、构建新发展格局要求,为"十四五"开好局贡献铁路力量的使命担当。

二、标准体系建设基本原则

(一)统一高效、保障安全

统筹发展和安全,适应铁路建设运营管理需要,增强"全路一张网"、运输集中统一优势效能,发挥铁路标准在保安全、控质量、促融合、提效率等方面的基础性战略性引领性作用,推动铁路高质量发展。

(二)健全体系、适应发展

针对不同类型铁路,着眼谱系化、一体化发展方向,体现时代性、先进性、适用性特征,立足铁路、接轨国际,理清界面、分清层次,优化结构、完善内容。

（三）强化基础、鼓励创新

增强政府主导制定的标准有效供给，鼓励市场自主制定的标准创新发展，以机制创新激发标准体系建设内生动力，以技术创新推动标准体系质量全面提升，以管理创新促进标准体系效能充分发挥。

（四）统筹设计、突出重点

坚持系统观念，加强前瞻性思考、全局性谋划、战略性布局、整体性推进，统筹强制性标准和推荐性标准、总体目标和阶段任务，抓住重点、把握节奏，稳步有序开展建设。

三、标准体系框架组织构成

铁路工程建设标准体系着眼谱系化、一体化发展方向，体现时代性、先进性、适用性特征，立足铁路、接轨国际。以世界领先的高速铁路建造技术为基础，涵盖高速、城际、客货共线、重载、市域（郊）、磁浮等各类铁路和铁路专用线，覆盖铁路工程勘察、设计、施工、验收、投资控制全过程，各专业标准衔接配套。体系由国家标准、行业标准组成，分为通用标准、勘测标准、设计标准、施工标准、验收标准、检测标准等 6 类（图 1-1）。体系中铁路工程建设标准现行和新制定共 156 项（其中，继续有效 100 项、修订 32 项、制定 24 项），废止行业标准 1 项，共计 157 项。截至 2021 年底，现行铁路工程建设标准共计 135 项（附录 1），其中国家标准 4 项，行业标准 131 项。

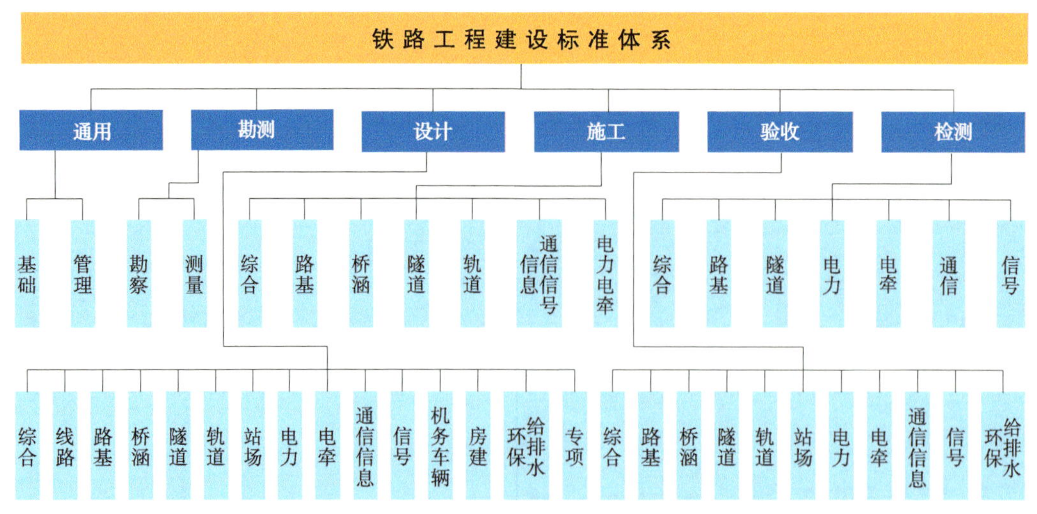

图 1-1　铁路工程建设标准体系框架图

(一)通用标准

发挥通用标准统一铁路工程建设标准普遍共性技术要求和规范铁路建设基本管理的基础作用。分为基础和管理,由《铁路工程基本术语标准》《铁路建设项目预可行性研究、可行性研究和设计文件编制办法》等10项标准组成。

(二)勘测标准

发挥勘测标准统一铁路工程勘测技术要求和提高铁路勘测质量水平的指导作用。分为勘察和测量,由《铁路工程岩土分类标准》《铁路工程测量规范》等21项标准组成。

(三)设计标准

发挥设计标准统一铁路工程设计技术要求和引领铁路工程设计技术发展的重要作用。分为综合、线路、路基、桥涵、隧道、轨道、站场、电力、电牵、通信信息、信号、机务车辆、房建、给排水环保、专项等,由《高速铁路设计规范》等78项标准组成。

(四)施工标准

发挥施工标准统一铁路工程施工安全技术要求和规范铁路工程施工安全管理及作业安全行为的红线作用。分为综合、路基、桥涵、隧道、轨道、通信信号信息、电力电牵等,由《铁路工程基本作业施工安全技术规程》等10项标准组成。

(五)验收标准

发挥验收标准统一铁路工程质量验收技术要求和强化铁路工程全过程质量监控的底线作用。分为综合、路基、桥涵、隧道、轨道、站场、电力、电牵、通信信息、信号、给排水环保等,由《高速铁路工程静态验收技术规范》等24项标准组成。

(六)检测标准

发挥检测标准统一铁路工程检测技术要求和提升铁路工程施工质量控制的支撑作用。分为综合、路基、隧道、电力、电牵、通信、信号等,由《铁路混凝土强度检验评定标准》等14项标准组成。

第三节　铁路工程建设标准国际化

2021年,铁路工程建设标准国际化工作进一步提升,积极服务共建“一带一路”,持续推进铁路标准外文版翻译,推动铁路行业相关单位参与国际标准制定,标准国际化工作取得新成果。推动构建规则标准“软联通”,发布《市域(郊)铁路设计规范》等工程建设标准英文译本，积极推进主持制定的国际铁路联盟 UIC 标准，《高速铁路设计　通信信号》发布实施，进一步向国际社会共享高速铁路发展成果，为推进铁路“走出去”提供有力保障。

一、标准外文版翻译

2021 年，为切实加快铁路工程建设标准国际化进程，全面组织开展标准外文版翻译工作，稳步推进铁路工程建设标准各语种译本翻译。标准翻译工作贯彻了立足铁路、接轨国际的基本原则，着力加强规则标准“软联通”，积极促进基础设施“硬联通”，为推进铁路“走出去”和高质量共建“一带一路”提供有力保障。发布 27 项标准英文版，实现重要铁路标准英文版全覆盖。

发布《市域（郊）铁路设计规范》《磁浮铁路技术标准（试行）》《铁路专用线设计规范（试行）》等综合标准英文版，向国际铁路提供中国铁路建设整体先进技术经验。发布《铁路工程基本作业施工安全技术规程》等施工安全系列技术规程英文版，贯彻“安全第一，预防为主，综合治理”的安全生产方针，把铁路工程施工中应用新技术、新材料、新工艺、新设备的安全技术措施以及以人为本、安全发展的理念分享到国际铁路领域，为国际铁路发展提供中国方案。

截至 2021 年底，现行铁路工程建设标准外文版共计 125 项（附录 2）。其中英文版 117 项，涵盖基础、综合、专业、管理等各类标准。其他语种 5 项，分别是《高速铁路设计规范》俄语版、印尼语版、阿拉伯语版、泰语版（图 1-2）和《铁路工程基本术语标准》俄语版。另有《铁路工程建设标准英文版翻译词典》《铁路工程建设标准汉语阿拉伯语词典》《铁路工程建设标准汉语印尼语词典》3 项词典，供铁路工程建设标准翻译和审校工作使用。

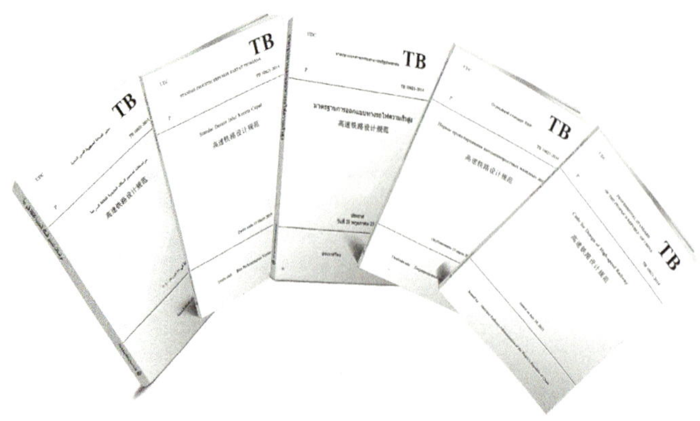

图 1-2　《高速铁路设计规范》英语、俄语、泰语、印尼语、阿拉伯语版

二、国际标准编制

积极参与国际标准编制，是推进铁路标准国际化的重要途径。2021 年全面推进 18 项国际铁路联盟（UIC）标准编制工作。其中主持制定的国际铁路联盟（UIC）标准《高速铁路设计　通信信号》IRS 60681：2021 发布实施，与其配套的《高速铁路设计　基础设施》《高速铁路设计　供电》《高速铁路设计　接口》完成了报批。中国铁路标准走出去作为共建“一带一路”过程中的“软联通”，有效推动中国铁路走出去“硬联通”，为世界高速铁路建设运营贡献了中国智慧和中国方案。

UIC《高速铁路设计　通信信号》标准主要以铁道行业标准《高速铁路设计规范》TB 10621—2014 为基础，由中国、法国、西班牙、意大利、德国、日本等 10 余个国家历时 3 年共同编制完成。该标准是 UIC 高速铁路通信信号专业首个系统性、综合性设计标准，主要规定了通信信号专业地面固定信号、道岔转辙装置、轨道占用检查装置、联锁系统、列车运行控制系统、列车调度指挥系统、信号集中监测系统、通信专业传输网、数据通信网、接入网、无线通信网、调度通信系统、视频监控等的设计原则、设计要求等。

此外，为高质量推进中国铁路标准国际化发展，开展中国与欧盟铁路基础设施主要设计标准对比研究，取得较为丰富的研究成果。研究重点围绕中欧铁路路基、桥梁、隧道、轨道等 11 个专业 208 项标准的主要技术指标和参数，持续深入进行动态追踪与对比分析，总结提出中国铁路标准制修订建议 31 项、标准国际化建议 14 项，为我国主持、参与国际标准制修订提供了重要技术支撑。

三、典型案例介绍

2021 年 12 月 3 日，全线采用中国标准的中老铁路全线开通运营。中老铁路线路全长 1 035 km，是与中国铁路网直接连通的国际铁路，线路连接中国昆明和老挝万象（图 1-3、图 1-4）。其中昆明至玉溪段长 106 km，为设计时速 200 km 的双线电气化铁路，已于 2016 年 12 月建成通车；新建玉溪至磨憨段长 508 km，为设计时速 160 km、双线单线相结合的电气化铁路；新建磨丁至万象段长 417 km，为设计时速 160 km 的Ⅰ级单线电气化铁路。中老铁路作为“一带一路”、中老友谊标志性工程，为加快建成中老经济走廊、构建中老命运共同体提供有力支撑；作为泛亚铁路的重要骨干，还将成为老挝向北连通中国，向南连通泰国、马来西亚等东盟国家的“金钥匙”，对中国—东盟自由贸易区、大湄公河次区域经济合作将产生积极影响。

图 1-3　中老昆（明）万（象）铁路橄榄坝特大桥

图 1-4　中老玉（溪）磨（憨）铁路野象谷车站

四、《铁道技术标准（中英文）》期刊

2021 年，《铁道技术标准（中英文）》共出版发行 12 期（图 1-5），主要包含“学术研究、行业基地、标准交流、铁路动态”4 个栏目。“学术研究”栏目刊登学术论文 37 篇；“行业基地”栏目刊登行业基地简介 4 篇；“标准交流”栏目刊登铁路工程建设标准 15 项和铁路产品标准 14 项；“铁路动态”栏目刊登国内外铁路标准动态信息 18 篇。

——“学术研究”栏目提升学术性、权威性。以首批认定铁路行业科技创新基为重点，拓展高质量稿源。2021 年刊登“先进能源牵引与综合节能铁路行业重点实验室”等 4 家行业基地《高速列车牵引系统智慧运维关键技术》等 24 篇论文。

图 1-5 《铁道技术标准(中英文)》2021 年第 12 期总第 36 期

——“行业基地”栏目突出创新性、先导性。刊登 4 个行业基地的简介,向读者介绍铁路行业科技创新基地的建设情况,更好了解铁路行业理论创新、重大科技成果转化和产业化孵化成果、科技创新研究方向,促进了铁路行业科技创新基地间的相互交流。

——“标准交流”栏目突出针对性、实用性。聚焦“一带一路”建设沿线国家急需的铁路标准,刊载代表当前中国铁路建设水平、已在中国企业承建的海外铁路工程中使用的铁路工程施工质量系列验收标准,涉及 11 个专业的 15 项工程建设标准,涵盖 10 个类别的 14 项产品标准。

——“铁路动态”栏目坚持时新性、指导性。进一步优化调整了动态信息内容和形式,将标准发布动态与标准宣贯解读相结合,形成标准信息新范式。结合服务铁路勘察设计、工程建设企业需要,刊登《铁路工程建设主要材料价格信息》,供铁路建设项目设计概算参照使用。

截至 2021 年,期刊已出版 36 期,发行 5.4 万册,更好建设了铁路技术标准发布平台、铁路科技创新交流平台和铁路动态信息共享平台。

第四节 铁路工程建设标准宣贯

标准的编制目的在于实施,标准的生命力在于实施,标准的权威性在于实施。

为畅通标准实施路径、推动标准落实落地、提高安全生产和工程质量水平，国家铁路局构建多渠道多元化的标准宣贯工作体系，发挥标准归口管理、标准编制等单位在标准宣贯培训工作中的作用，运用“互联网 + 宣贯”新方式，对发布的重要标准进行培训和解读。

宣贯工作全面贯彻落实习近平总书记关于安全生产工作的重要指示批示精神和党中央、国务院决策部署要求，开展《邻近铁路营业线施工安全监测技术规程》《市域（郊）铁路设计规范》等安全生产、工程设计领域5项标准宣贯工作（表1-1），参加人员4 300余人次（图1-6）。

表1-1 2021年铁路工程建设标准宣贯项目

序号	宣贯项目
1	《邻近铁路营业线施工安全监测技术规程》TB 10314—2021
2	《铁路客站结构健康监测技术标准》TB/T 10184—2021
3	《市域（郊）铁路设计规范》TB 10624—2020
4	《铁路桥梁钢管混凝土结构设计规范》TB 10127—2020
5	《铁路工程混凝土配筋设计规范》TB 10064—2019

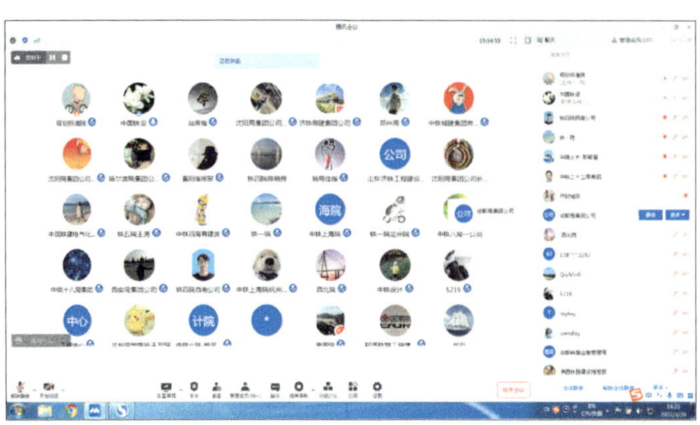

图1-6 铁路工程建设标准宣贯现场及视频参会情况

结合建设管理、勘察设计、施工建造、科研院所、运营维护等单位实际需求，宣贯过程中重点对标准的编制背景、编制原则、主要技术内容、标准使用中需要注意的问题等进行详细解读，加深铁路工程参建各方对标准内容的理解。宣贯过程中对参建各方在工程实践中遇到的相关问题进行答疑，对典型工程应用案例进行详细解读，采取授课专家与参加培训人员的深入交流的方式，有效提升标准实施效果。

第二章 2021 年度铁路工程建设标准编制发布情况

内容导读

2021 年，铁路标准化工作全面贯彻落实《国家标准化发展纲要》要求，围绕国家发展战略和重大工程建设需求，聚焦交通强国建设，结合“十四五”铁路发展规划的要求，加强顶层设计，统筹规划，推进重点领域标准制修订。铁路标准体系进一步优化整合，系统完备、协调完善，标准更加先进适用。开展 31 项标准编制工作（附录 3），编制发布《川藏铁路隧道施工安全监测技术规程》《邻近铁路营业线施工安全监测技术规程》《高速铁路工程静态验收技术规范》等 12 项行业标准。

通用类标准方面。规范和引导 BIM 技术在铁路工程全生命周期的应用，提升 BIM 技术水平，编制发布《铁路工程信息模型统一标准》，系统总结铁路行业 BIM 技术研究成果和工程应用经验，统一铁路工程信息模型技术要求和信息集成应用，明确基于信息模型的铁路数字工程应用模式，体现铁路线形带状工程特点，促进建设项目全生命周期各阶段数据和信息安全高效交换，为推动信息模型技术发展提供支撑。规范铁路工程地质勘察监理行为，提高铁路工程地质勘察监理水平，编制发布《铁路工程地质勘察监理规程》，系统分析铁路工程地质勘察监理现状，总结铁路工程地质勘察监理工作中积累的实践经验和成果，为保障铁路工程地质勘察质量提供支撑。

勘测类标准方面。规范水文勘测专业技术标准，提高铁路工程水文勘测设计水平，编制发布《铁路工程水文勘测设计规范》，统一铁路工程水文勘测设计技术要求，保障铁路运行正常和地质勘察质量。系统分析铁路工程水文勘测设计现状，全面总结铁路工程水文勘测设计实践经验，拓宽设计洪水频率范围，规定高速、城际、重载、市域（郊）等铁路和铁路专用线的桥涵路基洪水频率标准，覆盖国内全部等级和各类型铁路工程水文勘察设计。深化水文勘测各专业技术内容，满足防洪、通航、排凌、水利、环保等方面的要求，保障铁路正常运行。

设计类标准方面。统一铁路货车车辆设备设计技术标准，提升铁路货车车辆设备专业设计指标，编制发布《铁路货车车辆设备设计规范》，研究铁路货车技术发展趋势，积极采用“四新”技术，淘汰落后的工艺，适应铁路货车检修运用信息化、智能化等发展。统一车辆运行安全监控系统技术标准，规范动车组运行故障图像检测系统（TEDS）、铁路客车运行故障图像检测系统（TVDS）设计要求，编制发布《铁路车辆运行安全监控系统设计规范》，总结近年来铁路车辆运行安全监控系统、铁路车号地面自动识别设备建设运用经验。统一铁路客站结构健康监测技术要求，提高健康监测系统的设计、施工和运用管理水平，编制发布《铁路客站结构健康监测技术标准》，建立统一的健康监测技术标准，促进结构健康监测技术发展。规范铁路自然灾害及异物侵限监测系统工程建设、运用管理，编制发布《铁路自然灾害及异物侵限监测系统工程技术规程》，满足铁路建设发展和科技进步需要。

施工类标准方面。全面总结邻近铁路营业线施工安全监测实践经验和科研成果，统一邻近铁路营业线施工安全监测的要求，编制发布《邻近铁路营业线施工安全监测技术规程》，明确邻近铁路营业线施工安全监测的内容与关键控制指标，规定邻近铁路营业线施工安全监测方案编制、监测点布置、监测数据采集及报告编制等基本要求。全面总结我国铁路隧道施工安全监测实践经验和科研成果，统一川藏铁路施工安全监测技术要求，编制发布《川藏铁路隧道施工安全监测技术规程》，保障川藏铁路隧道工程施工安全，科学确定监测项目、监测方法、监测频率、控制基准等主要内容，规定高地应力软岩大变形、岩爆、高地温、突水突泥、瓦斯及其他有害气体等不良地质隧道施工安全监测技术要求，为川藏铁路隧道建设安全提供可靠的技术支撑。

验收类标准方面。总结高速铁路静态验收经验，优化静态验收检测内容，协调动、静态验收检验内容，规范新建高速铁路工程静态验收技术要求和质量标准，满足高速铁路建设静态验收新需求，提升标准技术先进性。编制发布《高速铁路工程静态验收技术规范》，突出对重点资料的验收要求，规范轨道防排水、桥梁钢结构涂层厚度、隧道衬砌结构混凝土厚度等关键工序检查项目的验收要求。明确消防设施、电梯等工程质量验收内容，突出对国家规定的特种设备及专项验收项目的验收要求。

检测类标准方面。统一铁路信号工程系列检测标准，规范CBI（铁路计算机联锁）工程检测项目和检测方法，提高铁路工程建设检验技术水平。编制发布《铁路计算机联锁工程检测规程》，分析CBI技术发展趋势，全面总结CBI技术在铁路工程中的运用成果，规定检测依据、检测设备及其使用等要求，明确设备启动及切换、电源冗余、时间同步、显示及操作的检测方法。统一铁路信号工程列车运行控制系统检验验收标准，提高列车运行控制系统检验验收水平，编制发布《铁路列车运行控制系统工程检测规程》，规范铁路列车运行控制系统工程检测项目和检测方法，优化完善相关技术要求，明确已列入铁路信号工程质量验收标准中的列车运行控制系统检测项目和检测方法，提升规程的技术先进性和经济合理性，满足铁路信号工程建设发展需要。

第一节　通用类标准

一、《铁路工程信息模型统一标准》TB/T 10183—2021

（一）编制背景

建筑信息模型（BIM）起源于建筑工程领域，已经扩展应用到铁路、公路、水利水电等行业。BIM技术是继CAD全面替代传统手工制图方式后的一次重大变革，应用BIM技术可以实现三维形象化展现工程的空间位置、形状尺寸、结构构造等信息，有利于工程项目优化设计方案和完善施工组织。通过BIM技术协同设计、碰撞检查、施工模拟、综合管理，有效提高设计效率、减少施工差错、控制工程造价、保障质量安全。BIM技术还是铁路工程智能建造的依托载体，促进铁路工程建造自动化、信息化、智能化发展。

为满足我国铁路行业BIM技术应用发展的需求，进一步提升铁路工程全生命周期信息模型技术水平，明确各阶段、各参与方模型创建、分类和存储等共性要求，畅通铁路工程信息的共享、交换和传递，发挥行业标准基础性、指导性和引领性作用。根据《国家铁路局2017年铁路工程建设标准编制计划》（国铁科法函185号）要求，组织中国铁路设计集团有限公司等单位开展《铁路工程信息模型统一标准》制定工作。

2013年以来，BIM技术被确立为铁路建设信息化建设的主要框架，启动并陆续安排十多个试点项目，尤其是在京雄、京张铁路实现创新性应用（图2-1），积累了大量的研究成果和应用实践经验。同时铁路BIM标准化也持续推进。截至2021年，中国铁路BIM联盟发布16项团体标准，推动了BIM技术在铁路工程中的持续应用，为编制行业信息模型统一标准奠定坚实的技术基础。

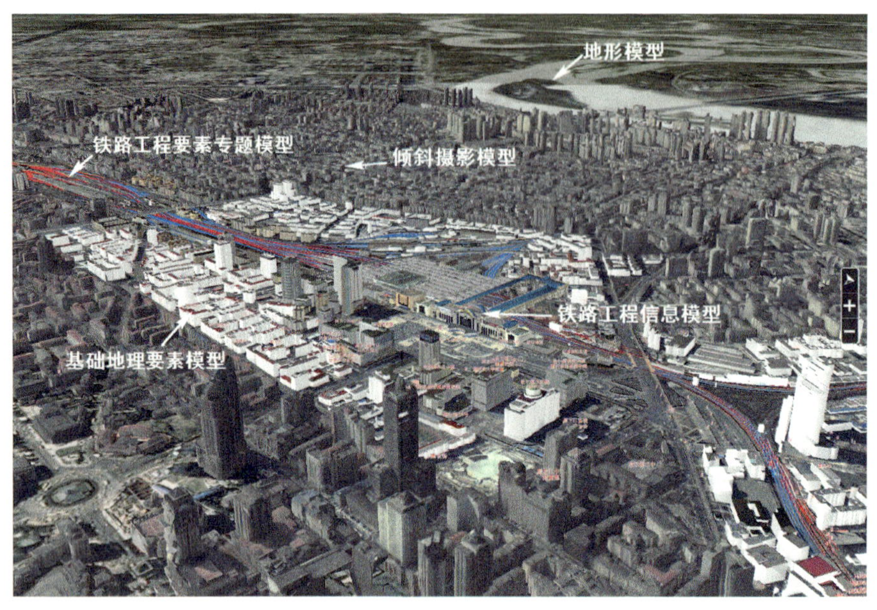

图 2-1 某铁路客站工程信息 + 地理信息建模成果

（二）编制目的

1. 满足 BIM 技术应用需要。总结 BIM 技术应用研究成果和实践经验，规定铁路工程信息模型创建的主要原则和基本方法，推进 BIM 技术在铁路行业的应用普及。

2. 解决 BIM 技术评价问题。对缺乏项目信息模型技术共享机制、协同程度等分析评判标准的问题，建立应用成熟度评价指标及计算方式，促进信息模型技术向深度和广度发展。

3. 促进 BIM 技术全生命周期应用。规范和引导信息模型技术在铁路工程全生命周期的应用，明确各阶段信息模型应用的主要内容，确定工程建设各方信息模型技术应用的主要工作。

（三）编制原则

1. 目标导向、引领发展。协调推进铁路工程信息模型技术发展，统一相关技术要求，规范信息集成应用，发挥标准基础性、指导性和引领性作用。

2. 立足行业、特色鲜明。系统总结铁路行业工程信息模型技术研究成果和工程应用经验，根据铁路线性带状分布等特点，提出设计施工、建设管理等方面的针对性要求。

3. 科技支撑、技术先进。充分借鉴国内外相关领域 BIM 技术成果，准确把握 BIM 技术发展方向，在信息模型协同工作平台搭建、应用成熟度指标评价等方面具有前瞻性、先进性。

4. 重点突出、适应发展。准确聚焦统一标准功能定位,规定铁路行业 BIM 技术应用基本模式、主要原则,对具体实施细节不作详细规定,为技术发展和后续标准制定留足空间。

(四)编制过程

《铁路工程信息模型统一标准》编制过程总体上分为五个阶段。

前期准备阶段。调研国内外 BIM 产业政策和标准框架,收集建筑、公路、水运等行业 BIM 标准编制资料,分析 BIM 在铁路行业的发展趋势,全面总结铁路 BIM 技术科研成果和应用经验。

工作大纲阶段。确定标准编制原则、适用范围、内容框架、进度计划、工作分工等,编制完成工作大纲。组织勘察设计、施工建造、科研院所、运营管理等单位 11 位权威专家召开工作大纲审查会,与会专家对工作大纲进行认真审查,形成专家意见。

征求意见稿阶段。编制完成征求意见稿条文和条文说明,向勘察设计、施工建造、科研院所等单位征求意见,共收到 7 家单位 109 条意见,采纳 58 条。组织相关单位 11 位权威专家完成技术审查,形成专家意见。

送审稿阶段。编制完成送审稿条文和条文说明,向建设管理、勘察设计、施工建造、科研院所、运营管理等单位征求意见,共收到 10 家单位 118 条意见,采纳 40 条。组织相关单位 14 位权威专家完成技术审查,形成专家意见。

报批稿阶段。编制完成报批稿条文和条文说明,经审核通过,于 2021 年 3 月 1 日发布,自 2021 年 6 月 1 日起实施。

(五)主要内容

《铁路工程信息模型统一标准》是推进铁路工程信息化发展的一项重要行业标准,系统总结铁路工程 BIM 技术研究成果和工程应用经验,明确基于信息模型的铁路数字工程应用模式和基本规则,是推动铁路工程 BIM 技术应用的基础性标准。

标准基本构架:

标准共分 7 章,包括总则、术语和缩略语、基本规定、信息模型创建、信息模型应用、协同工作、信息模型交付。主要分为五大板块:

第一板块:总则。明确标准编制目的、适用范围、基本原则、铁路工程信息模型应用特点、信息交换等内容,提出信息安全、协同共享等要求。

第二板块:术语和缩略语。规定与信息模型应用密切相关的术语和符号,如模型单元、公共数据环境、信息深度、参照模型等,给出信息传递手册等缩略语。

第三板块:基本规定。明确铁路工程信息模型实施主体责任、应用阶段、应用流程、信息分类、数据存储、信息交换、保密与数据安全等方面的要求。

第四板块:模型创建、协同工作和交付要求。规定工程建设各方应用铁路工程信息模型的主要工作。统一基于信息模型技术的项目协同工作要求、工作程序、工作平台的功能与特性。明确铁路工程信息模型交付的基本原则、交付精度、交付物格式及交付方式等要求。

第五板块:模型应用内容和成熟度评价。明确设计阶段、施工阶段铁路工程信息模型应用的主要内容,提出铁路工程信息模型应用成熟度评价指标及计算方式。

主要技术内容:

1. 明确铁路工程信息模型实施主体责任、应用阶段、信息分类、数据存储、信息交换、保密安全等方面的总体要求。
2. 规定铁路工程信息模型创建的主要原则和基本方法。
3. 提出铁路工程信息模型应用成熟度评价指标及计算方式。
4. 明确设计阶段、施工阶段铁路工程信息模型应用的主要内容。
5. 规定工程建设各方应用铁路工程信息模型的主要工作。
6. 统一基于信息模型技术的项目协同工作要求、工作程序、工作平台的功能与特性。
7. 明确铁路工程信息模型交付的基本原则、交付物、交付精度、交付物格式及交付方式等要求。

(六)解决的问题及预期效果

1. 解决的问题

(1)统一行业工程信息模型应用模式和基本规则,保障信息模型基础应用要求的一致性、通用性、高效性。

(2)实现铁路工程信息模型应用评价有据可循,提出信息模型应用成熟度评价指标及计算方式,为信息模型应用分析和对比评价提供参考。

2. 预期效果

(1)实现铁路工程信息模型应用成熟度评价有据可依,明确成熟度指标中五个纵向广度等级、四个横向广度等级、四个应用深度等级、四个技术深度等级等指标，依据信息模型应用的多阶段、多专业、创新性、技术性进行综合评价。

（2）促进 BIM 技术在铁路工程项目的持续应用。BIM 技术在铁路工程应用发展和完善将是一个长期过程，结合条文技术要求，相应条文说明给出铁路工程地理信息建模，工程线位、车站选址、三维管线、铁路桥梁信息模型（图 2-2），车站路基数字化施工等大量应用场景和案例，可为铁路项目设计、施工应用信息模型提供丰富的借鉴和参考。

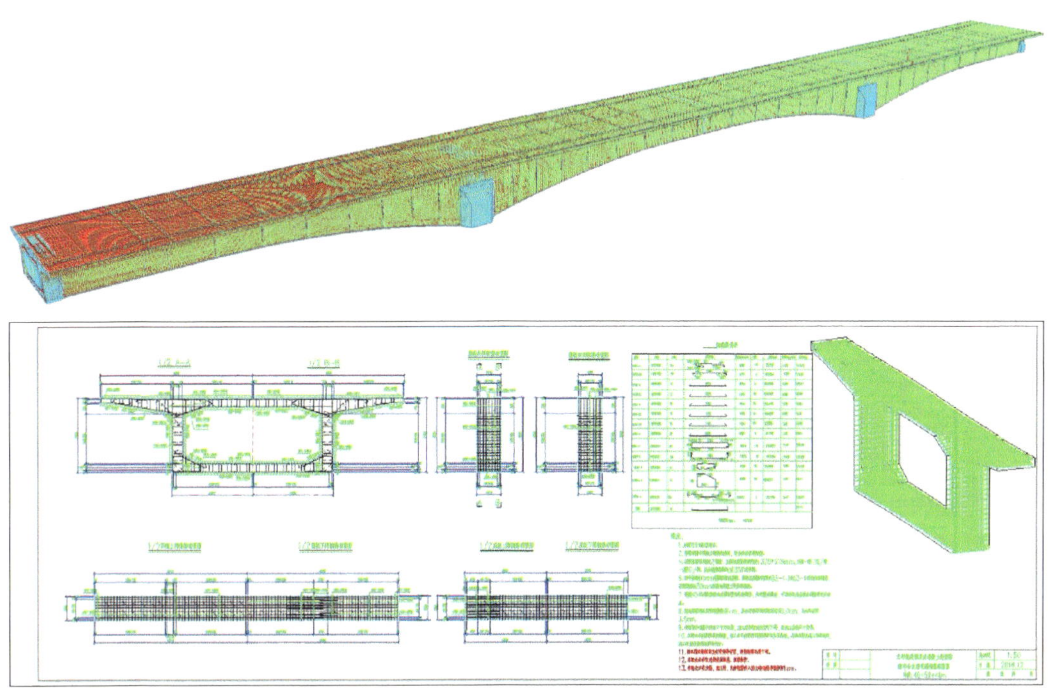

图 2-2　连续梁钢筋模型示意图

二、《铁路工程地质勘察监理规程》TB/T 10403—2021

（一）编制背景

《铁路工程地质勘察监理规程》TB/T 10403—2004 自发布以来，对保障地质勘察质量发挥了重要作用。随着我国铁路基本建设的快速发展，尤其是近年来高速铁路、时速 200 km 客货共线铁路、城际铁路等不同类型铁路及地质复杂铁路工程的大规模建设，在工程实践中存在工作范围和工作内容不全面、工作期限和工作程序不明确等方面问题。《铁路安全管理条例》的颁布和《铁路工程地质勘察规范》等系列标准的修订，导致地质勘察监理工作依据已发生改变。

为保障铁路工程地质勘察质量，提高铁路工程地质勘察监理水平，规范铁路工程地质勘察监理行为，适应铁路工程勘察、设计和施工的需求，根据《国家铁路局2018年铁路工程建设标准编制计划》（国铁科法函〔2018〕44号）要求，组织中铁第一勘察设计院集团有限公司等单位开展《铁路工程地质勘察监理规程》全面修订工作。

充分吸纳铁路工程地质勘察监理过程中积累的实践经验及成果，加强与铁路工程地质勘察系列标准及相关规定的适应性、与国际标准的协调性，更加注重规程的技术先进性和经济合理性，扩展规程的适用范围和应用阶段，提出合理的监理工作组织架构，制定科学的监理工作流程，并对信息化管理平台建设提出要求，促进铁路工程地质勘察监理质量和水平的提高。

（二）编制目的

1. 适应铁路工程地质勘察新形势，提高铁路工程地质勘察监理水平。吸纳近年来地质勘察监理的实践经验及有关科研成果，推广采用安全、可靠、成熟、适用的技术成果，规范铁路工程地质勘察监理行为。

2. 体现新发展理念，满足铁路工程地质勘察监理工作的需求。总结近年来地质勘察监理工作的经验，编制覆盖全面、科学合理的铁路工程地质勘察监理工作内容。

3. 解决原规程中不适应、不协调等短板问题，促进科学的监理工作流程推广应用。建立更加合理的监理工作组织架构，建设时效性更强的信息化管理平台，与新修订的国家标准和行业标准协调适应。

（三）编制原则

1. 适应发展、需求引领。适应铁路勘察发展新形势，满足铁路工程地质勘察监理工作需求，使之规范化、标准化，有效提高铁路工程地质勘察监理水平、保障勘察质量。

2. 全面优化、保障质量。吸纳地质勘察监理工作中积累的实践经验及成果，完善监理工作范围、工作内容、工作期限，优化监理工作程序，保障铁路工程地质勘察质量。

3. 调研分析、细化完善。系统总结地质勘察监理的实践经验，推广采用安全、可靠、成熟、适用的技术成果，细化监理工作范围、工作内容、工作期限和工作程序，规范铁路工程地质勘察监理行为。

4. 覆盖全面、协调统一。覆盖工程地质勘察技术与方法、勘察资料管理等全方位、科学合理的地质勘察监理工作内容，注重与国家法律、法规、部门规章及铁路行业标准协调一致。

（四）编制过程

《铁路工程地质勘察监理规程》编制过程总体上分为五个阶段。

前期准备阶段。开展高速、城际、客货共线等不同类型铁路及地质复杂铁路工程的地质勘察监理调研，分析原规程实施情况及存在的问题，总结铁路工程地质勘察监理工作中积累的实践经验和成果。

工作大纲阶段。2019年3月确定标准编制原则、适用范围、内容框架、进度计划、工作分工等，编制完成工作大纲。2019年4月组织勘察设计、施工建造、科研院所、运营管理等单位相关专家召开工作大纲审查会，与会专家对工作大纲进行认真审查，形成专家意见。

征求意见稿阶段。2019年5月根据工作大纲审查会专家意见，开展征求意见稿编写。2019年8月进一步总结以往地质勘察监理经验和存在的问题，编制完成征求意见稿条文和条文说明。2019年12月向建设管理、勘察设计、施工建造、科研院所、运营管理等单位征求意见。共收到8个单位147条意见，采纳74条。2020年6月组织11位勘察设计、施工建造、科研院所、运营管理等领域专家开展技术审查，形成专家意见。

送审稿阶段。2020年8月结合征求意见稿审查会专家意见，编制完成送审稿条文和条文说明。2020年9月向国铁集团建设部、中国中铁、中国铁建、中国交建、经规院、各设计院等单位征求意见，共收到意见106条，采纳47条，修改完善送审稿。2020年10月完成送审稿，组织11位专家开展技术审查，形成专家意见。

报批稿阶段。编制完成报批稿条文和条文说明，经审核通过，于2021年9月13日发布，自2022年1月1日起实施。

（五）主要内容

《铁路工程地质勘察监理规程》是铁路工程建设通用类标准，系统总结铁路建设工程地质勘察监理实践经验，借鉴国内相关标准，在《铁路工程地质勘察监理规程》TB/T 10403—2004基础上全面修订而成。原规程条文共273条，新修订的规程条文共371条，其中原规程保留146条、修改57条、增加178条、删除70条，规程条文修订情况统计如图2-3所示。

规程基本构架：

规程共分为13章，包括总则、术语、基本规定、项目监理机构与监理人员职责、监理规划和监理实施细则、勘察技术与方法监理、各类建筑物工程地质勘察监

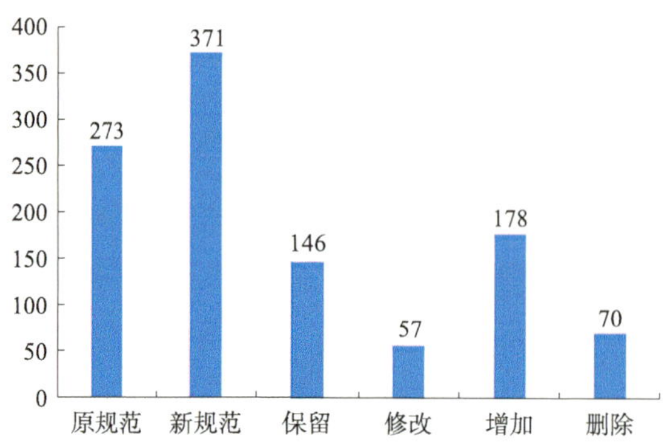

图 2-3 规程条文修订情况统计

理、不良地质勘察监理、特殊岩土勘察监理、地质勘察成果资料监理、质量问题判定与处理、工地会议、监理资料管理等，另有 3 个附录，主要分为四大板块：

第一板块：总则。明确标准编制目的、适用范围、监理单位资质、开工前准备工作、总监理工程师负责制、监理工作遵循原则等，提出铁路工程地质勘察监理实施标准化、信息化管理。

第二板块：术语。规定与铁路工程地质勘察监理密切相关的 15 条术语，增加工程地质勘察大纲、项目监理机构、总监理工程师、副总监理工程师、监理文件资料等 10 条术语。

第三板块：基本规定。明确开展监理工作的依据，提出监理期限分阶段原则，规定监理工作要求、监理方法、监理程序、监理内容等方面的基本要求。

第四板块：具体规定。明确项目监理机构与监理人员职责、监理规划和监理实施细则，提出遥感地质解译、物探、钻探等多种手段的勘察技术与方法监理，规定各类建筑物、不良地质和特殊岩土勘察监理具体内容，明确地质勘察成果资料监理要求，提出质量问题判定与处理、工地会议、监理资料管理等要求。

主要修订内容：

1. 扩展规程的适用范围和应用阶段。

2. 提出铁路工程地质勘察监理应实施标准化管理，推行信息化要求。

3. 增加进度、安全、环境保护、勘察工作量和监理服务期限等方面的规定，完善监理工作依据、工作要求、监理方法、监理程序和监理内容。

4. 增加监理员岗位及职责，规定监理人员的数量，完善项目监理机构、监理人员职责、总监理工程师任职资格。

5. 将“工程地质勘察常规监理”修改为“勘察技术与方法监理”，增加遥感地质解译的监理,完善各类勘察技术与方法监理内容。

6. 增加无砟轨道铁路和时速 200 km 及以上有砟轨道铁路勘察监理内容,及使用盾构、掘进机隧道、水下隧道、城市铁路隧道、弃土(渣)场工程、大临工程和四电工程勘察监理,完善各类建筑物工程地质勘察监理内容。

7. 增加高地温、地面沉降勘察的监理,完善各类不良地质勘察监理内容。

8. 增加季节性冻土、盐岩及盐渍岩勘察的监理,完善各类特殊岩土勘察监理内容。

9. 增加"地质勘察成果资料监理"章节,包括勘察工作量、工点勘察资料和综合成果资料监理。

10. 增加监理资料组成、归档与移交,监理资料信息化等内容,完善监理日志、监理月报、监理工作总结和监理资料的管理。

11. 附录 A 中删除工程地质勘察段(点)资料报检表,附录 B 中增加工程地质勘察成果资料审查记录表。

(六)解决的问题及预期效果

1. 解决的问题

(1)近年来铁路工程建设规模发展导致原规程适用范围不足问题。

(2)铁路工程地质勘察监理管理模式相对落后问题。

(3)新技术、新方法发展内容涵盖不足问题。

为切实解决上述问题,扩展规程的适用范围和应用阶段,新增使用盾构(掘进机)隧道、水下隧道、弃土(渣)场等工程地质勘察监理规定,提出了勘察监理的标准化、信息化管理要求,进一步规范铁路工程地质勘察监理行为,提高地质勘察监理工作水平。

2. 预期效果

新修订的《铁路工程地质勘察监理规程》扩展了规程适用范围和应用阶段,更加适用于我国当前铁路基本建设规模。进一步完善项目监理机构的设置要求和监理人员的职责,规范监理规划和监理实施细则要求,统一勘察技术与方法监理内容,加强对各类建筑物工程地质勘察、不良地质勘察和特殊岩土勘察的监理工作要求,强化质量问题判定与处理,提出勘察监理标准化、信息化管理要求,将有效规范铁路工程地质勘察监理行为,提高监理工作水平,使监理工作成为保障铁路工程地质勘察质量的重要一环。

（七）历史沿革

1. 2004 年，在试行铁路工程地质勘察监理工作并取得一定经验的基础上，根据《铁路建设管理办法》（铁道部令第 11 号，2003 年 7 月 31 日发布）和《关于开展铁路工程地质勘察监理工作的通知》（铁建设函〔2002〕434 号），铁道部（铁建设〔2005〕2 号）发布《铁路工程地质勘察监理规程》TB/T 10403—2004，填补了铁路工程地质勘察监理的空白。适用于新建、改建铁路的加深地质工作、初测和定测阶段工程地质勘察的监理工作。明确项目监理机构与监理人员职责、监理规划和监理实施细则等内容，对不良地质、特殊岩土勘察监理及质量问题判定与处理做出规定。

2. 2021 年，国家铁路局（国铁科法〔2021〕28 号）发布《铁路工程地质勘察监理规程》TB/T 10403—2021，为现行版本。

第二节　勘测类标准

三、《铁路工程水文勘测设计规范》TB 10017—2021

洪水频率主要技术标准见表 2-1。

表 2-1　洪水频率主要技术标准

桥涵、路基				
铁路分类	设计洪水频率			检算洪水频率
	桥梁	涵洞	路基	特大桥（或大桥）属于技术复杂、修复困难或重要者
高速铁路、城际铁路、市域（郊）铁路，Ⅰ、Ⅱ级铁路，重载铁路	1/100	1/100	1/100	1/300
Ⅲ级铁路	1/100	1/50	1/100	1/300
Ⅳ级铁路	1/50	1/50	1/50	1/100
≥5 Mt 铁路专用线	1/100	1/50	1/50	—
<5 Mt 铁路专用线	1/50	1/50	1/50	—
隧　道				
隧道部位				设计洪水频率
出入口高程				1/100
边仰坡截（排）水沟排水				1/50

续上表

桥涵、路基				
铁路分类	设计洪水频率			检算洪水频率
	桥梁	涵洞	路基	特大桥（或大桥）属于技术复杂、修复困难或重要者
站　场				
工程种类				设计洪水频率
车站、机务段、车辆段、客车整备所、动车段、动车运用所等的路基				1/100
货场路基				1/50
铁路房屋室外地面				
工程种类				设计洪水频率或内涝水位
牵引变电所、开闭所及自耦变压器（AT）所、电力变电所、配电所、区间通信信号设备场坪				1/100
开闭所及自耦变压器（AT）所、电力变电所、配电所、区间通信信号设备房屋、给水站的泵站				1/50
生活供水站（点）的泵站				1/20

（一）编制背景

为提高铁路工程水文勘测设计水平，规范水文勘测专业技术标准，根据《国家铁路局 2016 年铁路工程建设标准编制计划》（国铁科法函〔2016〕29 号）要求，组织中国铁路设计集团有限公司等单位开展《铁路工程水文勘测设计规范》全面修订工作。

随着铁路工程建设技术水平不断进步，《铁路工程水文勘测设计规范》TB 10017—1999 中部分规定不能满足当前铁路工程水文工作的需要，需结合铁路桥涵、隧道、路基、站房等工程的水文特点（图 2-4）、现状及技术发展需要，调研规范在多年来执行过程中存在的问题，特别是与相关标准规范的协调问题等，将铁路行业各设计单位应用的水文勘测手册经多年铁路工程实践，证明成熟可靠、行之有效的相关内容进行提炼，对铁路工程水文勘测、设计等规定进行全面修订。

研究增加高速、城际、重载、市域（郊）、铁路专用线等水文勘测设计内容，适用于国内全部等级、类型铁路工程水文勘察设计，拓宽使用范围。全面总结近年来铁路工程水文勘测设计实践经验和相关科研成果，覆盖高速、城际、客货共线、重载、市域（郊）等各类各等级铁路设计洪水频率标准，新增海湾地区、戈壁及干旱地区等特殊地区水文计算要求，深化水文勘测各专业技术内容，能较好满足防洪、通航、排凌、水利、环保等方面要求，保障铁路安全运行。

图 2-4　风陵渡黄河铁路桥

（二）编制目的

1. 适应铁路工程技术发展、科技进步和市场经济发展的要求，满足铁路工程建设发展需求。

2. 统一协调铁路行业相关标准，与相关法律、法规协调一致，符合中华人民共和国《水法》《铁路法》《河道管理条例》《环境保护法》等规定。

3. 贯彻新发展理念，吸收先进科研成果，注重技术先进性和经济合理性，统筹协调对新技术、新工艺、新材料、新设备的要求。

4. 优化章节划分和组成，完善深化章节内容，拓宽标准使用范围，保持规范的完整性、延续性和先进性。

5. 纳入成熟可靠的技术内容和计算方法，借鉴水利、公路、海港等相关行业水文规范的编制经验和最新水文成果，提高规范先进性、科学性和可操作性。

（三）编制原则

1. 目标导向、需求牵引。坚持新发展理念，落实新时代交通强国建设要求，满足铁路工程水文勘测设计的需要，推进科研成果转化应用，促进铁路工程水文勘测技术发展。

2. 重点突破、覆盖全面。着眼铁路工程水文勘测设计主要技术要求，涵盖铁路工程所有专业对水文工作的指导要求，适用于国内全部等级和类型铁路工程水文勘察设计。

3. 系统完整、规范统一。系统总结铁路工程水文勘测设计相关科研成果，符合国家现行有关标准的规定，并与铁路行业其他标准以及水利部门相关标准相协调。

4. 行业协同、便于操作。将水文勘测设计手册中成熟的规定和计算方法纳入规范，充分借鉴水利、公路、海港等相关行业最新成果，内容丰富完善、便于操作。

（四）编制过程

《铁路工程水文勘测设计规范》编制过程总体上分为五个阶段。

前期准备阶段。收集有关单位及部门在执行现行规范中的意见和建议，调研铁路工程新技术、新方法、新设备的采用对水文勘测设计规范提出的新要求，研究国内外各类工程水文勘测设计规范标准和规定，总结近年来铁路工程水文勘测设计工作经验，借鉴相关研究成果。

工作大纲阶段。确定规范编制原则、适用范围、内容框架、进度计划、工作分工等，组织铁路建设管理、勘察设计、运营管理等单位多位权威专家完成技术审查。

征求意见稿阶段。编制完成征求意见稿条文和条文说明，向铁路建设管理、勘察设计、施工建造、运营管理、科研院所等单位广泛征求意见，共收到 6 家单位反馈意见 93 条。组织相关单位多位权威专家完成技术审查。

送审稿阶段。编制完成送审稿条文和条文说明，向铁路建设管理、勘察设计、施工建造、运营管理、科研院所、政府部门等单位广泛征求意见，共收到 7 家单位反馈意见 38 条，组织相关单位多位权威专家完成技术审查。

报批稿阶段。编制完成报批稿条文和条文说明，经审核通过，于 2021 年 9 月 13 日发布，自 2022 年 1 月 1 日实施。

（五）主要内容

《铁路工程水文勘测设计规范》是为统一铁路工程水文勘测设计技术要求，满足防洪、通航、排涝、水利、环保等方面的要求，保障铁路正常运行的设计规范，在《铁路工程水文勘测设计规范》TB 10017—1999 基础上全面修订而成。适用于高速、城际、客货共线、重载、市域（郊）等各类各等级铁路工程水文勘测设计，满足现阶段铁路工程建设的水文勘测需要。

原规范条文共 314 条，新修订的规范条文共 366 条，其中原规范保留 228 条、修改 74 条、增加 56 条、删除 3 条，规范条文修订情况统计如图 2-5 所示。

规范基本构架：

规范共分 12 章，包括总则、术语和符号、基本规定、桥梁水文调查与勘测、设

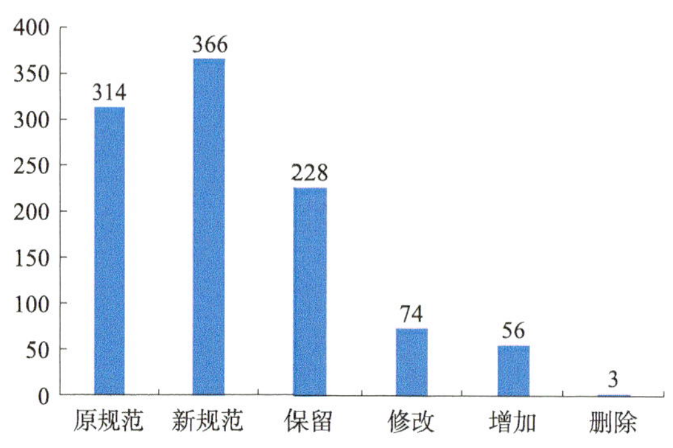

图 2-5 规范条文修订情况统计

计洪水分析和计算、桥位选择和桥涵孔径设计、桥梁冲刷计算与防护、特殊地区水文计算、调治和桥头路堤工程、小桥涵、路基、其他建筑物等，另有 11 个附录。主要分为四大板块：

第一板块：总则。明确标准编制目的、适用范围、基本原则、洪水频率标准等内容，提出设施设置应能防御设计洪水。

第二板块：术语和符号。规定与水文勘测技术密切相关的术语和符号，如设计洪水频率、设计流量、设计水位、冲刷系数等。

第三板块：基本规定。提出初测阶段、定测阶段的水文勘测工作要求，桥涵、路基、隧道、站场、立交地道、房屋建筑和四电工程等的防排水工程设计要求。

第四板块：专业技术要求。规定水文调查与勘测内容，提出桥址处设计水位确定方法和设计流量计算公式，明确桥位选择和桥涵孔径设计、桥梁冲刷计算与防护、特殊地区水文计算、调治和桥头路堤工程、小桥涵等水文勘测规定。

主要技术内容：

1. 增加高速铁路、城际铁路、重载铁路、市域（郊）铁路、Ⅳ级铁路、铁路专用线的桥涵设计洪水频率。

2. 修改Ⅰ、Ⅱ级铁路涵洞、路基、隧道、站场、铁路房屋、Ⅲ级铁路桥涵的设计洪水频率。

3. 提出行洪、蓄洪、滞洪区铁路的设计洪水频率确定原则，规定设计洪水频率标准。

4. 提出路基、站场、隧道、房屋建筑以及“四电工程”水文工作的要求。

5. 调整洪痕可靠程度评定标准、感潮河段的 k 值及防护加固类型等技术内容。

6. 提出桥址处设计水位的确定原则及计算方法，增加设计内涝水位的计算方法。

7. 提出海湾地区桥位选择的技术要求，增加泥石流地区桥渡净空确定的原则。

8. 增加一般冲刷后墩前行进流速计算公式和参数要求。

9. 补充海湾地区的桥渡设计水位频率、波浪设计频率、设计洪水及设计波浪设计频率等内容。

10. 增加戈壁及干旱地区、山前漫流地区桥梁水文勘测、水文计算的相关内容。

11. 提出改沟工程的适用条件、设计洪水频率、平面布置、开挖断面等相关内容和要求。

12. 提出暴雨公式和暴雨参数的制定方法，增加暴雨径流流量计算方法。

13. 规定滨海路堤潮位设计频率、波浪侵袭高度与波浪作用力计算的原则。

14. 规定隧道水文勘测设计的原则，补充隧道弃渣处理的技术要求，明确濒临水库地区的隧道、水下隧道、明洞水文工作的相关内容。

15. 增加岩石地基桥墩冲刷及基底埋深参考数据，水库地区坝桥区间的流量计算方法及计算要求。

（六）解决的问题及预期效果

1. 解决的问题

（1）新增高速、城际、重载、市域（郊）、铁路专用线等水文勘测设计内容，适用于国内全部等级、类型铁路工程水文勘察设计，拓宽了规范使用范围。

（2）将铁路行业各设计单位应用的水文勘测手册，经多年铁路工程实践，证明成熟可靠、行之有效的相关内容进行提炼纳规。

（3）新增海洋地区、滨海地区、戈壁及干旱地区、山前漫流地区及水下隧道等铁路工程的水文勘测设计内容。

2. 预期效果

《铁路工程水文勘测设计规范》TB 10017—2021，全面总结近年来铁路工程水文勘测设计实践经验和相关科研成果，覆盖高速、城际、客货共线、重载、市域（郊）等各类各等级铁路设计洪水频率标准，新增海湾地区、戈壁及干旱地区等特殊地区水文计算要求，深化了水文勘测各专业技术内容，能较好满足防洪、通航、排涝、水利、环保等方面要求，保障铁路安全运行。

（七）历史沿革

1. 1986 年，铁道部发布《铁路桥渡勘测设计规范》TBJ 17—1986。

2. 1999 年，铁道部（铁建设函〔1999〕157 号）发布《铁路工程水文勘测设计规范》TB 10017—1999。主要修订内容有：增加桥头河堤防护和海湾地区水文计算，增加滨河、滨海、水库等特殊条件下路基防洪的勘测设计和冲刷防护、排水设计的规定。

3. 2021 年，国家铁路局（国铁科法〔2021〕28 号）发布《铁路工程水文勘测设计规范》TB 10017—2021，为现行版本。

第三节　设计类标准

四、《铁路货车车辆设备设计规范》TB 10031—2021

（一）编制背景

随着近年来铁路工程建设技术发展，保障运输安全、提高运营效率、提升服务质量水平能力不断提高，对铁路货车车辆设备设计提出了更高要求，有必要在新的建设、运营、管理模式下，对铁路货车车辆设备设计规范进行修订。

工程建设实践过程中，铁路货车车辆设备技术不断发展，铁路货车车辆检修设施、运营经验进一步完善，铁路货车车辆设备新技术大量应用，为修编标准奠定良好基础。为确保铁路货车车辆设备设计标准的技术先进性、经济合理性、协调适用性，根据构建铁路工程建设标准体系的要求，组织中铁第四勘察设计院集团有限公司等单位开展《铁路货车车辆设备设计规范》全面修订工作。

《铁路货车车辆设备设计规范》规定铁路货车车辆设备设计的共性要求，属于专业主体设计规范。通过总结铁路货车车辆设备工程建设、使用管理、设备维护经验，借鉴国内外有关标准，采用“四新”技术，淘汰落后的工艺，吸纳近年来新技术和修程修制改革成果，经广泛征求意见和审查修订而成，能更好推进铁路货车检修运规范化、标准化、信息化、智能化发展进程。

（二）编制目的

1. 贯彻新发展理念。立足铁路货车车辆设备顶层布局设计，结合铁路货车车辆设备近期、远期规划，适应新建、改建标准轨距铁路货车车辆设备设计规模需要，保障行车安全、提高运输效率。

2. 解决突出问题。统一铁路货车车辆设备设计技术标准,使铁路货车车辆设备设计符合安全可靠、技术先进、经济适用的要求。

3. 服务创新发展需求。解决原标准新技术适用性不强的问题,修订、补充新技术,完善子系统内容,使规范适用于铁路货车运用检修创新发展需要。

4. 保障质量安全。协调相关铁路工程设计标准,完善安全防护措施,提升铁路货车车辆设备专业设计指标,为保障铁路货车车辆质量安全提供依据。

(三)编制原则

1. 政策协同、标准协调。遵循政策联动,紧跟铁路货车车辆设备技术发展需要,统筹协调与其他标准关系,满足确保货车安全、提高运输能力、保障运输畅通、促进运输发展要求。

2. 总结经验、吸纳成果。汲取国内外铁路企业先进科技成果,总结铁路货车车辆检修设施工程建设经验,紧密结合货车车辆修程修制改革相关规定,涵盖铁路货车车辆设备设计的全部内容。

3. 技术进步、满足需求。依据环境保护及职业健康最新规定,结合最新工程建设、运用管理以及设备维护经验,统筹考虑货车检修作业环境、有毒有害气体监测报警、合理设置运用作业场等因素,促进货车检修运用管理规范化与科学化。

4. 条理清晰、防止交叉。归纳梳理标准术语等技术内容,充分协调相关标准,避免矛盾,减少重复。

(四)编制过程

《铁路货车车辆设备设计规范》编制过程总体上分为五个阶段。

前期准备阶段。开展铁路货车车辆设备技术基础研究,总结近年来铁路货车车辆检修设施建设及运营经验,研究铁路货车技术发展趋势,吸纳有关研究成果。分析《铁路货车车辆设备设计规范》《铁路货车段修规程》《铁路货车运用维修规程》等相关内容。

工作大纲阶段。确定标准编制原则、适用范围、内容框架、进度计划、工作分工等。组织铁路建设管理、勘察设计、施工建造、运营管理等专家完成技术审查。

征求意见稿阶段。编制完成征求意见稿条文和条文说明。向铁路建设管理、勘察设计、施工建造、运营管理等单位广泛征求意见,共收到10家单位反馈意见147条。组织相关专家完成技术审查。

送审稿阶段。编制完成送审稿条文和条文说明。向铁路建设管理、勘察设计、施工建造、运营管理、科研院所等单位广泛征求意见,共收到6家单位反馈意见42条。组织相关专家完成技术审查。

报批稿阶段。编制完成报批稿条文和条文说明。经审核通过，于2021年11月1日发布，自2022年2月1日起实施。

（五）主要内容

《铁路货车车辆设备设计规范》是铁路货车车辆设备设计领域的基础性行业标准，在系统总结铁路货车车辆设备研究成果和建设运营实践经验基础上编制而成。

原规范条文共252条，新修订的规范条文共237条，其中原规范保留7条、修改186条、增加44条、删除59条，规范条文修订情况统计如图2-6所示。

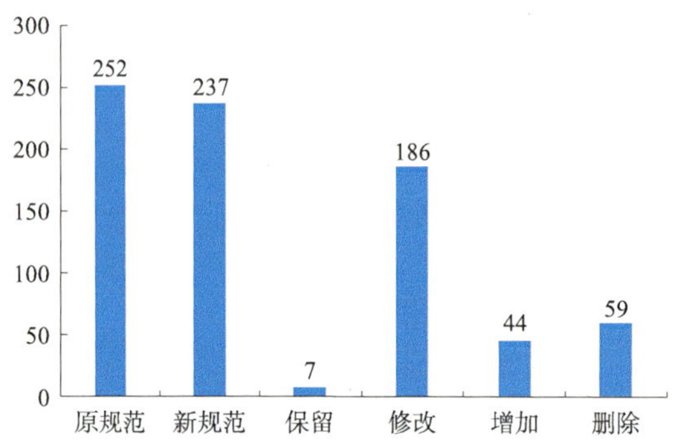

图2-6　规范条文修订情况统计

规范基本构架：

规范共分8章，包括总则、术语、货车段、运用作业场、站修作业场、洗罐所、车轮车间和信息系统。主要分为四大板块：

第一板块：总则。明确标准编制目的、适用范围等，提出货车车辆设备应根据铁路发展规划，合理布局，积极采用新技术、新材料、新工艺、新设备，贯彻劳动安全与卫生设计、环境保护等政策规定。

第二板块：术语。规定与铁路货车车辆设备相关的术语和缩略词，如货车车辆设备、货车车辆段、运用作业场、货车保有量、非运用车系数等内容。

第三板块：设计要求。规定货车段，运用作业场，站修作业场，洗罐所，车轮车间、信息系统等设计内容。

第四板块：规范用词说明及引用标准名录。明确执行规范条文时，对于要求严格程度的用词说明及引用标准名录。

主要修订内容：

1. 增加“总则”章中设置安全防护措施的规定，修订了铁路货车车辆设备布局原则。

2. 增加“术语”章中运用作业场、预检预修台位等术语，修订了货车车辆设备、段修循环系数、列检作业场等术语。

3. 增加“货车段”章中预检预修棚（库）相关规定；修订段修循环系数取值，台位利用系数取值，修车库、转向架间、钩缓间、轮轴间、滚动轴承间等设置规定；取消了铆焊间、锻工间等规定。增加预检预修棚（库）相关规定，段修循环系数由“0.56”修订为“0.5”，台位利用系数由“1.5～1.6”修订为“1.5～1.8”，取消铆焊间、锻工间等规定。

4. 增加“运用作业场”章中运用作业场作业范围及分类、技术交接作业场、压缩空气站及货车自动制动机试验系统设置条件等的规定；修订列检作业场设置间距、生产房屋设置等规定。

5. 修订“站修作业场”章中临修率取值，取消了站修作业场牵出线、存车线规定。货车摘车临修率取值由“0.3%”修订为“0.2%”。

6. 修订“洗罐所”章结构；增加设置可燃气体或有毒气体浓度检测报警装置的规定；修订规模及总平面布置等规定。

7. 修订“车轮车间”章中车轮车间的作业范围、轮对加工间跨度等规定。

8. 增加“信息系统”章货车段中心机房等级标准的规定，修订信息系统构成及功能、网络设计的规定。

（六）解决的问题及预期效果

1. 解决的问题

（1）解决铁路货车车辆设备设计规范与铁路货车发展不适应的问题。自《铁路货车车辆设备设计规范》TB 10031—2009发布实施以来，C_{70}、P_{70}等载重70 t级货车逐步成为主流产品，保有量大、运用成熟，C_{80}等载重80 t级货车已大量投入使用；货车制造工艺及质量大幅提升；货车运行安全监控系统技术及建设发展迅速。本次设计规范编制修订了铁路货车列检作业场的设置原则、临修率取值等内容，更好适应了铁路货车技术的发展。

（2）解决铁路货车车辆设备设计规范与修程修制改革不匹配的问题。国铁集团已组织完成铁路货车车辆修程修制改革的研究，并逐步实施。本次设计规范修订紧密结合国铁集团铁路货车车辆修程修制改革相关成果，修订了段修循环系数取值等内容，为合理有效控制货车车辆设备设计规模提供了规范依据。

（3）解决铁路货车车辆设备设计规范与国铁集团管理办法（规章）不协调的问题。国铁集团已发布实施了《铁路货车运用维修规程》TG/CL 113—2018、《铁路货车段修规程》TG/CL 111—2021 等管理办法（规章）。本次设计规范修订充分参考铁路货车相关内容，增加预检预修设施、运用作业场等规定，与相关规章的协调一致。

（4）解决铁路货车车辆设备设计规范与建设及运营管理发展不契合的问题。随着近年铁路货车车辆设备的建设及运营管理实践，整个行业积累了丰富的新技术、新经验，本次设计规范修订充分吸纳相关成果，修订了台位利用系数取值、货车段修车库、站修作业场、机辆设施合并设置等规定，较好契合铁路货车运营管理，有效控制工程建设规模，节省工程投资。

2. 预期效果

（1）引领铁路货车运维技术，保障运输安全。本次规范修订为铁路货车运维的标准化、规范化、高效化管理提供了设计规范支撑，对保障铁路运输安全、提高运输能力、节约运维成本、推动铁路高质量发展具有重要意义。

（2）优化铁路货车车辆设备设施布局及规模，有效控制建设规模。本次规范修订参照国铁集团铁路货车修程修制改革成果，通过对全国铁路货车保有量及其分类进行综合分析，将段修循环系数由"0.56"修订为"0.5"，由此计算段修工作量较修订前可降低约 11%；列检作业场安全保证距离由 500 km 调整为 1 000 km，优化了运用设施规模和布局；临修率由"3%"修订为"0.2%"，计算临修工作量较修订前可降低约 33%；有效控制了铁路货车车辆设备设计规范的建设规模，节省了工程投资，同时为提高铁路货车运用效率提供了技术支撑。

（七）历史沿革

1. 2000 年，铁道部（铁建设函〔2000〕445 号）发布《铁路货车车辆设备设计规范》TB 10031—2000。主要内容包括总则、货车段、列检所、站修所等。

2. 2009 年，铁道部（铁建设〔2009〕121 号）发布《铁路货车车辆设备设计规范》TB 10031—2009。主要内容包括总则、术语、货车车辆段、列检作业场、站修作业场、洗罐所、车轮厂和信息系统。

3. 2021 年，国家铁路局（国铁科法〔2021〕34 号）发布《铁路货车车辆设备设计规范》TB 10031—2021，为现行版本。

五、《铁路车辆运行安全监控系统设计规范》TB 10057—2021

（一）编制背景

随着近年来铁路工程建设技术水平不断提高，保障运输安全、提高运营效率、提升服务质量要求不断提高，对铁路车辆运行安全监控系统设计提出了更高要求，有必要在新的建设、运营、管理模式下，对铁路车辆运行安全监控系统设设计规范进行修订。

工程建设实践过程中，铁路车辆运行安全监控系统技术不断发展，检修设施、运营经验进一步完善，新技术大量应用，为修编标准奠定良好基础。为确保铁路车辆运行安全监控系统设计标准的先进性、时效性，根据构建铁路工程建设标准体系的要求，组织中铁二院工程集团有限责任公司等单位开展《铁路车辆运行安全监控系统设计规范》全面修订工作。

《铁路车辆运行安全监控系统设计规范》规定铁路车辆运行安全监控系统设计的共性要求，属于专业主体设计规范。总结铁路车辆运行安全监控系统工程建设、使用管理、设备维护经验，借鉴国内有关标准，采用“四新”技术，淘汰落后的工艺，吸纳近年来新技术和修程修制改革成果，经广泛征求意见和审查修订而成，适应铁路信息化、智能化等发展。

（二）编制目的

1. 贯彻新发展理念。立足铁路车辆运行安全监控系统顶层布局规划，结合铁路车辆运行安全监控系统现状，适应新建、改建铁路车辆运行安全监控设计需要，保障行车安全、提高运输效率。

2. 解决突出问题。统一铁路车辆运行安全监控系统设计技术标准，使铁路车辆运行安全监控系统设计符合安全可靠、技术先进、经济适用的要求。

3. 满足创新发展需求。解决原标准涵盖内容不全、适用范围不够，修订、补充新技术及子系统内容，使规范覆盖全面，适用于各类型铁路。

4. 保障质量安全。协调相关铁路工程设计标准，为铁路车辆运行安全监控系统专业设计提供依据。

（三）编制原则

1. 总结并吸纳现行规范在工程设计、施工和运营管理方面的实践经验，研究车辆运行安全监控系统技术发展趋势，吸纳有关研究成果。

2. 结合铁路技术管理规程、铁路车辆运行安全监控系统运用和检修规程以及各子系统现行统型要求，修订、完善规范相关条文。

3. 适应铁路建设发展和科技进步需要，积极采用新技术、新工艺、新设备或新材料。

4. 充分考虑技术经济性、科学性、成熟可靠性，以及系统工程的可操作性、可扩展性、可维护性。

（四）编制过程

《铁路车辆运行安全监控系统设计规范》编制过程总体上分为五个阶段。

前期准备阶段。开展铁路车辆运行安全监控系统技术基础研究，总结近年来铁路车辆运行安全监控系统设施建设及运营经验，研究相关技术发展趋势，吸纳有关研究成果。分析原《铁路车辆运行安全监控系统设计规范》等相关内容。

工作大纲阶段。确定标准编制原则、适用范围、内容框架、进度计划、工作分工等。组织铁路建设管理、勘察设计、施工建造、运营管理等专家完成技术审查。

征求意见稿阶段。编制完成征求意见稿条文和条文说明。向铁路建设管理、勘察设计、施工建造、运营管理等单位广泛征求意见，共收到 15 家单位反馈意见 132 条。组织相关专家完成技术审查。

送审稿阶段。编制完成送审稿条文和条文说明。向铁路建设管理、勘察设计、施工建造、运营管理、科研院所等单位广泛征求意见，共收到 12 家单位反馈意见 14 条。组织相关专家完成技术审查。

报批稿阶段。编制完成报批稿条文和条文说明。经审核通过，于 2021 年 12 月 29 日发布，自 2022 年 4 月 1 日起实施。

（五）主要内容

《铁路车辆运行安全监控系统设计规范》是铁路车辆运行安全监控系统设计领域的基础性行业标准，在系统总结铁路车辆运行安全监控系统研究成果和建设运营实践经验基础上编制而成。

原规范条文共 132 条，新修订的规范条文共 100 条，其中原规范保留 0 条、修改 121 条、增加 31 条、删除 11 条，规范条文修订情况统计如图 2-7 所示。

规范基本构架：

规范共分 14 章，内容包括：总则、缩略语、基本规定、车辆轴温智能探测系统（THDS）、货车故障轨旁图像检测系统（TFDS）、车辆运行品质轨旁动态监测系统（TPDS）、车辆滚动轴承故障轨旁声学诊断系统（TADS）、客车故障轨旁图像检测系统（TVDS）、动车组运行故障图像检测系统（TEDS）、客车运行安全监控系统

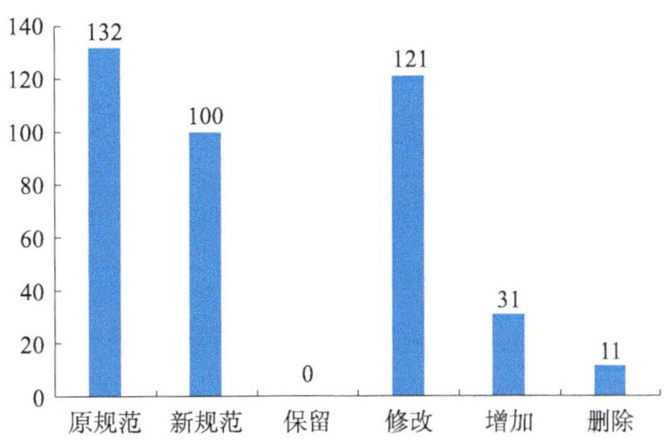

图 2-7　规范条文修订情况统计

(TCDS)、动车组车载信息无线传输系统(WTDS)、铁路车号自动识别系统(ATIS)、设备维修设施和工程接口。主要分为四大板块:

第一板块:总则。明确标准编制目的、适用范围等,提出铁路车辆运行安全监控系统应根据铁路发展规划,合理布局,积极采用新技术、新材料、新工艺、新设备,贯彻劳动安全与卫生设计、环境保护等政策规定。

第二板块:缩略语。规定与铁路车辆运行安全监控系统相关缩略词。

第三板块:设计要求。规定铁路车辆运行安全监控系统中各子系统的设计内容。

第四板块:规范用词说明及引用标准名录。明确执行规范条文时,对于要求严格程度的用词说明及引用标准名录。

主要修订内容:

1. "总则"章修订了适用范围,新增客车故障轨旁图像检测系统(TVDS)、动车组运行故障图像检测系统(TEDS)和动车组车载信息无线传输系统(WTDS)等相关内容。

2. "术语"章修改为"缩略语"。

3. 新增"基本规定"章,规定了探测站、复示站、监测站和查询中心设置的基本要求及各子系统合设要求。

4. "车辆轴温智能探测系统(THDS)"章修订了探测站轨旁设备设置位置规定。

5. "货车故障轨旁图像检测系统(TFDS)"章新增探测站布点间距、检测站集中设置等相关规定;新增"复示站"节。

6. "车辆运行品质轨旁动态监测系统(TPDS)"章修订了探测站轨旁设备设置

位置规定;新增探测货车的探测站布点间距,以及探测动车组的探测站、复示站、监测站的设置规定。

7.“车辆滚动轴承故障轨旁声学诊断系统(TADS)”章修订了探测站轨旁设备设置位置规定;新增探测货车的探测站布点间距,以及探测动车组的探测站、复示站、监测站的设置规定。

8. 新增“客车故障轨旁图像检测系统(TVDS)”章,规定了探测站、检测站、复示站和监测站的设置要求。

9. 新增“动车组运行故障图像检测系统(TEDS)”章,规定了探测站、检测站、复示站和监测站的设置要求。

10.“客车运行安全监控系统(TCDS)”章将原无线下载站并入检测站;删除了设在车辆段的监测站;将原“监控站”改名为“监测站”。

11. 新增“动车组车载信息无线传输系统(WTDS)”章,规定了检测站的设置要求。

12.“铁路车号自动识别系统(ATIS)”章修订了探测站轨旁设备设置位置规定;新增客车和动车组车辆段(所)设置探测站、复示站的规定,以及“监测站”节。

13.“动态检测设备车间”章名称修订为“设备维修设施”,修订了维修设施的设计原则、房屋组成和设备配备等内容。

14. 新增“工程接口”章,规定了各系统探测站、检测站、复示站、监测站的土建和暖通空调、电力、通信等工程设计要求。

(六)解决的问题及预期效果

1. 解决的问题

(1)规范和指导近年来已大量运用的客车故障轨旁图像检测系统(TVDS)、动车组运行故障图像检测系统(TEDS)和动车组车载信息无线传输系统(WTDS)三个系统的工程设计要求。

(2)补充货车故障轨旁图像检测系统(TFDS)、车辆运行品质轨旁动态监测系统(TPDS)、车辆滚动轴承故障轨旁声学诊断系统(TADS)、铁路车号自动识别系统(ATIS)等系统技术更新升级、运用组织发展变化的相关内容。

(3)统一并明确原规范中工程设计接口。

2. 预期效果

(1)增加客车故障轨旁图像检测系统(TVDS)、动车组运行故障图像检测系统(TEDS)和动车组车载信息无线传输系统(WTDS)等相关内容。

(2)增加货车故障轨旁图像检测系统(TFDS)、车辆运行品质轨旁动态监测系统(TPDS)、车辆滚动轴承故障轨旁声学诊断系统(TADS)、铁路车号自动识别系统(ATIS)等系统升级变化的相关内容。

(3)统一并规范各系统工程设计接口内容,便于工程设计人员在设计中使用。

(七)历史沿革

1. 1998年,铁道部(铁建函〔1998〕253号)发布《铁路红外线轴温探测系统设计规范》TB 10057—1998。

2. 2010年,铁道部(铁建设〔2010〕25号)发布《铁路车辆运行安全监控系统设计规范》TB 10057—2010。修订了车辆轴温智能探测系统(THDS)探测站的间距,通信网络增加了采用数字通道的要求,取消了音频通道混合网,并修订了轨边设备设置要求等。增加了TFDS、TPDS、TADS、AE等设备检修要求。

3. 2021年,国家铁路局(国铁科法〔2021〕49号)发布《铁路车辆运行安全监控系统设计规范》TB 10057—2021,为现行版本。

六、《铁路客站结构健康监测技术标准》TB/T 10184—2021

(一)编制背景

结构健康监测技术标准为大型及特大型铁路客站、特殊及复杂结构客站的结构健康监测工作提供技术指导,统一铁路客站结构健康监测技术要求,提高结构健康监测系统的设计、施工和运用管理水平,推动结构健康监测技术发展,推动我国在该领域的技术进步,具有重要的现实意义和使用价值。

通过对铁路客站规模、结构形式和破坏类型等进行系统分析和总结,结合已有的监测技术方法,在监测系统设计、监测内容、监测方式、安全预警、状态评估、数据分析与管理、系统验收与维护等方面制定统一标准。根据《国家铁路局2016年铁路工程建设标准编制计划》(国铁科法函〔2016〕29号)要求,组织石家庄铁道大学等单位开展《铁路客站结构健康监测技术标准》制定工作。

随着我国铁路建设的快速发展,一批结构体系新颖、规模庞大、受力状态复杂的现代化铁路客站相继建成投入使用。铁路客站(图2-8)作为人流密集的大型公共建筑,结构服役状态的监测与评估对保障运营安全具有重要意义。近年来,大型、特大型铁路客站实施的结构健康监测技术应用与工程实践,为制定铁路客站结构健康监测技术标准积累了丰富经验,奠定了坚实基础。

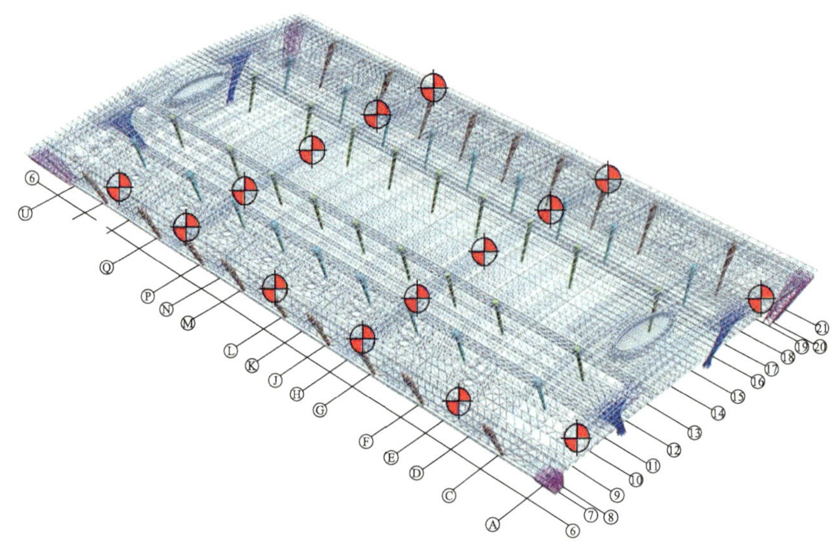

图 2-8 杭州东站屋盖结构变形监测点布置

（二）编制目的

1. 统一铁路客站结构健康监测技术要求，规范相关技术工作，有效推进我国铁路客站的建设与运营安全。

2. 提高结构健康监测系统的设计、施工和运用管理水平，为客站正常运行与日常维护提供依据。

3. 根据客站结构受力特点和安全风险，明确监测对象及监测指标，提出监测技术要求，形成统一的健康监测技术标准。

4. 全面把握结构健康监测技术应用现状和发展方向，建立统一的健康监测技术标准，促进结构健康监测技术发展。

（三）编制原则

1. 目标导向、推动发展。统一铁路客站结构健康监测技术要求，提高健康监测系统的设计、施工和运用管理水平，促进结构健康监测技术发展，发挥行业标准规范性、指导性与引领性作用。

2. 立足行业、定位准确。全面把握结构健康监测技术应用现状和发展方向，针对铁路客站结构特点和安全风险，建立统一的健康监测技术标准，形成定位准确、边界清晰的行业标准。

3. 技术先进、经济合理。全面调研我国铁路客站健康监测技术应用情况，建立合理的监测系统设计、施工和维护管理要求，使铁路客站结构健康监测技术标准技术先进、经济合理、安全适用。

4. 规范统一、满足需求。统一铁路客站结构健康监测系统技术要求，规范相关技术工作，对客站结构安全性与功能性进行评价与预警，为客站正常运行与日常维护提供依据。

（四）编制过程

《铁路客站结构健康监测技术标准》编制过程总体上分为四个阶段。

工作大纲阶段。确定标准编制原则、适用范围、内容框架、进度计划、工作分工等，组织铁路建设管理、勘察设计、运营管理等单位多位权威专家完成技术审查。

征求意见稿阶段。编制完成征求意见稿条文和条文说明，向铁路建设管理、勘察设计、施工建造、运营管理、科研院所等单位广泛征求意见，共收到 8 家单位反馈意见 80 条。组织相关单位多位权威专家完成技术审查。

送审稿阶段。编制完成送审稿条文和条文说明，向铁路建设管理、勘察设计、施工建造、运营管理、科研院所、政府部门等单位广泛征求意见，共收到 8 家单位反馈意见 83 条，组织相关单位多位权威专家完成技术审查（图 2-9）。

图 2-9　送审稿审查会

报批稿阶段。编制完成报批稿条文和条文说明，经审核通过，于 2021 年 3 月 10 日发布，自 2021 年 6 月 1 日实施。

（五）主要内容

《铁路客站结构健康监测技术标准》是首次制定的结构健康监测技术类标准。

标准基本构架：

标准共分 12 章，包括总则、术语、基本规定、监测内容与测点选择、传感器选型与技术要求、数据采集与传输模块设计、数据管理与分析模块设计、预警与评估模块设计、监测设备安装与防护、系统集成与调试、系统验收、系统维护等。主要分为四大板块：

第一板块：总则。明确标准编制目的、适用范围、基本原则、结构健康监测方案考虑因素等内容，提出结构健康监测系统要求。

第二板块：术语。规定与结构健康监测技术密切相关的术语和符号，如结构健康监测、安全预警、“桥—建”合一结构等。

第三板块：基本规定。提出结构健康监测系统的内容要求，规定监测系统软硬件的技术要求，明确健康监测系统设计方案的主要内容等要求。

第四板块：专业技术要求。明确监测内容和不同结构主体的测点选择，规定传感器选型与技术要求，提出数据采集、传输、管理与分析设计要求，明确结构安全预警与状态评估等技术内容。

主要技术内容：

1. 规定结构健康监测的基本原则和总体要求。

2. 明确监测对象、监测内容、测点选取等内容。

3. 提出传感器的选型原则、技术指标、数据采集方式等要求。

4. 规定数据采集相关配置和数据传输方式的确定方法。

5. 明确数据存储、处理、管理与分析模块应实现的功能和技术要求。

6. 提出结构安全预警阈值、结构状态评估的确定原则。

7. 明确传感器、采集设备、信号传输线、电源缆线、预埋件、附属设施、监控中心设备等的安装与防护要求。

8. 规定监测系统软硬件集成与调试的工作内容和具体技术要求。

9. 提出监测系统软件、硬件及各功能模块的验收内容、方法及相关要求。

10. 强调系统维护的管理要求、维护方式及应对措施等内容。

七、《铁路自然灾害及异物侵限监测系统工程技术规程》TB 10185—2021

（一）编制背景

随着我国铁路发展速度加快、建设规模增大、运营效率提升，铁路客运需求持续增加，列车运行速度不断提高，列车运行密度逐步加大，但是各种自然灾害和异物侵限给铁路运输安全构成的威胁也与日俱增。工程实践证明，在铁路建设开始时同步建设自然灾害及异物侵限监测系统（图 2-10），对危及列车运行安全的自然灾害及异物侵限进行实时监测、报警及紧急处置，实现监测信息分布获取、集中管理和综合运用，可有效防止或减轻各类灾害对列车行车安全的危害。《高速铁路设计规范》TB 10621—2014 和《高速铁路安全防护设计规范》TB 10671—2019 对风、雨、雪、地震、异物侵限监测系统相关设计要求已有原则性规定。《铁路自然灾害及异物侵限监测系统工程技术规程》是综合性设计规范的细化、补充和完善，是铁路自然灾害及异物侵限监测系统专项规范，包括设计、施工和验收要求。

图 2-10　自然灾害监测系统—风现场采集设备

为贯彻落实党中央、国务院关于加强铁路安全工作的决策部署，统一铁路沿线风、雨、雪、地震监测以及上跨铁路的道路桥梁异物侵限监测系统设计及工程施工质量验收要求，细化铁路自然灾害及异物侵限系统设置原则，根据《国家铁路局 2019 年铁路工程建设标准编制计划》（国铁科法函〔2019〕38 号）要求，组织中国铁路经济规划研究院有限公司等单位开展《铁路自然灾害及异物侵限监测系统工程技术规程》制定工作。

坚持“安全第一、预防为主、技术先进、经济合理”的原则，全面总结铁路自然灾害及异物侵限监测系统工程建设、运用维护经验，吸纳有关科研成果，注重与相关标准协调配套，按照共性部分、设计部分、验收部分开展标准编制，提出系统设计、接口设计、系统检验等方面技术要求，为自然灾害及异物侵限监测系统工程建设提供标准支撑。

（二）编制目的

1. 保障铁路运营安全。贯彻落实党中央、国务院关于加强铁路安全工作的决策部署，保障铁路建设运营安全，做到与《高速铁路安全防护设计规范》等标准协调配套。

2. 细化系统设置要求。明确自然灾害及异物侵限监测系统专项标准定位，补充完善风、雨、雪、地震、异物侵限监测系统相关技术内容，确保有关技术要求落实落地。

3. 统一设计验收标准。明确灾害监测系统工程建设基本原则，合理确定设置条件和架构层级，统一自然灾害监测及异物侵限监测系统设计及工程施工质量验收要求。

（三）编制原则

1. 安全第一、预防为主。贯彻落实国家有关法律、法规、规范性文件及标准规范，执行铁路行业相关技术管理规章，突出灾害监测系统工程监测、预警、报警功能要求。

2. 定位明确、协调统一。明确自然灾害及异物侵限监测系统专项标准定位，坚持与铁路行业有关管理办法、标准规范和技术规章统一协调，减少与既有标准交叉重复。

3. 深度融合、系统优化。系统总结铁路自然灾害及异物侵限监测系统工程建设、运用管理经验，吸纳相关科研成果，明确灾害监测系统工程设计、验收要求，确定有关技术标准。

4. 技术先进、经济合理。适应铁路建设发展和科技进步需要，积极采用四新技术，充分考虑灾害监测系统工程的技术经济合理性，兼顾可操作性、可扩展性、可维护性。

（四）编制过程

《铁路自然灾害及异物侵限监测系统工程技术规程》编制过程总体上分为五个阶段。

前期准备阶段。深入调研国内外铁路灾害监测系统工程技术特点，全面总结灾害监测系统工程建设运营经验和相关科研成果，全面梳理相关标准技术要求，为规程编制提供基础支撑。

工作大纲阶段。确定标准编制原则、适用范围、内容框架、进度计划、工作分工等，组织铁路建设管理、勘察设计、施工建造、运营维护等单位多位权威专家完成技术审查。

征求意见稿阶段。编制完成征求意见稿条文和条文说明，向铁路建设管理、勘察设计、施工监理、运营维护、科研院所等单位广泛征求意见，共收到 11 家单位反馈意见 76 条。组织相关单位多位权威专家完成技术审查。

送审稿阶段。编制完成送审稿条文和条文说明，向铁路建设管理、勘察设计、施工建造、科研院所、政府部门等单位广泛征求意见，共收到 7 家单位反馈意见 40 条。组织相关单位多位权威专家完成技术审查。

报批稿阶段。编制完成报批稿条文和条文说明，经审核通过，于 2021 年 12 月 29 日发布，自 2022 年 4 月 1 日起实施。

（五）主要内容

《铁路自然灾害及异物侵限监测系统工程技术规程》是集设计规范、工程施工质量验收标准为一体的行业标准，是在系统总结铁路自然灾害及异物侵限监测系统工程建设运营实践经验和科研成果的基础上制定而成，为灾害监测系统工程设计和施工验收提供了依据。

规程基本构架：

规程由 13 章组成，包括总则、系统设计、监测中心设计、现场监测设备设计、网络及安全、光电缆线路、运行环境、接口设计、验收基本规定、光电缆线路检验、现场监测设备检验、监测中心检验、系统检验，另有 5 个附录。主要分为三大板块：

第一板块：共性部分（总则）。明确规程编制目的、适用范围、设置位置及方式、安全距离等内容。

第二板块：设计部分。规定灾害监测系统设置原则及系统架构，提出现场监测设备构成、设备功能、设备设置等要求，明确网络及安全设计、光电缆选型、生产房屋设置及运行环境、接口设计等要求。

第三板块：验收部分。规定验收单元划分、验收内容和要求、验收程序和组织，明确光电缆线路、现场监测设备、监测中心等检验要求，提出灾害监测系统检验的预置条件等内容。

主要技术内容：

1. 统一灾害监测系统的设置原则及系统架构等要求。

2. 提出监测中心的设置原则、功能、设备设置、互联等要求。

3. 明确现场监测设备构成、设备功能、设备设置等要求。

4. 规定网络设计要求、网络安全设计要求等。

5. 提出灾害监测系统光电缆选型、敷设、防护等要求。

6. 规定生产房屋设置及环境、供电及电源设备、电源及设备房屋环境监控、设备防雷及接地等要求。

7. 明确灾害监测系统与站场、路基、隧道、桥梁、房建、暖通、通信、信号、电力、电力牵引供电等专业的接口设计要求。

8. 统一验收单元划分、验收内容和要求、验收程序和组织等验收要求。

9. 规定光电缆敷设及防护、接续、引入及成端的验收要求。

10. 规定监控单元和电源设备，以及风、雨、雪、地震、上跨铁路的道路桥梁落物的异物侵限现场采集设备的验收要求。

11. 规定监测中心机柜设备、电源设备、服务器及存储设备、网络及安全设备、终端设备的验收要求。

12. 规定灾害监测系统检验的预置条件、检验记录和系统检验要求。

（六）解决的问题及预期效果

1. 解决的问题

（1）相关标准关于风、雨、雪、地震、异物侵限监测系统的技术要求不具体、可操作性不强的问题。

（2）行业标准中缺少灾害监测系统工程监测中心、现场监测设备等设计标准的问题。

（3）灾害监测系统工程验收方式、验收比例不统一的问题。

2. 预期效果

《铁路自然灾害及异物侵限监测系统工程技术规程》系首次制定，细化了铁路自然灾害及异物侵限系统（图 2-11）设置原则，对铁路沿线风、雨、雪、地震监测以及上跨高速铁路的道路桥梁异物侵限监测系统设计及工程施工质量验收要求进行了全面规定，为灾害监测系统工程设计和施工验收提供了具有较好可操作性、可扩展性、可维护性的技术依据。

图 2-11 沪苏通铁路异物侵限现场监测设备

第四节 施工类标准

八、《邻近铁路营业线施工安全监测技术规程》TB 10314—2021

（一）编制背景

随着我国城镇化建设的持续推进和铁路运营里程的快速增加，邻近铁路营业线施工建设需求与工程数量日益增多(图 2-12),在邻近施工对铁路设施的安全影响判断等方面,准确性、实时性仍有不足之处,相关设备选型、监测频率缺乏统一要求,特别是对于高速铁路变形安全监测、长期观测缺乏完善的通用技术标准。北京、上海、武汉、南昌等均有大量邻近铁路营业线施工项目成功实施,为制定邻近铁路营业线施工安全技术标准积累了丰富经验,奠定了坚实基础。

图 2-12　廊坊市光明道上跨京沪高速铁路立交桥转体施工

为贯彻落实习近平总书记关于安全生产重要论述和关于高铁沿线环境安全重要指示精神,满足铁路安全运营需要,统一邻近铁路营业线施工安全监测要求,加快推进铁路行业安全生产标准化建设,根据《国家铁路局 2019 年铁路工程建设标准编制计划》(国铁科法函〔2019〕38 号)要求,组织同济大学、中国铁路经济规划研究院有限公司开展《邻近铁路营业线施工安全监测技术规程》制定工作。

规程贯彻安全优先的原则,全面总结邻近铁路营业线施工安全监测实践经验和科研成果,结合我国测量技术水平、铁路管理模式等因素,并与现行工程勘察、测量和工务作业等相关标准统筹协调,提出有关安全监测内容和关键控制指标,对深入整治邻近铁路营业线施工安全事故风险隐患,推动铁路高质量发展具有重要意义。

(二)编制目的

1. 保障铁路设施设备安全。贯彻落实习近平总书记关于安全生产重要论述和关于高铁沿线环境安全重要指示精神,有效防范邻近铁路营业线施工安全事故风险隐患,加快推进铁路行业安全生产标准化建设。

2. 统一安全监测技术要求。借鉴相关行业标准和研究成果,结合铁路工程特点,研究邻近铁路营业线工程施工监测项目、测点布置等内容,提出适用于邻近铁路营业线施工工程的监测技术标准。

3. 填补铁路行业技术空白。制定邻近铁路营业线施工安全监测的主要原则,提出监测频率、监测设备、监测预警值、报警值及控制值等方面技术要求,填补相关领域技术空白。

（三）编制原则

1. 目标导向、安全优先。贯彻落实国家法律法规对铁路建设运营和设施设备保护的要求，适应铁路改革发展需要，保障铁路设施设备安全，促进邻近铁路营业线工程施工安全有序进行。

2. 系统协调、规范统一。认真执行国家、行业有关标准规范要求，与《公路与市政工程下穿高速铁路技术规程》等标准相协调配套，系统规定邻近铁路营业线施工安全监测技术内容。

3. 结合现场、注重实用。结合铁路工程特点，注重规程的可操作性、系统性和完整性，研究确定路基、桥涵、隧道和站房等施工安全监测项目，明确施工安全影响区监测等级划分方法。

4. 合理可信、科学适用。明确监测设备使用条件，确保监测频率、停测标准和变形监测控制指标制定科学可信，各类预警值、报警值和控制值采用依据充分。

（四）编制过程

《邻近铁路营业线施工安全监测技术规程》编制过程总体上分为五个阶段。

前期准备阶段。开展邻近铁路营业线施工安全监测技术研究，深入调研邻近铁路营业线施工项目成功案例，系统总结邻近铁路营业线施工安全监测实践经验和科研成果，全面梳理相关标准规范技术要求，为规程编制提供基础支撑。

工作大纲阶段。确定标准编制原则、适用范围、内容框架、进度计划、工作分工等，组织铁路建设管理、勘察设计、施工建造、运营维护、科研院所等单位多位权威专家完成技术审查。

征求意见稿阶段。编制完成征求意见稿条文和条文说明，向铁路建设管理、勘察设计、施工建造、运营维护、科研院所等单位广泛征求意见，共收到多家单位反馈意见 135 条。组织相关单位多位权威专家完成技术审查。

送审稿阶段。编制完成送审稿条文和条文说明，向铁路建设管理、勘察设计、施工建造、科研院所、政府部门等单位广泛征求意见，共收到多家单位反馈意见 56 条。组织相关单位多位权威专家完成技术审查。

报批稿阶段。编制完成报批稿条文和条文说明，经审核通过，于 2021 年 3 月 10 日发布，自 2021 年 6 月 1 日起实施。

（五）主要内容

《邻近铁路营业线施工安全监测技术规程》是铁路工程建设施工类重要行业

标准,是在系统总结邻近铁路营业线施工安全监测技术实践经验和科研成果的基础上制定而成,为保障邻近施工环境下铁路设施设备安全奠定坚实基础。

规程基本构架:

规程由 7 章组成,包括:总则,术语,基本规定,监测项目及测点布置,人工监测,自动化监测,监测频率、预警值、报警值及控制值,另有 5 个附录。主要分为四大板块:

第一板块:总则。明确规程编制目的、适用范围、和其他标准的关系、应遵循的主要原则和技术要点。

第二板块:术语。规定与邻近铁路营业线施工安全监测相关的术语,如邻近施工影响区、变形监测、监测控制值、监测报警值、监测预警值等。

第三板块:基本规定。提出邻近铁路营业线施工监测的总体技术要求,包括监测方案,变形测量精度、观测设备,监测数据采集及报告编制等方面的基本要求。

第四板块:具体要求。规定监测项目选择及测点布置,人工监测技术,自动化监测适用条件,监测频率,变形监测预警值、报警值及控制值等方面的技术要求。

主要技术内容:

1. 明确规程适用范围,规定邻近铁路营业线施工安全监测应遵循的主要原则和技术要点。

2. 规范与邻近铁路营业线施工安全监测相关专用名词定义。

3. 统一邻近铁路营业线施工安全监测方案编制、监测点布置、监测数据采集及报告编制等方面的基本要求。

4. 规定邻近铁路营业线施工安全监测的项目选择及测点布置要求。

5. 规定竖向位移、水平位移、倾斜和裂缝的人工监测技术要求。

6. 明确采用自动化监测的适用条件,规定全站仪、静力水准装置、电水平尺以及卫星定位等自动化监测的技术要求。

7. 规定铁路运营设备设施的监测频率,变形监测预警值、报警值及控制值。

(六)解决的问题及预期效果

1. 解决的问题

(1)邻近铁路营业线施工安全监测无规可依的问题。

(2)邻近铁路营业线施工安全监测项目不明确、测点布置不规范的问题。

(3)邻近铁路营业线施工安全监测频率、停测标准和变形监测控制指标不统一的问题。

2. 预期效果

规程在邻近铁路营业线施工安全监测的监测频率、监测设备、监测预警值、报警值及控制值等的选取方面填补了行业技术空白，明确了路基、桥涵、隧道和站房等施工安全监测项目，规定了基坑、隧道及其他复杂工程的邻近施工影响区划分方法（图 2-13），统一了邻近高速铁路和普速铁路施工不同监测等级的监测频率、停测标准，提出了不同变形条件下的预警值、报警值和控制值，为邻近施工安全监测提供了标准支撑。

图 2-13 邻近铁路营业线基坑开挖

第五节 验收类标准

九、《高速铁路工程静态验收技术规范》TB 10760—2021

（一）编制背景

工程静态验收是高速铁路工程质量验收工作的重要组成部分，是保障高速铁路工程质量的重要环节。对于推动高速铁路工程质量全面提升，努力打造精品工程，具有非常重要的作用及现实的意义。

为统一高速铁路工程静态验收技术要求和质量标准，坚持“政策协同、标准协调、技术进步、满足需求”的原则，全面总结近年来高速铁路工程静态验收工作经验，根据《国家铁路局 2019 年铁路工程建设标准编制计划》（国铁科法函〔2019〕185 号）要求，组织中国铁路经济规划研究院有限公司等单位开展《高速铁路工程静态验收技术规范》全面修订工作。

2018 年—2019 年陆续发布 18 项专业验收标准，经过广泛调查研究和系统总结归纳，提出了各专业具体的验收措施和要求。这些标准是衡量铁路工程各专业建设质量的标尺，是保障铁路运输安全的重要基础标准。专业验收标准的编制为全面修订《高速铁路工程静态验收技术规范》积累了丰富经验，奠定了坚实基础。

（二）编制目的

1. 总结近年高速铁路静态验收经验，结合智能铁路验收新要求，优化静态验收检测内容，协调动、静态验收检验内容。

2. 补充新技术、新工艺、新设备、新材料等有关验收内容，满足高速铁路建设静态验收新需求，提升标准的技术先进性。

3. 调整铁路建设各专业检查项目，突出重点资料、特种设备及专项验收项目的验收要求，提出关键工序质量的验收条件。

（三）编制原则

1. 目标导向、服务需求。坚持"政策协同、标准协调；内容全面、突出重点；技术进步、满足需求。"原则，认真总结近年来高速铁路工程静态验收工作经验，紧密结合工程验收现场亟需。

2. 适应发展、优化完善。明确适用范围，适应铁路政企分开改革要求，弱化行政管理内容。调整章节结构内容，规范统一验收记录表格式等资料，进一步提高标准合理性、可操作性。

3. 协调统一、技术先进。专业检查项目设置与相关专业验收标准保持一致，注重规范与相关标准间的协调性，同时结合检测技术手段发展、专业技术进步新增相应的检查验收项目。

4. 突出重点、要求明确。突出隐蔽工程、专业检测机构检测报告等重点资料的验收要求，提出关键工序质量的验收条件，明确国家规定的特种设备及专项验收项目的验收要求。

（四）编制过程

《高速铁路工程静态验收技术规范》编制过程总体上分为五个阶段。

前期准备阶段。系统总结近些年高速铁路工程静态验收工作经验，紧密结合相关工作管理要求，修订遵循"安全第一、重点突出、标准协调、内容全面"原则，对验收项目、验收要求进行全面优化，突出关键工序及隐蔽工程资料、专业检测报告等重点项目的验收要求，编制形成规范初稿。

工作大纲阶段。确定标准编制原则、适用范围、内容框架、进度计划、工作分工等，组织铁路建设管理、勘察设计、施工建造、运营维护等单位多位权威专家完成技术审查。

征求意见稿阶段。编制完成征求意见稿条文和条文说明，向勘察设计、施工建造、科研院所等单位征求意见，共收到 22 家单位 190 条意见，采纳 134 条，组织 23 位轨道、路基、桥涵、隧道、房屋建筑、电力、通信、信号、信息、灾害监测等领域权威专家开展技术审查。

送审稿阶段。编制完成送审稿条文和条文说明，向铁路建设管理、勘察设计、施工建造、科研院所、政府部门等单位广泛征求意见，共收到多家单位反馈意见 169 条。组织相关单位多位权威专家完成技术审查。经修订完善，形成《高速铁路工程静态验收技术规范》送审稿，并组织专家完成技术审查。

报批稿阶段。编制完成规范报批稿条文和条文说明。经审核通过，于 2021 年 11 月 18 日发布，自 2022 年 3 月 1 日起实施。

（五）主要内容

《高速铁路工程静态验收技术规范》是高速铁路工程质量验收工作的重要依据，在《高速铁路工程静态验收技术规范》TB 10760—2013 基础上，系统总结 250 km/h～350 km/h 高速铁路静态验收实践经验编制而成，为新建高速铁路工程静态验收提供系统规范的标准支撑。

规范基本构架：

《高速铁路工程静态验收技术规范》共分 19 章，主要包括总则、术语和缩略语、基本规定、轨道、路基、桥涵、隧道、精密工程测量、电力牵引供电、电力、通信、信号、信息、灾害监测、房屋建筑、综合接地、建设用地、环境保护与水土保持、声屏障与站台门等，另有 3 个附录。主要分为三大板块：

第一板块：总则。明确标准编制目的、适用范围、基本原则等内容，提出静态验收采用先进、成熟、科学的检测技术，检测数据应完整、准确等要求。

第二板块：术语和缩略语。规定与高速铁路工程静态验收密切相关的术语和符号，如内业检查、外业检查，给出列车自动驾驶框架控制网、基础平面控制网、线路平面控制网、轨道控制网等缩略语。

第三板块：工程验收规定。明确路基、桥涵、隧道、轨道电力牵引供电、电力、通信信号、信息、灾害监测、房屋建筑、综合接地、环境保护与水土保持、声屏障与站台门等工程的验收要求。

主要修订内容：

1. 明确规范适用于新建高速铁路工程静态验收。

2. 增加“术语和缩略语”章，对“内业检查”“外业检查”等术语进行了定义。

3. 提出轨道控制网及线形测量资料，小阻力扣件设置等术语资料，轨道防排水、项目成品的检查要求。

4. 增加路基桩基专业检测机构报告、地基处理检测资料、填料检(试)验资料、绿色防护资料、隐蔽工程验收记录等检查要求。

5. 明确桥梁桩基专业检测机构报告，钢梁制造、架设、涂装施工记录，通航桥梁防撞设施资料，通航桥梁防撞监测报警系统资料，桥梁健康监测系统施工记录等抽查要求。

6. 增加隧道衬砌质量专业检测机构报告，衬砌质量缺陷的工程处理记录与资料，防灾疏散救援工程资料及系统调试记录等隧道内业重点抽查项目。

7. 调整精密工程测量成果资料、评估报告或评审验收结论、交桩记录等内业重点抽查项目。增加竣工复测成果资料、复测报告等内业重点项目抽查。

8. 增加电缆专业检测机构报告，电气设备交接试验专业检测机构报告，辅助监控系统调试记录，化学锚栓螺杆及锚固胶、隔离开关、负荷开关、避雷器专业检测机构报告等重点抽查项目。

9. 补充电力架空线路及电缆路径行政规划手续，系统检验记录，电缆专业检测机构报告，电气设备交接试验专业检测机构报告等重点抽查项目。

10. 增加通信系统专业检测机构报告，移动通信系统网络优化报告，移动通信系统无线电台站频率许可文件，漏泄同轴电缆及敷设，防雷及接地连接等重点抽查项目。

11. 补充信号计算机联锁系统、列车运行控制系统、调度集中系统、动车段(所)控制集中系统功能试验记录，隐蔽工程验收记录，车载地面检查设备，计算机联锁系统功能及接口，ATO 子系统功能及接口，动车段(所)控制集中系统功能及接口等重点抽查项目。

12. 增加网络安全检测记录，旅客服务与生产管控平台设备安装，旅客服务与生产管控平台功能等重点抽查项目。

13. 补充灾害监测风速风向计、雨量计、雪深计及地震计计量校准证书，光电缆线路，现场监测设备，监测中心设备，监控单元单项检验，系统检验等重点抽查项目。

14. 增加钢结构焊接专业检测机构报告，结构健康监测系统调试记录，室内环境检测报告等，室外附属设施，建筑物沉降观测测量，幕墙及外窗气密性、水密性、耐风压检测，消防设备联调试验记录，电（扶）梯运行状态检查等重点抽查项目。

15. 补充贯通地线敷设及分支引接，贯通地线的隔离措施，接地端子的位置及安装，贯通地线的电气完整性等重点抽查项目。

16. 增加安全保护区平面图及划定公告，新建铁路穿跨越、占用既有铁路土地资料，非铁路桥涵管线穿跨铁路占用铁路用地资料等重点抽查项目。

17. 提出施工中环保、水保问题投诉及处理情况等内业重点抽查项目。

18. 增加站台门设备室、设备机柜等内业重点抽查项目。

（六）解决的问题及预期效果

1. 解决的问题

增加房屋建筑专业检查项目，与《铁路站场工程施工质量验收标准》等行业标准以及《建筑装饰装修工程质量验收规范》GB 50210 等国家标准保持一致。

2. 预期效果

总结高速铁路工程静态验收工作经验，紧密结合工作管理要求，修订遵循“安全第一、重点突出、标准协调、内容全面”原则，对验收项目、验收要求进行了全面优化，突出了关键工序及隐蔽工程资料、专业检测报告等重点项目的验收要求，具有协调性、全面性、可操作性更强等特点，将对全面提升静态验收工作质量提供技术支撑。

（七）历史沿革

1. 2009 年，铁道部（铁建设〔2009〕183 号）发布《客运专线铁路工程静态验收指导意见》。规定客运专线铁路静态验收各专业的主要任务和内容，明确客运专线铁路静态验收各专业实体质量抽查规定。

2. 2013 年，铁道部（铁建设〔2013〕44 号）发布《高速铁路工程静态验收技术规范》TB 10760—2013。规定高速铁路静态验收各专业的主要项目和内容，明确高速铁路静态验收各专业主要验收要求和实体质量检查规定。

3. 2021 年，国家铁路局（国铁科法〔2021〕37 号）发布《高速铁路工程静态验收技术规范》TB 10760—2021，为现行版本。

第六节 检测类标准

十、《铁路计算机联锁工程检测规程》TB/T 10436—2021

(一)编制背景

为满足铁路信号工程建设发展需要,统一铁路计算机联锁(CBI)工程检验验收项目要求,保障 CBI 工程设计质量安全,根据《国家铁路局 2016 年铁路工程建设标准编制计划》(国铁科法函〔2016〕29 号)要求,组织北京全路通信信号研究设计院集团有限公司等单位开展《铁路计算机联锁工程检测规程》编制工作。

计算机联锁系统是铁路信号系统的安全核心,对确保行车安全、提高运营效率、提升自动化程度和管理水平及减少行车调度人员工作强度具有直接影响。随着铁路快速发展,计算机联锁领域内技术更新、产品迭代速度加快,对其安全性和可靠性提出了更高要求。《铁路计算机联锁工程检测规程》满足计算机联锁系统工程的质量检测要求。

《铁路计算机联锁工程检测规程》是铁路信号工程系列检测标准的组成部分,是信号工程施工质量验收以及高速铁路静态、动态验收等行业标准的配套标准。在充分借鉴和吸纳我国已开通和在建铁路的计算机联锁系统设计和检测经验,依据《铁路车站计算机联锁技术条件》《铁路信号设计规范》《铁路信号工程施工质量验收标准》《高速铁路信号工程施工质量验收标准》等标准,确定适用铁路工程建设的检测项目和检测方法。

(二)编制目的

1. 统一检测标准。聚焦质量安全、完善标准体系,统一铁路信号工程系列检测标准,规范铁路计算机联锁系统检测技术,提高铁路信号工程检验技术水平,保障铁路信号工程建设质量与安全。

2. 解决实际问题。针对铁路信号工程静态验收、动态验收过程中计算机联锁系统无标可依的问题,规范铁路计算机联锁系统检测项目和检测方法,保障铁路信号系统检测质量。

3. 满足发展需求。依托信号工程建设领域先进科研成果和成熟运用经验,优化完善相关技术要求,提升规范的技术先进性和经济合理性,满足铁路信号工程建设发展需要。

（三）编制原则

1. 依法合规、安全第一。贯彻国家有关法律、法规、方针、政策，执行铁路行业相关技术管理规章，充分借鉴和吸纳我国铁路计算机联锁工程建设和检测经验，遵循故障导向安全原则，树立人民生命财产安全高于一切的思想。

2. 系统分析、正确定位。与相关标准保持协调，合理处理与设计规范、验收标准等相关建设标准之间的关系、与相关产品设备标准之间的关系、与铁路主要技术政策和技规等技术规章之间的关系，确定规程适用铁路工程建设的检测项目。

3. 经济适用、高效可靠。检测方法适用于《铁路信号工程施工质量验收标准》《高速铁路信号工程施工质量验收标准》中计算机联锁系统验收。对于具有多种检测方法的检测项目，选取了高效且具有可操作性的检测方法；对于需要遍历测试的检测项目，在对应检测项目最后一项，规定逐项检测。

4. 格式规范、重点突出。按照《工程建设标准编写规定》和《标准化工作导则　第1部分：标准的结构和编写》给出的规则编写。围绕计算机联锁系统的基本功能、工程测试和验收标准展开，充分体现计算机联锁的工程测试及验收在信号系统领域的重要性和关键作用。

（四）编制过程

《铁路计算机联锁工程检测规程》编制过程总体上分为五个阶段。

前期准备阶段。开展铁路计算机联锁工程检测基础研究，调研国内计算机联锁技术特点，分析铁路工程计算机联锁技术发展趋势，全面总结计算机联锁技术在铁路工程中的运用成果，紧密结合计算机联锁技术条件以及铁路信号工程设计、验收标准，研究标准总体原则和主要内容。

工作大纲阶段。确定标准编制目的、适用范围、内容框架、进度计划、工作分工等，组织铁路建设管理、勘察设计、工程监理、施工建造、运营管理等单位多位权威专家完成技术审查。

征求意见稿阶段。编制完成征求意见稿条文和条文说明，向铁路建设管理、勘察设计、工程监理、施工建造、运营管理、科研院所等单位广泛征求意见，共收到13家单位反馈意见50条。组织相关单位多位权威专家完成技术审查。

送审稿阶段。编制完成送审稿条文和条文说明，向铁路建设管理、勘察设计、工程监理、施工建造、运营管理、科研院所等单位广泛征求意见，共收到13家单位反馈意见 32 条，组织相关单位多位权威专家完成技术审查。

报批稿阶段。编制完成报批稿条文和条文说明，经审核通过，于 2021 年 1 月 26 日发布，自 2021 年 5 月 1 日起实施。

（五）主要内容

《铁路计算机联锁工程检测规程》充分借鉴和吸纳我国铁路计算机联锁的工程建设经验，编制内容紧密结合《铁路车站计算机联锁技术条件》以及铁路信号工程设计、验收标准，标准定位确定为适用于铁路计算机联锁工程检测，并作为《高速铁路工程静态验收技术规范》、《高速铁路工程动态验收技术规范》以及《铁路信号工程施工质量验收标准》、《高铁铁路信号工程施工质量验收标准》的配套标准。

规程基本构架：

规程共分 13 章，包括总则、术语和缩略语、基本规定、计算机联锁设备、基本联锁功能、特殊联锁功能、平面溜放调车、与区间闭塞结合、场间结合、到达场与驼峰信号结合、与机务段结合、非进路调车、系统接口等。主要分为 4 大板块：

第一板块：总则。规定编制目的、适用范围、检测项目、检测方法等的总体要求，以及与相关标准之间关系等内容。

第二板块：术语和缩略语。规定规程适用的计算机联锁、调度集中、列控中心等术语和缩略语。

第三板块：基本规定。规定铁路计算机联锁工程检测项目、检测依据、检测设备及其使用等要求。

第四板块：专业技术要求。明确计算机联锁设备启动及切换、电源冗余、时间同步、显示及操作的检测方法。明确基本联锁功能、特殊联锁功能、平面溜放调车、与区间闭塞结合、场间结合、到达场与驼峰信号结合、与机务段结合、非进路调车的检测方法和检测要求。

主要技术内容：

1. 明确规程适用于铁路计算机联锁工程检测。

2. 定义计算机联锁系统相关的术语和缩略语。

3. 规定铁路计算机联锁工程检测项目、检测依据、检测设备及其使用等要求。

4. 明确计算机联锁设备启动切换、电源冗余、时间同步功能、显示操作等工程检测要求。

5. 提出进路、信号、道岔、下坡道延续进路、到发线出岔、轨道停电测试等基本联锁功能的工程检测要求和方法。关于基本联锁功能章节仅针对传统联锁在进路、信号和道岔在联锁关系要求下进行相关的检测，对于 CTCS-2 或 CTCS-3 线路新增相关功能的检测方法，在第 6 章“特殊联锁功能”中进行规定。

6. 规定常态为灭灯状态信号机的点灯、灭灯控制，在区间不设通过信号机并按 CTCS-2 或 CTCS-3 级列控系统运行的正线车站进路人工解锁、引导总锁闭、发车引导以及列车停稳等特殊联锁功能的工程检测要求。

7. 明确在集中联锁范围内溜放进路办理及溜放进路解锁等平面溜放调车工程检测要求。

8. 提出半自动闭塞、自动闭塞及自动站间闭塞模式下相关进路办理、信号开放、闭塞条件设置等与区间闭塞结合的工程检测要求。

9. 规定场间结合电路、利用渡线隔开的联锁区衔接结合下的进路办理、解锁等场间结合工程检测要求。

10. 规定到达场与机械化驼峰推峰进路的进路办理、信号开放以及推峰进路解锁等到达场与驼峰信号的结合工程检测要求。

11. 规定计算机联锁与机务段衔接时办理进、出机务段调车等与机务段结合工程检测要求。

12. 规定非进路调车模式下非进路办理的进路锁闭、解锁以及信号开放、关闭等项目等非进路调车工程检测要求。

13. 规定计算机联锁与无线闭塞中心、列控中心、邻站联锁、调度集中/列车调度指挥系统、编组站综合自动化等系统接口的工程检测要求。对于计算机联锁与各系统的检测，首先检测各系统与联锁通信的状态，并对所有冗余的连接线逐项检测，确保每一条连接线缆的有效性；在网络通信检测完成后对系统间通信的数据按照协议进行检测，确认系统间收、发数据的正确性。根据工程建设过程中测试环境与测试需求，计算机联锁与集中监测的接口为单向信息传输，即仅由计算机联锁向集中监测发送信息，故此接口内容本检测规程未涉及。

（六）解决的问题及预期效果

1. 解决的问题

规程是铁路信号工程系列检测标准的组成部分，是信号工程施工质量验收以及高速铁路静态、动态验收等行业标准的配套标准。该规程能有效解决我国铁路计算机联锁工程建设检测方法不统一、内容不全面的问题，填补铁路计算机联锁工程检测方标无法可依的空白，对行业内规范铁路计算机联锁工程检测方法起到积极作用。

2. 预期效果

通过国内铁路计算机联锁系统工程实践，作为铁路信号工程施工质量验收以及高速铁路静态、动态验收等行业标准的配套标准，完善工程检验验收体系，提高检验验收的效率，使得铁路计算机联锁工程建设体系更可靠、更高效。

十一、《铁路列车运行控制系统工程检测规程》TB/T 10437—2021

（一）编制背景

为满足铁路信号工程建设发展需要，统一铁路信号工程列车运行控制系统检验验收项目，提高列车运行控制系统检验验收水平，保障列车运行控制系统工程质量，根据《国家铁路局2016年铁路工程建设标准编制计划》（国铁科法函〔2016〕29号）要求，组织北京全路通信信号研究设计院集团有限公司等单位开展《铁路列车运行控制系统工程检测规程》编制工作。

列车运行控制系统是根据列车线路运行客观条件和实际情况，对列车运行速度及制动方式等状态实时监督、控制和调整的技术装备，是列车运行的大脑中枢控制系统，直接关系到行车安全和行车效率。为有效提高列车运行速度、减少列车信号冒进事故，需要规范铁路列车运行控制系统工程检测验收标准，满足CTCS-2级和CTCS-3级列控系统的工程质量检测需求。《铁路列车运行控制系统工程检测规程》是铁路信号工程系列检测标准的组成部分，是铁路信号工程施工质量验收以及高速铁路静态、动态验收等行业标准的配套标准。

《铁路列车运行控制系统工程检测规程》充分借鉴和吸纳我国铁路列车运行控制系统的工程建设和检测经验，依据《列控中心技术条件》《无线闭塞中心技术规范》《铁路信号设计规范》《铁路信号工程施工质量验收标准》《高速铁路信号工程施工质量验收标准》标准，确定适用铁路工程建设的检测项目和检测方法。

（二）编制目的

1. 贯彻新发展理念。聚焦质量安全、加强铁路新技术应用，统一铁路信号工程系列检测标准，提高铁路工程建设检验技术水平。保障铁路信号工程建设质量与安全。

2. 解决突出问题。针对铁路信号工程静态验收、动态验收过程中列车运行控制系统无法可依的问题，规范铁路列车运行控制系统工程检测项目和检测方法。

3. 满足创新发展需求。依托信号工程建设领域先进科研成果和成熟运用经验，优化完善相关技术要求，提升规范的技术先进性和经济合理性，满足铁路信号工程建设发展需要。

4. 保障列车运行安全。全面落实故障导向安全原则，充分利用科学、合理、高效的检测方法和检测手段，保证工程检测数据完整、准确，确定适应 CTCS-2 级和 CTCS-3 级列控系统的工程检测规程。

（三）编制原则

1. 依法合规、总结经验。贯彻国家有关法律、法规、方针、政策，执行铁路行业相关技术条件和技术管理规章，遵循故障导向安全原则，总结列控系统建设经验，调研现场存在问题，分析典型事故案例，借鉴国内外先进理念和方法，吸纳我国列车运行控制系统工程建设和检测经验。

2. 系统分析、协调配套。依据《列控中心技术条件》《无线闭塞中心技术规范》《铁路信号设计规范》《临时限速服务器技术条件》《列控系统应答器应用原则》《铁路信号工程施工质量验收标准》《高速铁路信号工程施工质量验收标准》等标准，确定规程适用铁路工程建设的检测项目。

3. 覆盖全面、科学合理。检测方法适用于《铁路信号工程施工质量验收标准》《高速铁路信号工程施工质量验收标准》中列控系统验收。对于具有多种检测方法的检测项目，选取了高效且具有可操作性的检测方法；对于需要遍历测试的检测项目，在对应检测项目最后一项，规定逐项检测。

4. 安全第一、兼顾效率。围绕“安全第一”的核心用户需求展开，同时以不断提高运营效率为目标，确保系统整体的安全可靠性，满足铁路运营管理需要。检测方法应科学合理，以最优方案覆盖系统全功能，具有可操作性，适应室内及现场实际运用环境，确保检测结论符合各项标准要求。

（四）编制过程

《铁路列车运行控制系统工程检测规程》编制过程总体上分为五个阶段。

前期准备阶段。开展列车运行控制系统工程检测基础研究，调研国内列车运行控制系统技术特点，分析中国铁路工程列车运行控制系统发展趋势，全面总结列车运行控制技术在铁路工程中的运用成果，紧密结合列控中心和无线闭塞中心技术条件以及铁路信号工程设计、验收标准，讨论标准总体原则和主要内容。

工作大纲阶段。确定标准编制目的、适用范围、内容框架、进度计划、工作分工等，组织铁路建设管理、勘察设计、工程监理、施工建造、运营管理等单位多位权威专家完成技术审查。

征求意见稿阶段。编制完成征求意见稿条文和条文说明，向铁路建设管理、勘察设计、工程监理、施工建造、运营管理、科研院所等单位广泛征求意见，共收到 16 家单位反馈意见 49 条。组织相关单位多位权威专家完成技术审查。

送审稿阶段。编制完成送审稿条文和条文说明，向铁路建设管理、勘察设计、工程监理、施工建造、运营管理、科研院所等单位广泛征求意见，共收到 16 家单位反馈意见 56 条，组织相关单位多位权威专家完成技术审查。

报批稿阶段。编制完成报批稿条文和条文说明，经审核通过，于 2021 年 1 月 26 日发布，自 2021 年 5 月 1 日起实施。

（五）主要内容

《铁路列车运行控制系统工程检测规程》充分借鉴和吸纳我国列控运行控制系统的工程建设经验，紧密结合《列控中心技术条件》《无线闭塞中心技术规范》以及铁路信号工程设计、验收标准，确定适用于 CTCS-2 级和 CTCS-3 级列控系统工程检测，并作为《高速铁路工程静态验收技术规范》《高速铁路工程动态验收技术规范》以及《铁路信号工程施工质量验收标准》《高铁铁路信号工程施工质量验收标准》的配套标准。

《铁路列车运行控制系统工程检测规程》对已列入铁路信号工程质量验收标准中的列车运行控制系统检测项目的检测方法进行了规定，主要包括：无线闭塞中心（RBC）、临时限速服务器（TSRS）、列控中心（TCC）、地面电子单元（LEU）及应答器的单机性能；安全数据网功能与性能；RBC、TSRS、TCC、LEU、应答器等系统内设备接口；与计算机联锁（CBI）、调度集中（CTC）、信号集中监测（CSM）、数字移动通信系统（GSM-R）、轨道电路等系统接口；CTCS-2 级与 CTCS-3 级列控系统功能。

规程基本构架：

规程共分 7 章，包括总则，术语和缩略语，基本规定，单机设备，信号安全数据网，系统接口，系统功能等，主要分为四大板块：

第一板块：总则。规定编制目的、适用范围，以及对检测方法和检测数据等的总体要求。

第二板块：术语和缩略语。规定规程适用的列控中心、计算机联锁等术语和缩略语。

第三板块：基本规定。规定铁路列车运行控制系统工程检测项目、检测依据、检测设备及使用等要求。

第四板块：专业技术要求。明确单机设备启动和切换功能的检测方法，包括无线闭塞中心 RBC、临时限速服务器 TSRS、列控中心 TCC、地面电子单元 LEU 以及应答器。明确信号安全数据网、系统接口、系统功能的检测内容和检测方法。

主要技术内容：

1. 明确规程适用于 CTCS-2 级与 CTCS-3 级列控系统工程检测，以及列控系统工程检测应执行的有关安全规定及规程。

2. 定义列车运行控制系统适用的术语和缩略语。

3. 明确铁路列车运行控制系统工程检测项目、检测依据、检测设备的基本规定。

4. 规定无线闭塞中心 RBC、临时限速服务器 TSRS、列控中心 TCC、地面电子单元 LEU 等单机设备启动及冗余切换功能和应答器设备报文读取功能的工程检测内容和方法。

5. 规定网络冗余、拓扑管理、配置管理、告警管理等信号安全数据网工程检测内容和检测方法。

6. 明确列车运行控制系统内部 RBC、TSRS、TCC、LEU 及应答器等系统接口的工程检测内容和检测方法，包括 RBC 与相邻 RBC、TSRS、CBI、CTC、CSM-R 接口；TSRS 与相邻 TSRS、TCC、CTC 接口；TCC 与相邻 TCC、CBI、CTC/TDCS、CSM、继电器驱动采集、轨道电路通信、LEU 接口；LEU 与应答器接口。

7. 明确列控系统工程检测根据有关技术条件选取 CTCS-2 级和 CTCS-3 级列控系统检测项目。CTCS-2 级列控系统或 CTCS-3 级系统后备的 CTCS-2 级列控系统的功能检测方法均应按照本章 CTCS-2 级功能的有关方法进行测试。

8. 规定轨道电路状态判断、轨道电路编码、异物侵限及地震信息处理、轨道电路发码方向控制、区间改变运行方向、区间通过信号机点灯控制、临时限速及信号降级处理、有源应答器报文发送、区间占用逻辑检查、时间校核等工程静态检测内容，以及注册、注销、CTCS-2 级模式转换、CTCS-3 级模式转换、行车许可、正反向运行、CTCS-2 级临时限速动态检测、CTCS-3 级临时限速动态检测、CTCS-2 级引导接/发车、自动过分相、RBC 移交、等级转换、CTCS-3 级地面设备故障、CTCS-3 级调车作业等工程动态检测内容。

（六）解决的问题及预期效果

1. 解决的问题

规程为新制定标准，是铁路信号工程系列检测标准的重要组成部分，是信号工程施工质量验收以及高速铁路静态、动态验收等行业标准的配套标准。该标准出台后解决了我国铁路列控运行控制系统工程建设检测方法不统一、内容不全面的问题，填补了 CTCS 工程检测方法的标准空白，对行业内规范列车运行控制系统工程检测方法起到积极作用。

2. 预期效果

通过国内列车运行控制系统工程实践，作为信号工程施工质量验收以及高速铁路静态、动态验收等行业标准的配套标准，完善工程检验验收体系，提高检验验收的效率，使得铁路列控运行控制系统工程建设体系更可靠、更高效。

第三章 近年来铁路工程建设重点标准编制发布情况

内容导读

党的十八大以来，铁路工程建设标准形成以高速铁路建设为龙头，涵盖勘察设计、施工验收、投资控制全过程衔接有效的系列标准，筑牢了铁路工程的质量"底线"、安全"红线"。优化提升了高速铁路和客货共线铁路勘察设计、施工质量验收和安全技术要求，有力推动了干线铁路、城际铁路、市域（郊）铁路、城市轨道交通"四网融合"发挥了标准在质量控制、安全保障、技术创新、环境保护等方面的技术支撑作用。强化标准高质量供给，有效满足行业需求。

设计标准系统完备，创新引领。统一铁路设计阶段设计原则、技术标准，注重总体设计和接口设计，明确主要技术指标，提出各专业设计要求，包括高速、城际、市域（郊）等不同运输性质和不同速度等级铁路，编制完成《高速铁路设计规范》《磁浮铁路技术标准（试行）》《市域（郊）铁路设计规范》等17项设计标准。

施工标准覆盖全面，安全高效。系统总结铁路工程施工实践经验和科研成果，深入分析普遍存在的共性问题，统一铁路工程施工安全技术要求，规范施工安全管理和施工作业行为，提出有效防范措施，明确施工风险控制关键点，满足铁路建设发展和科技进步需要，兼顾系统性和完整性，覆盖建设各方。编制完成《铁路工程基本作业施工安全技术规程》《铁路路基工程施工安全技术规程》《铁路桥涵工程施工安全技术规程》等10项专业标准。

验收标准技术先进，提质增效。统一铁路工程质量验收技术要求，加强铁路工程质量管理，系统总结铁路工程施工质量验收实践经验，突出工程质量控制关键环节，调整检验单元划分原则及验收要求，优化验收程序，借鉴国内外有关标准，积极应用"四新"技术，提升隐蔽工程质量，体现标准先进性，推进铁路工程高质量发展。编制完成《铁路路基工程施工质量验收标准》《高速铁路路基工程施工质量验收标准》等17项施工质量系列验收标准。

第一节　设计类标准

一、《高速铁路设计规范》TB 10621—2014

高速铁路主要技术标准见表3-1。

表3-1　高速铁路主要技术标准

<table>
<tr><th rowspan="2">序号</th><th rowspan="2" colspan="3">项　目</th><th colspan="3">技　术　标　准</th></tr>
<tr><th>350 km/h</th><th>300 km/h</th><th>250 km/h</th></tr>
<tr><td>1</td><td colspan="3">正线最小线间距(m)</td><td>5.0</td><td>4.8</td><td>4.6</td></tr>
<tr><td rowspan="4">2</td><td rowspan="4">平面最小曲线半径(m)</td><td rowspan="2">有砟轨道</td><td>一般</td><td>7 000</td><td>5 000</td><td>3 500</td></tr>
<tr><td>困难</td><td>6 000</td><td>4 500</td><td>3 000</td></tr>
<tr><td rowspan="2">无砟轨道</td><td>一般</td><td>7 000</td><td>5 000</td><td>3 200</td></tr>
<tr><td>困难</td><td>5 500</td><td>4 000</td><td>2 800</td></tr>
<tr><td>3</td><td colspan="3">最大坡度</td><td colspan="3">区间正线的最大坡度不宜大于20‰，困难条件下经技术 经济比较后不应大于30‰。
动车组走行线的最大坡度不宜大于30‰，困难条件下不应大于35‰。动车组走行线的最大坡度大于30‰时，宜铺设无砟轨道</td></tr>
<tr><td>4</td><td colspan="3">到发线有效长度</td><td colspan="3">应采用650 m</td></tr>
<tr><td>5</td><td colspan="3">牵引供电制式</td><td colspan="2">应采用2×25 kV供电方式</td><td>宜采用2×25 kV供电方式</td></tr>
<tr><td>6</td><td colspan="3">列车运行控制方式</td><td colspan="2">应采用CTCS-3级列控系统</td><td>宜采用CTCS-3级列控系统</td></tr>
<tr><td>7</td><td colspan="3">最小行车间隔</td><td colspan="3">应按照运输需求研究确定，宜采用3 min</td></tr>
<tr><td>8</td><td colspan="3">站间距</td><td colspan="3">宜为30 km～60 km</td></tr>
<tr><td>9</td><td colspan="3">列车设计荷载</td><td colspan="3">采用ZK荷载</td></tr>
</table>

（一）编制背景

从“八五”期间科技攻关，形成京沪高速铁路的一系列设计规范，到进一步总结吸纳秦沈客专、京津城际、郑西、武广、合宁、合武等客运专线建设经验，形成新建时速200 km～250 km和300 km～350 km客运专线铁路设计暂行规定，再到2009年进一步整合形成《高速铁路设计规范（试行）》，高速铁路设计规范随着高速铁路建设发展不断完善。不同类型、不同技术特点的高铁建设运营实践经验的积累，关键技术和薄弱环节开展集中科研攻关的不断深化，为完善《高速铁路设计规范》奠定了重要基础。

为贯彻落实国家《中长期铁路网发展规划》等要求，加强现代综合交通运输体系建设，支撑国家重大战略实施，持续增强铁路行业的综合实力和国际影响力，根据构建铁路工程建设标准体系的要求，组织中国铁路设计集团有限公司、中铁第四勘察设计院集团有限公司等单位开展《高速铁路设计规范（试行）》全面修订工作，规范名称改为《高速铁路设计规范》。

规范编制贯彻落实安全优先的原则，系统总结我国时速 250 km ~ 350 km 高速铁路建设、运营实践经验（图 3-1），全面梳理高速铁路标准体系建设中各方面提出的意见建议，结合我国国情、经济社会发展水平、运输需求和环境条件等因素，突出“以人为本”设计要求，强调全寿命周期的节地、节能、节水、节材和保护环境的“四节一保”绿色建设理念，提高规范的科学性、系统性、经济性和适用性，为增强我国铁路行业科技创新能力、促进高铁产业升级提供了强有力的技术支撑。

图 3-1　各类型环境条件下的高速铁路

（二）编制目的

1. 加强现代综合交通运输体系建设，支撑国家重大战略实施，满足铁路“走出去”需要，提高中国高速铁路标准的国际化程度和国际铁路市场的竞争力。

2. 强化高速铁路设计安全保障功能，优化各专业设计参数，统一不同类型、不同技术特点高速铁路设计要求，进一步提高高速铁路的安全可靠性、提升标准的经济适用性。

3. 满足国家可持续发展战略要求，突出强调“以人为本”和绿色建设理念，充分体现出标准的系统性、先进性、成熟性要求。

4. 全面总结高速铁路建设、运营实践经验以及相关科研成果，强化总体设计和接口设计的有关要求，并适应铁路政企分开改革要求，发挥行业标准基础性、规范性和指导性作用。

（三）编制原则

1. 适应发展、放眼国际。贯彻国民经济及社会发展规划要求，建设现代综合交通运输体系，支撑国家重大战略实施，适应运输服务需求，促进高速铁路发展进步，为高速铁路“走出去”提供系统规范的成套建设标准，持续增强铁路行业的综合实力和国际影响力。

2. 自主创新、体现特色。充分吸取中国已建和在建的客运专线和高速铁路建设成果，编制科学、系统、经济和适用的中国特色标准。根据国情路情，开展针对性的科研攻关和试验，总结高速铁路技术应用经验，强化重大科研、试验成果对关键技术的理论支撑与验证，体现自主创新。

3. 安全优先、绿色环保。强化安全保障的功能设计，将安全设计、防灾减灾的设计理念贯穿到编制全过程，进一步提升高速铁路的安全可靠性。突出“以人为本”、方便、快捷、舒适等提高服务品质的设计要求，体现节能、节地、节水、节材和环境保护等绿色建设理念，适应国家可持续发展战略的要求。

4. 协调配套、先进适用。结合经济社会发展水平、运输需求和环境条件等因素，合理优化速度匹配、设备配套和各专业主要设计参数，优化复杂路网条件下的高速铁路运营调度系统设计、高密度大客流的客运服务系统设计，使技术标准更符合系统性、先进性、成熟性及经济合理性要求。

（四）编制过程

《高速铁路设计规范》编制过程总体上分为三个阶段。

前期准备阶段。全面梳理高速铁路建设发展情况，系统总结工程实践经验和科研成果，落实安全优先要求，强化技术标准的经济性，增强工程设计选择的灵活性，在《高速铁路设计规范（试行）》基础上，编制形成规范初稿。

送审稿阶段。国家铁路局组织开展规范初稿全面复核,梳理规范编制以来相关研究成果纳规和历次审查会意见执行情况,经向有关单位征求意见,立足铁路行业发展,提出进一步优化意见。经修订完善,形成《高速铁路设计规范》送审稿,并组织专家完成技术审查。

报批稿阶段。编制完成规范报批稿条文和条文说明。经审核通过,于 2014 年 12 月 1 日发布,自 2015 年 2 月 1 日起实施。

(五)主要内容

《高速铁路设计规范》是正式发布的中国第一部高速铁路设计行业标准,是在《高速铁路设计规范(试行)》TB 10621—2009 基础上,系统总结 250 km/h ~ 350 km/h 高速铁路建设运营实践经验编制而成的,为中国高速铁路发展以及高速铁路“走出去”提供系统规范的成套建设标准支撑。

规范基本构架:

《高速铁路设计规范》共分 22 章,包括总则、术语和符号、总体设计、运输组织、线路、路基、桥涵、隧道、轨道、站场、电力牵引供电、电力、通信、信号、信息、灾害监测、动车组设备、维修设施、给水排水、房屋建筑、综合接地、环境保护等,另有 4 个附录。主要分为四大板块:

第一板块:总则。明确标准编制目的、适用范围、基本原则、设计速度分级、建筑限界、列车设计活载等内容,提出安全、灾害风险防范、结构物的抗震设计等要求。

第二板块:术语和符号。规定与高速铁路设计密切相关的术语和符号,如综合客运交通枢纽、无线闭塞中心、列车运行控制中心等,给出列车超速防护等缩略语。

第三板块:总体设计。规定高速铁路设计基本程序、总体设计方案确定、主要技术标准、综合选线等要求,提出总体系统及接口设计原则。

第四板块:专业技术要求。提出列车运行模式、列车开行方案原则、列车运行图编制等技术要求,规定线路平纵断面设计要求,提出路基、桥涵、隧道、轨道等主体工程结构设计接口,明确车站平面布置、牵引供电系统、供配电系统、通信信号信息、灾害监测、动车组设备、环境保护等具体设计要求。

主要修订内容:

1. 明确规范适用于新建设计速度为 250 km/h ~ 350 km/h、运行动车组列车的标准轨距客运专线铁路,补充“四新”技术应用及风险防范的原则性要求。

2. 修改完善高速铁路相关术语和符号。

3. 提出路段设计速度的理念，完善综合选线的有关内容，细化系统及接口设计要求。

4. 明确根据国情路情采用不同速度等级列车共线运行的模式或单一速度等级列车运行的模式，给出基本的运行图编制参数，修改立即折返动车组折返时间。

5. 取消曲线半径推荐值，增加限速地段及动车组走行线的平纵断面技术标准，优化最小坡段长度标准，增加长大坡道的技术要求。

6. 明确路基上覆荷载由均布荷载取代传统的换算土柱法，补充季节性冻土地区路基的有关内容，明确路堤填筑完成的放置期。

7. 优化涵洞动力系数和曲线桥梁离心力折减计算公式，增加公（道）路上跨高速铁路立交桥设计与安全防护标准，完善涵洞选型、涵洞顶填土高、梁端转角限值、墩台沉降限值标准及列车脱轨载荷的有关规定。

8. 完善单、双线隧道方案比较的规定，取消隧道衬砌内轮廓图，补充隧道洞口选址及设置明洞等相关措施的规定，优化拱部初期支护径向锚杆设置的要求。

9. 明确无砟轨道铺设条件，修订有砟轨道轨距容许偏差，取消各类无砟轨道外形尺寸，增加结构设计原则及方法等相关规定，补充 CRTSⅢ型板式无砟轨道的设计内容。

10. 增加到发线有效长度范围内不应设置道岔的规定，补充旅客站台临靠正线设置条件的规定，取消车站命名的有关规定，完善线路接轨及安全线设置的有关技术要求。

11. 提高牵引供电系统在防雷措施、防灾避害、故障监测等方面的可靠性和安全性，增加运营方式的灵活性。补充接触网有关防风、防雷、防冰、防污闪、防鸟等防护措施和供电安全检测监测系统的内容。

12. 优化电力无功补偿设置方法，对变配电所电气设备标准按速度进行了分类，并差异化配置高压开关设备标准。进一步明确电力线路敷设原则，提出电缆防护、物理隔离措施以及电力远动、机电设备的监控范围。

13. 明确重要传送业务的接入要求，补充无线场强覆盖设计应综合考虑电波传播特性和服务质量要求，合理布设基站，以及漏缆监测系统、通信铁塔安全设置要求，细化隧道应急通信的设计规定。

14. 强化信号系统故障导向安全的基本原则，补充完善地面固定信号有关条款，调整出站信号机设置位置相关规定。补充完善道岔外锁闭装置、密贴检查器、信号集中监测等内容。

15. 增加运营调度系统相关规定,根据实名制及网络售票方案,调整票务系统设置方案。

16. 梳理高速铁路自然灾害及异物侵限监测系统总体技术方案的系统组成和设置原则。

17. 补充完善部分运营整备设备、辅助设施设置原则和标准,明确动车段(所)检查库线与存车场布置的有关规定。

18. 调整维修有关设施,细化专业维修需求的内容,明确应急热备救援机车存放设施的规定。

19. 明确动车段(所)、大型枢纽站及始发站应根据运输组织需要设置旅客列车给水和卸污设施,调整高速铁路水源设计相关规定,增加隧道洞口排水设施相关规定。

20. 增加综合交通枢纽、绿色客站等内容,明确体型复杂、重要的站房及跨线设施结构安全标准,重视结构安全健康监测体系的建立。

21. 明确综合接地系统的构成,确定综合接地系统接入范围和接地电阻值的规定,提出利用建筑物内钢筋作为自然接地体的设计原则,规定了接地端子、接地连接及贯通地线敷设方式等内容。

22. 明确环保选线、生态保护和水土保持、噪声和振动污染治理、污水和废气治理、固体废物处置、电磁干扰防护等设计内容的基本原则,规定高速铁路声屏障、垃圾转运设施建设等设计内容。

(六)解决的问题及预期效果

1. 高速铁路与其他铁路、公(道)路及输油、输水、输气管道等设施交叉跨越、并行问题。

2. 高速铁路路基结构上覆荷载计算及季节性冻土问题;桥梁梁体变形及墩台沉降问题;隧道单、双线方案选定,洞口选址及明洞设置等问题;精密测量控制网建立和无砟轨道铺设条件及平顺性问题;体型复杂、重要的站房及跨线设施的结构安全问题(图 3-2)。

3. 高速铁路牵引供电和电力系统防灾避害及 RAMS 综合定量评估问题;通信系统重要传送业务(如 GSM-R、CTC、客票等)接入及基站安全设置问题;列控系统采用及设备设置问题;自然灾害及异物侵限监测系统实时监测问题。

图 3-2 北京丰台站

二、《城际铁路设计规范》TB 10623—2014

城际铁路主要技术标准见表 3-2。

表 3-2 城际铁路主要技术标准

序号	项目		技术标准		
			200 km/h	160 km/h	120 km/h
1	正线最小线间距(m)		4.2	4.0	4.0
2	最小平面曲线半径(m)	一般条件	2 200	1 500	900
		困难条件	2 000	1 300	800
3	最大坡度		区间正线的最大坡度不宜大于 20‰，困难条件下经技术经济比选后不应大于 30‰。 动车组走行线的最大坡度不宜大于 30‰，困难条件下不应大于 35‰		
4	到发线有效长度		贯通式车站到发线有效长度不应小于 400 m。 尽端式车站到发线有效长度不宜小于 325 m。 困难条件下不应小于 290 m		
5	牵引供电制式		可采用自耦变压器供电方式，区跨线列车联络线、动车组走行线和动车段(所、场)等可采用 1×25 kV 供电方式		
6	列车运行控制方式		应采用 CTCS-2 级列控系统	宜采用 CTCS-0 级或 CTCS-2 级列控系统	
7	最小行车间隔		应按照运输需求研究确定，宜采用 3 min		
8	站间距		宜为 5 km～20 km		
9	列车设计荷载		采用 ZC 荷载		

（一）编制背景

为落实国家推进城际快速交通网络建设要求，满足城际铁路建设和发展需要，统一城际铁路设计要求，根据《国家铁路局 2014 年铁路工程建设标准编制计划》(国铁科法函〔2014〕175 号)要求,组织中国铁路设计集团有限公司、中铁第四勘察设计院集团有限公司等单位开展《城际铁路设计规范》编制工作。

城际铁路作为服务于相邻城市间或城市群的客运专线铁路,以其运能大、占地少、污染小、安全舒适、准时等优势,成为城际居民出行的主要交通方式。《国务院关于改革铁路投融资体制加快推进铁路建设的意见》(国发〔2013〕33 号)明确按照"统筹规划、多元投资、市场运作、政策配套"的基本思路,鼓励地方政府和社会资本投资建设城际铁路。因此,制定一部技术先进经济适用的城际铁路设计标准十分必要。

在城际铁路的勘察设计及施工建造等方面积累了系统成熟、经济适用的科研成果和工程经验,为更好满足城际铁路建设需求,规范和引领行业健康持续发展,编制一部全面反映城际铁路功能需求和技术特征、突出体现经济合理性和可操作性的综合性技术标准,为建设城际铁路提供重要的技术支撑。

(二)编制目的

1. 促进综合交通运输深度融合。充分发挥各种交通运输方式的整体优势和组合效率,积极推进以轨道交通为骨干的城际快速交通网络建设。

2. 聚焦城际铁路关键问题。充分借鉴地铁等相关行业经验,明确城际铁路功能定位,深化研究建筑限界、设计荷载、编组方式等主要技术标准。

3. 满足城际铁路创新发展需求。适应铁路投融资体制改革需要,制定适应于区域性城际铁路、有别于干线铁路并具有较强经济性的技术标准。

4. 发挥标准支撑引领作用。满足城际铁路建设发展,体现城际铁路的功能需求和技术特点,编制"方便、快捷、公交化、独立运营"模式的城际铁路设计标准。

(三)编制原则

1. 需求引领、协调发展。贯彻国家城镇化发展战略,落实铁路投融资体制改革要求,推进以轨道交通为骨干的城际快速交通协调发展。

2. 安全优先、经济适用。把握城际铁路的功能需要,强化城际铁路有关安全保障功能,注重节地、节能、节水、节材和环境保护方面的设计要求,突出标准的安全可靠和经济适用。

3. 系统先进、定位准确。总结城际铁路建设运营实践经验以及相关科研成果,借鉴城市轨道交通等工程经验,把握城际铁路的功能定位,突出标准的系统性和先进性。

4. 规范统一、特色鲜明。体现综合交通设计要求,反映城际铁路功能需求和技术特点,满足"高密度、小编组、公交化"运输组织模式,编制适应区域性城际铁路建设发展的统一标准。

(四)编制过程

《城际铁路设计规范》编制过程总体上分为五个阶段。

前期准备阶段。调研国内外城际铁路技术特点,开展城际铁路线间距、常用跨度简支梁、隧道净空面积等多项技术专题研究,结合城际铁路运输特点和需求,科学确定标准编制方案。

工作大纲阶段。编制完成工作大纲,确定规范编制原则、适用范围、内容框架、进度计划、工作分工等,组织铁路建设管理、勘察设计、施工建造、运营管理等单位多位权威专家完成技术审查。

征求意见稿阶段。编制完成征求意见稿条文和条文说明,向勘察设计、施工建造、科研院所、运营维护、建设管理及地方投资等单位征求意见,共收到14家单位反馈意见231条,并组织专家完成征求意见稿技术审查。

送审稿阶段。编制完成送审稿条文和条文说明,向勘察设计、施工建造、科研院所、运营维护、建设管理、政府部门等单位征求意见,共收到65家单位反馈意见750条,并组织专家完成送审稿技术审查。

报批稿阶段。编制完成报批稿条文和条文说明,经审核通过,于2014年12月29日发布,自2015年3月1日起实施。

(五)主要内容

《城际铁路设计规范》是中国第一部城际铁路综合类行业标准,是铁路工程建设标准体系的重要组成部分,将为吸引地方政府和社会资本投资建设城际铁路,加快推进新型城镇化建设,提供重要的技术支撑。

规范基本构架:

规范共分24章,包括总则、术语和符号、总体设计、运输组织、线路、路基、桥涵、隧道、地下车站结构、轨道、站场、电力牵引供电、电力、通信、信号、信息、灾害监测、动车组设备、维修设施、给水排水、房屋建筑、采暖通风与空调、综合接地、环境保护等,另有1个附录。主要分为四大板块:

第一板块:总则。明确标准编制目的、适用范围、基本原则、设计速度分级、建筑限界、列车设计活载等内容,提出安全、灾害风险防范、结构物的抗震设计等要求。

第二板块:术语和符号。规定与城际铁路设计密切相关的术语和符号,如综合客运交通枢纽等术语。

第三板块：总体设计要求。规定城际铁路设计基本程序、总体设计方案确定、主要技术标准、综合选线等要求，提出总体系统及接口设计原则。

第四板块：专业技术要求。提出列车运行模式、列车开行方案原则、列车运行图编制等技术要求，规定线路平纵断面设计要求，提出路基、桥涵、隧道、轨道等主体工程结构设计接口，明确车站平面布置、牵引供电系统、供配电系统、通信信号信息、灾害监测、动车组设备、环境保护等具体设计规定。

主要技术内容：

1. 规定适用范围、设计年度、建筑限界、设计活载等内容，明确适用于新建设计速度为 200 km/h 及以下、仅运行动车组列车的标准轨距客运专线铁路。

2. 明确主要技术标准、综合选线、系统设计、综合开发、安全设计、施工组织设计等方面的原则性要求。

3. 明确旅客列车开行原则、列车运行图编制方法、线路通过能力与输送能力等运输组织要求，提出城际铁路可采用独立运营的运输组织模式。

4. 规定线路平面曲线半径、缓和曲线长度、线路纵断面最大坡度、坡段长度、竖曲线半径等主要设计标准。

5. 规定路基基床结构、填料及压实标准、稳定及沉降控制标准，明确过渡段结构形式、路基排水、边坡防护及支挡结构等技术要求。

6. 规定桥梁设计荷载和结构变形、变位、梁端转角和基频、墩台刚度、墩台沉降的限值标准，提出桥涵结构计算、构造及结构形式选择的原则性要求。

7. 规定隧道轨面以上净空横断面面积，明确荷载、隧道衬砌、洞内附属构筑物、洞门结构、防排水、防灾救援等技术要求。

8. 规定地下车站荷载、结构形式及衬砌、结构设计、构造要求、构造防水等技术要求。

9. 规定轨道静态铺设精度标准，明确轨道结构选型原则、正线轨道、站线轨道、钢轨及扣件系统、轨道结构过渡段、护轨和线路标志设置等技术要求。

10. 规定车站到发线及有关站线的平纵断面设计标准，明确车站到发线数量、安全线设置、车站布置、客运设备、站场路基及排水等技术要求。

11. 明确牵引负荷等级、外部电源、供电方式、牵引变电所分布、牵引变压器、电分相设置、电能质量等设计要求，提出接触网悬挂方案及设计选型原则。

12. 规定电力供配电系统、变配电所、电力线路、电力远动、机电设备监控系统、火灾自动报警系统、供电可靠性等设计标准，明确电力供电系统构成、供电方案等技术要求。

13. 明确传输网、数据通信网、有线调度通信、移动通信、综合视频监控等通信系统的设计原则、构成、功能和设备配置标准。

14. 明确信号系统选型原则，规定地面信号机、调度集中、列控、联锁、集中监测、道岔融雪、信号网络、电源、防雷与接地等信号设备配置标准。

15. 规定运营调度管理、客票、旅客服务、动车组管理等信息系统的设计原则、构成、功能和设置配置标准。

16. 明确灾害监测系统构成和设置原则，规定风、雨、雪、地震及异物侵限监测设备配置标准。

17. 明确动车组运用检修设施设置、选址和总平面布置原则，规定动车组运用检修设施规模、功能、主要设施和设备配置等标准。

18. 明确维修设施设置、布点选址和总平面布置原则，规定维修基地、维修车间和维修工区的规模和主要设备配置标准。

19. 明确旅客列车给水站和卸污站（点）设置原则，规定车站水源、给水及卸污设施、给水排水管道防护等技术要求。

20. 明确站房及站场客运设施、建筑设备的设计原则和标准，提出综合交通、绿色客站、综合开发等设计要求，规定站房及跨线设施的结构安全标准和结构安全健康监测等技术要求。

21. 规定地面、高架及地下车站采暖通风与空调系统设置要求。

22. 明确综合接地系统的构成，规定综合接地系统接入范围、接地电阻、接地端子、接地连接及贯通地线敷设方式等要求。

23. 明确环保选线、生态保护和水土保持、噪声和振动控制、污水和废气治理、固体废物处置的设计原则和保护要求。

（六）解决的问题及预期效果

1. 解决的问题

（1）系统总结城际铁路建设管理、勘察设计、施工建造、运营管理和安全防护积累的科研成果与成熟运用经验，形成具有自主知识产权的城际铁路技术标准。

（2）紧密结合城际铁路的技术特征，优化明确建筑限界、设计活载、线路平纵断面、路基面宽度和基床厚度、桥梁梁型、隧道断面、站场和车站结构、供电电压等级等技术指标，实现标准技术先进性、经济合理性、可操作性的和谐统一。

（3）通过吸纳全封闭、全立交、灾害预警监测、防灾疏散救援、工程主动防护、提升结构监测安全防护等级等措施,提升城际铁路的安全性。

2. 预期效果

(1)根据城际铁路技术特征,在保证运行安全且铁路等级、设计速度、输送能力、运输效率符合标准的前提下,通过优化技术指标,充分体现了技术经济性的特点,根据测算和运行验算,工程静态投资与该标准颁布前节省10%以上。

(2)统筹城际铁路绿色集约、便捷高效技术优势,具有节约集约高效利用土地资源、绿色环保减少排放、保护生态减少建材等优势。

(3)准确把握城际铁路发展的功能需求,强化细化综合交通运输体系融合发展理念,注重城际铁路与城市其他交通方式的便捷换乘、设施互联、信息共享。统筹站城融合,积极发挥城际铁路对城市高质量发展的引领促进作用。城际铁路设计规范的发布实施,将会取得明显的经济效益、生态环保效益和巨大的社会效益,对社会的影响将会是全面的、长远的,是助推综合交通运输体系深度融合健康发展的中坚力量。

三、《市域(郊)铁路设计规范》TB 10624—2020

市域(郊)铁路主要技术标准见表3-3。

表3-3 市域(郊)铁路主要技术标准

<table>
<tr><th rowspan="2">序号</th><th rowspan="2" colspan="2">项 目</th><th colspan="4">技 术 标 准</th></tr>
<tr><th>160 km/h</th><th>140 km/h</th><th>120 km/h</th><th>100 km/h</th></tr>
<tr><td>1</td><td colspan="2">区间直线地段最小线间距(m)</td><td colspan="4">市域A型车:3.8;市域B型车:3.6~3.8;
市域C型车:4.0;市域D型车:4.0</td></tr>
<tr><td rowspan="2">2</td><td rowspan="2">正线平面最小曲线半径(m)</td><td>一般</td><td>1 400</td><td>1 100</td><td>800</td><td>600</td></tr>
<tr><td>困难</td><td>1 300</td><td>1 000</td><td>750</td><td>500</td></tr>
<tr><td>3</td><td colspan="2">最大坡度</td><td colspan="4">区间正线的最大坡度不宜大于25‰,困难条件下不应大于30‰</td></tr>
<tr><td>4</td><td colspan="2">到发线有效长度</td><td colspan="4">应根据远期列车编组长度和列控系统要求确定</td></tr>
<tr><td>5</td><td colspan="2">牵引供电制式</td><td colspan="2">宜采用交流牵引供电制式</td><td colspan="2">可采用交流或直流供电制式</td></tr>
<tr><td>6</td><td colspan="2">列车运行控制方式</td><td colspan="4">可采用CTCS或ATC制式</td></tr>
<tr><td>7</td><td colspan="2">最小行车间隔</td><td colspan="4">初期高峰时段不宜大于10 min,平峰时段不宜大于15 min,
远期高峰时段不宜大于4 min,平峰时段不宜大于10 min</td></tr>
<tr><td>8</td><td colspan="2">站间距</td><td colspan="4">中心城区的平均站间距不宜小于2 km,其他路段平均站间距不宜小于4 km</td></tr>
<tr><td>9</td><td colspan="2">列车设计荷载</td><td colspan="4">采用ZS荷载</td></tr>
</table>

注:与干线铁路、城际铁路跨线运行的市域(郊)铁路采用CTCS制式。

（一）编制背景

市域（郊）铁路是连接都市圈中心城市城区和周边城镇组团，为通勤客流提供快速度、大运量、公交化运输服务的轨道交通系统。随着我国经济社会发展，一些城市为服务通勤客流和满足方便快捷出行需求，开展了市域（郊）铁路建设实践。陆续建成并投入运营交流制式温州 S1 线、双流制式重庆江跳线等新建市域（郊）铁路，利用既有铁路开行市域列车的上海金山铁路、北京市域（郊）铁路（图 3-3）以及其他示范项目，取得多项科研成果，积累大量成熟工程实践经验，为开展标准的制定工作奠定了坚实基础。

为贯彻落实党中央、国务院决策部署，顺应新型城镇化发展要求，统一市域（郊）铁路设计标准，提高市域（郊）铁路设计水平，保障市域（郊）铁路设计质量，根据构建铁路工程建设标准体系的要求，组织中铁第四勘察设计院集团有限公司等单位开展《市域（郊）铁路设计规范》制定工作。

依托北京、上海、温州、成都、重庆、天津等城市市域（郊）铁路勘察设计、施工、运营实践经验和科研成果的基础上，开展市域（郊）铁路设计规范的制定。有效吸纳市域（郊）铁路建设运营成功经验及科研成果，全面贯彻以人为本、强化质量安全、节能环保理念，坚持问题导向、科学合理、市场主导等原则，注重改善乘客体验，注重标准包容性、规模效益和经济适用性，合理确定满足不同速度等级的市域（郊）铁路设计标准，提升标准的科学性、可操作性及技术经济性。

图 3-3 北京市域（郊）铁路

（二）编制目的

1. 贯彻新发展理念。聚焦质量安全、生态环保，加强“四新”技术应用，统一市域（郊）铁路技术标准，提高市域（郊）铁路建造技术水平。助力市域（郊）铁路科学有序建设。

2. 解决突出问题。针对市域（郊）铁路工程建设领域行业标准缺失问题，全面总结市域（郊）铁路建设运营实践经验，进一步提升规范质量水平。

3. 满足创新发展需求。依托市域（郊）铁路领域先进科研成果，优化完善相关技术要求，提升规范的技术先进性和经济合理性，满足市域（郊）铁路建设发展需要。

4. 保障市域（郊）铁路质量安全。全面落实安全优先原则，强化质量安全、风险防范等技术要求，确定适应不同速度等级市域（郊）铁路设计标准。

（三）编制原则

1. 以人为本、着眼发展。提供快速度、大运量、公交化运输服务，改善乘客出行体验，促进都市圈经济社会发展。

2. 需求导向、深度融合。标准既适用于市域（郊）铁路独立成网、与其他交通方式便捷换乘，又能兼顾与既有铁路、地铁共线运行的要求；考虑适应多种建设和运营模式，为灵活选择与城市形态、运营管理模式、技术制式对应的标准创造条件。

3. 系统思维、协调配套。在安全可靠、先进成熟、方便快捷、经济适用、绿色环保的基础上，按技术制式、速度等级、运输组织模式、工程条件（新建或既有）等确定系统匹配、专业齐全的技术标准。

4. 科学合理、经济适用。根据市域（郊）铁路技术特征，在保证安全、速度、效率前提下，进一步明确建筑限界、线路平纵断面、桥梁结构、隧道断面、列车控制、供电方式等主要技术标准，充分利用既有设施设备，节省工程投资。

5. 简化统一、注重效益。注重车型统一、规格品类简化、接口优化及互联互通等技术要求，提高产品可靠性、兼容性和互换性，形成全产业链、供应链规模效益。

（四）编制过程

《市域（郊）铁路设计规范》编制过程总体上分为五个阶段。

前期准备阶段。开展市域（郊）铁路技术基础研究，调研国内外市域（郊）铁路技术特点和科研成果，全面总结市域（郊）铁路的运用实践经验，分析中国市域（郊）铁路技术发展趋势。

工作大纲阶段。确定标准编制原则、适用范围、内容框架、进度计划、工作分工等，组织铁路建设管理、勘察设计、运营管理等单位多位权威专家完成技术审查。

征求意见稿阶段。编制完成征求意见稿条文和条文说明，向铁路建设管理、勘察设计、施工建造、运营管理、科研院所等单位广泛征求意见，共收到 49 家单位反馈意见 1 698 条。组织相关单位多位权威专家完成技术审查。

送审稿阶段。编制完成送审稿条文和条文说明，向铁路建设管理、勘察设计、施工建造、运营管理、科研院所、政府部门等单位广泛征求意见，共收到 52 家单位反馈意见 1 365 条，组织相关单位多位权威专家完成技术审查。

报批稿阶段。编制完成报批稿条文和条文说明，经审核通过，于 2020 年 12 月 24 日发布，自 2021 年 2 月 1 日起实施。

（五）主要内容

《市域（郊）铁路设计规范》是铁路工程建设设计类重要的行业标准，是在系统总结市域（郊）铁路勘察设计、施工建造、运营管理的实践经验和科研成果的基础上制定而成，为市域（郊）铁路科学健康发展提供强劲保障。

规范基本构架：

规范由 27 章组成，包括总则，术语和符号，总体设计，客流预测，行车组织与运营管理，车辆，限界，线路与站场，轨道，路基，桥涵，隧道，牵引供电，电力，通信，信号，信息，安全防护与监控，车站，通风、空调与供暖，给水排水，防灾，车站机械设备，运营控制中心，车辆基地与综合维修，综合接地及环境保护，另有 5 个附录。主要分为三大板块：

第一板块：总则。明确标准编制目的、适用范围、基本原则、设计速度分级、列车设计活载、结构设计等内容，提出应充分利用既有设施和设备。

第二板块：基本规定。给出与市域（郊）铁路密切相关的符号，明确线路敷设方式，规定正线数目、设计速度等主要技术标准必选要求。

第三板块：专业技术要求。规定线路速度设计要求，提出轨道、路基、桥涵、隧道等主体工程结构要求，明确车站平面布置、牵引供电系统、供配电系统、通信信号信息、灾害监测、动车组设备、环境保护等具体设计规定。

主要技术内容：

1. 规定规范的适用范围、功能定位、设计年度、设计荷载等基本要求，明确规范适用于新建设计速度 100 km/h ~ 160 km/h 的标准轨距、交/直流电力牵引的市域（郊）铁路，利用既有铁路开行市域（郊）列车的项目，应结合其现状条件及功能定位，研究确定改建的设计速度（可选 80 km/h）等技术标准。

2. 规定市域（郊）铁路的主要技术标准、综合选线、系统设计、综合开发、安全设计以及利用既有铁路开行市域(郊)列车等方面的基本原则。

3. 规定客流预测的基本原则、基础数据及预测内容。

4. 规定市域(郊)铁路行车组织要求、配线设置原则、不同线网间跨线运行条件等。

5. 统一车辆选型,规定列车编组、车体与设备、转向架、电气系统、制动系统及安全与应急设施等技术要求。

6. 规定车辆限界、设备限界,明确建筑限界是位于设备限界外考虑沿线设备安装后的最小有效界线。

7. 规定线路平面曲线半径、缓和曲线长度、纵断面最大坡度、竖曲线半径等平纵断面等主要设计标准,明确车站到发线、配线设置及交叉与安全设施等技术要求。

8. 规定轨道结构选型原则及道床设计标准。明确轨道部件、减振轨道、无缝线路、轨道附属设备等技术要求。

9. 规定路基基床结构、填料及压实标准、稳定及沉降控制标准。明确路基地段列车和轨道荷载取值、路基横断面结构形式、过渡段结构形式、地基处理、路基防排水、路基加固防护、路基支挡等技术要求。

10. 规定桥梁设计荷载及组合和结构变形、变位的限值标准,明确桥涵结构与构造、桥面布置及附属设施、高架车站桥梁结构、既有铁路桥涵利用等技术要求。

11. 规定隧道净空尺寸的设计原则,明确隧道荷载、工程材料、结构设计、抗震设计、洞内附属构筑物、防排水等技术要求。

12. 规定交、直流制牵引供电系统的外部电源、变电所、牵引网、电力监控系统、电磁干扰防护等技术要求。

13. 规定电力供配电系统、变配电所、电力线路、动力照明等技术要求。

14. 规定传输系统、数据通信网、移动通信系统、电话交换系统、有线调度通信系统、视频监控系统、时钟同步和时间同步系统、电源设备、通信线路、接口设计等技术要求。

15. 明确信号系统制式选择原则,规定地面固定信号、列车运行调度指挥、列车运行控制及闭塞、联锁、列车自动运行、信号集中监测、数据传输网络、信号电源设备、光电缆线路与防护、接口设计等技术要求。

16. 明确信息系统的设置原则,规定客票系统、旅客服务信息系统、办公信息系统、系统布线、电源设备、接口设计等技术要求。

17. 规定火灾自动报警系统、机电设备监控系统、门禁系统、综合监控系统、安检设备、入侵报警系统、雨量及异物侵限监测等技术要求。

18. 规定车站建筑总体布局、平面设计及设备设施要求及车站结构设计标准，明确既有车站改造设计要求和车站管线综合设计原则。

19. 明确车站、区间、车辆基地及运营控制中心的通风、空调、供暖的设计原则和主要设计标准。

20. 规定给水、排水等设计要求。

21. 规定建筑防火、区间防灾疏散救援、防排烟与事故通风、消防给水及灭火设施、防灾电气、防灾通信等技术要求。

22. 明确车站电扶梯、自动人行道、轮椅升降机、站台门等技术要求。

23. 规定运营控制中心布局及设备布置，供电、防雷与接地，通风、空调与供暖等技术要求。

24. 规定车辆基地总平面布置、运用整备设施、检修设施、综合维修及物资总库等设计要求。

25. 规定接地方式的选择及交流和直流牵引模式下综合接地系统等技术要求。

26. 明确环保选线、生态环境保护和水土保持、噪声和振动控制、污水和固体废物防治、电磁防护等技术要求。

（六）解决的问题及预期效果

1. 解决的问题

（1）市域（郊）铁路线路的设计速度、敷设方式、车站分布及车辆类型等选用无明确规定的问题。

（2）桥梁刚度、隧道断面、路基工后沉降、轨道形式及车站建筑规模等缺乏统一技术标准的问题。

规范中明确线路敷设方式宜以地面敷设为主，困难路段，经建设条件、环保要求、工程经济等多因素综合比选后可采用高架或地下敷设方式等规定，提出桥梁刚度、隧道断面、路基工后沉降、轨道形式及车站建筑规模关键技术要求，切实解决了上述问题，保障市域（郊）铁路质量安全，以及人民生命、财产安全和公共安全。规范的制定促进了新技术新方法、环保新要求的应用，理顺标准架构，体现标准的先进性、协调性。

2. 预期效果

(1)区间正线最小线间距按 A、B、C、D 四种车型分别作出规定,避免单一线间距,正线间距更加经济合理,有利于节约建设用地。

(2)相较于城际铁路乘车时间较短,优化市域(郊)铁路舒适度标准,缩短正线缓和曲线长度,可更好适应市区内工程环境,减少征拆工程。

(3)根据我国不同地域气候特点,提出寒冷及温暖地区道岔始端、终端至梁缝距离,减少道岔连续梁长度、车站岔区长度及车站用地规模,降低工程造价。

(4)桥梁设计采用的 ZS 荷载,相当于城际铁路设计荷载的 67%,并依据桥址温差规定了桥梁墩顶水平线刚度限值,当温差≤65 ℃时,常用简支梁刚度限值相当于城际铁路的 72%,显著降低桥梁建设成本,优化桥梁景观效果。

(5)相对于城际铁路,无砟轨道正线基床底层高由 1.5 m 调整至 1.4 m,优化无砟轨道工程沉降控制标准,节约工程投资。

(6)根据市域铁路运行速度较地铁高的技术特点,将救援速度适当提高,从而将全线设置停车线的间距扩大至“不宜小于 20 km”,体现了技术合理性和工程经济性。

发展市域(郊)铁路,对优化城市功能布局、促进大中小城市和小城镇协调发展、扩大有效投资等具有一举多得之效,有利于发挥中心城市辐射带动作用,有利于扩大公共交通服务供给、有效缓解城市交通拥堵、推进新型城镇化发展。《市域(郊)铁路设计规范》的发布实施,符合国家发展的战略目标,将取得明显的经济效益及社会效益。

四、《重载铁路设计规范》TB 10625—2017

重载铁路主要技术标准见表 3-4。

表 3-4　重载铁路主要技术标准

<table>
<tr><th rowspan="2">序号</th><th rowspan="2" colspan="2">项　目</th><th colspan="2">技　术　标　准</th></tr>
<tr><th>100 km/h</th><th>80 km/h</th></tr>
<tr><td>1</td><td colspan="2">正线最小线间距(m)</td><td>第一、二线间最小线间距 4.0
第二、三线间最小线间距 5.3</td><td>第一、二线间最小线间距 4.0
第二、三线间最小线间距 5.3</td></tr>
<tr><td rowspan="2">2</td><td rowspan="2">最小平面曲线半径(m)</td><td>一般</td><td>800</td><td>800</td></tr>
<tr><td>困难</td><td>600</td><td>600</td></tr>
</table>

续上表

序号	项　　目	技　术　标　准	
		100 km/h	80 km/h
3	最大坡度	最大坡度差一般不得大于8‰,困难条件下不得大于10‰	
4	到发线有效长度	根据牵引质量、机车车辆类型等因素计算确定	
5	牵引供电制式	应采用2×25 kV或1×25 kV供电方式,联络线和编组场等宜采用1×25 kV供电方式	
6	列车运行控制方式	可采用CTCS或ATC制式	
7	站间距	单线宜为15 km,双线宜为30 km～50 km	
8	列车设计荷载	采用ZH荷载	

（一）编制背景

《重载铁路设计规范》是我国第一部重载铁路工程建设行业标准,填补了重载运输领域技术标准的空白,丰富和完善了我国铁路工程建设标准体系,对于指导重载铁路健康发展、提高铁路建设的社会、经济效益具有重要促进作用。

我国幅员辽阔、资源分布不均衡,发展重载铁路运输对于快速提升运输能力、缓解运能瓶颈制约、提高运输综合经济效益具有广阔的市场空间和重要的战略意义。重载铁路运输因其运能大、效率高、能耗及运输成本低而受到世界各国的广泛重视(图3-4、图3-5),被国际公认为铁路大宗货物运输发展的方向。为满足重载铁路建设和发展需要,统一重载铁路设计技术标准,使重载铁路设计符合安全可靠、先进成熟、经济适用的要求,结合我国货物运输需求和机车车辆技术装备的发展,根据构建铁路工程建设标准体系的要求,组织中国铁路设计集团有限公司、中国铁道科学研究院集团有限公司等单位开展《重载铁路设计规范》制定工作。

图3-4　瓦日铁路

图 3-5　浩吉铁路

规范编制针对重载铁路的功能定位、适用范围、设计荷载、运输组织模式等进行深入研究，充分总结吸纳了我国大秦、朔黄、瓦日、浩吉等重载铁路工程建设及运营实践经验和重载试验科技成果，贯彻了质量安全、节能降耗、环境保护等国家有关规定，在保证安全可靠的前提下，注重提高运输效率和节省全生命周期成本，科学合理地确定重载铁路主要技术标准和配套设施，为我国重载铁路建设提供重要技术支撑。

（二）编制目的

1. 满足重载铁路建设和发展需要。适应我国经济社会发展，充分体现重载铁路的功能需求和技术特点，统一重载铁路设计技术标准，使重载铁路设计符合安全可靠、先进成熟、经济适用的要求。

2. 符合重载铁路和发展方向。充分体现设计规范的前瞻性、系统性和经济合理性。

3. 体现重载铁路运量大、轴重大、牵引质量高的技术特点。技术标准、线路走向、建设方案、设计措施、设备配备等的确定应注重提高运输效率，充分考虑运营及养护维修成本。

4. 总结和吸纳相关经验。总结和吸纳我国有关重载铁路设计、施工、运营等经验，特别是大秦、朔黄、瓦日、浩吉等重载铁路前期建设经验和各项研究、试验成果。

（三）编制原则

1. 安全优先、绿色环保。将安全设计的理念贯穿到规范编制工作全过程，进一步提高主体结构、信号设施、行车设备安全可靠性。明确耐久性和“四新”技术在设计过程中的要求，强化节能、节地、节水、节材和环境保护等绿色建设理念，适应国家可持续发展战略的要求。

2. 自主创新、接轨国际。结合国际标准和我国重载运输实际合理确定规范适用范围，总结吸纳我国大秦、朔黄、浩吉等重载铁路工程建设及运营实践经验和有关研究成果，强化重大科研、试验成果对规范关键技术的理论支撑与验证。

3. 系统设计、先进成熟。结合我国国情、经济社会发展水平、运输需求和环境条件等因素，优化设备配套和各专业主要设计参数，体现系统性、先进性、成熟性及经济合理性要求。

4. 政策导向、管理高效。强化质量安全、节能环保等方面的政策导向，对涉及组织机构、管理模式等属于企业管理的内容或由企业自主决定的内容，仅做原则性要求，以发挥市场在资源配置中的决定性作用。

5. 科学合理、经济适用。针对重载铁路运量大、轴重大、牵引质量大的三大技术特点，注重牵引质量、行车密度、运行速度合理匹配，科学确定各专业设施技术标准，以提高运输效率，节省全生命周期成本，体现了规范的适用性和经济性。

（四）编制过程

《重载铁路设计规范》编制过程总体上分为五个阶段。

前期准备阶段。开展重载铁路调研，对国内外重载铁路技术特点、存在问题等进行研究，分析我国重载铁路技术发展趋势，全面总结重载技术在铁路工程中的运用成果，借鉴国内外相关研究成果。

工作大纲阶段。确定标准编制原则、适用范围、内容框架、进度计划、工作分工等。组织铁路建设管理、勘察设计、工程监理、施工建造、运营管理等单位多位权威专家完成技术审查。

征求意见稿阶段。编制完成征求意见稿条文和条文说明，召开征求意见稿评审会，向铁路建设管理、勘察设计、工程监理、施工建造、运营管理、科研院所等单位广泛征求意见，共收到 10 家单位反馈意见 257 条。组织相关单位多位权威专家完成技术审查。

送审稿阶段。编制完成送审稿条文和条文说明，组织相关专业多位专家完成送审稿审查。同时完成了《各单位意见及答复情况汇编》《既有线开行 25 t、27 t 轴重车辆研究报告》《速度目标值适应性分析报告》《既有重载铁路调研报告》《与国外技术标准对比分析报告》《重载铁路科研成果调研报告》等专题研究。

报批稿阶段。编制完成报批稿条文和条文说明，经审核通过，于 2017 年 1 月 2 日发布，自 2017 年 5 月 1 日起实施。

（五）主要内容

《重载铁路设计规范》是铁路工程建设设计类重要的行业标准，是在系统总结铁路隧道勘察设计、施工建造、运营管理的实践经验和科研成果的基础上编制而成。

规范基本构架：

规范共分20章，包括总则、术语和符号、总体设计、运输组织、线路、路基、桥涵、隧道、轨道、站场、电力牵引供电、电力、通信、信号、信息、机务设备、车辆设备、给水排水、维修设施、环境保护，另有1个附录。主要分为四大板块：

第一板块：总则。明确适用范围，提出重载铁路设计理念，强调技术标准选择原则，规定了设计年度、设计活载、限界、牵引种类等设计内容。

第二板块：术语和符号。规定与重载铁路密切相关的术语和符号，如重载铁路、重载单元列车、重载组合列车、ZH荷载、机车同步操控系统等。

第三板块：总体设计要求。规范了综合选线、检测与维修、主要技术标准、接口设计等内容。

第四板块：专业技术要求。明确运输组织、线路、路基、桥涵、隧道、轨道、站场、电力牵引供电、电力、通信、信号、信息、机务设备、车辆设备、给水排水、维修设施、环境保护等各方面具体技术规定。

主要技术内容：

1. 明确列车编组与开行方式、车站分布、通过能力计算等原则性要求。

2. 规定线路平纵断面设计标准及重载铁路与其他铁路、公（道）路交叉的设置原则。

3. 规定不同轴重等级的路基面宽度、基床结构、填料及压实、工后沉降、过渡段设置等设计标准。

4. 规定不同轴重等级的桥梁设计荷载、离心力、横向摇摆力、制动力，以及结构变形、变位和自振频率限值等设计标准。

5. 明确隧道限界、衬砌、附属构筑物、防排水、通风等技术要求。

6. 规定不同轴重和运量等级的有砟轨道、无砟轨道设计标准。

7. 明确各类车站图型选择、股道布置及车站路基排水等技术要求。

8. 明确外部电源、供电方式、牵引变电所分布、接触网设计等要求。

9. 规定电力供配电系统构成、负荷等级、电力远动系统、火灾自动报警及机电设备监控系统等主要设计标准。

10. 规定通信网构成、通信线路、各通信系统、通信接口、机车同步操控系统及可控列尾信息传送等主要设计标准。

11. 明确地面固定信号、运输调度指挥、闭塞、联锁、集中监测、电源、防雷及接地等技术要求。

12. 明确货物运输管理、货运营销及运力配置、货运服务、货运安全检测监控与管理等信息系统技术要求。

13. 明确机务段(所)布置、机车交路、整备与检修设施、救援设备等技术要求。

14. 明确车辆段、列检作业场及站修作业场技术要求。

15. 明确货场消防给水、降尘用水及降尘废水、初期雨水处理等技术要求。

16. 提出工务、通信、信号、信息、供电等维修设施设置的原则性要求。

17. 明确生态保护与水土保持、噪声治理、振动控制、粉尘治理与固体废物储运等技术要求。

(六)解决的问题及预期效果

1. 解决的问题

(1)针对我国区域经济社会发展、产业政策和自然环境特征,以及促进重载运输发展和适应市场需求编制的重载铁路设计规范,是世界上首部系统、完整、全面的重载铁路设计标准。

(2)针对既有 ZH 荷载图式难以适应更大轴重和载重等级的货运发展的问题,根据重载运输特征,研究修订 ZH 荷载图式,以及不同设计轴重的荷载系数,满足重载铁路运输现状,并兼顾发展需要。

(3)研究确定适应大运量、大牵引质量的线路平纵断面设计标准。规定最小平面曲线半径不应小于 800 m,困难条件下不应小于 600 m,不宜设置 2 个以上连续反向的曲线,节省全生命周期成本,减少换轨施工对运营的干扰。结合长大隧道坡度折减研究有关成果,提出适应性强、经济性好的“单洞双线铁路隧道内线路最大坡度减缓值”标准。

(4)研究确定路基面宽度、基床结构、填料及压实、工后沉降等设计标准。结合《铁路路基基床结构设计方法及参数的研究》、《新建重载铁路路基设计关键参数研究》、《30 吨轴重重载铁路路基关键技术研究》和《山西中南部铁路通道重载综合试验》等科研成果,研究动应力沿路基深度的分布以及相应位置处路基土体的动强度,确定轴重 300 kN 的基床表层厚度取 0.7 m,基床深度 3.0 m;轴重 270 kN 的基床表层厚度 0.6 m,基床深度 2.5 m。结合《铁路路基填料分类标准深化研究》、《山西中南部铁路通道工程建设关键技术研究》、《30 吨轴重重载铁路路基关键技术研究》和国内外有关资料，确定基床表层材料可采用级配碎石或级配砂砾石或A组填料等。结合《铁路路基填料分类标准深化研究》，规定基床表层采用A组填料，保证填料具有良好的使用性能。结合《铁路路基质量控制参数优化及控制体系的研究》、《赴澳大利亚考察报告》、《大秦线重载铁路路基设计原则及标准》及《铁路路基填筑压实施工工艺》等，规定重载铁路路基基床表层、基床底层及基床以下部分压实系数设计标准，使运营期间路基变形小，减少路基病害，减少运营期间的养护维修成本。

(5)研究确定适应大轴重的桥梁离心力、横向摇摆力、制动力、结构变形、变位和自振频率限值、列车运行安全性指标，以及涵洞水平压力、竖向压力等设计标准。根据我国新型车辆发展要求，离心力作用位置调整为轨顶以上2.4 m；考虑重载铁路虽然运行速度相对较低，但列车参振质量大，大秦等重载线路的运营实践中发现，仍有部分桥梁结构出现振动响应较大的现象，研究提出列车运行安全性指标，以保证桥梁足够的强度、刚度、稳定性和耐久性，确保重载铁路桥梁安全可靠。

(6)研究确定适应大轴重、大运量的隧道内轮廓、衬砌等设计标准。为满足重载列车运行，提出衬砌仰拱结构加强措施；明确隧道内铺设有砟轨道时，内轮廓应满足大型机械养护维修作业要求的规定，以改善重载铁路隧道线路养护维修条件。

(7)研究确定满足大轴重、大运量的有砟轨道、无砟轨道设计标准。规定重车线采用与设计轴重匹配的混凝土轨枕、扣件；年通过总质量大于100 Mt小于250 Mt、设计轴重大于等于300 kN时，重车线宜采用75 kg/m钢轨；动载系数，设计轴重为250 kN的线路取2.5，其他取3.0，以满足设计轴重要求。规定桥梁、隧道等刚性基础地段宜根据年通过总质量和设计轴重采取减缓道砟破碎、粉化的技术措施，长度1 km及以上的隧道内和隧道群地段经技术经济比选后可采用无砟轨道，减少维修工作量，节省全生命周期成本。

(8)研究提出组合分解站、装卸车站等图型布置及设备配备标准。根据重载列车的作业特点，车站的分类增加组合分解站。规定组合分解站股道宜采用在两条重车线或两条空车线的中间夹一条机走线的布置形式，重车线或空车线与机走线之间设置渡线的位置根据组合分解列车的长度确定；装车站装车方式及设备配置应根据作业量及地形、地物条件确定；卸车站宜设翻车机，处于港口的卸车站宜采用重空车场横列、咽喉区环线连接的布置形式，专为电厂等企业服务的卸车站宜采用重车线及空车线中间夹机走线的布置形式。组合分解站、装卸车站等图型布置有利于提高作业效率。

(9)研究确定适应大牵引质量的外部电源电压等级、供电方式、牵引变电所分布、接触网设计等要求。规定了新建牵引变电所宜采用 220 kV 及以上电压等级供电，可以增大电网对谐波、负序的承受力，减小对其他负荷的谐波、负序影响，减小牵引变电所母线电压的波动，降低输电线路损耗，保证输电线路的动态、静态稳定，降低运营成本。

(10)研究确定适应大牵引质量的通信网构成、通信线路、各通信系统、机车同步操控系统及可控列尾信息传送等主要设计标准。规定当重载铁路通信系统需要传送机车同步操控信息时，GSM-R 系统无线覆盖应采用冗余设计，长途光缆应采用双光缆设计，以避免传输通道出现问题时，造成前后 2 台机车不能同步操控，危及行车安全，体现安全性。

(11)研究确定满足大牵引质量的地面固定信号、运输调度指挥、闭塞、联锁、电源、接地等技术要求。双线重载铁路应采用自动闭塞，单线重载铁路宜采用自动站间闭塞，提高了运输效率。自动闭塞应采用 ZPW-2000 系列无绝缘轨道电路四显示移频自动闭塞；自动站间闭塞进站信号机应设置第一接近和第二接近两段接近区段、并在第一接近区段和第二接近区段分界处设置进站接近信号机采用 3 灯位机构，确保重载列车安全降速和停车。

(12)研究确定重载铁路牵引计算和能力计算原则。根据重载铁路运输组织特点，规定多机牵引时，列车采用机车同步操控系统后，每台机车的牵引力均取全值，重联机车牵引力按《列车牵引计算规程》TB/T 1407 规定取值；制动空走时间及缓解时间按照列车编组中的连续车辆数计算；列车配置可控列尾装置时，计算制动空走时间的列车编组辆数按连续辆数的一半取值；明确货物列车追踪间隔、起停车附加时分、车站作业间隔均应结合线路技术条件、列车编组、车站布置形式等通过牵引计算确定。

2. 预期效果

(1)《重载铁路设计规范》与国际标准接轨，与国际重载铁路定义协调，同我国重载铁路运输实际情况相结合，体现了我国重载铁路运输发展水平。

(2)贯彻国家法律、法规，体现铁路主要技术政策，以适应我国经济社会和铁路重载运输发展的需要。

(3)《重载铁路设计规范》为国内外首次编制，各项规定体现了重载铁路运输要求和运量大、轴重大、牵引质量大的技术特点，强化了质量安全、节约能源资源、环境保护、提高运输效率、节省全生命周期成本等技术要求。规范满足安全可靠、先进成熟、经济适用的要求。

(4)规范将对重载铁路设计提供有益的借鉴和指导,对重载铁路设计形成系列化、规范化具有积极的意义。

(5)规范重载铁路设计要求,合理选定重载铁路设计标准,可大幅提高重载铁路设计效率,将带来广泛的社会效益和经济效益。

五、《磁浮铁路技术标准(试行)》TB 10630—2019

磁浮铁路主要技术标准见表 3-5。

表 3-5　磁浮铁路主要技术标准

序号	项　　目	技　术　标　准				
		100 km/h 及以下	100 km/h(不含)~160 km/h	400 km/h 及以下	500 km/h	600 km/h
1	正线最小线间距(m)	3.6	4.0	明线:4.8 隧道:5.1	明线:5.1 隧道:5.6	明线:5.6 隧道:5.6
2	最小平面曲线半径(m)	按式计算: $R_{\mathrm{Hmin}}=\left\|\dfrac{(v/3.6)^2\cos\alpha}{\alpha_{\mathrm{ymax}}+9.8\sin\alpha}\right\|$				
3	最大坡度	区间正线最大坡度不宜大于60‰,困难地段最大坡度不应大于65‰。在特殊情况下,经技术经济比较,有充分依据时,最大坡度可采用70‰		区间正线的最大坡度不宜大于50‰,困难条件下经技术经济比较后不应大于100‰,最大坡度可不考虑平面曲线折减和隧道阻力折减		
4	轨距(mm)	1 860		≤2 800		
5	牵引供电制式	宜采用 DC 1 500 V		中压供电网络电压等级宜采用35 kV、20 kV、10 kV		
6	列车运行控制方式	应包括正线信号 ATC 系统和车辆段信号系统。ATC 系统宜采用基于通信的列车自动控制系统(CBTC)		应包含中心调度指挥、轨旁运行控制、车载运行控制		
7	列车设计荷载	25 kN/m 的均布荷载		29 kN/m 的均布荷载		

(一)编制背景

自 1991 年以来,我国一直将磁浮列入国家科技攻关计划,并取得丰富研究成果和工程实践经验。2006 年 4 月,上海磁浮示范运营线建成投产,最高运营速度、试验速度分别为 430 km/h 和 501 km/h,是世界上第一条投入商业化运营的高速磁浮线。2016 年 5 月和 2017 年 12 月,最高运营速度 100 km/h 的长沙磁浮快线和北京 S1 线投入商业运营。2019 年 5 月,时速 600 km 高速磁浮试验样车在青岛下线(图3-6)，标志着中国在高速磁浮技术领域实现重大突破，在高速磁浮关键核心技术研究及车辆、牵引、运控通信等核心子系统研发取得重要阶段性成果。上述研究成果和工程实践，为启动磁浮铁路技术标准编制提供了基本条件。

为贯彻落实国家创新驱动发展战略，适应交通强国建设需要，规范引导磁浮铁路技术发展，着力实现前瞻性基础研究、引领性原创成果重大突破，加快铁路科技创新成果向标准转化，根据《国家铁路局2017年铁路工程建设标准编制计划》(国铁科法函〔2017〕185号)及《磁悬浮铁路设计标准编制工作会会议纪要》等要求，组织中国铁路设计集团有限公司、中铁第四勘察设计院集团有限公司、中车工业研究院有限公司等单位开展《磁浮铁路技术标准(试行)》编制工作。

标准编制从国内外磁悬浮铁路发展情况、技术研究成果及现有相关技术标准等方面调研入手，系统总结有关建设运营实践经验，结合我国磁浮技术具体发展情况，按常导短定子和常导长定子两种磁浮制式开展标准编制，为规范磁浮铁路建设及装备制造、引领磁浮铁路可持续发展奠定坚实基础。

图3-6　时速600 km高速磁浮试验样车

(二)编制目的

1. 贯彻创新驱动发展战略。落实《铁路标准化"十三五"发展规划》要求，跟踪磁浮技术发展动态，强化前瞻性技术研究，加快研究成果转化为技术标准，引领磁浮铁路技术发展方向。

2. 解决关键突出问题。针对影响磁浮健康发展问题，统一磁浮铁路限界、轨距、轨道基准面等基本设计参数，明确磁浮车辆主要技术规格，集成线路、轨道、桥梁、隧道、牵引供电、运行控制等多专业接口要求。

3. 适应交通强国建设需要。坚持新发展理念，满足磁浮铁路建设需求，结合已有工程实践经验和科研成果，编制速度等级覆盖全面的磁浮铁路技术标准，规范磁浮铁路工程设计和装备制造。

（三）编制原则

1. 目标导向、需求牵引。坚持新发展理念，引领磁浮铁路技术发展，满足交通强国建设需要，推进磁浮铁路技术重大研究成果转化应用，促进铁路高质量发展。

2. 重点突破、覆盖全面。利用已有标准基础，着力解决制约磁浮发展难题，覆盖磁浮技术主要制式，适用全部速度等级的常导短定子和长定子制式磁浮铁路工程建设。

3. 技术先进、规范统一。系统总结国内外磁浮线建设运营经验，提炼磁浮技术研究成果特别是国家磁浮重点专项成果，统一中低速磁浮关键技术标准，提出高速磁浮通用技术条件。

4. 国际视野、特色鲜明。放眼世界各国磁浮技术发展，探究国际最新研究方向，突出中国磁浮技术应用特点，编制与磁浮技术特性密切相关的技术内容，且深细度适宜。

（四）编制过程

《磁浮铁路技术标准（试行）》编制过程总体上分为五个阶段。

前期准备阶段。开展磁浮技术基础研究，调研国内外各类磁浮技术特点，分析中国磁浮技术发展趋势，全面总结上海磁浮示范线、北京 S1 线、长沙磁浮快线的工程建设运营实践，借鉴国内外磁浮技术研究成果。

工作大纲阶段。确定标准编制原则、适用范围、内容框架、进度计划、工作分工等，组织 12 位磁浮控制、铁道工程、车辆工程、通信信号等领域权威专家开展技术审查。

征求意见稿阶段。编制完成征求意见稿条文和条文说明，向勘察设计、施工建造、科研院所、运营维护、建设管理等 16 家单位征求意见，共收到 6 家单位 115 条意见，组织 16 位磁浮交通、铁道工程、车辆工程、通信信号等领域权威专家开展技术审查。

送审稿阶段。编制完成送审稿条文和条文说明，向勘察设计、施工建造、科研院所、运营维护、建设管理、政府部门等 25 家单位征求意见，共收到 25 家单位 171 条意见，组织 17 位磁浮交通、铁道工程、车辆工程、通信信号等领域权威专家开展技术审查。

报批稿阶段。编制完成报批稿条文和条文说明，经审核通过，于 2019 年 8 月 22 日发布，自 2020 年 1 月 1 日起实施。

（五）主要内容

《磁浮铁路技术标准（试行）》是磁浮铁路领域的基础性行业标准，是在系统总结磁浮铁路技术研究成果和建设运营实践经验基础上编制而成的。

标准基本构架：

标准共分 5 章，包括总则、术语和符号、基本规定、常导短定子磁浮系统、常导长定子磁浮系统等。另有 1 个附录。主要分为四大板块：

第一板块：总则。明确标准编制目的、适用范围、磁浮铁路制式、设计速度选择原则、轨距、限界、荷载及图式等内容。

第二板块：术语和符号。规定与磁浮技术密切相关的术语和符号，如磁浮铁路、轨道基准面、轨距等内容。

第三板块：基本规定。规定磁浮铁路主体结构设计年限、洪水频率、安全性设计、疏散救援、灾害应急响应等要求。

第四板块：具体技术要求。提出常导短定子磁浮系统与常导长定子磁浮系统车辆、线路、轨道、桥梁、隧道、牵引供电、运行控制等要求。

主要技术内容：

1. 明确常导短定子和常导长定子两种磁浮制式的适用范围。
2. 提出磁浮铁路总体设计原则及通用技术要求。
3. 统一磁浮车辆的技术规格、加减速性能等主要指标。
4. 规定线路平面、纵断面及横坡等技术参数。
5. 规定轨道结构的组成、静态平顺度及设计要求。
6. 规定桥梁结构设计荷载和结构设计要求。
7. 规定气动效应条件下隧道结构、防灾疏散救援等技术要求。
8. 规定外部电源、牵引供电电压、授流方式、接地等技术要求。
9. 规定运行控制系统组成、安全等级等技术要求。

（六）解决的问题及预期效果

1. 解决的问题

（1）统一轨距、站台面高度及车辆与轨道的接口尺寸，首次提出了磁浮铁路站台建筑限界、基本建筑限界，解决了磁浮铁路在车辆制造、工程建设、养护维修等方面由于轨距等不统一带来的诸多问题，有利于磁浮铁路可持续发展。

（2）统一轨道基准面定义，解决了由于磁浮铁路轨道基准面定义不统一引起的车辆地板面高度、车辆最高点距基准面高度、站台面高度等标准参数不统一的问题。

(3)规定磁浮列车活载图式及相关设计参数。首次提出并统一规范了常导短定子、常导长定子活载设计参数及活载图式，解决了工程设计活载及活载图示取值问题。

(4)规定隧道车内压力变化控制标准，解决了磁浮铁路隧道最小有效净空面积计算方法及隧道内轮廓确定方法。

2. 预期效果

磁浮技术标准是磁浮铁路技术标准体系中的龙头标准，集成了车辆、线路、轨道、桥梁、隧道、牵引供电、运行控制等多专业领域的技术要求，是磁浮铁路建设最基本、最重要的行业技术标准。标准统一了轨距、站台面高度及车辆与轨道的接口尺寸，明确了轨道基准面定义，统一了桥梁变形容许值及竖向一阶固有频率技术要求，解决了磁浮铁路在车辆制造、工程建设、养护维修等方面由于参数不统一带来的诸多问题，对于规范和指导磁浮铁路建设、促进磁浮铁路健康有序发展具有重大意义，取得了显著的社会效益。

六、《铁路专用线设计规范(试行)》TB 10638—2019

铁路专用线主要技术标准见表3-6。

表3-6　铁路专用线主要技术标准

序号	项　　目		技　术　标　准		
			80 km/h	60 km/h	40 km/h
1	正线数目		根据铁路专用线的实际运输需求和工程条件等因素，经综合比选，按初、近期标准确定并预留远期发展的条件		
2	最小曲线半径(m)	一般	600	500	400
		困难	500	300	250
3	限制坡度		内燃25‰，电力30‰		
4	到发线有效长度		根据输送能力要求、机车类型及列车长度、地形条件及与拟接轨铁路到发线有效长度的协调等因素确定，并预留远期发展的条件。在有直达列车到发的车站，部分到发线的有效长度应与衔接铁路相匹配		
5	闭塞类型		区间闭塞根据运输需要可采用电话闭塞、半自动闭塞、自动站间闭塞或自动闭塞		
6	牵引种类		电力和内燃牵引	电力和内燃牵引	电力和内燃牵引
7	机车类型		SS_3、SS_4、SS_{6B}、8_G、HXD_1(23 t)、HXD_3(23 t)等		
8	设计轴重		≤25 t	≤25 t	≤25 t

（一）编制背景

铁路专用线指由企业或者其他单位管理的与国家铁路或者其他铁路线路接轨的岔线，是铁路运输网的组成部分（图 3-7），具有纯货运、运量较小、速度较低和投资主体为企业等特点。铁路专用线在设计中参照《Ⅲ、Ⅳ级铁路设计规范》GB 50012—2012，存在标准偏高、经济性差等问题。2019 年 5 月，中国国家铁路集团有限公司编制发布企业标准《铁路专用线设计规范（试行）》Q/CR 9156—2019，为编制铁路专用线设计行业标准奠定坚实基础。

为落实党中央关于调整运输结构、增加铁路运输量的战略部署，有序推进铁路专用线建设，根据构建铁路工程建设标准体系的要求，组织中国铁路设计集团有限公司等单位开展《铁路专用线设计规范（试行）》编制工作。

针对铁路专用线纯货运、速度低等特点，综合考虑项目总运量、年度运量、企业实际情况等因素，合理确定更为灵活的技术要求，采用更加便利的接轨条件和运输组织方式，确保安全的前提下更好体现经济性要求，为推进铁路专用线建设提供重要标准支撑。

图 3-7　铁路专用线

（二）编制目的

1. 贯彻新发展理念。落实中央关于调整运输结构、增加铁路运输量的战略部署，满足铁路货运增量行动方案要求，加快推进和规范铁路专用线建设。

2. 解决实际问题。深入分析铁路专用线特点，解决目前铁路专用线无专门设计标准及参照有关标准设计存在标准偏高、经济性差等问题。

3. 满足市场需求。确保安全前提下满足企业对铁路专用线建设的需求，更好体现经济性要求。

4. 突出行业标准定位。提升标准技术先进性和经济合理性，为建设铁路专用线创造便利接轨条件及便利运输组织方式。

（三）编制原则

1. 统筹兼顾、适应发展。贯彻落实国家有关调整运输结构等决策部署及相关安全防护等规定，适应铁路专用线建设发展要求。

2. 准确定位、系统协调。准确把握铁路专用线特点，明确规范功能定位，实现专用线与国家铁路或其他铁路接轨便捷。

3. 精益求精、经济适用。充分利用现有标准基础，体现行业标准特色，确保安全的前提下更好体现经济性要求。

4. 规范统一、科学合理。总结铁路专用线建设运营经验，统一铁路专用线工程设计标准，科学合理地确定技术参数。

（四）编制过程

《铁路专用线设计规范（试行）》编制过程总体上分为三个阶段。

前期准备阶段。中国国家铁路集团有限公司按照标准工作大纲、征求意见稿、送审稿、报批稿四个阶段开展编写工作，并在编制大纲、征求意见稿、送审稿阶段广泛征求建设、设计、施工及科研单位的意见，充分听取相关部门意见，组织参编单位的人员和专家进行审查，最终完成《铁路专用线设计规范（试行）》企业标准报批稿编制，经中国国家铁路集团有限公司技术委员会审查通过，2019 年 5 月企业标准发布实施。

送审稿阶段。应中国国家铁路集团有限公司将《铁路专用线设计规范（试行）》企业标准转化为行业标准的商请，采用快速程序推进完成《铁路专用线设计规范（试行）》行业标准送审稿，向铁路建设管理、勘察设计、施工建造、运营管理、科研院所等单位广泛征求意见，共收到 12 家单位反馈意见 100 条，组织相关单位多位权威专家完成技术审查。

报批稿阶段。编制完成报批稿条文和条文说明，经审核通过，于 2019 年 11 月 19 日发布，自 2020 年 3 月 1 日起实施。

（五）主要内容

《铁路专用线设计规范（试行）》是规范铁路专用线工程设计的重要标准，为推进和规范铁路专用线建设提供重要技术支撑。

规范基本构架：

规范共分 16 章，包括总则、符号、基本规定、线路、轨道、路基、桥涵、隧道、站场、电力牵引供电、电力、通信、信号、机务与车辆设备、给水排水、环境保护等。主要分为三大板块：

第一板块：总则。明确标准编制目的、适用范围、基本原则、设计速度分级、列车设计活载、结构设计等内容，提出应充分利用既有设施和设备。

第二板块：基本规定。给出与铁路专用线密切相关的符号，明确接轨站引入方式，规定正线数目、设计速度等主要技术标准必选要求。

第三板块：专业技术要求。规定线路路段速度设计要求，提出轨道、路基、桥涵、隧道等主体工程结构要求，明确车站平面布置、牵引供电系统、供配电系统、通信信号信息、灾害监测、动车组设备、环境保护等具体设计规定。

主要技术内容：

1. 明确编制目的、适用范围、设计使用年限等要求。

2. 提出接轨方案、接轨方式、主要技术标准、施工过渡设计及养护维修方式等设计要求。

3. 规定线路平面、纵断面、交叉及附属设施等设计要求。

4. 规定轨道类型、钢轨及配件、轨枕及扣件、道床、轨道附属设备等设计要求。

5. 规定路基面、基床、路堤、路堑、路基排水、路基支挡及防护、路基接口及防护等设计要求。

6. 规定桥涵孔径、净空、结构、材料、桥面布置以及养护维修设施等设计要求。

7. 规定隧道建筑材料、内轮廓、衬砌结构、防排水、洞门与洞口段、附属设施、运营通风、辅助坑道等设计要求。

8. 规定站线平纵断面、货运设备、装卸机械、站场路基、排水及站线轨道等设计要求。

9. 规定牵引供电、牵引变电及接触网等设计要求。

10. 规定不同用电负荷、供电方案的设计要求。

11. 规定通信系统构成及其设置要求。

12. 规定车站联锁、区间闭塞等信号设计要求。

13. 规定机车车辆运用设施设计要求。

14. 规定给水工程、排水工程及给排水设施管理设计要求。

15. 规定选址、选线的环保要求及噪声、振动污染防治设计要求。

（六）解决的问题及预期效果

1. 解决的问题

《工业企业标准轨距铁路设计规范》GBJ 12—87 废止后，铁路专用线在设计中，一般执行《Ⅲ、Ⅳ级铁路设计规范》GB 50012—2012。Ⅲ、Ⅳ级铁路技术标准适用于客货共线铁路，与铁路专用线作为货运专线的特点不完全相符，存在标准偏高问题。

为切实解决上述问题，保障铁路专用线安全与质量，保障人民生命财产安全，保障公共设施安全，促进新技术、新方法的应用，理顺标准架构，体现标准的先进性、协调性。规范中明确根据铁路专用线为纯货运线路，具有运量多少不同、服役时间长短不一等特点，不再进行等级划分，可因地制宜确定设计使用年限，解决了运量超过 1 000 万 t 的铁路专用线没有适用标准的问题。

2. 预期效果

通过国内铁路专用线广泛调研及近年专用线工程实践，确定铁路专用线采用与客货共线铁路一致的 ZKH 荷载。当与铁路专用线相衔接铁路为重载等铁路时，可根据运营列车轴重、轴距等技术要求，桥涵、路基、轨道等结构需采用匹配运营列车的荷载图式进行设计；当运输大宗货物时，铁路专用线采用整列装卸等便利的运输组织方式；当对隧道衬砌设计时，可采用 C20 混凝土，洞门可采用 C20 片石混凝土，耐久性满足设计年限要求。规范的发布实施，将会对铁路专用线设计更准确、可靠，且有利于投资控制。符合国家发展的战略目标，社会效益巨大。

七、《铁路线路设计规范》TB 10098—2017

铁路线路主要技术指标见表 3-7。

表 3-7　铁路线路主要技术指标

<table>
<tr><th rowspan="3">序号</th><th rowspan="3">技术要求</th><th colspan="4">高速铁路</th><th colspan="3">城际铁路</th><th colspan="3">客货共线铁路</th><th>重载铁路</th></tr>
<tr><th colspan="11">设计行车速度(km/h)</th></tr>
<tr><th colspan="2">250</th><th>300</th><th>350</th><th>120</th><th>160</th><th>200</th><th>120</th><th>160</th><th>200</th><th>—</th></tr>
<tr><td rowspan="2">1</td><td rowspan="2">平面最小曲线半径(m)</td><td>有砟轨道</td><td>一般
3 500
困难
3 000</td><td>一般
5 000
困难
4 500</td><td>一般
7 000
困难
6 000</td><td rowspan="2">一般
900
困难
800</td><td rowspan="2">一般
1 500
困难
1 300</td><td rowspan="2">一般
2 200
困难
2 000</td><td rowspan="2">一般
1 200
困难
800</td><td rowspan="2">一般
2 000
困难
1 600</td><td rowspan="2">一般
3 500
困难
2 800</td><td rowspan="2">一般
800
困难
600</td></tr>
<tr><td>无砟轨道</td><td>一般
3 200
困难
2 800</td><td>一般
5 000
困难
4 000</td><td>一般
7 000
困难
5 500</td></tr>
<tr><td>2</td><td>区间正线最小线间距(m)</td><td colspan="2">4.6</td><td>4.8</td><td>5.0</td><td>4.0</td><td>4.0</td><td>4.2</td><td>4.0</td><td>4.2</td><td>4.4</td><td>4.0</td></tr>
</table>

续上表

序号	技术要求	高速铁路			城际铁路			客货共线铁路			重载铁路
		设计行车速度(km/h)									
		250	300	350	120	160	200	120	160	200	—
3	圆曲线或夹直线最小长度(m)	一般 200 困难 150	一般 240 困难 180	一般 280 困难 210	一般 80 困难 50	一般 100 困难 70	一般 120 困难 80	一般 80 困难 50	一般 130 困难 80	一般 160 困难 120	—
4	最小竖曲线半径(m)	20 000	25 000	25 000	一般 10 000 困难 5 000	一般 15 000 困难 8 000	一般 15 000 困难 10 000	—	—	—	—

（一）编制背景

铁路线路设计在铁路工程设计中起着主导和统筹各专业设计的总体作用，是铁路设计的核心内容（图 3-8）。随着高速、城际、客货共线和重载铁路的快速发展，原有规范已不能完全满足新形势下铁路建设需求。随着铁路大规模建设积累大量的工程建设和运营管理实践经验，铁路相关科技进步、技术创新、装备发展等最新成果都为规范编制奠定了坚实基础。

为适应经济社会及铁路发展需要，贯彻国家创新、协调、绿色、开放、共享发展理念，落实现代综合交通运输发展、保护自然生态环境、节约集约利用资源等要求，根据构建铁路工程建设标准体系要求，组织中铁第一勘察设计院集团有限公司等单位开展《铁路线路设计规范》全面修订工作。

通过分析国内铁路运输需求和环境条件变化，结合经济社会发展实际情况，优化完善规范适用范围，充分体现铁路综合选线设计技术特点，合理确定线路主要技术标准和设计参数，确保规范科学可靠、经济适用。

图 3-8 中老铁路国内段宁洱站附近线路

（二）编制目的

1. 确保国家战略贯彻落实。服务经济社会发展，统筹铁路线路设计对沿线自然生态和环境保护、土地和资源利用、城镇发展和产业布局的影响。

2. 提升规范技术经济合理性。总结铁路工程建设和运营管理等实践经验及相关科研成果，优化完善主要技术标准、综合选线、线路平面、线路纵断面、车站分布等重要内容。

3. 满足综合选线技术要求。综合考虑铁路工程建设各方面、各阶段相互作用，系统兼顾各专业设计之间衔接接口，满足运输需求。

4. 落实综合交通运输发展要求。合理确定规范适用范围，助力提升综合运输的系统性、协调性，规范不同类型铁路线路设计主要标准。

（三）编制原则

1. 需求牵引、系统协调。贯彻创新、协调、绿色、开放、共享发展理念，落实综合交通运输发展、保护自然生态环境、节约集约利用资源等技术要求，体现规范的整体协调性。

2. 安全优先、重点突出。强化安全优先原则，结合国情、路情，充分体现线路设计在铁路工程各专业设计中的总体地位和主导作用，突出不同类别铁路选线设计的总体原则和基本要求。

3. 统筹优化、配套衔接。整合高速、城际、客货共线和重载铁路线路设计标准，合理确定线路主要技术标准和设计参数，注重接口设计，沟通相关各专业之间的相互衔接。

4. 科学合理、经济适用。明确线路设计主要工作内容，提升科学性和技术经济性，规范引导铁路选线设计，准确反映项目功能定位，充分满足运输需求。

（四）编制过程

《铁路线路设计规范》编制过程总体上分为五个阶段。

前期准备阶段。开展铁路线路设计基础研究，调研铁路工程设计、运营管理、装备制造等相关企业，分析《铁路线路设计规范》GB 50090—2006 及相关标准使用资料，全面总结《铁路线路设计规范》重点内容，取得科学性、适用性、经济性的规范编制基础成果。

工作大纲阶段。确定规范编制原则、适用范围、内容框架、进度计划、工作分工等。组织铁路建设管理、勘察设计、运营管理等单位权威专家完成技术审查。

征求意见稿阶段。编制完成征求意见稿条文和条文说明。向铁路建设管理、勘察设计、施工建造、运营管理、科研院所等单位广泛征求意见，共收到 8 家单位反馈意见 73 条。组织相关单位多位权威专家完成技术审查。

送审稿阶段。编制完成送审稿条文和条文说明。向铁路建设管理、勘察设计、施工建造、运营管理、科研院所等单位广泛征求意见，共收到 9 家单位反馈意见 53 条。组织相关单位多位权威专家完成技术审查。

报批稿阶段。编制完成报批稿条文和条文说明。经审核通过，于 2017 年 9 月 18 日发布，自 2017 年 12 月 1 日起实施。

（五）主要内容

《铁路线路设计规范》是铁路建设工程设计最基础、最重要的技术标准之一，是在《铁路线路设计规范》GB 50090—2006 基础上全面修订而成，进一步完善铁路工程建设标准体系，有效指导铁路工程建设。

原规范条文共 94 条，新修订的规范条文共 145 条，其中原规范保留 13 条、修改 54 条、增加 78 条、删除 27 条，规范条文修订情况统计如图 3-9 所示。

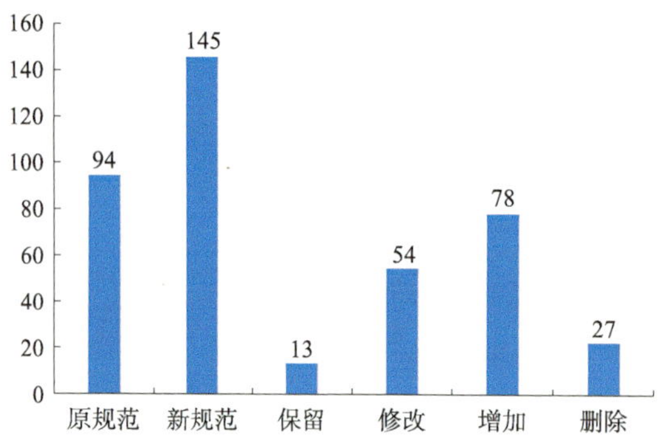

图 3-9　规范条文修订情况统计

规范基本构架：

规范共分 8 章，包括总则，术语和符号，主要技术标准，综合选线，线路平面，线路纵断面，车站分布，铁路交叉、附属设施及其他等，另有 2 个附录。主要分为四大板块：

第一板块：总则。明确标准编制目的、适用范围、铁路线路设计年度和重点影响因素等内容。

第二板块：术语和符号。规定与铁路线路设计密切相关的术语和符号，如高速铁路、城际铁路等。

第三板块：总体设计要求。明确线路设计主要工作内容、主要技术标准、综合选线原则和基本要求等内容。

第四板块：具体设计要求。规定各种类型铁路线路平面、纵断面相关技术要求，明确车站分布、铁路交叉设置等原则。

主要修订内容：

1. 修订规范适用范围，增加高速铁路、城际铁路、重载铁路的线路设计相关内容，客货共线铁路旅客列车设计速度由 160 km/h 改为 200 km/h。删除 140 km/h 客货共线铁路的线路设计标准。

2. 明确线路设计主要工作内容：充分研究项目需求、铁路网规划和综合交通规划，准确把握项目功能定位，科学论证建设方案，合理选定主要技术标准和线路走向，系统优化线路平、纵断面设计等。

3. 增加"主要技术标准"章，明确各类铁路主要技术标准内容组成。

4. 增加"综合选线"章，明确综合选线的原则和线路设计基本要求。

5. 调整原规范第 4 章"线路的平面和纵断面"为"线路平面"和"线路纵断面"两章。

6. 修订客货共线铁路缓和曲线长度，删除曲线半径和缓和曲线长度优先值，修改桥梁设在曲线上的有关标准。

7. 修订客货共线铁路隧道内线路最大坡度折减标准。

8. 修订综合维修"天窗"标准。删除改建既有线或增建第二线时关闭作业量较小车站的规定。

9. 明确铁路交叉的设置原则。删减道口有关内容。

10. 增加"附属设施及其他"节，明确铁路附属设施及其他设施的设置原则。

（六）解决的问题及预期效果

1. 解决的问题

（1）规范仅适用于客货共线Ⅰ、Ⅱ级铁路的问题。

（2）客货共线铁路缓和曲线长度不满足运营维护要求的问题。

（3）桥梁设在曲线上、隧道内坡度折减的有关规定不适应高速、城际铁路工程实际等问题。

为了切实解决上述问题，强化安全优先原则，落实综合交通运输发展、保护自然生态和环境、节约土地和能源等技术要求，注重系统设计，理顺标准架构，体现标准的先进性和适应性，规范整合了高速铁路、城际铁路、客货共线Ⅰ级及Ⅱ级铁路、重载铁路线路设计标准，提出综合选线设计原则，明确客货共线铁路缓和曲线长度、桥梁设在曲线上的相关标准以及隧道内线路坡度折减等技术要求。

2. 预期效果

规范通过将近年来铁路科技进步、技术装备发展最新成果运用在系统设计、综合选线的设计中，并整合各级铁路线路设计标准，体现了线路设计的总体地位和主导作用。结合我国国情、经济社会发展水平、运输管理需求和环境条件等因素，合理确定线路主要技术标准和设计参数，使线路设计更具有科学先进性和经济合理性。规范的发布实施，贯彻创新、协调、绿色、开放、共享的发展理念，符合国家发展的战略目标。

（七）历史沿革

1. 1985 年，为满足铁路线路建设需要，根据铁道部（80）铁基字 794 号文的通知，铁道部在 1974 年发布的《铁路工程技术标准 · 第一篇　线路（试行）》的基础上编制并发布《铁路线路设计规范》GBJ 90—85。根据国家计委计综〔1984〕305 号文的要求，将规范列为国家标准。规范适用于国家铁路网中 1 435 mm 标准轨距铁路的设计，主要内容包括总则、线路的平纵断面、车站分布、铁路与道路的交叉以及轨道。

2. 1999 年，根据建设部及铁道部要求，在《铁路线路设计规范》GBJ 90—85 的基础上进行部分内容补充和修订，并由建设部和国家质量技术监督局联合发布《铁路线路设计规范》GB 50090—99。主要修订内容有：适用范围调整为最高运行速度 140 km/h 的新建、改建标准轨距铁路线路的设计，删除与蒸汽机车牵引有关的技术内容和不属于规范制定的内容，新增分路段选择设计行车速度及其相关技术标准的规定，修订各级铁路最小圆曲线半径、缓和曲线长度、限制坡度、车站站坪最大坡度等主要技术指标，新增跨区间无缝线路的一般规定等。

3. 2006 年，建设部（建设部公告〔2006〕第 418 号）发布《铁路线路设计规范》GB 50090—2006。主要修订内容有：旅客列车设计行车速度由 140 km/h 提高到 160 km/h；修订了铁路等级划分标准、铁路设计年度标准、各级铁路最小圆曲线半径、缓和曲线长度、圆曲线和夹直线最小长度、纵断面连接和站坪坡度等主要技术指标；增加铁路两侧隔离栅栏的设置原则、开行双层集装箱列车的线路设计要求，删减“正线轨道”章节等。

4. 2017 年，国家铁路局（国铁科法〔2017〕62 号）发布《铁路线路设计规范》TB 10003—2017，为现行版本。

八、《铁路车站及枢纽设计规范》TB 10099—2017

车站及枢纽主要技术指标见表 3-8。

表 3-8 车站及枢纽主要技术指标——车站线间距(mm)

<table>
<tr><th>序号</th><th colspan="4">项 目</th><th>线间最小距离</th></tr>
<tr><td rowspan="6">1</td><td rowspan="6">站内正线间</td><td rowspan="4">高速铁路和城际铁路</td><td colspan="2">站内正线间无渡线时</td><td>与区间正线相同</td></tr>
<tr><td rowspan="3">站内正线间有渡线时</td><td>$v \leq 250$ km/h</td><td>4 600</td></tr>
<tr><td>250 km/h $< v \leq$ 300 km/h</td><td>4 800</td></tr>
<tr><td>300 km/h $< v \leq$ 350 km/h</td><td>5 000</td></tr>
<tr><td colspan="3">客货共线铁路</td><td>5 000</td></tr>
<tr><td colspan="3">双线与第三线间,或相同行车方向的正线间</td><td>5 300</td></tr>
<tr><td rowspan="7">2</td><td rowspan="7">站内正线与相邻到发线间</td><td colspan="3">无列检、上水及卸污作业</td><td>5 000</td></tr>
<tr><td rowspan="6">有列检、上水或卸污作业</td><td rowspan="2">$v \leq 120$ km/h</td><td>一般</td><td>5 500</td></tr>
<tr><td>改建特别困难</td><td>5 000(保留)</td></tr>
<tr><td rowspan="2">120 km/h $< v \leq$ 160km/h</td><td>一般</td><td>6 000</td></tr>
<tr><td>改建特别困难</td><td>5 500(保留)</td></tr>
<tr><td rowspan="2">$v >$ 160 km/h</td><td>一般</td><td>6 500(设栅栏)</td></tr>
<tr><td>改建特别困难</td><td>5 500(保留)</td></tr>
<tr><td rowspan="3">3</td><td rowspan="3">到发线间、调车线间</td><td colspan="3">一般</td><td>5 000</td></tr>
<tr><td colspan="3">铺设列检小车通道或有客车上水、卸污作业</td><td>5 500</td></tr>
<tr><td colspan="3">改建特别困难</td><td>4 600(保留)</td></tr>
<tr><td rowspan="2">4</td><td rowspan="2">装有高柱信号机的线间</td><td colspan="3">相邻两线均通行超限货物列车</td><td>5 300</td></tr>
<tr><td colspan="3">相邻两线只一线通行超限货物列车</td><td>5 000</td></tr>
<tr><td>5</td><td colspan="4">动车组存车线间</td><td>4 600</td></tr>
<tr><td rowspan="2">6</td><td rowspan="2" colspan="2">客车车底停留线间</td><td colspan="2">一般</td><td>5 000</td></tr>
<tr><td colspan="2">改建特别困难</td><td>4 600</td></tr>
<tr><td rowspan="2">7</td><td rowspan="2" colspan="2">动车组及客车整备线间</td><td colspan="2">线间无照明和通信等电杆</td><td>6 000</td></tr>
<tr><td colspan="2">线间有照明和通信等电杆</td><td>7 000</td></tr>
<tr><td>8</td><td colspan="4">货物直接换装的线路间</td><td>3 600</td></tr>
<tr><td rowspan="2">9</td><td rowspan="2" colspan="2">牵出线与其相邻线间</td><td colspan="2">区段站、编组站及其他调车作业频繁</td><td>6 500</td></tr>
<tr><td colspan="2">中间站及其他仅办理摘挂取送作业</td><td>5 000</td></tr>
<tr><td>10</td><td colspan="4">调车场各线束间</td><td>6 500</td></tr>
<tr><td>11</td><td colspan="4">调车场设有制动员室的线束间</td><td>7 000</td></tr>
<tr><td>12</td><td colspan="4">梯线与其相邻线间</td><td>5 000</td></tr>
</table>

（一）编制背景

铁路车站及枢纽（图3-10）设计在铁路工程设计中起着主导和统筹各专业设计的总体作用，是铁路设计的核心内容。随着高速、城际、客货共线和重载铁路的快速发展，原有规范已不能完全满足新形势下铁路建设需求，在贯彻新发展理念、协调综合交通发展、统筹铁路工程设计等方面有所欠缺，因此修订工作十分必要。铁路大规模建设遇到了很多新情况新问题，同时也积累了大量的工程建设和运营实践经验。铁路相关科技进步、技术创新、装备发展等最新成果都为规范编制奠定了坚实基础。

图3-10　铁路车站及枢纽

为适应经济社会及铁路发展需要，贯彻创新、协调、绿色、开放、共享的发展理念，落实现代综合交通运输发展、保护自然生态环境、节约集约利用资源等要求，根据构建铁路工程建设标准体系要求，组织中铁第四勘察设计院集团有限公司等单位开展《铁路车站及枢纽设计规范》全面修订工作，名称改为《铁路车站及枢纽设计规范》TB 10099。

通过分析国内铁路运输需求和环境条件变化，结合经济社会发展实际情况，优化完善规范适用范围，充分体现铁路车站及枢纽设计技术特点，合理确定车站及枢纽主要技术标准和设计参数，确保规范科学可靠、经济适用。

（二）编制目的

1. 服务经济社会发展，统筹铁路车站及枢纽设计对自然生态和环境保护、土地和资源利用、城镇发展和产业布局的影响，保证铁路建设贯彻落实国家战略。

2. 落实综合交通运输发展要求，助力提升综合运输的系统性、协调性，规范不同类型铁路车站及枢纽设计主要标准，合理确定规范适用范围。

3. 综合考虑铁路工程建设各方面、各阶段相互作用，系统兼顾各专业设计间衔接，充分体现铁路车站及枢纽技术要求，满足运输需求。

4. 总结铁路工程建设和运营实践经验及相关科研成果，优化完善主要技术标准、编组站、区段站、客运站、铁路物流中心、驼峰等重要内容，提升规范科学技术性、经济合理性。

（三）编制原则

1. 服务发展，顺应需求。贯彻创新、协调、绿色、开放、共享的发展理念，明确车站及枢纽设计总体性要求，满足铁路货运向现代物流转型需求。

2. 系统总结，创新发展。注重强化系统设计，充分协调点线能力，吸纳建设及运营的成功经验及科研成果，积极采用新技术、新设备，体现标准的系统性和安全性。

3. 统筹优化，推动发展。整合高速铁路、城际铁路、客货共线铁路及重载铁路的站场设计要求，科学合理地选定设计原则和参数，体现标准的先进性和技术经济性。

4. 协调统一，系统配套。加强标准协调性，做好与国家、行业相关标准的协调配套，避免相互矛盾和大量重复，提升标准的可行性和适用性。

（四）编制过程

《铁路车站及枢纽设计规范》编制过程总体上分为五个阶段。

前期准备阶段。收集整理《铁路车站及枢纽设计规范》GB 50091—2006 及相关标准资料，调研铁路工程设计、运营管理、装备制造等相关企业，了解原有规范现场应用情况，开展原有规范重点内容科学性、适用性、经济性分析，为规范编制夯实基础支撑。

工作大纲阶段。确定规范编制原则、适用范围、内容框架、进度计划、工作分工等。组织铁路建设管理、勘察设计、运营管理等方面专家完成技术审查。

征求意见稿阶段。编制完成征求意见稿条文和条文说明。向铁路建设管理、勘察设计、运营管理等单位广泛征求意见，共收到 18 家单位反馈意见 237 条。组织相关专家开展技术审查。

送审稿阶段。编制完成送审稿条文和条文说明。向铁路建设管理、勘察设计、运营管理等单位广泛征求意见，共收到 9 家单位反馈意见 91 条。组织相关专家开展技术审查。

报批稿阶段。编制完成报批稿条文和条文说明。经审核通过，于 2017 年 9 月 18 日发布，自 2017 年 12 月 1 日起实施。

（五）主要内容

《铁路车站及枢纽设计规范》是铁路建设工程设计最基础、最重要的技术标准之一，是在《铁路车站及枢纽设计规范》GB 50091—2006 基础上全面修订而成，进一步完善铁路工程建设标准体系，有效指导铁路工程建设。原规范条文共 272 条，新修订的规范条文共 331 条，其中原规范保留 123 条、修改 112 条、增加 96 条、删除 28 条，规范条文修订情况统计如图 3-11 所示。

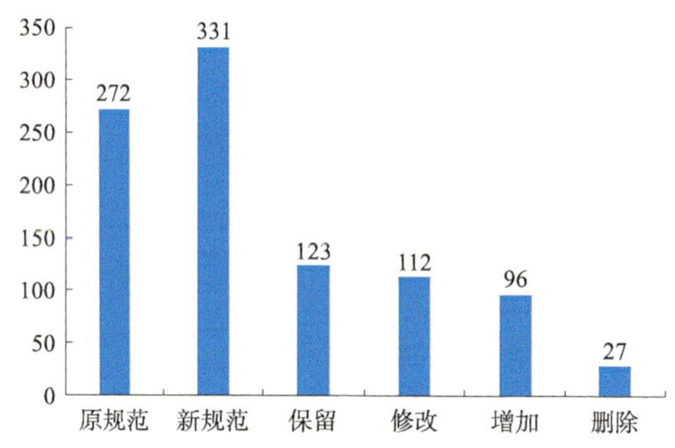

图 3-11　规范条文修订情况统计

规范基本构架：

规范共分 16 章，包括总则，术语，基本规定，枢纽，编组站，区段站，中间站、组合分解站，会让站、越行站，客运站、客运设备和客车段所，铁路物流中心，驼峰，工业站、港湾站，口岸站，集运站、疏运站，站场路基和排水，站线轨道等，另有 2 个附录。主要分为四大板块：

第一板块：总则。明确标准编制目的、适用范围、铁路车站及枢纽设计年度和铁路建筑限界等内容。

第二板块：术语和符号。规定与铁路车站及枢纽密切相关的术语和符号，如区段站、驼峰、客运站等。

第三板块：总体设计要求。明确进出站线路和站线的平面、纵断面的主要技术标准等内容。

第四板块：具体设计要求。规定各种类型车站及枢纽相关技术要求，明确站场路基和排水、站线轨道等设计原则。

主要修订内容：

1. 修订规范的适用范围，客货共线铁路旅客列车设计速度由 160 km/h 改为 200 km/h，增加高速铁路、城际铁路、重载铁路车站及枢纽设计相关内容。

2. 新增“口岸站”和“集运站、疏运站”两章，主要纳入这两类车站的图型和主要设备配置等内容。

3. 将原规范“车站设计的基本规定”章中“站场路基和排水”节单列为“站场路基和排水”章，并增加站场路基分类、站场路基设计洪水频率或重现期、旅客站台填料和压实标准、路基过渡段设置、严寒地区排水设施设计等规定。

4. 提出以人为本、服务运输、系统优化、着眼发展等车站主要设计原则；明确选择适宜的设计标准，合理确定车站及枢纽设计方案等站场主要工作内容；强化铁路车站及枢纽总体性、系统性的设计要求。

5. 修订车站内主要建(构)筑物和设备至线路中心线的距离、车站线间距、道岔端部与曲线起终点间的直线段最小长度等规定，整合站内联络线、场间联络线、段所工区外走行线、段所工区内线路平纵断面的设计规定，增加货物线安装轨道衡、货车超偏载检测装置等设备设计规定，删除选定车站设置同时接入或发接客货列车的隔开设备、车站主要生产办公房屋的布置等规定。

6. 增加枢纽总图规划、客运站和铁路物流中心的选址及综合开发、大功率机车检修基地和动车组设备的有关规定。

7. 删除新建编组站推荐采用单向图型的规定，取消加冰作业、装运鱼苗或牲畜作业及守车等规定。

8. 增加客、货纵列式区段站图型，删除双线铁路纵列式区段站图型，增加铁路物流中心宜设于区段站调车场一侧的规定。

9. 增加组合分解站图型及相关规定；修订客货共线铁路中间站、会让站、越行站图型。

10. 增加客运站总体性设计的原则性要求，修订客货共线铁路车站图型，全面整合并修订车站客运设备的规定，增加站台门的设置规定。

11. 新增铁路物流中心总体设计原则、分类、功能、执行军事运输要求等规定；取消整车、零担、易腐货物加冰运输等规定，修订货物站台、仓库有关参数等规定。

12. 删除有关驼峰调车机车采用蒸汽机车、驼峰调速设备采用铁鞋及脱鞋器、小能力驼峰采用简易现代化或人工调速设备等规定。

13. 修订站线轨道分类，删除了有关木枕的全部规定，修订相邻单开道岔间插入钢轨长度等规定。

（六）解决的问题及预期效果

1. 解决的问题

（1）口岸站、集运站、疏运站缺乏标准等问题。

（2）适应铁路物流中心发展需求等问题。

为切实解决上述问题，保障铁路车站及枢纽安全与质量，保障人民生命、财产安全和公共安全，促进新技术新方法、环保新要求应用，理顺标准架构，体现标准的先进性、协调性。规范明确口岸站的选址、平面布置、车站图型、主要设备配置等内容。规定集运站和疏运站的设置原则、车站图型、设备配置、站线数量和长度等原则性要求。提出铁路物流中心总体设计原则、分类、功能、选址等内容。

2. 预期效果

通过国内外车站及枢纽广泛调研，增加高速、城际、重载铁路内容，强化站规总体性、系统性的设计要求。车站及枢纽设计更准确、可靠，且有利于投资控制，符合国家发展的战略目标，社会效益巨大。规范的发布实施取得明显的经济效益。

（七）历史沿革

1. 1985 年，在《铁路工程技术标准 · 第四篇　站场及枢纽（试行）》基础上进行编制，国家计委（计标〔1986〕06 号）发布《铁路车站及枢纽设计规范》GBJ 91—1985。适用于国家铁路网中 1 435 mm 标准轨距新建或改建铁路车站及枢纽的设计。其中旅客列车最高行车速度：Ⅰ级铁路为 120 km/h，Ⅱ级铁路为 100 km/h，Ⅲ级铁路为 80 km/h。

2. 1999 年，建设部（建标〔1999〕71 号）发布《铁路车站及枢纽设计规范》GB 50091—1999。主要修订内容有：适用于国家铁路网中客、货列车共线运行，旅客列车最高行车速度在 140 km/h 及以下标准轨距新建和改建铁路车站及枢纽的设计，修订了编组站各车场纵断面的标准，增加了车站设计总体性的内容等。

3. 2006 年，建设部（建标〔2006〕419 号）发布《铁路车站及枢纽设计规范》GB 50091—2006。主要修订内容有：适用范围调整为客货列车共线运行、旅客列车设计行车速度等于或小于 160 km/h、货物列车设计行车等于或小于 120 km/h 的Ⅰ、Ⅱ级标准轨距铁路车站及枢纽的设计；修订了新建和改建铁路车站及枢纽设计年度的划分标准。

4. 2017 年，国家铁路局（国铁科法〔2017〕62 号）发布《铁路车站及枢纽设计规范》TB 10098—2017，为现行版本。

九、《铁路旅客车站设计规范》TB 10100—2018

（一）编制背景

自《铁路旅客车站建筑设计规范》GB 50226—2007 发布以来，我国已相继建成新型铁路客站 1 000 余座，其中中型及以上铁路客站 300 余座。这批新型铁路客站贯彻创新、协调、绿色、开放、共享的发展理念，统筹兼顾铁路运输、综合交通体系构建和城市发展等需求，努力追求交通建筑、时代要求和地域环境的有机结合，从设计理念、功能布局、建筑形态、技术创新、运营效果等方面实现了超越。北京南站、上海虹桥站、广州南站、武汉站等大型综合交通枢纽，拉萨站、延安站、苏州站、三亚站等具有浓郁地域特色的铁路客站，都成为铁路客站建设的代表作品，为进一步完善铁路客站建设标准积累了丰富的实践经验。京雄铁路雄安站如图 3-12 所示。

图 3-12　京雄铁路雄安站

规范修订在全面总结我国近年来铁路客站建设、运营实践经验和科研成果的基础上，贯彻落实“五位一体”总体布局，结合打造现代综合交通枢纽、“零距离”换乘等要求，优化铁路客站功能布局，提高旅客出行质量及效率。坚持安全优先为原则，在原规范安全要求基础上，增加跨线设施、结构设计、检修维护等方面的安全技术要求，为旅客安全提供保障。贯彻落实国家绿色环保技术政策，为打造绿色铁路客站提供技术支撑。优化技术参数，进一步提升规范的科学性和技术经济合理性。拓展规范涵盖范围，增强规范的完整性和系统性，根据构建铁路工程建设标准体系要求，组织中国铁路设计集团有限公司等单位开展《铁路旅客车站建筑设计规范》全面修订工作，名称修改为《铁路旅客车站设计规范》。

（二）编制目的

1. 贯彻创新、协调、绿色、开放、共享的发展理念，统筹兼顾铁路运输、综合交通体系构建和城市发展等需求，努力追求交通建筑、时代要求和地域环境的有机结合，从设计理念、功能布局、建筑形态、技术创新、运营效果等方面实现发展。

2. 针对铁路旅客车站技术发展与规范内容不适应不匹配问题，吸纳铁路客站有关“四新”技术、生态环保、系统协调、旅客服务的新要求及防灾减灾、智慧客站的新成果。

3. 依托铁路客站领域先进科研成果和成熟运用经验，优化完善相关技术要求，提升规范的技术先进性和经济合理性，满足铁路客站建设发展需要。

4. 保障铁路客站质量安全。全面落实安全优先原则，强化质量安全、风险防范、养护维修等技术要求，确定铁路客站的跨线设施、车站结构设计标准，优化调整规范章节结构，提高铁路客站建造技术水平，保障铁路客站建设质量与安全。

（三）编制原则

1. 节能环保，系统总结。贯彻国家有关法律法规、技术政策和“四节一保”等要求。全面总结我国近年来铁路旅客车站建设、运营实践经验和科研成果。

2. 创新发展，提质增效。贯彻落实“以人为本”的设计原则，体现现代综合交通枢纽、“零距离”换乘的理念，优化铁路客站功能布局，提高旅客出行质量及效率。

3. 安全第一，保障有力。坚持安全优先为原则，在既有安全要求的基础上，增加跨线设施、结构设计、检修维护等方面的安全技术要求，为旅客生命财产安全提供保障。

4. 全面优化，科学合理。优化设计技术参数，进一步提升规范的科学性和经济合理性，并与国家现行相关标准相协调。

（四）编制过程

《铁路旅客车站设计规范》编制过程总体上分为五个阶段。

前期准备阶段。对北京、上海、广州、哈尔滨等 12 个铁路局集团公司、相关设计院和 40 余座铁路客站运营单位进行现场调研和问卷调查，收集问卷 40 余份，收集意见与建议共 200 余条。

工作大纲阶段。确定规范编制原则、适用范围、内容框架、进度计划、工作分工等。组织开展修订阶段成果汇报，确定规范名称由《铁路旅客车站建筑设计规范》改为《铁路旅客车站设计规范》。组织铁路建设管理、勘察设计、施工建造、运营管理等单位 20 位专家完成技术审查。

征求意见稿阶段。根据铁路客站客运组织、公共信息导向系统以及客站建设新技术等内容开展调研，组织召开客运服务需求专题研讨会，编制完成征求意见稿条文和条文说明。向铁路建设管理、勘察设计、施工建造、运营管理等单位广泛征求意见，共收到11家单位反馈意见83条。组织相关单位共18位专家完成技术审查。

送审稿阶段。编制完成送审稿条文和条文说明。向铁路建设管理、勘察设计、施工建造、运营管理等单位广泛征求意见，共收到9家单位反馈意见148条。组织相关单位共31位专家完成技术审查。

报批稿阶段。编制完成报批稿条文和条文说明。经审核并提请国家铁路局技术委员会2017年第十一次会议审查通过，于2018年6月11日发布，自2018年9月1日起实施。

（五）主要内容

《铁路旅客车站设计规范》是铁路工程建设设计类重要的行业标准。《铁路旅客车站建筑设计规范》GB 50226—2007共有条文172条，本次修订后为334条。与原规范相比，保留18条，修改75条，增加241条，删除79条（图3-13）。

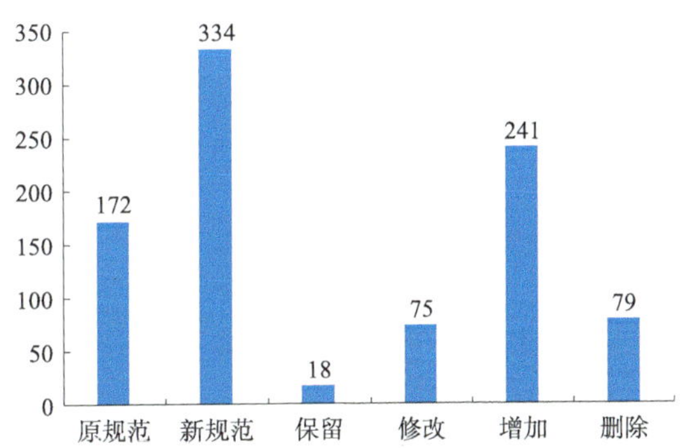

图3-13　规范条文修订情况统计

规范基本构架：

规范共分12章，包括总则，术语，总体设计，总平面，站房建筑，客运服务设施，结构、供暖通风与空气调节，给水排水，电气与照明，客运服务信息系统，无障碍设施等，主要分为四大板块：

第一板块：总则。明确标准编制目的、适用范围、旅客车站设计应满足生态文明建设的要求，并应符合国家节能、节地、节水、节材和环境保护等有关规定内容。

第二板块：术语和符号。规定与铁路旅客车站密切相关的术语和符号，如区铁路客站站房、客运服务设施、站房平台等。

第三板块：总体设计要求。明确铁路客站选址、跨线设施、结构设计、检修维护等方面的安全技术要求内容。

第四板块：具体设计要求。规定客运服务设施、结构、采暖通风与空气调节、给水排水、电气与照明、客运服务信息系统等设计技术要求，明确分布式发电系统、客运服务信息系统等设计原则。

主要修订内容：

1. 贯彻打造现代综合交通枢纽的设计理念，明确"零距离"换乘的枢纽布局要求。

2. 增加"总体设计"章，加强了铁路客站系统性设计要求。

3. 增加铁路旅客车站绿色建筑设计要求。

4."选址和总平面布置"与"车站广场"两章合并为"总平面"章，完善城市交通配套设施要求。

5. 增加安检、实名制验票等作业区域要求以及中转换乘旅客流线组织要求。

6. 修订集散厅、候车区（厅、室）的规模控制指标，增加了站内商业设施规模要求和站房总建筑面积的控制指标。

7. 增加铁路旅客车站检修维护设施的设计要求。

8. 增加地下车站、空间环境、装修与构造、建筑幕墙与金属屋面、建筑节能、电梯自动扶梯和公共信息导向系统等内容。

9. 删除"消防与疏散"章。

10. 增加"结构"章，明确了"桥—建"合一、大跨屋盖等铁路旅客车站特殊结构设计要求。

11. 将"建筑设备"章分为"供暖、通风与空气调节""给水排水""电气与照明""客运服务信息系统"四章，并修订相关内容。

12. 增加"无障碍设施"章。

（六）解决的问题及预期效果

1. 解决的问题

（1）车站设计规范涵盖专业、技术内容不全，缺少结构、装修、幕墙、金属屋面、标识系统、无障碍设施等内容。

（2）落实国家层面要求、先进设计理念在铁路客站设计上的体现。

（3）新问题、新情况在规范中反映，体现标准的先进性。

（4）站房规模控制具有前瞻性。

为切实解决上述问题，体现标准的先进性、系统性，促进新技术、新方法、新工艺的应用，理顺标准架构，规范增加结构、装修、幕墙、金属屋面、标识系统、无障碍设施等章节，补充地下车站、“桥—建”合一车站、特大型站房和复杂结构的整体健康检测的设计要求。强调绿色环保、建筑文化性、综合交通，零距离换乘、同站换乘的设计理念。提出打造智能化车站、推进 BIM 技术在站房设计中的应用。明确各类站房建筑面积指标，以及换乘设施、商业配套、远期预留的规模建议。

2. 预期效果

通过将铁路客站多年的建设经验和科研成果纳入规范，提高设计的先进性、科学性、合理性，同时满足经济型和安全性的要求。站房装修、幕墙、金属屋面、标识系统、无障碍设施等设计标准的提出，智能化车站、BIM 技术的应用，大大地提高了车站设计的品质和旅客服务水平。客站规模控制的前瞻性，符合铁路客站快速发展和可持续性的要求。

（七）历史沿革

1. 1995 年，为满足铁路旅客车站建设需要，铁路旅客车站建筑设计符合安全、适用和卫生等基本要求，建设部（建标〔1995〕632 号）发布《铁路旅客车站建筑设计规范》GB 50226—1995。适用于标准轨距国家铁路旅客车站新建改建和扩建工程的建筑设计。其中规定铁路旅客车站的建筑规模应根据旅客最高聚集人数划分为四级的要求。

2. 2007 年，建设部公告（第 665 号）发布《铁路旅客车站建筑设计规范》GB 50226—2007。主要修订内容有：修订原规范按最高聚集人数确定车站规模的内容，并根据客货共线铁路旅客车站与客运专线铁路旅客车站的不同特点，分别采用按最高聚集人数和高峰小时发送量划分车站建筑规模。将进站广厅改为集散厅，增加出站集散厅并明确进、出集散厅的概念。按客货共线和客运专线铁路分别确定候车面积和售票窗口数。修订大型及以上车站防火分区的规定等。

3. 2011 年，建设部公告（第 1146 号）发布《铁路旅客车站建筑设计规范》GB 50226—2007（2011 年版）。主要修订内容有：特大型旅客车站基本站台，根据需要可设置无站台柱雨棚。减小设置无站台柱雨棚的范围，降低设置无站台柱雨棚的严格程度。

4. 2018 年，国家铁路局（国铁科法〔2018〕54 号）发布《铁路旅客车站设计规范》TB 10100—2018，为现行版本。

（八）实施效果

《铁路旅客车站设计规范》TB 10100—2018 发布实施以来，对指导铁路客站建设、服务旅客便利出行、构建综合交通体系等方面发挥了重要作用。随着车票实名制、疫情防控等工作的常态化及人民群众对铁路运输服务品质要求的不断提高，铁路旅客车站站房建筑面积紧张问题日益凸显。为满足铁路旅客车站运营管理和综合服务需求，提升人民群众出行品质，推动铁路旅客车站设计建造技术进步，拟对规范进行局部条文修订。

十、《铁路路基设计规范》TB 10001—2016

路基主要技术指标见表 3-9。

表 3-9　路基主要技术指标

<table>
<tr><th>序号</th><th colspan="2">项　目</th><th colspan="2">高速铁路</th><th colspan="2">城际铁路</th><th colspan="2">市域(郊)铁路</th><th colspan="2">重载铁路</th><th colspan="2">客货共线铁路</th></tr>
<tr><td rowspan="2">1</td><td rowspan="2">路基面形状</td><td>有砟</td><td colspan="10">三角形，两侧横向排水坡不宜小于 4%</td></tr>
<tr><td>无砟</td><td colspan="10">支承层(或底座)底部范围内路基面可水平设置，支承层(或底座)外侧路基面应设置不小于 4% 的横向排水坡</td></tr>
<tr><td rowspan="2">2</td><td colspan="2" rowspan="2">路肩宽度
(m)</td><td>双线</td><td>单线</td><td colspan="2" rowspan="2">≥0.8</td><td>区间</td><td>站场</td><td>路堤</td><td>路堑</td><td>200 km/h</td><td>200 km/h 以下</td></tr>
<tr><td>≥1.4</td><td>≥1.5</td><td>≥0.8</td><td>≥0.6</td><td>≥1.0</td><td>≥0.8</td><td>≥1.0</td><td>≥0.8</td></tr>
<tr><td>3</td><td colspan="2">路基面宽度</td><td colspan="10">根据设计速度、轨道类型、正线数目、线间距、曲线加宽、路肩宽度、养路形式、电缆槽、接触网支柱类型和基础类型等因素计算确定，必要时应考虑声屏障基础的设置</td></tr>
<tr><td rowspan="4">4</td><td rowspan="4">基床厚度
(m)</td><td>类别</td><td>有砟</td><td>无砟</td><td>有砟</td><td>无砟</td><td>有砟</td><td>无砟</td><td>轴重 250 kN、270 kN</td><td>轴重 300 kN</td><td colspan="2">—</td></tr>
<tr><td>表层</td><td>0.7</td><td>0.4</td><td>0.5</td><td>0.3</td><td>0.3～0.5</td><td>0.3</td><td>0.6</td><td>0.7</td><td colspan="2">0.6</td></tr>
<tr><td>底层</td><td>2.3</td><td>2.3</td><td>1.5</td><td>1.5</td><td>0.9～1.5</td><td>1.4</td><td>1.9</td><td>2.3</td><td colspan="2">1.9</td></tr>
<tr><td>总厚</td><td>3.0</td><td>2.7</td><td>2.0</td><td>1.8</td><td>1.2～2.0</td><td>1.7</td><td>2.5</td><td>3.0</td><td colspan="2">2.5</td></tr>
<tr><td rowspan="5">5</td><td rowspan="5">设计使用年限
(年)</td><td>路基支挡及承载结构</td><td colspan="10">100</td></tr>
<tr><td>路基防护结构</td><td colspan="4">60</td><td colspan="2">—</td><td colspan="4">60</td></tr>
<tr><td rowspan="2">路基排水结构</td><td colspan="2" rowspan="2">60</td><td>200 km/h</td><td>200 km/h 以下</td><td colspan="2">—</td><td colspan="2" rowspan="2">60</td><td>200 km/h</td><td>200 km/h 以下</td></tr>
<tr><td>60</td><td>30</td><td colspan="2">—</td><td>60</td><td>30</td></tr>
<tr><td>电缆槽、防护垫块、栏杆等可更换小型构件</td><td colspan="4">30</td><td colspan="2">—</td><td colspan="4">30</td></tr>
</table>

（一）编制背景

为满足铁路建设和发展需要，统一铁路路基设计技术标准，使铁路路基设计更适应安全可靠、技术先进、经济适用等新要求，根据构建铁路工程建设标准体系的要求，组织中铁第一勘察设计院集团有限公司等单位开展《铁路路基设计规范》全面修订工作。

铁路路基是经开挖或填筑而形成的直接支承轨道结构的土工结构物（图3-14），与桥、隧连接组成完整贯通的铁路线路。路基主体工程一旦破坏，存在维修难度高，对运营影响大等问题，因此确保路基质量是保证列车安全、运行舒适的关键。《铁路路基设计规范》TB 10001—2005 自发布以来，对保障铁路路基建设质量与安全、提高技术经济性发挥了重要作用。随着高速铁路、城际铁路的大力发展，无砟轨道等新型轨道形式的出现，对路基基床设计、地基沉降控制、与桥隧平稳过渡等路基设计提出更高要求。

图3-14　高速铁路挖方地段路基

在充分吸纳《高速铁路设计规范》《城际铁路设计规范》等标准内容的基础上，总结近年来我国高速、城际、客货共线和重载铁路路基实践经验和科研成果，从路基工程结构荷载、设计参数、基床表层填料、过渡段形式、路基防护形式等方面不断地对路基工程设计指标进行优化、完善，进一步提升了规范的科学性和技术经济合理性。

（二）编制目的

1. 适应铁路建设和发展需要，统一铁路路基设计标准，提高铁路路基设计水平，着力提高技术经济性，保护生态环境。

2. 满足质量安全、节约资源、保护环境以及防灾减灾等技术要求，合理确定不同运输性质类型、不同速度等级铁路路基的主要设计标准。

3. 全面梳理标准与当前铁路工程建设和技术发展不匹配不适应的内容，调整不适应设计形势发展和落后的技术，规范路基工程技术要求。

4. 结合已有工程实践经验和科研成果，明确设计荷载、基床、过渡段、边坡防护、地基处理、支挡结构等路基设计要求，提升规范的科学性和技术经济合理性。

（三）编制原则

1. 需求引领、确保安全。贯彻新发展理念，适应高速、城际、重载、客货共线铁路发展需要，优化铁路路基设计，提倡绿色边坡防护，满足舒适安全的出行需求。

2. 技术推动、提升品质。吸纳与路基工程设计相关的最新运用成果，积极开展课题试验、研究，注重环境保护、水土保持、文物保护，推动路基工程技术快速发展。

3. 系统分析、统一标准。系统总结铁路工程建设、运营实践经验，借鉴国内外先进路基设计经验，积极采纳推广“四新”技术，统一铁路路基工程技术要求。

4. 科学合理、覆盖全面。全面解决基床、地基处理、支挡结构、路基防护等路基工程问题，注重与桥隧过渡段设计和其他接口设计，确保铁路路基工程质量。

（四）编制过程

《铁路路基设计规范》编制过程总体上分为五个阶段。

前期准备阶段。开展铁路路基技术基础研究，调研分析国内外铁路路基技术特点，系统梳理《高速铁路设计规范》《城际铁路设计规范》《重载铁路设计规范》《铁路路基排水技术规范》《铁路改良土技术规程》等相关内容，全面总结铁路工程建设运营实践经验及最新科研成果。

工作大纲阶段。确定标准编制原则、适用范围、内容框架、进度计划、工作分工等。组织铁路建设管理、勘察设计、施工建造、运营管理、科研院所等单位权威专家开展规范技术审查。

征求意见稿阶段。编制完成征求意见稿条文和条文说明。向铁路建设管理、勘察设计、施工建造、运营管理、科研院所等单位广泛征求意见，共收到 29 家单位 487 条意见。组织铁路建设管理、勘察设计、施工建造、运营管理、科研院所等权威专家完成技术审查。

送审稿阶段。编制完成送审稿条文和条文说明，向铁路建设管理、勘察设计、施工建造、运营管理、科研院所等单位广泛征求意见，共收到 16 家单位意见 121 条。组织相关专家完成技术审查。

报批稿阶段。编制完成报批稿条文和条文说明。经审核通过，于 2016 年 12 月 20 日发布，自 2017 年 4 月 1 日起实施。

（五）主要内容

《铁路路基设计规范》是铁路工程建设行业标准中重要的设计规范，是充分总结铁路路基建设运营实践经验和科研成果，在《铁路路基设计规范》TB 10001—2005 的基础上全面修订而成的，为铁路路基设计提供依据，为铁路路基安全与质量提供了重要保障。原规范条文共 212 条，新修订的规范条文共 497 条，其中原规范保留 26 条、修改 114 条、增加 357 条、删除 72 条，规范条文修订情况统计如图 3-15 所示。

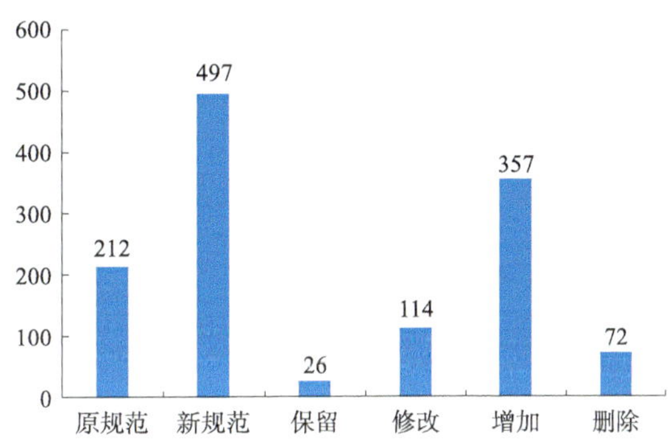

图 3-15　规范条文修订情况统计

规范基本构架：

规范共分 16 章，包括总则、术语和符号、基本规定、设计荷载、工程材料、基床、路堤、路堑、过渡段、地基处理、支挡结构、路基防护、路基防排水、改建既有线与增建第二线铁路路基、取（弃）土场及土石方调配、路基接口设计等，另有 6 个附录。主要分为六大板块：

第一板块：总则。明确标准编制目的、适用范围、资料收集、设计方案选取等内容，对路基工程所涉及的工程材料、过渡段设置、地基处理、支挡结构等作原则性规定。

第二板块：术语和符号。规定与铁路路基工程设计密切相关的术语和符号，如路基、路堤、路堑、散体材料桩、复合地基等内容。

第三板块：基本规定。规定路肩高程、路基面形状和宽度、路基稳定和沉降控制标准、变形观测与评估、设计使用年限等要求。

第四板块：设计荷载规定。规定路基工程设计涉及的荷载类型、不同组合方式及应用条件，包括主力、附加力、特殊力等要求。

第五板块：工程材料选取要求。规定填料、石料、混凝土、砂浆、钢材、土工合成材料等选取设计内容。

第六板块:路基工程设计技术要求。提出基床、路堤、路堑、过渡段、地基处理、支挡结构、路基防护、防排水、改建与增建路基、取(弃)土场、接口等技术要求。

主要修订内容:

1. 明确适用于高速铁路、城际铁路、客货共线Ⅰ级和Ⅱ级铁路、重载铁路的标准轨距路基设计,规定铁路列车荷载确定原则和采用荷载图式的要求,补充地基处理和支挡结构设计原则,完善工程材料的选择、过渡段的设置以及路基排水等方面要求。

2. 补充路基稳定及沉降控制标准、变形观测与评估、设计使用年限等内容;完善路基面形状和宽度的相关规定。

3. 规定荷载分类、荷载组合、轨道荷载、列车荷载、结构重力、土压力、附加力、特殊力等。

4. 修改完善填料的分类和要求,补充石料、混凝土、水泥砂浆、钢材、土工合成材料等规定。

5. 补充路基基床结构计算公式,修改完善基床填料的种类和粒径要求,修改基床底层范围的天然地基基本承载力标准。

6. 规定路堤边坡控制高度、浸水路基填料使用、寒冷地区填料采用,调整压实控制指标的种类。

7. 补充按路堤式路堑结构形式设计的要求。

8. 补充倒梯形过渡段形式,修改完善过渡段设置的要求。

9. 补充地基处理的主要技术要求和常用措施的使用条件。

10. 规定支挡结构的主要技术要求和常用措施及适用范围。

11. 完善植物防护、骨架护坡、实体护坡(墙)、孔窗式护坡(墙)、锚杆框架梁护坡、喷射混凝土(砂浆)护坡、防护网、土工合成材料防护、风沙及雪害地区路基平面防护、路基保温防护等设计要求。

12. 完善地面水和地下水的防排水要求。

13. 完善改建既有线与增建第二线路基设计原则,明确改建既有线路基采取措施,调整帮宽顶部宽度为不宜小于1.0 m。

14. 明确取(弃)土场的设置要求和土石方调配干扰类型,规定土石方调配要求。

15. 完善安全防护设施、电缆槽、养路机械作业平台、接触网支柱基础、综合接地系统等方面要求。

（六）解决的问题及预期效果

1. 解决的问题

（1）路肩宽度不足导致影响安全避车、路基维修养护及路基边坡稳定性的问题。

（2）某些建设地区缺乏天然合格填料问题。

（3）路堤填筑高度在铁路建设中普遍存在超过标准规定的控制高度问题。

（4）高速铁路易产生翻浆冒泥病害以及在严寒地区产生冻胀病害的问题。

为切实解决上述问题，保障铁路路基安全与质量，保障人民生命、财产安全和公共安全，促进新技术新方法、环保新要求应用，理顺标准架构，体现标准的先进性、协调性。规范中将设计速度200 km/h以下铁路路堑的路肩宽度“不应小于0.6 m”调整为“不应小于0.8 m”；补充了天然合格填料缺乏地区基床表层采用化学改良土，基床底层采用C组填料的规定；适当放宽了路堤边坡控制高度，规定路堤边坡高度不宜超过20 m；将基床表层级配碎石划分为Ⅰ型、Ⅱ型两类，并分别提出粒径级配、渗透系数等具体要求。

2. 预期效果

铁路作为国家重要基础设施和大众化交通工具，对国民经济和社会发展起着至关重要的作用。随着高速、重载铁路的快速发展，铁路运行的平稳性和安全性对铁路路基的质量与安全提出了更高的要求。规范紧跟铁路发展的客观需要，积极采用安全可靠的新技术、新结构、新方法，补充完善各种技术要求。规范的发布实施，有利于铁路路基设计更加安全、可靠，符合国家发展的战略目标，具有全面、长远的社会效益及经济效益。

（七）历史沿革

1. 1985年，为满足铁路路基建设需要，铁路路基设计符合安全、适用和耐久等基本要求，在《铁路工程技术规范·第一篇　线路》第四章“路基”的基础上进行编制，铁道部[（85）铁基字925号]发布《铁路路基设计规范》TBJ 1—1985。适用于最高行车速度120 km/h，标准轨距新建及改建Ⅰ、Ⅱ、Ⅲ级铁路的路基工程设计。

2. 1999年，铁道部（铁建设函〔1999〕157号）发布《铁路路基设计规范》TB 10001—1999。主要修订内容有：适用范围调整为最高行车速度140 km/h，标准轨距新建及改建Ⅰ、Ⅱ、Ⅲ级铁路的路基工程设计。修订了路基面形状、路基基床结构、填料及压实度标准等。

3. 2005 年，铁道部（铁建设〔2005〕66 号）发布《铁路路基设计规范》TB 10001—2005。主要修订内容有：适用范围调整为客货列车共线运行、旅客列车最高设计行车速度 160 km/h、货物列车最高设计行车速度 120 km/h 的Ⅰ、Ⅱ级标准轨距铁路路基的设计；增加了填料、过渡段、路基工后沉降控制等规定。

4. 2016 年，国家铁路局（国铁科法〔2016〕50 号）发布《铁路路基设计规范》TB 10001—2016，为现行版本。

十一、《铁路桥涵设计规范》TB 10002—2017

2017 年版规范中铁路桥涵结构设计采用的列车荷载标准符合现行《铁路列车荷载图式》TB/T 3466—2016 的规定。铁路列车荷载图式见表 3-10。

表 3-10　铁路列车荷载图式

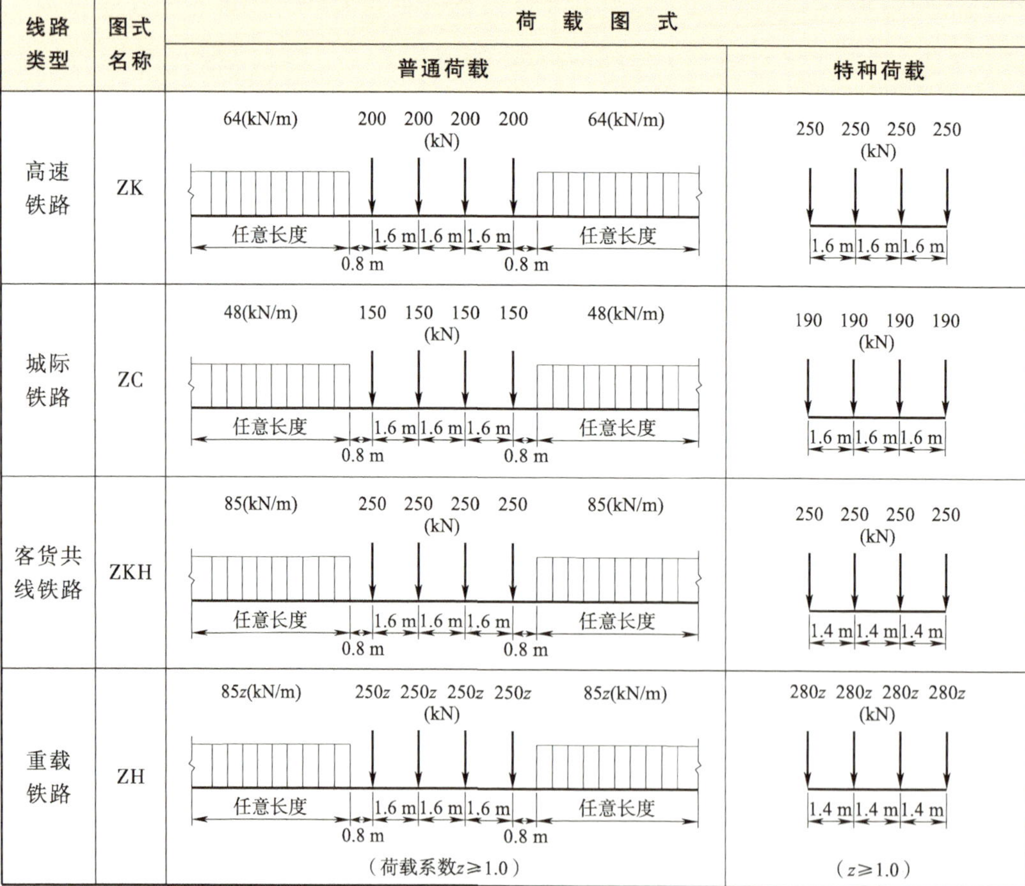

线路类型	图式名称	荷载图式	
		普通荷载	特种荷载
高速铁路	ZK	64(kN/m)　200　200　200　200 (kN)　64(kN/m) 任意长度　0.8 m　1.6 m　1.6 m　1.6 m　0.8 m　任意长度	250　250　250　250 (kN) 1.6 m　1.6 m　1.6 m
城际铁路	ZC	48(kN/m)　150　150　150　150 (kN)　48(kN/m) 任意长度　0.8 m　1.6 m　1.6 m　1.6 m　0.8 m　任意长度	190　190　190　190 (kN) 1.6 m　1.6 m　1.6 m
客货共线铁路	ZKH	85(kN/m)　250　250　250　250 (kN)　85(kN/m) 任意长度　0.8 m　1.6 m　1.6 m　1.6 m　0.8 m　任意长度	250　250　250　250 (kN) 1.4 m　1.4 m　1.4 m
重载铁路	ZH	85*z*(kN/m)　250*z*　250*z*　250*z*　250*z* (kN)　85*z*(kN/m) 任意长度　0.8 m　1.6 m　1.6 m　1.6 m　0.8 m　任意长度 （荷载系数*z*≥1.0）	280*z*　280*z*　280*z*　280*z* (kN) 1.4 m　1.4 m　1.4 m （*z*≥1.0）

注：1. 客货共线铁路货运特征达到重载铁路标准时，应采用 ZH 荷载图示。

2. 设计轴重 30 t～35 t（不含）、货车载重 100 t 级的重载铁路，荷载系数 *z* 取 1.30；其他重载铁路荷载系数宜根据列车荷载发展系数平均值不低于 1.20、最小值不低于 1.10 的原则确定。

（一）编制背景

桥梁作为铁路工程的重要组成部分，结构和受力复杂，损坏后修复加固相对困难。因此，要求桥梁结构在制造、运送、安装和运营过程中，应具有规定的强度、刚度、稳定性和耐久性，以保证建设运营安全。

为统一不同运输类型、不同速度目标值铁路桥涵设计要求及技术标准，进一步提高铁路桥涵设计水平，充分体现安全可靠、先进成熟、经济适用、保护环境的设计理念，根据构建铁路工程建设标准体系的要求，组织中国铁路设计集团有限公司等单位开展《铁路桥涵设计基本规范》全面修订工作，规范名称改为《铁路桥涵设计规范》TB 10002。

中国铁路尤其高速铁路建设已经取得举世瞩目的伟大成就，经过不断探索和创新实践，中国铁路桥梁设计建造技术实现重大跨越，已跻身世界先进行列。五峰山长江大桥（图 3-16）、沪通长江大桥等一批深水、大跨、特殊地质条件、复杂结构形式桥梁的成功建设，自主研发的大吨位简支箱梁制运架成套技术的广泛应用（图 3-17），为进一步完善铁路桥梁技术标准积累了丰富经验，奠定了坚实基础。

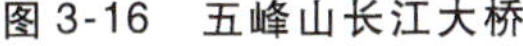

图 3-16　五峰山长江大桥

图 3-17　高铁箱梁架设

（二）编制目的

1. 统一不同运输类型、不同速度目标值铁路桥涵设计要求及技术标准，进一步提高铁路桥涵设计水平，保障铁路桥涵工程质量与安全。

2. 完善铁路工程建设标准体系，总结铁路工程桥涵建设研究成果和实践经验，积极应用"四新"技术，满足铁路桥涵设计要求。

3. 强化质量安全、资源节约、风险防范、防灾减灾等技术要求，合理确定铁路桥梁的主要设计标准，提升规范的科学性和技术经济性。

（三）编制原则

1. 目标导向、需求牵引。贯彻国家有关法律法规及铁路主要技术政策，落实新时代交通强国建设要求，满足铁路工程桥涵设计的需要，保障铁路桥涵建设质量与安全。

2. 全面覆盖、统一规范。统一铁路桥涵设计标准，对现行高速铁路、城际铁路、客货共线Ⅰ级和Ⅱ级铁路、重载铁路等规范中的核心内容进行全面梳理整合，提炼列出桥涵设计中最为基本、通用的条文规定。

3. 技术先进、安全可靠。总结铁路桥涵建设和运营实践经验，积极应用"四新"技术，充分吸纳取得应用经验的铁路桥梁相关科研成果，提升标准的安全性。

4. 统筹协调、服务应用。与有关技术标准相协调，避免矛盾和重复，章节编排体现系统性和方便设计人员使用的原则。

（四）编制过程

《铁路桥涵设计规范》编制过程总体上分为五个阶段。

前期准备阶段。调查和分析高速、城际、客货共线以及重载铁路桥涵建设和运营管理方面积累的新经验、新技术和科研成果，借鉴有关国外成功经验和先进技术标准。

工作大纲阶段。确定标准编制原则、适用范围、内容框架、进度计划、工作分工等。组织相关单位专家完成技术审查。

征求意见稿阶段。编制完成征求意见稿条文和条文说明。向铁路建设管理、勘察设计、施工建造、运营管理、科研院所等单位广泛征求意见，共收到 9 家单位反馈意见 71 条。组织相关单位专家完成技术审查。

送审稿阶段。编制完成送审稿条文和条文说明，向铁路建设管理、勘察设计、工程监理、施工建造、运营管理、科研院所、政府部门等单位广泛征求意见，共收到 10 家单位反馈意见 117 条。组织相关单位专家完成技术审查。

报批稿阶段。编制完成报批稿条文和条文说明。经国家铁路局技术委员会 2016 年 11 月第 4 次会议审查通过，于 2017 年 1 月 2 日发布，自 2017 年 5 月 1 日起实施。

（五）主要内容

《铁路桥涵设计规范》是铁路工程建设标准体系中重要的设计类标准，全面总结中国铁路桥梁工程建设运营实践经验和最新科研成果，在《铁路桥涵设计基本规范》基础上全面修订而成。原规范条文共178条,新修订的规范条文共198条,其中原规范保留98条、修改41条、增加59条、删除39条,如图3-18所示。

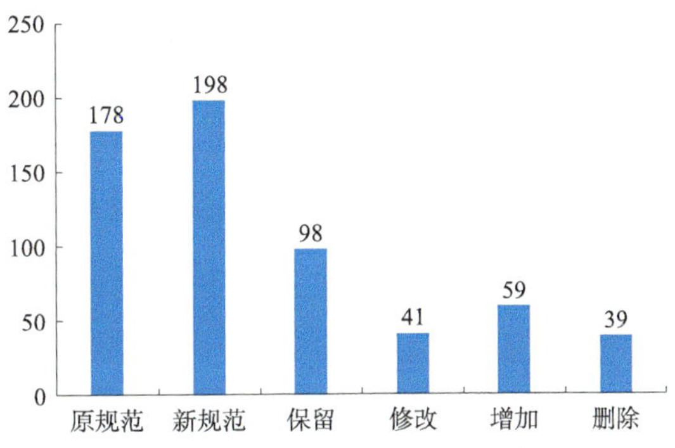

图3-18　规范条文修订情况统计

规范基本构架:

《铁路桥涵设计规范》共分5章,包括总则、术语和符号、桥涵布置、设计荷载、桥涵设计,另有5个附录。主要分为四大板块:

第一板块:总则。明确标准编制目的、适用范围、桥涵运营检查、维护和应急抢修的总体要求、设计使用年限、设计方案、结构形式、材料选择、建筑限界等内容。

第二板块:术语和符号。规定与铁路桥涵密切相关的术语和符号,包括高速铁路、城际铁路、铁路桥梁、断轨力、土压力系数等。

第三板块:布置要求。规定桥涵布置的基本原则、桥涵孔径设计和桥下净空高度、桥涵构造、桥头引线及桥上线路、桥面布置及附属设施、维修养护设施、铁路线路交叉跨越桥梁结构设计与安全防护、高架车站桥梁结构的布置要求和系统接口设计要求。

第四板块:设计要求。包括桥涵设计荷载和桥涵设计两章。桥涵设计荷载规定桥涵设计荷载分类和组合,各类恒载、活载、附加力和施工临时荷载、船只或排筏的撞击力等特殊荷载的计算。桥涵设计规定梁桥、拱桥、墩台、涵洞、顶进桥涵等结构的设计要求。

主要修订内容:

1. 修订规范适用范围,适用于高速铁路、城际铁路、客货共线Ⅰ级和Ⅱ级铁路、重载铁路桥涵结构设计。

2. 增加桥梁结构设计的角度要求和相邻桥涵间路堤长度的原则规定。

3. 删除铁路桥和公路桥分、合建规定及温度跨度大于100 m的钢梁设置温度调节器的相关规定。

4. 增加桥梁同侧支座横向位移约束条件的相关规定。

5. 增加桥面外侧梁缝较大时梁端桥面板设置悬臂端等措施的要求。

6. 删除铁路桥上设置反向曲线的规定。

7. 整合细化桥面布置、桥上护轮轨铺设、人行道及栏杆、避车台设置的相关规定。

8. “桥涵布置”一章新增“铁路线路交叉跨越桥梁结构设计与安全防护”“高架车站桥梁结构”“系统接口设计”三节，明确上跨或下穿公路、铁路的设计及安全防护要求，规定高架车站桥梁结构设计的主要原则，提出桥梁设计的接口工作要求。

9. 修订长钢轨纵向水平力（伸缩力和挠曲力），将其由主力活载调整为特殊力。

10. 修订桥涵结构设计采用的列车荷载图式，删除铁路标准荷载换算均布活载的相关内容，加载规定整合至第4章“设计荷载”中。

11. 补充高速铁路、城际铁路、重载铁路横向摇摆力的计算取值，增加气动力、支座摩阻力、波浪力、地震力计算的原则规定。

12. 修订客货共线Ⅰ级和Ⅱ级铁路、重载铁路钢筋混凝土桥跨结构动力系数计算所采用的相关参数α取值。

13. “桥涵设计”一章中新增“一般规定”一节，规定适用范围及高速铁路、城际铁路、客货共线Ⅰ级和Ⅱ级铁路车桥耦合动力响应指标及耐久性要求，修订桥梁适用跨度，增加桥梁适用高度。

14. 整合修订高速铁路、城际铁路、客货共线Ⅰ级和Ⅱ级、重载铁路梁式桥的竖向变形限值、墩台基础沉降限值、墩台顶纵向水平线刚度限值取值。

15. 明确涵洞基础工后沉降限值按是否在过渡段范围内作不同要求的规定。

16. 明确顶进桥涵的适用范围，即无砟轨道区段以及高速铁路有砟轨道区段有可能破坏地基加固效果的路基地段、各种过渡段路基不应顶进桥涵。

（六）解决的问题及预期效果

1. 解决的问题

（1）将高速铁路、城际铁路、客货共线铁路及重载铁路列车荷载图式的形式进行了统一。

（2）对高速铁路、城际铁路、客货共线铁路及重载铁路横向摇摆力取值进行区分。

（3）对高速铁路、城际铁路、客货共线铁路及重载铁路桥梁刚度限值及沉降限值进行了整合。

为了切实解决上述问题，保障铁路桥梁安全与质量，保障人民生命、财产安全和公共安全，促进新技术新方法、环保新要求应用，理顺标准架构，体现标准的先进性、协调性。规范中统一了各种等级铁路列车的荷载图式，对不同等级铁路横向摇摆力取值进行了区分，对不同等级不同设计速度目标值的桥梁刚度限值及沉降限值进行了优化整合。

2. 预期效果

通过系统的分析计算，统一了各种等级铁路列车的荷载图式，与国际标准相统一。同时对不同等级铁路横向摇摆力取值进行了区分，横向摇摆力取值更加合理。对不同等级不同设计速度目标值的桥梁刚度限值及沉降限值进行了优化整合，桥梁设计更准确、可靠，且有利于投资控制，符合国家发展的战略目标，社会效益巨大。《铁路桥涵设计规范》的发布实施，将会取得明显的经济效益而且这种效益是全面的而不是局部的，是长远的而不是暂时的。

（七）历史沿革

1. 新中国初期，我国缺乏统一的铁路桥涵设计规范，为了适应大规模铁路建设的需要，1950 年铁道部设计局翻译了苏联 1947 年出版的铁路桥涵设计规范，并在苏联吉赫诺夫专家指导下，参照苏联 HK 载重标准，以及我国当时铁路上所行驶的机车、车辆情况，制定了《中国铁路桥梁标准载重制》（1951 年 6 月 14 日发布施行），即中-z 载重标准，系新中国成立后我国铁路新的活载标准。在上述基础上编制的《铁路桥涵设计规程》，于 1951 年 12 月 17 日发布施行，习惯上称“51 年桥规”，是我国第一代桥规。

2. 1955 年苏联对其 1947 年桥规进行修订，其中主要是对钢铁结构章节进行了修订，我们也随之翻译，以替代 1951 年桥规中第三章钢铁结构部分。第二代《铁路桥涵设计规范》于 1959 年 1 月 1 日起施行，习惯称“59 年桥规”。其后，1961 年 10 月还发布试行过 1 本《预应力钢筋混凝土铁路桥梁结构设计暂行技术规范》。

3. 第三代桥规是 1975 年 7 月 1 日起试行的《铁路工程技术规范 · 第二篇桥涵》。“75 年桥规”较“59 年桥规”增加了预应力混凝土结构和既有线顶进桥涵 2 章，取消了桥涵木结构，增加了管柱基础及特殊地基（湿陷性黄土、软土与多年冻土地基）的内容，同时，将“59 年桥规”的中-z 活载图式正式修订为“中—活载”。

4. 第四代桥规是铁道部于 1985 年 8 月 27 日批准，1986 年 7 月 1 日起施行的《铁路桥涵设计规范》（TBJ 2—85）。该桥规是在 1975 年桥规基础上，将其中设计部分进行局部修订而成。

5. 第五代桥规是铁道部 1999 年批准发布，于 2000 年 2 月 1 日起施行的五本系列桥规，包括《铁路桥涵设计基本规范》《铁路桥梁钢结构设计规范》《铁路桥涵钢筋混凝土和预应力混凝土结构设计规范》《铁路桥涵混凝土和砌体结构设计规范》和《铁路桥涵地基和基础设计规范》（编号 TB 10002. 1 ~ 5—99）。本系列规范是在“85 年桥规”基础上全面修订而成。鉴于原桥规内容较广，当需要对其局部条文修改时，往往需将整规范重新排印，不利于及时修订和管理，故原铁道部建设司决定在本轮修订时，将原“85 桥规”的一本规范分解修编为五本。

6. 第六代桥规是铁道部 2005 年批准发布，2005 年 6 月 14 日起施行的五本桥涵设计系列规范：《铁路桥涵设计基本规范》《铁路桥梁钢结构设计规范》《铁路桥涵钢筋混凝土和预应力混凝土结构设计规范》《铁路桥涵混凝土和砌体结构设计规范》和《铁路桥涵地基和基础设计规范》（编号依次为 TB 10002. 1 ~ 5—2005），本系列规范是对“99 年桥规”的全面修订。

7. 第七代桥规是由国家铁路局于 2017 年 1 月 2 日发布，2017 年 5 月 1 日实施的四本铁路桥涵设计系列规范：《铁路桥涵设计规范》《铁路桥梁钢结构设计规范》《铁路桥涵混凝土结构设计规范》和《铁路桥涵地基和基础设计规范》，本系列规范是对“2005 版桥规”的全面修订。

十二、《铁路隧道设计规范》TB 10003—2016

（一）编制背景

《铁路隧道设计规范》是铁路工程建设标准体系中重要行业标准。原规范自发布以来，有效规范引导铁路隧道工程的勘察设计、施工及运营安全。随着铁路大规模建设、各速度目标值设计技术标准的实施，铁路隧道设计、施工（图 3-19），取得多项科研成果，积累大量成熟工程实践经验，为开展标准的修订工作奠定了坚实基础。全面总结中国铁路隧道建设中的设计施工科研成果及工程实践经验，认真分析 2005 年版规范执行过程中的反馈意见，科学统筹新发布的相关标准，合理确定满足不同运输性质类型、不同速度等级铁路隧道设计标准。

为全面贯彻以人为本、强化质量安全、保护生态环境、集约节约利用资源的理念，满足铁路隧道建设发展需要，统一铁路隧道设计标准，提高铁路隧道设计水平，保障铁路隧道设计质量。根据构建铁路工程建设标准体系的要求，组织中铁二院工程集团有限责任公司等单位开展《铁路隧道设计规范》全面修订工作。

依托高速、城际、客货共线和重载铁路隧道勘察设计、施工、运营的工程实践经验和科研成果，开展铁路隧道设计规范的全面修订。有效吸纳铁路隧道建设运营成功经验及科研成果，全面贯彻以人为本、强化质量安全、节能环保理念，科学确定铁路隧道设计标准，提升标准的技术先进性、经济可行性、可操作性。

图 3-19　铁路隧道 TBM 施工

（二）编制目的

1. 贯彻新发展理念。聚焦质量安全、生态环保、防灾救援，加强“四新”技术应用，统一铁路隧道技术标准，提高铁路隧道建造技术水平。保障铁路隧道建设质量与安全。

2. 解决突出问题。针对铁路隧道技术发展与标准内容不适应不匹配问题，吸纳隧道新技术、生态环保新要求、防灾减灾新成果。明确铁路隧道各部分结构设计使用年限要求。

3. 满足创新发展需求。依托隧道领域先进科研成果和成熟运用经验，优化完善相关技术要求，提升规范的技术先进性和经济合理性，满足铁路隧道建设发展需要。

4. 保障隧道质量安全。全面落实安全优先原则，强化质量安全、风险防范、疏散救援等技术要求，确定适应不同运输类型、不同速度等级铁路隧道设计标准。

（三）编制原则

1. 创新引领、服务需求。引领铁路隧道技术发展，提高铁路隧道勘察、设计、施工、环保、防灾减灾水平，推进研究成果转化为技术标准，确保标准技术先进协调规范。

2. 全面优化、突出重点。着力解决铁路隧道设计规范理念、架构、条款无法满足新时代铁路隧道建设发展需要的问题，修改完善标准技术内容。

3. 依托成果、科学编制。系统总结国内外铁路隧道技术运用经验，利用成功经验特别是重点专项研究成果，将隧道领域新技术新方法纳入标准，合理编制标准内容。

4. 技术先进、协调配套。依托铁路工程隧道科研成果与成熟工程经验致力标准先进性，并做到与国家标准、相关行业标准协调统一。

（四）编制过程

《铁路隧道设计规范》编制过程总体上分为五个阶段。

前期准备阶段。开展铁路隧道技术基础研究，调研国内外铁路隧道技术特点，分析中国铁路工程隧道技术发展趋势，全面总结隧道技术在铁路工程中的运用成果，借鉴国内外相关行业研究成果。

工作大纲阶段。确定标准编制原则、适用范围、内容框架、进度计划、工作分工等，组织铁路建设管理、勘察设计、工程监理、施工建造、运营管理等单位多位权威专家完成技术审查。

征求意见稿阶段。编制完成征求意见稿条文和条文说明，向铁路建设管理、勘察设计、工程监理、施工建造、运营管理、科研院所等单位广泛征求意见，共收到9家单位反馈意见232条。组织相关单位多位权威专家完成技术审查。

送审稿阶段。编制完成送审稿条文和条文说明，向铁路建设管理、勘察设计、工程监理、施工建造、运营管理、科研院所、政府部门等单位广泛征求意见，共收到12家单位反馈意见123条，组织相关单位多位权威专家完成技术审查。

报批稿阶段。编制完成报批稿条文和条文说明，经审核通过，于2016年10月24日发布，自2017年1月25日起实施。

（五）主要内容

《铁路隧道设计规范》是铁路工程建设设计类重要的行业标准，是在系统总结铁路隧道勘察设计、施工建造、运营管理的实践经验和科研成果的基础上修订而成。原规范条文共309条，新修订的规范条文共463条，其中原规范保留72条、修改140条、增加251条、删除97条，规范条文修订情况统计如图3-20所示。

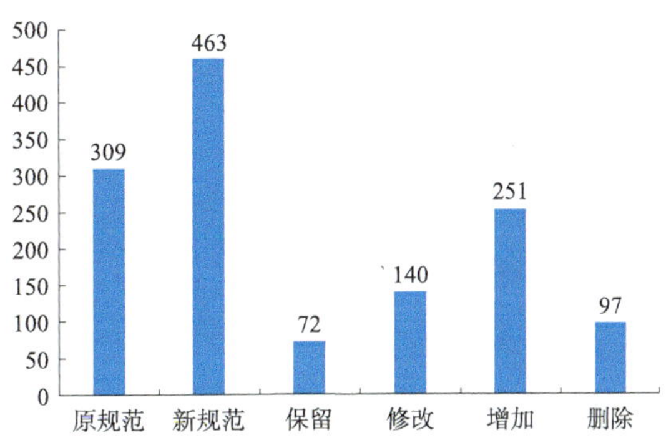

图 3-20　规范条文修订情况统计

规范基本构架：

《铁路隧道设计规范》共分 16 章，包括总则、术语和符号、总体设计、隧道勘察、设计荷载、建筑材料、隧道洞口、隧道衬砌、洞内附属构筑物及轨道、防水与排水、通风与照明、特殊岩土和不良地质隧道、辅助坑道、施工方法及主要措施、隧道改建、环境保护等，另有 10 个附录。主要分为四大板块：

第一板块：总则。明确规范适用范围，提出隧道设计理念，强调洞口位置选择原则，规定隧道结构可采用破损阶段法和容许应力法设计等内容。

第二板块：术语和符号。规定与铁路隧道密切相关的术语和符号，如破损阶段设计法、容许应力设计法、围岩、埋深、隧道仰拱、荷载—结构法、荷载、内外力和应力、材料指标、几何特征与计算系数等内容。

第三板块：隧道总体设计要求。规范隧道位置选择、线路平面及纵断面、隧道内轮廓、风险管理、防灾疏散救援工程设计、接口设计等内容。

第四板块：隧道具体技术规定。明确隧道勘察、设计荷载、建筑材料、隧道洞口、隧道衬砌、洞内附属构筑物及轨道、防水与排水、通风与照明、特殊岩土和不良地质隧道、辅助坑道、施工方法及主要措施、隧道改建、环境保护等的技术要求。

主要修订内容：

1. 适用范围涵盖高速、城际、客货共线和重载铁路隧道设计。

2. 增加“总体设计”一章，明确隧道位置选择、线路平面及纵断面、隧道内轮廓、风险管理、防灾疏散救援工程设计、接口设计等技术要求。

3. 增加隧道工程地质勘探、试验相关规定，引入围岩基本质量指标 BQ。修订了铁路隧道围岩分级方法，增加施工阶段围岩亚分级。

4. 修订设计荷载分类，增加预埋件附加荷载、盾构隧道荷载、高速列车气动荷载、风荷载、雪荷载、落石冲击荷载、人防荷载及水压力、冻胀力等荷载计算规定。

5. 调整建筑材料，根据国家产业政策调整要求，修订隧道建筑材料的强度等级及性能指标。

6. 明确洞门墙检算要求，增加斜切式洞门、桥隧相连洞口、洞口上方公路防护、洞口危岩落石防护等设计规定，补充洞口缓冲结构设计要求。

7. 增加掘进机法及盾构法隧道衬砌基本设计要求；补充高烈度地震区隧道防震、减震设计要求；明确二次衬砌按承载结构设计的条件；修订隧道及明洞衬砌受力钢筋最小配筋率及构造要求。

8. 整合隧道内大、小避车洞及专用洞室设置；提出位于高地应力软岩、强膨胀岩（土）等特殊地层隧道慎重选择轨道结构形式；增加无砟轨道隧道基底变形观测要求。

9. 规定铁路隧道防水等级分类标准及适用范围；增加防排水措施、隧底排水设置要求，补充无自流排水条件隧道设置机械排水的规定。

10. 修订隧道运营通风及照明设置规定，增加防灾通风设计原则。

11. 增加“特殊岩土和不良地质”一章，规定特殊岩土和不良地质地区隧道设计要求，修改瓦斯隧道分类标准，增加岩爆及软岩大变形分级标准。

12. 明确辅助坑道类型、运输方式等的设计原则，增加辅助坑道开挖、支护和衬砌相关设计要求。细化辅助坑道断面尺寸、支护结构、错车道间距、运营通风风道设计要求。

13. 增加“施工方法及主要措施”一章，提出预防隧道塌方、突水突泥、岩爆及瓦斯隧道揭煤防突等施工安全措施规定。明确矿山法、掘进机法、盾构法、明挖法和超前地质预报、监控量测、超前支护及围岩加固等施工方法及措施要求。

14. 修订电气化改造隧道拱部防水标准。

15. 增加“环境保护”一章，规定水源保护、自然环境及周边建（构）筑物保护、隧道弃渣等的设计要求。

16. 增加附录A“铁路隧道建筑限界”、附录C“铁路隧道围岩亚分级”、附录D“深埋隧道荷载计算方法”、附录J“盾构隧道荷载计算方法”、附录K“常用型钢特性参数表”。

（六）解决的问题及预期效果

1. 解决的问题

（1）富水的砂泥岩、岩溶地区铁路隧道，屡现渗漏水、隧底翻浆冒泥病害等问题。

(2)隧道初支变形、衬砌开裂、隧底隆起、轨道上升等问题。

(3)塌方、富水岩溶、岩爆、瓦斯隧道揭煤防突的施工安全措施等问题。

为了解决上述问题,保障铁路隧道安全与质量,保障人民生命、财产安全,促进新技术新方法、环保新要求应用,理顺标准架构,体现标准的先进性、协调性。规范中明确富水地层隧底应设置纵向排水沟(管)等规定,提出了特殊围岩地层特性、变形规律等隧道特殊围岩设计施工关键技术要求,明确了塌方、富水岩溶、岩爆、瓦斯隧道揭煤防突的施工安全措施要求。

2. 预期效果

通过国内外围岩分级广泛调研及近年隧道工程实践,将岩体基本质量指标BQ纳入围岩分级,与国标《工程岩体分级标准》相统一。同时,增加特殊围岩分级、施工阶段的围岩亚分级,隧道围岩分级更合理、实用。依据国家钢铁、水泥应用的产业政策,调整建筑材料应用技术要求。隧道设计更准确、可靠,且有利于投资控制。

(七)历史沿革

1. 1985年,为满足铁路隧道建设需要,在《铁路工程技术标准·第三篇　隧道(试行)》的基础上进行编制,铁道部[(85)铁基字925号]发布《铁路隧道设计规范》TBJ 3—1985。适用于旅客列车最高运行速度120 km/h的标准轨距铁路山岭隧道的设计。其中围岩按类别划分为Ⅰ~Ⅵ类,洞门、衬砌等结构计算规定采用破损阶段法和容许应力法。

2. 1999年,铁道部(铁建设函〔1999〕157号)发布《铁路隧道设计规范》TB 10003—1999。主要修订内容有:适用范围调整为最高运行速度140 km/h的新建、改建标准轨距铁路隧道的设计,围岩分级采用国家标准的分级排序,隧道结构计算规定采用概率极限状态法,增加隧道运营养护的规定等。

3. 2001年,铁道部(铁建设函〔2001〕200号)发布《铁路隧道设计规范》TB 10003—2001。主要修订内容有:一般地区单线隧道整体式衬砌及洞门、单线隧道偏压衬砌及洞门、单线隧道拱形明洞及洞门可采用概率极限状态法设计,其他结构仍要求采用破损阶段法和容许应力法设计;调整按概率极限状态法设计所采用的分项系数;增补按破损阶段法设计所需的结构强度安全系数、材料极限强度及按容许应力设计所需的材料容许应力等。

4. 2005年,铁道部(铁建设〔2005〕67号)发布《铁路隧道设计规范》

TB 10003—2005。主要修订内容有:适用范围调整为客货列车共线运行、旅客列车最高运行速度 160 km/h、货物列车最高运行速度 120 km/h 的Ⅰ、Ⅱ级标准轨距铁路隧道的设计;优化衬砌设计参数;删除原规范中隧道施工、运营管理设施内容。

5. 2016 年,国家铁路局(国铁科法〔2016〕43 号)发布《铁路隧道设计规范》TB 10003—2016,为现行版本。

十三、《铁路轨道设计规范》TB 10082—2017

(一)编制背景

《铁路轨道设计规范》TB 10082—2005 自发布以来,对规范铁路轨道设计内容、统一设计标准起到了重要作用。随着我国高速铁路、城际铁路、重载铁路的大规模建设,不同速度等级轨道设计技术标准的实施,铁路轨道设计、施工取得多项科研成果,积累了大量成熟工程实践经验,为开展标准的修订工作奠定了坚实基础。

在充分总结我国铁路轨道设计、施工、运营方面的实践经验和科研成果的基础上,认真分析《铁路轨道设计规范》TB 10082—2005 规范执行过程中的反馈意见,统筹新发布的相关标准技术要求,结合轨道基本组成(图 3-21),科学研判满足不同运输类型、不同速度等级铁路轨道设计标准。

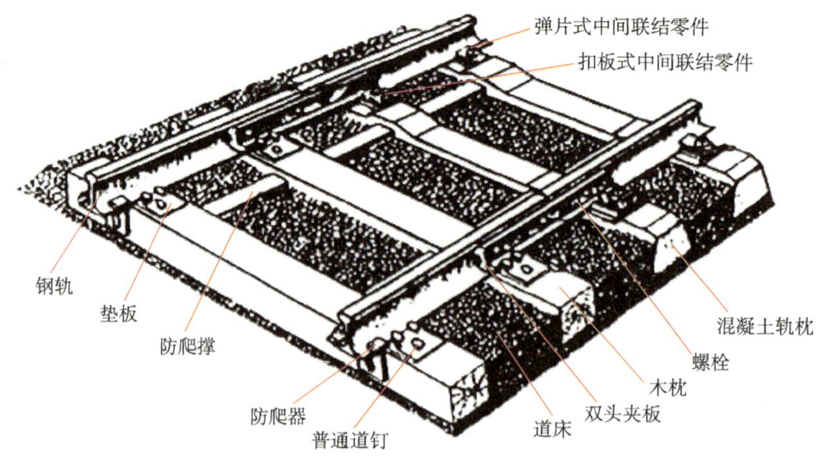

图 3-21　轨道的基本组成

全面贯彻以人为本、强化质量安全、保护生态环境、集约节约利用资源的理念,满足铁路轨道建设发展需要,统一铁路轨道设计标准,提高铁路轨道设计水平,提升铁路轨道设计质量。根据构建铁路工程建设标准体系的要求,组织中铁第四勘察设计院集团有限公司等单位开展《铁路轨道设计规范》全面修订工作。

（二）编制目的

1. 贯彻新发展理念。聚焦建设发展，强化“四新”技术应用，统一铁路轨道技术标准，提高铁路轨道建设技术水平。

2. 解决关键问题。针对铁路轨道技术发展与现行标准内容不适应不匹配问题，吸纳轨道新技术，开展系列专题研究。

3. 满足创新需求。依托铁路轨道领域科研成果和运用经验，优化完善相关技术要求，提升规范要求科学性和技术经济合理性。

4. 保障运营安全。全面落实安全优先原则，强化铁路轨道结构安全舒适耐久、部件选择标准化通用化等安全技术要求。

（三）编制原则

1. 创新引领、服务需求。引领铁路轨道技术发展，提高铁路轨道设计水平，推进研究成果转化为技术标准，确保标准技术先进规范协调。

2. 全面优化、突出重点。着力解决铁路轨道设计规范、理念、架构、条款无法满足新时代铁路轨道技术发展问题，优化完善标准技术内容。

3. 依托成果、先进适用。系统总结国内外轨道技术应用成熟经验，结合重点专项研究成果，吸纳轨道领域新技术、新方法。

4. 科学编制、协调配套。合理确定不同运输类型、不同速度等级铁路轨道设计标准，做到与国家、行业相关标准协调统一。

（四）编制过程

《铁路轨道设计规范》编制过程总体上分为五个阶段。

前期准备阶段。开展铁路轨道技术基础研究，调研国内外铁路轨道技术特点，借鉴国内外行业相关研究成果，分析中国铁路轨道技术发展趋势，全面总结轨道技术在铁路工程中的运用现状。

工作大纲阶段。确定标准编制原则、适用范围、内容框架、进度计划、工作分工等，组织铁路建设管理、勘察设计、施工建造、运营管理等方面权威专家完成技术审查。

征求意见稿阶段。编制完成征求意见稿条文和条文说明，向铁路建设管理、勘察设计、施工建造、运营管理、科研院所等单位广泛征求意见，共收到9家单位反馈意见66条。组织相关单位权威专家完成技术审查。

送审稿阶段。编制完成送审稿条文和条文说明，向铁路建设管理、勘察设计、施工建造、运营管理、科研院所等单位广泛征求意见，共收到7家单位反馈意见35条，组织相关单位权威专家完成技术审查。

报批稿阶段。编制完成报批稿条文和条文说明，经审核通过，于2017年9月29日发布，自2017年12月20日起实施。

（五）主要内容

《铁路轨道设计规范》是铁路工程建设设计类重要的行业标准，系统总结铁路轨道设计、施工建造、运营管理的实践经验和科研成果，在《铁路轨道设计规范》TB 10082—2005基础上全面修订而成。原规范条文共214条，新修订的规范条文共150条，其中原规范保留10条、修改84条、增加58条、删除120条，规范条文修订情况统计如图3-22所示。

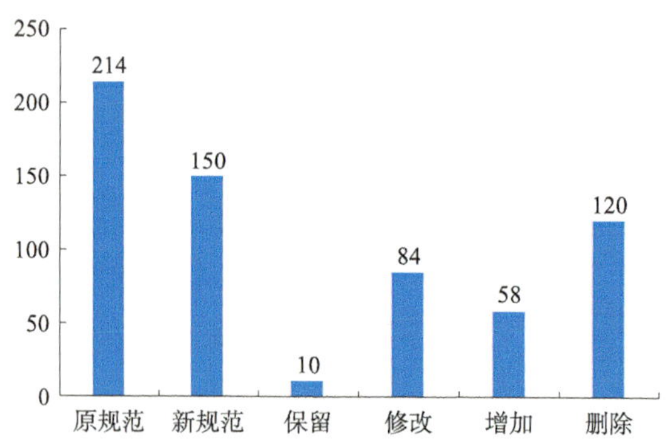

图3-22 规范条文修订情况统计

规范基本构架：

规范共分10章，包括总则、术语、基本规定、钢轨及配件、正线有砟轨道、无砟轨道、站线轨道、无缝线路、有缝线路、轨道附属设施及常备材料。主要分为七大板块：

第一板块：总则。明确规范适用范围，阐明铁路轨道设计理念，提出应遵循的技术原则和技术要求，以及与相关标准的关系等。

第二板块：术语。规定与铁路轨道相关的术语，如轨距、曲线超高、轨底坡、CRTS Ⅰ型板式无砟轨道、CRTS Ⅲ型板式无砟轨道、CRTS双块式无砟轨道、道岔区轨枕埋入式无砟轨道等。

第三板块：基本规定。明确铁路轨道设计的一般规定，如轨道可靠度设计的基本方法、安全等级、设计使用年限和设计基准期等内容；规范曲线超高、轨距加宽、轨道静态铺设精度等内容。

第四板块：钢轨及配件。规定不同等级铁路的钢轨选用原则、钢轨材质要求、钢轨接头螺栓和螺母的强度等级及垫圈类型等内容。

第五板块：有砟轨道、无砟轨道及站线轨道的设计规定。明确有砟轨道设计标准、轨枕及扣件的选用和铺设要求、正线道床技术要求等内容。提出不同等级铁路无砟轨道结构选型的一般规定，以及无砟轨道结构设计和轨道结构过渡段技术要求等内容。明确站线轨道设计标准、轨枕及扣件的选用和铺设要求、站线道床技术要求、道岔选型等内容。

第六板块：无缝和有缝线路设计规定。提出无缝线路设计一般规定、钢轨伸缩调节器的设置原则，以及有缝线路设计相关要求等。

第七板块：轨道附属设施及常备材料。规定轨距杆和轨撑、护轨、线路及信号标志、基桩、轨道常备材料等相关要求内容。

主要修订内容：

1. 修订规范适用范围。增加高速铁路、城际铁路、重载铁路的轨道设计，客货共线铁路最高旅客列车设计速度由 160 km/h 修改为 200 km/h。

2. 补充有砟轨道、无砟轨道、轨距加宽等术语，删减无缝线路相关术语及符号。

3. 增加曲线超高设置原则，修订曲线超高设计标准、轨距加宽值，修订轨道铺设精度和曲线圆顺度标准。

4. 修订钢轨选用标准，增加钢轨采用 60 N、75 N 的技术要求，补充不同铁路等级对钢轨材质的技术要求等。

5. 完善正线有砟轨道的设计标准及扣件、轨枕、道床等技术要求。

6. 增加无砟轨道设计原则、选型规定及设计参数，修订 CRTS Ⅰ 型板式无砟轨道、CRTSⅡ型板式无砟轨道、CRTS Ⅲ型板式无砟轨道、CRTS 双块式无砟轨道、长枕埋入式无砟轨道、弹性支承块式无砟轨道、道岔区无砟轨道等设计内容。

7. 完善站线有砟轨道设计标准及扣件、轨枕、道床等技术要求。删减道岔号数选择、道岔间插入钢轨长度等内容。

8. 修订无缝线路设计的基本规定，删减钢轨伸缩调节器、无缝道岔等设计内容。删除无缝线路稳定性、强度等检算内容。

9. 优化护轨设置规定，增加无砟轨道常备材料要求等。

10. 删除 CA 砂浆试验方法，无缝线路纵向力计算、强度和稳定性检算等 8 个附录。

（六）解决的问题及预期效果

1. 解决的问题

（1）轨道部件产品技术更新快变化大，钢轨、扣件、轨枕等轨道部件选型、技术参数（要求）等对铁路轨道结构质量、运用安全和技术经济性指标有重要的影响。

（2）铁路轨道的钢轨平顺度直接影响列车运行的安全性和舒适性，尤其高速铁路无砟轨道平顺度要求更加严格。

（3）高速铁路大规模建设、既有线铁路六次成功大提速，无砟轨道技术快速发展，无砟轨道结构设计标准有待统一。

为切实解决上述问题，保障铁路轨道质量与运用安全，促进新技术新方法应用，体现标准的先进性、协调性。对国内钢轨、扣件、轨枕等轨道部件的选型及主要技术参数和要求进行了总结分析，对我国无砟轨道类型、结构形式、应用情况、选型原则进行研究分析，并在规范中作出明确规定。规范补充高速铁路、城际铁路、客货共线铁路、重载铁路的有砟轨道、无砟轨道的静态平顺度标准。无砟轨道结构选型结合高速、城际、客货共线、重载铁路的实际情况，提出无砟轨道选型原则，明确无砟轨道结构设计技术要求。

2. 预期效果

规范吸取铁路设计、施工和运营以及近年来高速铁路大规模建设、既有线铁路六次大提速的成功经验和专题科研成果，全面调研分析钢轨配件类型、技术参数及要求，明确高速铁路、城际铁路、客货共线铁路、重载铁路各等级铁路轨道的设计技术标准，明确无砟轨道线路平顺度和道岔平顺度要求，进一步提升规范的科学性和技术经济合理性。新规范发布实施，将会取得全面的、长远的、明显的经济效益。

（七）历史沿革

1. 2005 年，铁道部（铁建设〔2005〕66 号）发布《铁路轨道设计规范》TB 10082—2005，规范适用于客货列车共线运行、旅客列车设计行车速度等于或小于 160 km/h、货物列车设计行车速度等于或大于 120 km/h 的标准轨距铁路轨道的设计。

2. 2017 年，国家铁路局（国铁科法〔2017〕71 号）发布《铁路轨道设计规范》TB 10082—2017，为现行版本。

十四、《铁路电力设计规范》TB 10008—2015

（一）编制背景

《铁路电力设计规范》是铁路工程建设标准体系中的重要行业标准，是铁路电力工程设计的基础性、通用性、主导性标准。《铁路电力设计规范》TB 10008—2006 自发布以来，有效满足铁路电力工程的勘察设计、施工建造及运营管理的需求。随着铁路工程建设不断推进，特别是高铁建设飞速发展，设计理念已发生了重要转变。随着"四新"技术不断出现，通过工程实践积累的丰富经验和取得的多项科研成果，为标准的修订奠定了基础。

为统一铁路电力工程设计标准，满足新需要，引导技术更新，根据构建铁路工程建设标准体系的要求，组织中国铁路设计集团有限公司等单位开展《铁路电力设计规范》全面修订工作。

借鉴高速、城际、客货共线和重载等类型铁路工程建设及运营管理经验，吸纳相关科研成果，科学确定铁路电力工程设计标准，从而提升标准的技术先进性及经济合理性。

（二）编制目的

1. 贯彻新发展理念。保障人身和设备安全，聚焦节能环保、技术升级、运维效益。确保设计安全合理、供电可靠、技术先进、经济适用、维护方便。

2. 解决标准适应性问题。注重行业标准的通用性、基础性定位，并与相关专用标准相协调。填补"四新"技术等方面的空白，适应新时期铁路建设需要。

3. 满足创新发展需求。吸纳相关科研成果和建设经验，优化完善相关技术要求，提升规范的技术先进性和经济合理性，满足新时期铁路电力系统工程建设和运维管理的需求。

4. 保证不同的需求。全面落实安全、质量、节能、环保、创新等技术要求，确保适应不同运输类型、不同速度等级、不同工程情形的铁路电力工程设计标准。

（三）编制原则

1. 创新引领、服务需求。引领铁路电力技术发展，提高铁路电力勘察、设计、施工、节能、环保水平，实现技术升级，推进工程实践与研究成果的转化，确保标准技术先进、内容适用。

2. 全面协调、推陈出新。以顶层化、原则化编制为基础，优化标准架构、条款，删减不适应新时代铁路建设和技术现状的内容，增加新工艺、新技术、新设备等内容，修改完善可以沿用的技术内容。

3. 节能环保、提质增效。充实新能源、可再生能源内容，强化节能、节资、环保、人性化思想。规范“四新”技术应用，提高运维管理和社会综合效益。

4. 技术引领、需求推动。瞄准先进适宜技术，推动采用新技术手段提高铁路电力供配电系统技术水平，充实标准相关内容，满足工程建设运营管理要求。

5. 成果借鉴、合理统筹。系统总结、梳理铁路电力工程建设和运营管理相关经验，充分吸纳相关科研成果和国内、外相关标准，完善标准编制内容。

（四）编制过程

《铁路电力设计规范》编制过程总体上分为五个阶段。

前期准备阶段。开展铁路电力新技术研究，调研国内外铁路电力技术特点和需求，分析电力技术在中国铁路工程应用的发展趋势，全面总结电力技术在铁路工程中的运用成果。2012 年 12 月前，陆续收到各单位对现行《铁路电力设计规范》的意见，为开展规范修订奠定了基础。

工作大纲阶段。确定标准编制原则、适用范围、内容框架、进度计划、工作分工等，2012 年 6 月组织铁路建设管理、勘察设计、运营管理等单位多位权威专家完成技术审查。

征求意见稿阶段。编制完成征求意见稿条文和条文说明，向铁路建设管理、勘察设计、工程监理、施工建造、运营管理、科研院所等单位广泛征求意见，共收到 4 家单位反馈意见 68 条。2013 年 7 月组织相关单位多位权威专家完成技术审查。

送审稿阶段。编制完成送审稿条文和条文说明，向铁路建设管理、勘察设计、工程监理、施工建造、运营管理、科研院所、政府部门等单位广泛征求意见，共收到 12 家单位反馈意见 149 条，2015 年 5 月组织相关单位多位权威专家完成技术审查。

报批稿阶段。编制完成报批稿条文和条文说明，经审核通过，于 2015 年 12 月 23 日发布，自 2016 年 4 月 1 日起实施。

（五）主要内容

《铁路电力设计规范》是铁路行业工程建设设计类通用性、基础性标准，是在系统总结铁路电力勘察设计、施工建造、运营管理的实践经验和科研成果的基础上修订而成。

规范基本构架：

规范共分 15 章，包括总则，术语，基本规定，供配电系统，变、配电所，电力远动系统，架空电力线路，电缆线路，低压配电，电气照明，铁路专用设施及特殊场所供电，机电设备监控系统，防雷及接地，电气节能与环保，接口设计等，另有5个附录。主要分为五大板块：

第一板块：总则。明确标准编制目的、适用范围、主要政策和设计理念，强调致灾因素和安全隐患、采取必要防护措施等内容。

第二板块：术语。规定与铁路电力工程技术密切相关的术语，如后备电源、一级负荷电力贯通线路、变配电所等。

第三板块：基本规定。提出铁路电力工程设计分散与集中供电方案确定的总体原则、设计年度、管理界面、利用既有设施、变电所形式、运营管理机构设置、专业接口和新旧衔接等的基本要求。

第四板块：专业技术要求。分别提出铁路电力供配电系统各环节（图3-23）、各细分专业技术的设计要求。

第五板块：接口设计。提出铁路电力工程接口设计的一般原则、与土建工程接口、与外部电源接口、与其他设备系统接口等要求。

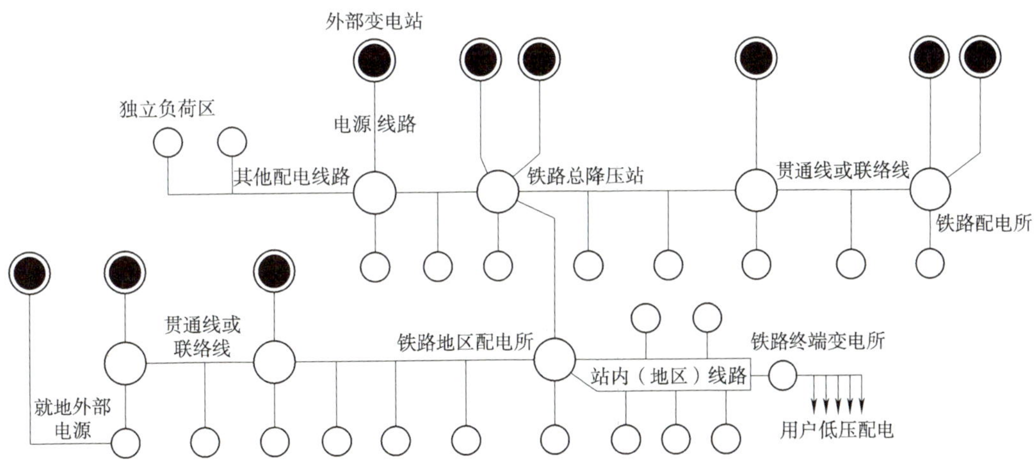

图3-23　典型铁路电力供配电系统示意图

主要修订内容：

1. 调整和补充适用的相关术语。

2. 增加20 kV电压等级的有关内容；取消各种铁路电力负荷等级划分内容。

3. 增加柴油发电机、光伏、风力发电等自备电源的原则性要求。增加“后备电源”有关内容，提出了布式能源系统的应用原则。

4. 增加铁路高压电力系统中性点接地、气体绝缘设备等内容。

5. 提出电力远动系统、机电设备监控系统的系统设计、功能组成，以及两个系统间的相互关系处理原则。完善电能计量内容，增加机电设备监控系统配置能源管理功能的要求。

6. 修订架空电力线路与铁路交叉、接近的要求，增加绝缘导线的有关设计要求。

7. 完善长电缆线路接地和补偿的规定。紧密跟踪铝合金电缆国家标准和技术发展，增加铝合金电缆相关内容。

8. 细化对通信信号等与行车有关的重要负荷低压配电的要求，强化计量方面的要求。

9. 与《铁路照明设计规范》相互协调，提出铁路照明宏观性、原则性规定，删除照明方式和种类、照明标准值、光源、灯具、供电和控制等具体内容。

10. 修订桥梁、隧道等的供电要求，增加动车地面电源、集中式 UPS 系统设计的原则性规定。

11. 与《铁路防雷及接地工程技术规范》相互协调，删除建筑物、电子信息系统防雷及接地的内容。

12. 增加“电气节能与环保”“接口设计”章。

（六）解决的问题及预期效果

1. 解决的问题

（1）协调处理与相关标准的关系。

对低压配电、照明、防雷、节能环保等方面内容做了较大修改。低压配电设计执行国标《低压配电设计规范》，主要提出符合铁路特点的要求；照明设计执行《铁路照明设计规范》，仅对铁路电气照明提出原则性要求；“防雷、接地及安全”章节中相关内容由《铁路防雷及接地工程技术规范》及相关专业设计规范规定，规范仅保留对电力装置的防雷及接地要求；增加“电气节能与环保”章节，并注重与《铁路工程节能设计规范》界面划分，侧重规定对电气设施的节能环保要求。

（2）协调处理本行业标准的定位事项。

规范是铁路电力工程设计的通用性、基础性标准，对铁路用电负荷等级仅作出划分原则规定，删除原版规范的具体划分方案。电力远动系统和机电设备监控系统只提出基本原则、系统设计等要求，具体方案和设计根据相关设计规范及相关企业标准或运维管理要求确定。

（3）补充“等效双回路”的概念。

国家标准规定对二级负荷供电的系统宜由两回线路供电，其目的是一回线路损坏时，仍有另一条线路可以保持供电，为不中断供电完成抢修创造了条件。铁路存在大量的贯通线路（图3-24）、环网线路等能够双端供电的线路，就等效电路而言，与双回线路的作用无异。规范明确二级负荷"可由贯通线路、环网线路以及其他双端供电线路等能构成等效双回电源线路的变电所供电"，消除这类线路在工程实践中等效双回线路的异议。

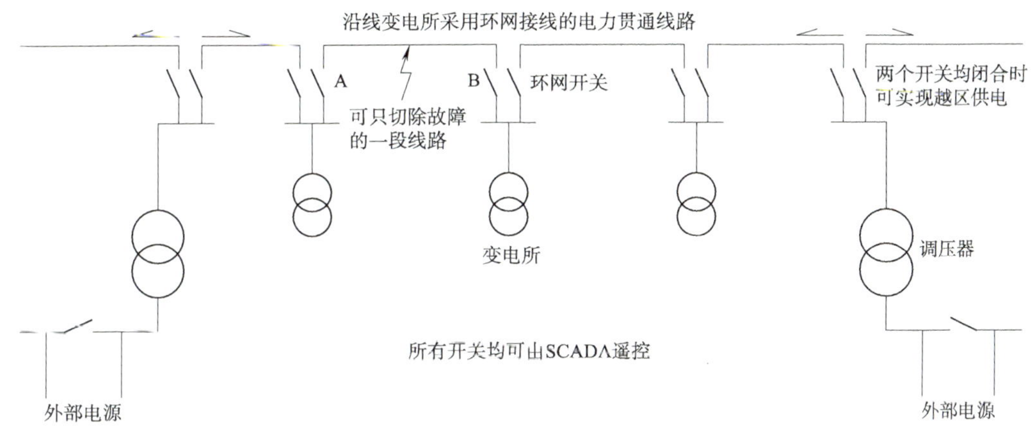

图3-24　贯通线路可靠性解析图

（4）补充电缆材质的选型方案。

规范补充电力电缆铝合金导体的选型原则，在一定条件下可作为铜质电力电缆的备选方案。但考虑到铝合金电缆在铁路上尚未广泛使用，规范只推荐有条件采用。

2. 预期效果

（1）与其他标准在编制内容和深度上做了大量协调工作，降低由于修订周期不一致导致标准之间规定不一致、相互牵制的发生率，同时也利于充分发挥专用标准在内容上、深度上、专业性方面的优势，减少无益的重复。

（2）是铁路行业电力设计的基础性、通用性标准，缩减与企业运维管理模式、投资力度等因素关联较大的非安全性、可靠性内容，更有利于技术发展，满足不同铁路企业的差异化需求的效果。

（3）"等效双回路"概念的确定，使铁路电力二级负荷供电中占大多数的线路将能减少敷设一条高压电缆，减少一半造价，取得显著的经济效益。

（4）补充铝合金电缆材质的选型方案，可为电力工程投资占比较大的电力电缆投资创造了大幅度优化条件。

（七）历史沿革

1. 1959 年，铁道部颁布《铁路电力建设规程》，适用范围仅限于新建的铁路 3 kV、6 kV、10 kV 变配电所（变电所变压器容量为 2 kV × 1 000 kV 及以下）及低压架空线路。

2. 1965 年，施行《铁路电力装置技术规范》，适用范围扩大为新建、扩建和改建的电压为 35 kV 及以下的铁路电力装置（电缆线路适用于 10 kV 及以下）。

3. 1975 年，施行《铁路工程技术规范》，其第九篇为电力，适用范围仍为 35 kV 及以下的铁路电力工程（电缆线路适用于 10 kV 及以下）。

4. 1986 年，施行《铁路电力设计规范》TBJ 8—1985，适用范围为 35 kV 及以下的铁路电力工程设计（包括电缆线路）。

5. 1999 年，施行《铁路电力设计规范》TB 10008—1999，适用范围为 35 kV 及以下的铁路电力工程设计。同时废止《铁路电力设计规范》TBJ 8—1985、《铁路电力施工规范》TBJ 207—1986。

6. 2007 年，施行《铁路电力设计规范》TB 10008—2006，适用范围为 110 kV 及以下的铁路电力工程设计（不含 35 kV 以上电力线路内容）。同时废止《铁路电力设计规范》TB 10008—1999、《电气化铁路电力设计规定》TBJ 23—1989、《铁路电力远动系统工程设计规范》TB 10064—2000、《铁路电力变、配电所设计规范》TB 10065—2000。

7. 2015 年，国家铁路局（国铁科法〔2015〕63 号）发布《铁路电力设计规范》TB 10008—2015，为现行版本。

十五、《铁路电力牵引供电设计规范》TB 10009—2016

（一）编制背景

《铁路电力牵引供电设计规范》是铁路工程建设标准体系中的重要行业标准，是铁路电力牵引供电工程设计的通用性标准。《铁路电力牵引供电设计规范》TB 10009—2005 自发布以来，有效满足铁路电力牵引供电工程的勘察设计、施工建造及运营管理的需求。随着相关国家、电力、铁路等标准不断修订更新，铁路新型设备和材料如 27.5 kV（2 × 27.5 kV）气体绝缘金属封闭式开关柜和空气绝缘金属铠装式开关设备柜等新设备不断推广应用，以及铁路电力牵引供电工程（图 3-25、图 3-26）、运营实践经验和科研成果不断积累，为标准的修订奠定了基础。

图 3-25 牵引变电所

图 3-26 接触网

随着铁路机构改革和生产力布局调整以及高速铁路、城际铁路和重载铁路的快速发展，为统一铁路电力牵引供电工程设计标准，满足新需要，引导技术更新，根据构建铁路工程建设标准体系的要求，组织中铁电气化勘测设计研究院有限公司、中铁电气化局集团有限公司等单位开展《铁路电力牵引供电设计规范》全面修订工作。

《铁路电力牵引供电设计规范》TB 10009—2016 总结吸纳近年来我国电气化铁路牵引供电在设计、施工、运营方面的实践经验和科研成果，借鉴了国内外相关设计标准，在补充完善通用性条文的同时，保持了与城际、高铁、重载设计规范相关条文的一致性，条文涵盖了时速 120 km ~ 350 km 不同速度等级铁路，修订后的规范适用于高速铁路、城际铁路、客货共线铁路、重载铁路、市域（郊）铁路等类型铁路。

（二）编制目的

1. 服务国家战略。满足我国铁路建设和发展需要，统一铁路电力牵引供电工程设计标准，完善铁路工程建设技术标准体系，贯彻执行国家技术经济政策。

2. 保障牵引供电安全可靠。进一步贯彻执行国家的技术经济政策，统一铁路电力牵引供电设计的技术要求，使设计做到安全适用、技术先进、节约能源、经济合理和维修方便。

3. 解决标准适应性问题。满足铁路电力牵引供电工程设计需求，结合铁路电力牵引供电工程建设、运营管理实践经验和科研成果，规范电力牵引供电工程建设技术标准。

（三）编制原则

1. 政策引领、适应发展。贯彻国家有关方针、政策、法律、法规。对现行规范与当前政策法规不符的，予以修正。

2. 整体推进、合理优化。保障铁路工程建设的安全、质量、卫生、环境保护。对涉及铁路运输安全的内容，进一步梳理、强化，提高可操作性。

3. 开放创新、应用驱动。补充和加强涉及新技术、新工艺、新设备、新材料方面的内容，充分吸收经评审确认可纳规并取得一定运行经验的科研成果。

4. 统筹协调、技术先进。协调与相关铁路行业标准之间的关系，避免相互矛盾和重复。合理利用资源，推广科学技术成果。

（四）编制过程

《铁路电力牵引供电设计规范》编制过程总体上分为五个阶段。

前期准备阶段。开展铁路电力牵引供电技术基础研究，调研国内外铁路电力牵引供电技术特点，分析中国铁路工程电力牵引供电技术发展趋势，全面总结电力牵引供电技术在铁路工程中的运用成果，借鉴国内外相关行业研究成果。

工作大纲阶段。确定标准编制原则、适用范围、内容框架、进度计划、工作分工等，组织铁路建设管理、勘察设计、施工建造、运营管理、科研院所等单位权威专家完成技术审查。

征求意见稿阶段。编制完成征求意见稿条文和条文说明，向铁路建设管理、勘察设计、施工建造、运营管理、科研院所等单位广泛征求意见，共收到 7 家单位意见 262 条，组织相关单位多位权威专家完成技术审查。

送审稿阶段。编制完成送审稿条文和条文说明，向铁路建设管理、勘察设计、施工建造、运营管理、科研院所等单位征求意见，共收到 11 家单位意见 422 条，组织相关单位多位权威专家完成技术审查。

报批稿阶段。编制完成报批稿条文和条文说明,经审核通过,于 2016 年 5 月 26 日发布,自 2016 年 9 月 1 日起实施。

(五)主要内容

《铁路电力牵引供电设计规范》是铁路工程建设设计类重要的行业标准,是在系统总结铁路电力牵引供电勘察设计、施工建造、运营管理的实践经验和科研成果的基础上修订而成。

规范基本构架:

规范共分 7 章,主要内容包括总则、术语、牵引供电、牵引变电所、接触网、牵引供电调度和远动系统、供电检修等,另有 2 个附录。主要分为三大板块:

第一板块:总则。明确标准编制目的、适用范围等内容。

第二板块:术语。规定与铁路电力牵引供电技术密切相关的术语,如分束供电、独立供电线等。

第三板块:专业技术要求。规定牵引供电、牵引变电所、接触网、牵引供电调度和远动系统、供电检修等的技术要求。

主要修订内容:

1. 将《供配电系统设计规范》GB 50052、《35 kV ~ 110 kV 变电站设计规范》GB 50059、《3 kV ~ 110 kV 高压配电装置设计规范》GB 50060、《交流电气装置的接地设计规范》GB/T 50065 等现行国家及电力行业相关标准共性内容纳入规范中。

2. 修改适用范围,增加了寒温和寒冷地区、节能和环境保护的设计要求等。

3. 优化术语内容。

4. 增加枢纽供电和供电臂分段供电有关规定,删除 BT 供电方式、并联电容补偿装置及其有关内容。

5. 修订吸上线、接轨连线的设计规定。

6. 增加 220 kV、330 kV 配电装置形式选择,GIS 装置,变电二次系统防雷及过电压防护措施,供电电缆接地的有关规定。

7. 增加分区所、自耦变压器所主接线的有关内容,完善所用交流电源的有关设计规定。

8. 完善牵引供电系统辅助保护的有关内容,修订了继电保护和自动装置以及测量仪表装置的有关设计要求,增加 220 kV 及以上变压器双重化保护配置设计规定。

9. 完善接触网绝缘水平、防雷接地、防鸟等有关规定。

10. 补充双层集装箱区段、车站无柱雨棚区域、中性段（无电区）和隧道内等接触网设计以及接触网刚性悬挂设计内容。

11. 增加接触网-受电弓间相互作用的动态性能指标、正线接触线最小张力的有关规定。

12. 完善接触线的最大坡度及坡度变化、接触网最短吊弦长度、受电弓动态包络线摆动量及抬升量以及支柱、基础和腕臂支持装置的选型原则等有关规定。

13. 完善牵引供电远动系统的功能配置等要求和安全监控系统的有关规定。

14. 完善供电检修等相关内容。

（六）解决的问题及预期效果

1. 解决的问题

（1）坚持强制性行业标准“保底线”的原则

关于 25 kV 带电体距跨线建筑物底部的空气绝缘静态间隙，原中国铁路总公司《铁路技术管理规程》TG/01—2014 规定为 500 mm，欧洲标准《架空接触网》EN 50119—2009 仅为 270 mm。此间隙在具体项目中的实际值与跨线桥距轨面高度正相关。鉴于既有线电化的大量跨线建筑物距轨面小于 6. 65 m，新建跨线桥设计一般距轨面仅 6. 65 m，规范修订仍维持原规定的正常值 500 mm、困难时 300 mm 不变，以明显减少跨线建筑物建造和迁改投资。

（2）采用国际标准通用的设计方法

规范修订采用通用性的理论方法、基本原理、计算公式，具体工程取值依照不同建设项目的工况而定，如接触网支柱间距离（跨距）由“不大于 65 m”改为“根据悬挂类型、曲线半径、导线最大受风偏斜值和运营条件等综合确定”，既保障技术进步和节省建设投资，又有利于发挥设计人员创造性，促进中国铁路标准国际化。

（3）接触网设置避雷线由年均雷暴日≥60 天改为≥40 天地区，该地区增加投资 1 万元～6 万元/双正线公里。

规范修订参照《高速铁路设计规范》，将接触网设置避雷线由年均雷暴日≥60 天改为≥40 天地区，或将回流线（保护线）适当抬高兼起防雷功能，以满足接触网运行可靠性要求。支柱高度不变并架设避雷线时，增加投资约 6 万元/双正线公里;回流线(保护线)适当抬高兼起防雷功能时,增加投资约1万元/双正线公里。

(4)220 kV及以上变压器保护由单套变为双套,每个牵引变电所增加投资约20万元。

国家电网公司在兰新高铁等多个项目要求220 kV及以上变压器保护采用双套。鉴于原中国铁路总公司已与国家电网就此达成协议,为提高供电可靠性,本次修订参照《继电保护和安全自动装置技术规程》GB/T 14285—2006的规定,220 kV及以上变压器保护由单套变为双套。每个牵引变电所增加投资约20万元。

(5)牵引变电所控制保护等低压回路增加雷电及过电压防护措施,每个牵引变电所增加投资约10万元。

2. 预期效果

本次修订吸取国家电网和有的牵引变电所"瘫痪"的经验教训,增加综合自动化系统、交直流辅助电源回路、时钟同步天线、通信总线等采取防雷及过电压防护措施,防止雷电和其他内部过电压侵入变电所控制保护等低压回路所造成的干扰和破坏,每个牵引变电所增加投资约10万元。上述措施已在多项工程中应用,效果良好。

(七)历史沿革

1. 1985年,铁道部发布《铁路电力牵引供电设计规范》TBJ 9—1985。

2. 1998年,铁道部(铁建函〔1998〕253号)发布《铁路电力牵引供电设计规范》TB 10009—1998。主要修订内容有:将行车速度从120 km/h提高到等于或小于140 km/h,新增枢纽牵引系统设施布点方案,修改牵引变压器容量计算的条件和要求,提高接触网绝缘水平,修改供电段对电气设备的检修方式,增加"牵引供电调度所和远动系统"章节等。

3. 2005年,铁道部(铁建设〔2005〕66号)发布《铁路电力牵引供电设计规范》TB 10009—2005。主要修订内容有:旅客列车设计行车速度从等于或小于140 km/h提高到等于或小于160 km/h,增加牵引变电所的外部电源供电电压可采用220 kV电压等级和牵引变压器可采用容量利用率较高的单相结线的规定,规定接触线宜采用抗拉强度高、耐高温性能好的铜合金接触线,完善安全监控系统的有关规定等。

十六、《铁路通信设计规范》TB 10006—2016

（一）编制背景

随着铁路通信新技术、新设备大量应用及高速铁路、城际铁路、重载铁路、客货共线铁路等大量建设，为完善铁路行业标准体系，满足铁路建设发展需求，统一铁路工程建设标准，确保铁路通信设计标准的技术先进性、经济合理性、协调适用性，根据构建铁路工程建设标准体系的要求，组织中铁二院工程集团有限责任公司等单位开展《铁路运输通信设计规范》进行全面修订，名称改为《铁路通信设计规范》。

《铁路通信设计规范》是铁路行业标准体系的重要组成部分，与《铁路数字移动通信系统（GSM-R）设计规范》共同构成铁路通信专业主体设计规范。随着铁路工程建设技术水平不断提高，原有规范已不能满足铁路通信工程设计需要，有必要进行修订。在原规范的基础上，充分总结吸纳近年来工程实践经验、通信新技术及有关科研成果，合理优化主要设计参数，准确提升规范的技术先进性和经济合理性，满足不同铁路类型、不同速度等级、不同运输性质、不同运营机制的铁路通信工程需要，同时也为各专用标准制定提供依据。

为确保铁路运输通信迅速、畅通、安全、可靠，保证行车安全、提高运输效率，在认真总结近些年来我国铁路通信工程设计和运营管理经验，充分借鉴相关科研成果和国内外相关标准的基础上，进一步明确铁路通信线路、传输及接入网、数据通信网、有线调度通信、移动通信、会议电视、综合视频监控、专用应急通信、时钟同步及时间同步、综合布线、电源等通信系统的设计标准，适用于新建和改造铁路通信工程设计。

（二）编制目的

1. 贯彻新发展理念。立足铁路通信网络布局顶层设计，做好新建、既有通信网的衔接，保障行车安全、提高运输效率。

2. 解决突出问题。总结铁路通信工程设计和运行管理经验，依靠先进标准引领铁路通信工程质量水平提升，满足铁路运输对通信系统安全性、可靠性的需求。

3. 满足创新发展需求。解决原标准涵盖内容不全、适用范围不够，修订、补充新技术及子系统内容，使规范覆盖更加全面，满足各类型铁路通信需求。

4. 保障通信质量安全。统一铁路通信工程设计标准，为通信专业专用标准和施工验收标准编制或修订提供依据。

（三）编制原则

1. 规划引导、需求牵引。遵循全程全网、互联互通，紧盯通信发展需求，支撑通信技术数字化、宽带化、智能化、综合化要求。

2. 科技支撑、全面覆盖。汲取国内外先进科技成果，涵盖通信设计全部内容，适应不同铁路类型、不同速度等级、不同运输性质、不同运营机制管理模式要求。

3. 突出重点、系统集成。充分吸纳建设工程项目在“四电系统集成”方面重要的技术成果，认真总结最新工程建设、运用管理以及设备维护经验。

4. 条理清晰、防止交叉。梳理基础标准、通用标准、专业标准及施工、验收标准等行业标准之间的关系，避免矛盾，减少重复。

（四）编制过程

《铁路通信设计规范》编制过程总体上分为五个阶段。

前期准备阶段。开展铁路通信技术基础研究，调查铁路既有网络结构、设备配置运用、维修机构设置、维修仪器仪表、房屋及定员等现状，分析铁路通信技术发展趋势，收集高速铁路、城际铁路通信工程设计的成功经验。

工作大纲阶段。确定标准编制原则、适用范围、内容框架、进度计划、工作分工等。组织铁路建设管理、勘察设计、施工建造、运营管理等专家完成技术审查。

征求意见稿阶段。编制完成征求意见稿条文和条文说明。向铁路建设管理、勘察设计、施工建造、运营管理等单位广泛征求意见，共收到 17 家单位反馈意见 445 条。组织相关专家完成技术审查。

送审稿阶段。编制完成送审稿条文和条文说明。向铁路建设管理、勘察设计、施工建造、运营管理、科研院所等单位广泛征求意见，共收到 12 家单位反馈意见 266 条。组织相关专家完成技术审查。

报批稿阶段。编制完成报批稿条文和条文说明。经审核通过，于 2016 年 11 月 17 日发布，自 2017 年 3 月 1 日起实施。

（五）主要内容

《铁路通信设计规范》是铁路通信设计领域的基础性行业标准，与《铁路数字移动通信系统（GSM-R）设计规范》共同构成铁路通信专业设计规范，在系统总结铁路通信技术研究成果和建设运营实践经验基础上修编而成。

原规范条文共 254 条，新修订的规范条文共 468 条，其中原规范保留 1 条、修改176条、增加291条、删除77条，规范条文修订情况统计如图3-27所示。

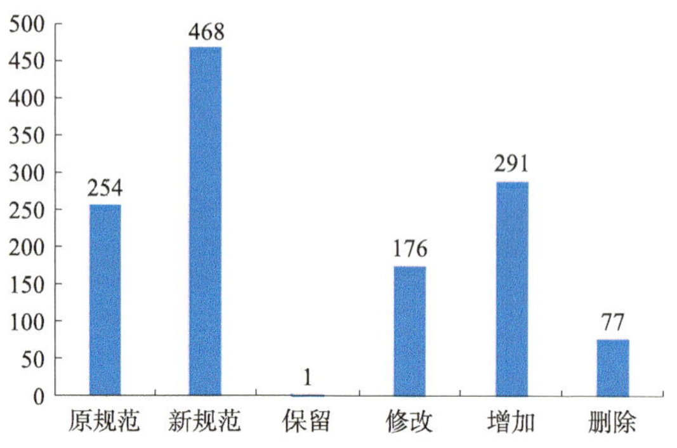

图3-27 规范条文修订情况统计

规范基本构架：

规范共分21章，包括总则，术语和缩略语，通信线路，传输，接入网，电话交换，数据通信网，有线调度通信，移动通信，会议电视、电报，综合视频监控，专用应急通信，时钟同步，时间同步，综合布线，电源设备，电源及设备房屋环境监控，综合网络管理，设备防雷及接地、运行环境等。主要分为四大板块：

第一板块：总则。明确标准编制目的、适用范围，提出通信设计应符合铁路通信网规划，遵循全程全网、互联互通、布局合理、经济适用等设计原则和总体要求。

第二板块：术语和缩略词。规定与通信技术密切相关的术语和缩略词，如AON—有源光网络、EPON—以太网无源光网络、OTN—光传送网等内容。

第三板块：系统设计要求。规定通信线路，传输与接入网，电话交换，数据通信网，移动通信、有线调度通信，会议电视、电报，综合视频监控，专用应急通信，时钟同步，时间同步，综合布线等设计内容。

第四板块：支撑及运行环境要求。明确电源设备、电源及设备房屋环境监控、综合网络管理、设备防雷及接地、运行环境等技术要求。

主要修订内容：

1. 增加长途光缆纤芯预留、重要节点双径路引入，以及光电缆雷电防护、光缆监测等内容。

2. 增加SDH中继距离计算、以太网业务组网、网管及OTN系统设计等内容。

3. 增加无源光网络（PON），修改接入网提供的业务类型及接口。

4. 补充基于IP技术的电话交换网内容。

5. 增加与GSM-R系统联网以及调度交换机容灾备份内容，修改调度交换机、调度分机的设置要求。

6. 补充 GSM-R 系统设计原则，具体内容引用《铁路数字移动通信系统 GSM-R）设计规范》TB 10088。

7. 补充按骨干网络和区域网络分层组网的内容，规定路由协议及路由策略、自治域号及 IP 地址分配、网络管理、网络安全、服务质量等要求。

8. 规定 IP 制式电报系统的设计要求。

9. 增加 MCU 容灾备份、会场设备设置等内容。

10. 规定应急通信现场设备的分类配置要求，增加隧道应急电话等内容。

11. 提出重要节点电源设备冗余设置的要求，补充不间断电源（UPS）设计内容，增加电源设备容量计算方法、导线规格选择原则以及二次下电等要求。

12. 增加信号传输线浪涌保护器（SPD）设置、等电位连接以及通信设备接入综合接地系统等内容。

13. 规定监控对象、监控内容以及传感器设置等要求。

14. 增加外供电源、通信设备房屋技术要求等内容，并提出通信设备房屋的分类原则。

（六）解决的问题及预期效果

1. 解决的问题

（1）强调行业共性要求，根据不同类型、不同等级、不同运输企业的业务需求，综合考虑技术经济性，合理规定通信系统设置标准和设备配置要求。

（2）把通信系统的通用性与铁路的专业性相结合，把建设铁路专用通信网与充分利用公共通信网资源相结合。提出充分利用公众移动通信、因特网等通信手段，做到“互为备份、平战结合”，在满足铁路应急通信需求的同时，避免重复建设，提高了经济合理性。

（3）通过规定根据防雷等级分类、分区及分级设计的内容，优化防雷设备的设置要求，节约工程投资，杜绝浪涌保护器滥用。

（4）根据设备维修管界、应急通信响应时间及交通条件等因素，提出分类配置 A、B、C 类应急通信现场设备的原则，优化应急通信现场设备的配置要求。

（5）优化了车站调度交换机的设置，提出了“当用户数量较少时，可不设置车站调度交换机，值班台、调度分机等可接入邻近的车站调度交换机”，减少了工程投资，为既有线 GSM-R 系统改造提供了有力指导。

（6）合理确定接地电阻值。防雷接地最重要的是“等电位连接”，盲目降低接地电阻代价高而无意义。对原规范的接地电阻阻值要求进行优化，做到因地制宜，注重实效，强调等电位连接的重要性。

（7）提出通信机房分级原则，针对不同等级的机房，差异化规定设备布置、供电方式、电源设备配置等要求，做到“安全可靠、经济合理”。

（8）积极采用综合网管、光缆监测、电源环监、综合视频监控等手段，强调系统间的互联互通，资源共享，提高运输管理效率，降低维护成本。

2. 预期效果

（1）统一了不同类型铁路的通信工程设计标准，吸纳大量新技术应用成果，规范和引导行业技术发展应用，对于指导铁路通信工程设计，提高工程质量和铁路通信装备水平，促进技术创新进步具有重要意义。

（2）标准的编制和应用，为铁路运输提供更高效、可靠的通信服务，为铁路的运营安全提供了安全保障，有力推进中国铁路工程建设的健康发展，满足铁路建设的需求，为中国经济发展做出更大的贡献。

（3）标准中通信系统关键指标的定义与 ITU-T、UIC 等相关国际标准保持一致，为推动“一带一路”倡议的实施和中国铁路“走出去”的发展战略提供了强大的技术支撑。

（七）历史沿革

1. 1999 年，铁道部（铁建设函〔1999〕69 号）发布《铁路通信设计规范》TB 10006—1999。主要修订内容有：删除了架空明线、模拟载波通信和纵横制交换机等内容，增加了光纤通信、数字交换、数字载波通信、卫星通信等内容，并对交换中心的级别作了调整。

2. 2005 年，铁道部（铁建设〔2005〕66 号）发布《铁路运输通信设计规范》TB 10006—2005。主要修订内容有：增加传输及接入网、通信线路等传输通道，铁路电话交换网的网络结构、编号规定及中继方式，数字调度通信的构成，采用自动电话或专线方式解决区段专用通信，站场通信、铁路数据通信、电报，应急通信的网络结构和设备配置，会议电视（电话）的构成及传送方式、铁路运输通信电源及通信设备接地，交流电气化铁路对通信电缆线路的影响及防护，通信房屋、引入配套设备等内容。

3. 2016 年，国家铁路局（国铁科法〔2016〕46 号）发布《铁路通信设计规范》TB 10006—2016，为现行版本。

十七、《铁路信号设计规范》TB 10007—2017

（一）编制背景

随着铁路信号技术的快速发展，既有线提速以及高速铁路、城际铁路、重载铁路、客货共线铁路等各等级铁路的大量建设，联锁、闭塞、列车运行控制、调度指挥以及信号集中监测采用的新技术在铁路建设中广泛运用。为确保铁路信号设计标准的科学性、时效性，正确指导铁路信号工程设计，根据构建铁路工程建设标准体系的要求，组织北京全路通信信号研究设计院集团有限公司等单位开展《铁路信号设计规范》全面修订工作。

2006 年版规范仅适用于时速 160 km 及以下铁路信号工程的设计，有必要对其进行修订，扩大适用范围，以适应新形势下的设计需求。十几年来，我国高速铁路建设取得了举世瞩目的成就，信号工程设计取得一系列科研成果、积累了大量实践经验，为修编工作提供了技术支撑。

《铁路信号设计规范》是铁路工程建设标准体系的重要组成部分。统一高速铁路、城际铁路、重载铁路、客货共线铁路等不同速度等级、不同运输性质铁路的信号设计要求，吸纳相关科研成果和国内外技术标准，借鉴我国铁路工程建设及运营实践经验，补充完善 ZPW-2000 系列轨道电路、计算机联锁、列控运行控制系统、信号集中监测、无线调车机车信号和监控等系统设计标准，修改信号机构、灯光配置以及无线闭塞中心（RBC）计算公式等技术内容；优化各信号子系统间的关系，强化接口设计，更好地适应铁路信号工程设计，符合铁路建设形势，满足铁路发展需要。

（二）编制目的

1. 贯彻新发展理念，强化铁路信号工程安全设计要求，提升整体安全性能，统一设计标准、保证设计质量。

2. 总结最新信号工程建设、运营实践经验，为信号专业专用标准和施工验收标准的编制或修订提供依据，保证规范的时效性、完整性，满足设计需要。

3. 调整不适应信号工程设计的内容，满足高速铁路、城际铁路、重载铁路、客货共线铁路等不同速度等级、不同运输性质铁路设计需要。

4. 把握先进性与成熟性的关系，将成熟且广泛应用的信号新技术以及新设备、新材料等内容纳入规范。

（三）编制原则

1. 安全可靠、经济适用。贯彻铁路信号“故障—安全”原则，准确把握先进性与成熟性的关系，将成熟且广泛应用的信号技术纳入编制内容。

2. 技术先进、全面覆盖。借鉴国际相关标准，补充新设备、新材料等内容，涵盖信号设计全部内容，适用于不同设计速度、不同等级、不同运输性质、不同运营管理模式。

3. 完善体系、系统集成。补充信号标志、轨道电路、计算机联锁、列车运行控制、信号集中监测、无线调车机车信号和监控、道岔融雪装置等设计内容，充分吸纳建设工程项目在“四电系统集成”方面成熟的技术成果。

4. 界面清晰、减少重复。处理好与相关标准之间的关系，纳入产品标准中工程设计有关内容，其他工程建设标准中已有的内容不再重复描述，仅作指向处理。

（四）编制过程

《铁路信号设计规范》编制过程总体上分为五个阶段。

前期准备阶段。开展铁路信号技术基础研究，调研国内外铁路信号技术特点，研究铁路信号“故障—安全”等基础理论，分析中国铁路信号技术发展趋势，全面总结铁路信号工程建设运营实践及工程设计经验，充分借鉴国内外信号技术研究成果。

工作大纲阶段。确定标准的编制原则、适用范围、内容框架、进度计划、工作分工等，形成工作大纲。组织铁路建设管理、勘察设计、运营管理等专家完成技术审查。

征求意见稿阶段。编制完成征求意见稿和条文说明。向铁路建设管理、勘察设计、运营管理等单位广泛征求意见，共收到 13 家单位反馈意见 342 条。组织相关专家完成技术审查。

送审稿阶段。编制完成送审稿条文和条文说明。向铁路建设管理、勘察设计、运营管理等单位广泛征求意见，共收到 15 家单位反馈意见 57 条。组织相关专家完成技术审查。

报批稿阶段。编制完成报批稿条文和条文说明。经审核通过，于 2017 年 1 月 19 日发布，自 2017 年 5 月 1 日起实施。

（五）主要内容

《铁路信号设计规范》是铁路工程建设标准体系中的信号工程设计基础性标准，在系统总结最新铁路信号技术研究成果和建设运营实践经验基础上修编而成,在铁路信号工程设计方面起到了重要的指导作用。

新修订的标准条文共372条,增加15个术语、15个代号和17个缩略语,并增设4个附录。

规范基本构架:

规范共分19章,包括总则、术语和符号、地面固定信号、轨道占用检查装置、道岔转辙装置、联锁、闭塞、列车运行控制、电码化、列车调度指挥及调度集中、信号集中监测、驼峰信号及编组站自动化、道口信号、无线调车机车信号和监控、道岔融雪装置、电源设备、光电缆线路、运行环境、接口设计等,另有4个附录。主要分为五大板块:

第一板块:总则。明确标准编制目的、适用范围,提出涉及行车安全的铁路信号系统及电路设计,必须符合铁路信号"故障—安全"原则和总体要求等内容。

第二板块:术语和符号。规定与信号技术密切相关的术语、代号和缩略词,如轨道区段单元、预先锁闭、接近锁闭、JC码、ATO—列车自动运行系统等。

第三板块:系统设计要求。规定地面固定信号、轨道占用检查装置,道岔转辙装置、联锁、闭塞、列车运行控制、电码化、列车调度指挥及调度集中、信号集中监测、驼峰信号及编组站综合自动化、道口信号、无线调车机车信号和监控、道岔融雪装置等设计内容。

第四板块:支撑和运行环境及设计接口要求。明确电源设备、光电缆线路、运行环境、设计接口等技术要求。

第五版块:附录。规定了信号机、表示器及闭塞分区信号标志牌命名规则,轨道区段及轨道区段单元命名规则,应答器命名及编号规则,以及信号机机构及灯光配置表。

主要修订内容:

1. 新增"术语和符号"章节,规定规范使用的术语、代号和缩略语。

2. 修改信号机构及灯光配置等内容,补充信号标志内容。

3. 增加轨道区段长度要求,补充ZPW-2000系列轨道电路、不对称高压脉冲轨道电路的内容,修改计轴轨道占用检查装置的内容。

4. 补充计算机联锁设计要求,修改闭塞设计的相关内容。

5. 规定CTCS-2级、CTCS-3级的工程设计要求,补充CTCS-2级、CTCS-3级的发码设计要求。

6. 补充信号集中监测的内容。

7. 补充站内道口信号的设计内容，规定道口信号的设计原则以及铁路方向、道路方向的信号设计要求。

8. 规定无线调车机车信号和监控系统的设计内容。

9. 规定道岔融雪装置的设计内容。

10. 规定信号系统电源设备的设计原则，提出信号电源屏、UPS、蓄电池、断路器等方面的设计要求。

11. 规定信号系统设备光电缆线路的基本设计原则，提出光缆的选型、敷设、防护、引入、成端以及芯线设计等方面的要求。

12. 规定外部电源，信号生产房屋，干扰防护、雷电防护及接地等相关内容。

13. 规定信号专业与其他相关专业接口设计要求。

14. 规定各种信号机、表示器以及闭塞分区信号标志牌的命名规则。

15. 规定轨道区段和轨道区段单元的命名规则，规定应答器的命名及编号规则。

（六）历史沿革

1. 1955 年，为满足铁路信号工程建设需要，铁道部发布中华人民共和国《铁路信号规则》，规定了信号、固定信号、移动信号、手信号、信号表示器及信号标志、调车信号、列车信号、听觉信号、警报信号机特殊表示器等内容；对信号从业人员包括信号工程设计人员提出了相关要求。

2. 1965 年，铁道部发布《铁路信号维修规则》[（65）铁工电技字第 1486 号]，规定了设备维修，检查、鉴定，信号故障，管理，维修技术标准等内容；1971 年，交通部发布《铁路信号维护规则（草案）》[（71）交电字 1520 号]，规定了整治、检修，大修，安全，管理，技术标准等内容。上述文件对信号工程设计有很好的指导意义。

3. 1974 年，铁道部发布《铁路工程技术规范　第八篇：信号》（（1974）交铁基字 2960 号），规定了地面固定信号、轨道电路、转辙装置、闭塞设备、站内联锁设备、驼峰信号设备、调度集中及车站遥控设备、机车自动信号、道口自动信号、电线路、供电等容。规范是首次直接面向铁路信号工程设计人员的标准性文件。

4. 1985 年，铁道部在《铁路工程技术规范　第八篇：信号》的基础上，组织编制并发布《铁路信号设计规范》TBJ 7—85（（85）铁基字 925 号），规定了地面固定信号、轨道电路、转辙装置、闭塞设备、站内联锁、驼峰信号、遥控与遥信设备、机车信号、道口信号、电线路、供电、交流电力牵引区段对信号设备的影响与防护等内容。

5. 1999 年，铁道部（铁建设函〔1999〕69 号）发布《铁路信号设计规范》TB 10007—1999，规定了地面固定信号、轨道检查装置、转辙装置、区间闭塞、站内联锁、驼峰信号、遥控与遥信、机车信号与列车超速防护、区间道口信号、电线路、供电、交流电力牵引区段对信号设备的影响与防护等内容。

6. 2006 年，铁道部（铁建设〔2006〕48 号）发布《铁路信号设计规范》TB 10007—2006，规定了地面固定信号、轨道检查装置、转辙装置、区间闭塞、站内联锁、驼峰信号、运输调度指挥、机车信号与列车超速防护、区间道口信号、传输线路、供电、交流电力牵引区段对信号设备的影响与防护、防雷与接地、房屋及其他等内容。

7. 2017 年，国家铁路局（国铁科法〔2017〕11 号）发布《铁路信号设计规范》TB 10007—2017，为现行版本。

第二节　施工类标准

十八、《铁路工程基本作业施工安全技术规程》TB 10301—2020

（一）编制背景

《铁路工程基本作业施工安全技术规程》是铁路行业工程建设标准中施工类的重要标准，是服务铁路工程建设、强化施工安全管控的专业标准。上一版规程自 2009 年颁布以来，部分内容与后期发布或修订的法律法规、相关标准不能实现相应的匹配或衔接，与目前工程实际不同步，与其他专业安全技术规程要求不协调，有必要对规程进行一次全面系统的修订。

为统一铁路工程施工安全技术要求，规范铁路工程施工安全管理和施工作业行为，保障施工过程中人身、设备、设施及行车安全，根据《国家铁路局 2016 年铁路工程建设标准编制计划》（国铁科法函〔2016〕29 号），组织中铁十一局集团有限公司等单位开展《铁路工程基本作业施工安全技术规程》全面修订工作。

适应铁路技术标准发展面临的新形势新要求，侧重于工程施工基本作业的基础性和通用性安全技术要求。明确工程建设、勘察设计、施工监理等各方工作内容与职责，分析施工作业各步骤、各环节的安全要点，突出各阶段特点和差异性，有效提高标准的针对性和实用性。

（二）编制目的

1. 贯彻“安全第一，预防为主，综合治理”的安全生产方针，体现以人为本、安全发展理念，强化安全基础，提供安全保障，促进经济社会高质量发展。

2. 系统总结近年来铁路工程施工安全事故教训，深入分析事故的基本情况、发生过程、问题根源，查找事故隐患、风险点和普遍存在的共性问题，提出有效的防范措施。

3. 满足铁路建设发展和科技进步需要，完善与新技术、新材料、新工艺、新设备相关的安全技术要求。兼顾系统性和完整性，细化技术措施、作业要求，提高严谨性和可操作性。

4. 有效规范施工安全管理和施工作业行为，按管理层、技术层、作业层三个层次，规定工程建设、勘察设计、施工监理等建设各方工作内容与职责，统一铁路工程施工安全技术要求。

（三）编制原则

1. 政策引导、依法合规。贯彻落实国家有关法律、法规和规章对安全生产工作的要求，体现以人为本、安全发展的理念。

2. 抓住关键、明确要求。梳理铁路工程施工阶段的安全控制要点和关键环节，明确施工安全管理、施工安全技术和施工安全作业要求。

3. 问题导向、有效防范。总结近年来铁路工程施工安全事故教训，深入调研事故的基本情况、发生过程、问题根源，查找事故隐患、风险点和普遍存在的共性问题，提出有效的防范措施。

4. 突出重点、便于操作。重点提出铁路工程施工中的基础性和通用性安全技术要求，突出铁路工程各主要专业安全作业共性内容，体现了全面性、针对性和可操作性。

5. 适应发展、推陈出新。适应铁路工程技术发展和科技进步需要，完善与新工艺、新技术、新材料、新设备相关的安全技术要求，淘汰落后技术和工艺内容。

（四）编制过程

《铁路工程基本作业施工安全技术规程》编制过程总体上分为五个阶段。

前期准备阶段。为抓住关键问题，突出重点内容，提高编制质量，开展专题调研工作，了解建设项目现场存在问题，分析典型事故案例资料，总结铁路工程安全生产管理经验，借鉴发达国家在安全生产管理方面的先进理念和方法。

工作大纲阶段。确定标准编制原则、适用范围、内容框架、进度计划、工作分工等，组织铁路建设管理、勘察设计、施工建造、工程监理、运营管理等单位多位权威专家完成技术审查。

征求意见稿阶段。编制完成征求意见稿条文和条文说明，向铁路建设管理、勘察设计、施工建造、工程监理、运营管理、科研院所等 24 家单位广泛征求意见，共收到反馈意见 18 条。组织相关单位多位权威专家完成技术审查。

送审稿阶段。编制完成送审稿条文和条文说明，向铁路建设管理、勘察设计、施工建造、工程监理、运营管理、科研院所、政府部门等 34 家单位广泛征求意见，共收到反馈意见 24 条，组织相关单位多位权威专家完成技术审查。

报批稿阶段。编制完成报批稿条文和条文说明，经审核通过，于 2020 年 2 月 13 日发布，自 2020 年 5 月 1 日起实施。

（五）主要内容

《铁路工程基本作业施工安全技术规程》作为铁路行业工程建设施工类的重要标准，是在系统总结铁路工程安全生产管理经验，全面分析建设项目现场存在问题和典型事故案例，充分借鉴国内外先进理念和方法的基础上修订而成。原规程条文共 514 条，新修订的规程条文共 583 条，其中原规程保留 352 条、修改 72 条、增加 159 条、删除 90 条，规程条文修订情况统计如图 3-28 所示。

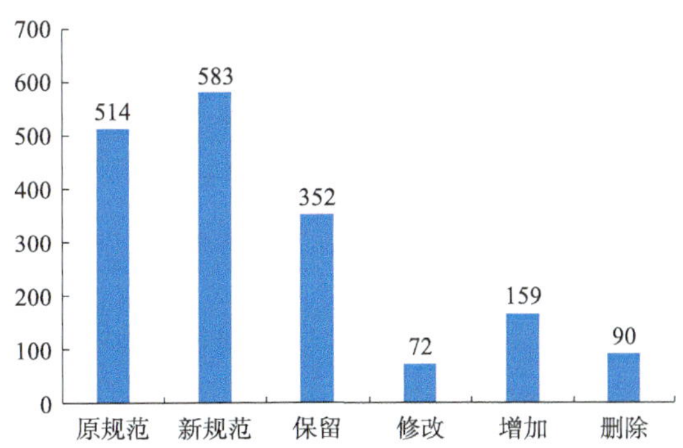

图 3-28　规程条文修订情况统计

规程基本构架：

规程共分 19 章，包括总则，术语，基本规定，材料存储、运输与使用，施工机械，特种设备，施工用电，施工消防，混凝土与砌体工程，高处作业，起重吊装作业，爆破作业，拆除作业，特殊环境作业，季节性与特殊天气施工，高原、多年冻土地区施工，临时工程与过渡工程，营业线及邻近营业线施工，职业安全卫生等。主要分为四大板块：

第一板块:总则。明确编制目的、适用范围,提出施工安全管理、施工安全技术、施工安全作业的管理与控制要求,规定建设各方设置安全管理机构,配备安全管理人员,制定安全生产规章制度,落实安全生产责任等内容。

第二板块:术语。规定与铁路工程施工作业密切相关的术语,如专项施工方案、营业线施工、邻近营业线施工、危险源、安全技术交底、安全防护设施、交叉作业、高处作业等。

第三板块:基本规定。明确建设各方应做好安全管理和安全技术工作,提出施工安全管理、施工安全技术、施工安全作业、施工安全培训等方面的共性要求。

第四板块:施工安全具体规定。明确施工机械、特种设备、施工用电、混凝土与砌体工程、高处作业(图 3-29)、起重吊装作业、爆破作业、拆除作业、特殊环境作业、临时工程与过渡工程、营业线及邻近营业线施工(图 3-30)、职业安全卫生等安全技术要求。

图 3-29　高处作业的安全措施

图 3-30　邻近营业线施工设置防护人员

主要修订内容:

1. 贯彻近年来国家有关法律法规、规章和技术标准等对安全生产的新要求。

2. 规定铁路工程施工中安全管理、安全技术和现场安全作业的基本要求。

3. 明确安全技术交底、临边作业和悬空作业等术语的定义。

4. 增加各类施工作业关于危险源、危险因素辨识评估的内容。

5. 增加运输工具、加工机械、特种设备在管理和使用过程中的安全要求和应采取的技术措施。

6. 规定有关爆破器材储存库、爆破器材管理、爆破作业的安全要求。

7. 增加临时给排水设施、施工机具用电、电梯、夜间环境作业、有限空间作业、特殊天气施工的有关内容。

8. 增加营业线施工和邻近营业线施工的安全技术要求。

9. 删除房屋建筑及其他工程、静态验收和联调联试等章节。

（六）历史沿革

1. 1987 年，铁道部（铁基〔1987〕240 号）发布《铁路轨道施工技术安全规则》TBJ 401—1987、《铁路路基施工技术安全规则》TBJ 402—1987、《铁路桥涵施工技术安全规则》TBJ 403—1987、《铁路隧道施工技术安全规则》TBJ 404—1987、《铁路通信施工技术安全规则》TBJ 405—1987、《铁路信号施工技术安全规则》TBJ 406—1987、《铁路电力施工技术安全规则》TBJ 407—1987、《铁路电力牵引供电施工技术安全规则》TBJ 408—1987、《铁路给水排水施工技术安全规则》TBJ 409—1987、《铁路房屋建筑施工技术安全规则》TBJ 410—1987、《铁路临时工程附属辅助生产工程施工技术安全规则》TBJ 411—1987、《铁路行车线上施工技术安全规则》TBJ 412—1987 等安全规则。

2. 2003 年，铁道部（铁建设函〔2003〕99 号）发布《铁路工程施工安全技术规程（上册）》TB 10401.1—2003、《铁路工程施工安全技术规程（下册）》TB 10401.2—2003。

3. 2009 年，铁道部（铁建设〔2009〕181 号）发布《铁路工程基本作业施工安全技术规程》TB 10301—2009。

4. 2020 年，国家铁路局（国铁科法〔2020〕6 号）发布《铁路工程基本作业施工安全技术规程》TB 10301—2020，为现行版本。

十九、《铁路路基工程施工安全技术规程》TB 10302—2020

（一）编制背景

《铁路路基工程施工安全技术规程》是铁路工程施工安全系列技术规程之

一，在全面梳理路基工程施工安全控制要点和关键环节、分析总结近年来路基工程施工安全事故教训的基础上，提出的施工安全技术要求。

为加强铁路行业安全生产意识，预防和减少生产安全事故，保障人民群众生命财产安全，发挥重要安全标准支撑作用，进一步统一铁路路基工程施工安全技术要求，根据《国家铁路局 2016 年铁路工程建设标准编制计划》（国铁科法函〔2016〕29 号）要求，组织中铁十二局集团有限公司等单位开展《铁路路基工程施工安全技术规程》全面修订工作。

《铁路路基工程施工安全技术规程》TB 10302—2009 自发布实施以来，对控制施工中不安全行为和状态，预防事故的发生发挥了重要作用。随着安全管理理念的不断发展，铁路路基工程施工安全管理形式发生重大变化，在规程的执行过程中存在诸多问题：安规与法律法规的协调配套，局部架构、内容有待优化，新技术、新方法等内容涵盖不足，安全防护要求不具体或不便实施，“施工作业安全检查表”的执行有待优化。结合国家安全生产相关要求及变化情况，充分吸纳近年来铁路工程安全管理的实践经验，系统调研路基工程施工安全生产的建设成果，借鉴国内外先进理念和方法，为启动《铁路路基工程施工安全技术规程》修订工作提供了必要条件。

从依法合规、预防为主、体现发展的原则着手，坚持安全第一、预防为主、综合治理方针，明确作业通用安全要求和设备设施管理要求，突出以人为本和运营安全；提倡工厂化、专业化生产和信息化管理，强化文明施工和环保理念；系统规定铁路路基工程危险性较大、重大的工程作业项目内容，明确施工安全风险控制关键点，为保障铁路工程建设及铁路运输安全提供重要技术支撑。路基施工作业如图 3-31 所示。

图 3-31　路基施工作业

（二）编制目的

1. 贯彻“安全第一，预防为主，综合治理”的安全生产方针，体现以人为本、安全发展理念，统一铁路路基工程施工安全技术要求，规范安全管理和施工作业安全行为，保障人身及行车安全。

2. 系统分析铁路路基工程施工安全管理现状，全面总结铁路路基工程施工现场实践经验，满足铁路路基工程施工安全生产需要，提出覆盖全面的路基施工安全技术要求。

3. 解决影响铁路路基工程施工安全的突出问题，贯彻落实现行安全生产法律法规，全面对接管理规章，与相关标准、规范协调统一，进一步明确安全管理和施工作业行为。

（三）编制原则

1. 依法合规、安全第一。遵循安全生产法和铁路安全管理条例等安全生产法律法规，贯彻“安全第一，预防为主，综合治理”的安全生产方针，适应社会发展要求和科技进步水平。

2. 问题导向、全面优化。梳理路基工程施工阶段安全控制要点和关键环节，总结施工安全事故教训，着力解决规程与现行法律法规适应性问题，纳入路基工程“四新”安全技术要求。

3. 系统分析、统一标准。系统分析铁路路基工程施工安全管理现状，全面总结铁路路基工程施工现场实践经验，充分借鉴国内外相关标准，统一铁路路基工程施工安全技术要求。

4. 协调配套、覆盖全面。适应现行法律、法规和安全生产新要求，与相关标准协调配套，覆盖路基工程四新技术发展和四化施工新内容，为保障铁路工程建设及铁路运输安全提供重要技术支撑。

（四）编制过程

《铁路路基工程施工安全技术规程》编制过程总体上分为五个阶段，历时5年：

前期准备阶段。开展相关国家安全生产有关要求变化情况、相关行业标准的内容组成情况的调研，分析原标准实施情况及存在问题，召开规程编制工作研讨会，全面总结近年来施工安全事故教训、查找安全隐患、风险点和共性问题。

工作大纲阶段。确定标准编制原则、适用范围、内容框架、进度计划、工作分工等，组织建设、设计、施工、运营及科研单位等领域权威专家开展技术审查。

征求意见稿阶段。编制完成征求意见稿条文和条文说明，向勘察设计、施工建造、科研院所、运营维护、建设管理等单位征求意见，共收到 13 家单位 203 条，组织建设、设计、施工、运营及科研单位等领域权威专家开展技术审查。

送审稿阶段。编制完成送审稿条文和条文说明，向勘察设计、施工建造、科研院所、运营维护、建设管理、政府部门等单位征求意见，共收到 11 家单位 142 条，组织建设、设计、施工、运营及科研单位等领域权威专家开展技术审查。

报批稿阶段。编制完成报批稿条文和条文说明，经审核 2019 年 4 月 18 日发布，自 2019 年 8 月 1 日起实施。

（五）主要内容

《铁路路基工程施工安全技术规程》是铁路工程建设施工安全类重要的行业标准，是在系统总结铁路路基工程施工安全管理现状和施工现场实践经验的基础上修订而成。原规程条文共 356 条，新修订的规程条文共 642 条，其中原规程保留 65 条、修改 258 条、增加 345 条、删除 36 条，规程条文修订情况统计如图 3-32 所示。

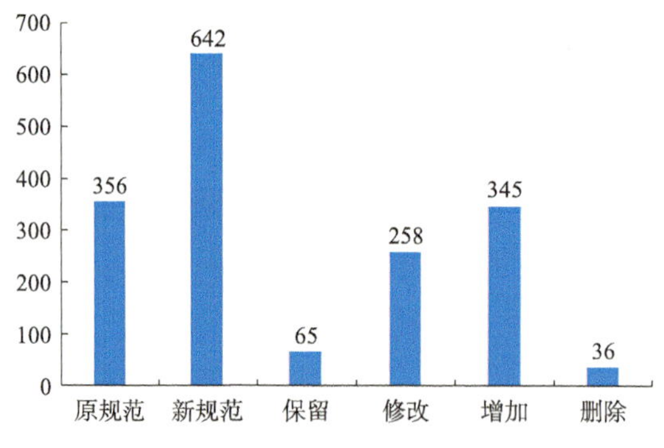

图 3-32　规程条文修订情况统计

规程基本构架：

规程共分 13 章，包括总则、术语、基本规定、地基处理工程、填料制备、路基填筑工程、路堑开挖工程、特殊路基工程、支挡工程、边坡防护工程、防排水工程、相关工程、营业线及邻近营业线路基工程等，另有 1 个附录。主要分为四大板块：

第一板块：总则。明确编制目的、适用范围，吸纳近年来国家安全生产法律、法规和相关行业技术标准等对铁路路基施工安全生产工作的新要求，强调以人为本、安全发展理念和施工安全技术要求的统一，并对专项施工方案的制定、应急救援预案的实施、联调联试的运行等作出规定。

第二板块:术语。规定与铁路路基工程施工安全技术密切相关的术语,如安全风险管理、专项施工方案、应急预案等内容。

第三板块:基本规定。规定安全生产标准化建设和安全风险管理、专项施工方案编制和营业线及邻近营业线设计施工方案及施工计划管理,高风险工点建立安全监测及预警信息管理系统实施视频监控、设计安全技术交底和重大复杂及高风险工程安全技术交底程序、交叉工程施工会同设备管理单位共同现场调查和确认协调机制等内容。

第四板块:施工安全具体规定。针对地基加固、填料制备、路基填筑工程、路堑开挖工程、特殊路基工程、支挡工程、预应力锚索、边坡防护工程、防排水工程、相关工程、营业线及邻近营业线路基工程等具体路基工程施工安全技术做出规定。

主要技术内容:

1. 贯彻国家有关法律、法规、规章和技术标准等对安全生产工作的新要求。

2. 强调应急预案的培训、演练效果和衔接机制及地质核对工作的落实。

3. 明确安全风险管理要求、专项施工方案编制和审批及通用性安全技术要求。

4. 增加安全生产工作相关术语和路基工程专业术语。

5. 丰富了垫层,桩—网、桩—筏和桩板结构,注浆及充填,螺杆(纹)桩,布袋注浆桩,静力压桩,旋挖钻机作业等安全技术内容。

6. 增加填料生产加工、存储、装运和卸料安全技术内容。

7. 细化过渡段及锥体填筑、堆载预压、取土施工环境保护及水土保持内容。

8. 明确土方和石方机械开挖、爆破开挖安全技术要求。

9. 增加冻土地区、浸水地段及水库地段路基和特殊土、特殊环境路基的安全技术要求。

10. 补充路基支挡工程和边坡防护工程内容及相关安全技术要求。

11. 细化防排水工程和相关工程的施工安全技术要求。

12. 补充营业线及邻近营业线路基工程站场改造路基施工安全技术要求。

13. 取消作业示意图,优化调整施工作业安全检查表。

(六)解决的问题及预期效果

1. 解决的问题

(1)和现行的法律、法规、规程不协调、不配套的问题。

（2）四新技术发展和四化施工的新内容涵盖不足的问题。

（3）部分安全防护措施存在要求不具体或不便实施的问题。

（4）原规程中的"施工作业安全检查表"存在执行不便的问题。

为了切实解决上述问题，把安全防护工作落实到位，保障铁路路基施工的安全与质量，保障人民生命、财产安全和公共安全，促进新技术新方法的平稳落地实施。规程引入铁路路基工程施工主要危险源、危险因素辨识评估，制定了路基施工作业安全检查表，针对铁路工程施工新技术、新材料、新工艺、新设备补充相关安全技术要求，理顺标准架构，体现标准的先进性、协调性，做到和现行相关法律、法规、规程协调一致。

2. 预期效果

与工业化、专业化生产相结合，提高现场的可操作性和适用性。强调安全生产标准化建设，突出风险预控和应急救援机制。突出以人为本和运营安全，补充安全防护设备设施的管理要求。提倡四新技术和信息化管理的应用，强化文明施工和环保理念，优化简化工作程序，强调规程的实操性。规程的发布实施对强化铁路路基施工安全生产具有深远的意义，既符合国家发展的战略目标，又具有全面、长远的社会效益及经济效益。

（七）历史沿革

1. 1987 年，铁道部（铁基〔1987〕240 号）发布《铁路路基施工技术安全规则》（TB J402—1987），自 1987 年 10 月 1 日起实施。

2. 2003 年，铁道部（铁建设函〔2003〕99 号）发布《铁路工程施工安全技术规程（上册）》（TB 10401. 1—2003）、《铁路工程施工安全技术规程（下册）》（TB 10401. 2—2003），自 2003 年 6 月 1 日起实施。

3. 2009 年，铁道部（铁建设〔2009〕181 号）发布《铁路路基工程施工安全技术规程》TB 10302—2009，自 2009 年 9 月 24 日起实施。

4. 2020 年，国家铁路局（国铁科法〔2020〕6 号）发布《铁路路基工程施工安全技术规程》TB 10302—2020，自 2020 年 5 月 1 日起实施，为现行版本。

二十、《铁路桥涵工程施工安全技术规程》TB 10303—2020

（一）编制背景

《铁路桥涵工程施工安全技术规程》是铁路工程施工安全系列技术规程之一，自 2009 年发布实施以来，在铁路桥涵工程施工的技术方案、专项施工方案编制审核、技术交底、教育培训等方面发挥了规范引领作用，对施工安全起到了十分重要的指导和约束作用。随着铁路建设不断发展，铁路工程建设安全管理形势与需要发生变化，在执行过程中存在危险源辨识及图表内容不够全面、术语解释欠缺、少部分内容叙述不够明了和严谨、特种设备特种作业人员要求指导性不强等方面的问题。2014 年修订的《安全生产法》把“推进安全生产标准化建设”与“建立、健全安全生产责任制和安全生产规章制度，改善安全生产条件”并列为“提高安全生产水平，确保安全生产”的重要保障。为落实新《安全生产法》的规定，迫切需要全面修订《铁路桥涵工程施工安全技术规程》。

按照贯彻落实“安全第一、预防为主、综合治理”的安全生产方针，体现以人为本、安全发展理念，统一铁路桥涵工程施工安全技术要求，规范施工安全管理和施工作业行为，保障人身、设备、设施及行车安全，组织中铁三局集团有限公司等单位开展《铁路桥涵工程施工安全技术规程》全面修订工作。

修订过程中，贯彻国家、相关行业有关安全生产、安全标准化、特种设备、打非治违、绿色施工、重大危险源管理等方面的规定，面向作业一线技术人员和安全管理人员，体现桥涵工程特点，强化技术规范的完备性和指导性，为铁路桥涵工程施工安全提供保障。

（二）编制目的

1. 规范施工管理。贯彻国家有关法律、法规、规章和标准规范对安全生产工作的新要求，体现以人为本、安全发展的理念，规范桥涵施工安全管理和施工作业行为。

2. 提出防范措施。针对近年来铁路桥涵施工发生安全事故的工作内容开展调研，深入了解事故基本情况、发生过程、事故原因，提出有效防范措施。

3. 明确施工作业要求。针对铁路建设项目施工阶段的安全控制重要环节，按照强制性标准要求，明确施工安全管理、施工安全技术和施工安全作业要求。

（三）编制原则

1. 政策引导、依法合规。贯彻落实国家有关法律、法规和规章对安全生产工作的要求，明确安全管理、施工安全技术和施工安全作业要求。

2. 问题导向、推陈出新。针对铁路施工发生安全事故开展调研，深入了解事故基本情况、发生过程、事故原因，提出有效防范措施，推动新工艺、新技术、新材料、新设备的应用。

3. 抓住关键、有效防范。总结铁路桥涵工程施工安全管理经验，调研施工现场安全管理现状，借鉴相关行业安全施工经验，明确施工阶段安全控制要求。

4. 协调配套、便于操作。与全套施工安全技术规程协调配套，按照同步发布、同步实施、编制过程中与各标准之间协调一致。达到标准内容系统完整，针对性和操作性强的效果。

（四）编制过程

《铁路桥涵工程施工安全技术规程》编制过程总体上分为五个阶段。

前期准备阶段。开展铁路桥涵施工安全技术基础研究，调研施工安全事故，分析问题产生的根本原因，全面总结我国铁路桥涵建设运营实践经验，提出预防措施。

工作大纲阶段。确定标准编制原则、适用范围、内容框架、进度计划、工作分工等，组织建设管理、勘察设计、施工建造、运营管理、科研院所等单位权威专家完成技术审查。

征求意见稿阶段。编制完成征求意见稿条文和条文说明，向勘察设计、施工建造、科研院所、运营维护、建设管理等 26 家单位征求意见，共收到意见 70 条，组织建设管理、勘察设计、施工建造、运营管理、科研院所等单位权威专家完成技术审查。

送审稿阶段。编制完成送审稿条文和条文说明，向铁路总公司建设部、经规院、国家能源集团、中国中铁、中国铁建、中国通号、中交集团、中建总公司、中国电建办公厅（室）、各设计院及国家铁路局各部门单位征求意见，共收到意见 40 条，组织建设管理、勘察设计、施工建造、运营管理、科研院所等单位权威专家完成技术审查。

报批稿阶段。编制完成报批稿条文和条文说明，经审核通过，于 2020 年 2 月 13 日发布，自 2020 年 5 月 1 日起实施。

（五）主要内容

《铁路桥涵工程施工安全技术规程》是铁路桥涵工程建设施工类重要标准，是在系统总结铁路桥涵工程安全生产管理经验，全面分析建设项目现场存在问题和典型事故案例，充分借鉴国内外先进理念和方法基础上编制而成的。原规程条文共 686 条，新修订的规程条文共 789 条，其中保留 285 条、修改 300 条、增加 204 条、删除 98 条，规程条文修订情况统计如图 3-33 所示。

规程共分 17 章，包括总则、术语、基本规定、地基与基础、墩台、预应力混凝土简支箱梁预制及运架、预应力混凝土简支 T 梁预制及运架、预应力混凝土简支梁

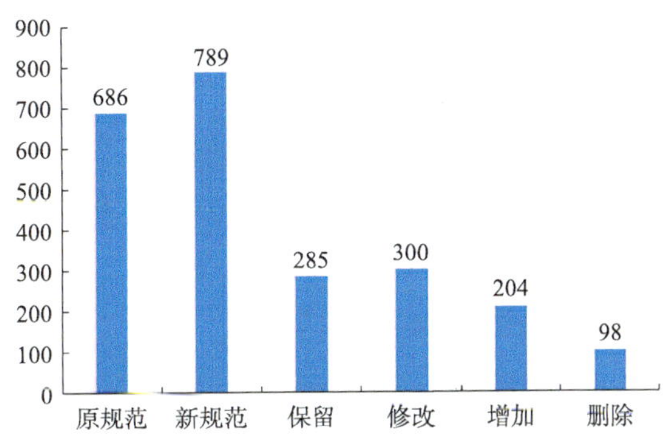

图 3-33 规程条文修订情况统计

桥位制梁、预应力混凝土连续梁（刚构）、支座安装、钢梁架设、拱桥、斜拉桥、涵洞、桥面系及附属工程、水上及跨越道路施工、营业线桥涵施工等。主要分为四大板块：

第一板块：总则。明确规程编制目的、适用范围，提出施工安全管理、施工安全技术、施工安全作业管理与控制要求，明确制定安全生产规章制度，落实安全生产责任要求等内容。

第二板块：术语。规定与桥涵工程施工技术密切相关的术语和符号，如专项施工方案、营业线施工、临近营业线施工、自轮运转特种设备、混凝土连续梁顶推、高处作业爬梯等。

第三板块：基本规定。明确建设各方施工安全责任，制定施工安全措施、加强施工安全管理、规范现场作业，规定建设各方设置安全管理机构、危险源识别和管理、开工前安全讲话和安全管理检查内容等要求。

第四板块：施工安全具体规定。提出地基与基础、墩台、预应力混凝土简支箱梁预制及运架、预应力混凝土简支 T 梁预制及运架、预应力混凝土简支梁桥位制梁、预应力混凝土连续梁（刚构）、支座安装、钢梁架设、拱桥、斜拉桥、涵洞、桥面系及附属工程、水上及跨越道路施工、营业线桥涵施工等施工安全技术要求。

主要修订内容：

1. 落实近年来安全生产法律、法规、规章和标准对铁路桥涵工程施工安全的新要求。

2. 明确专项施工方案编制范围和要求。

3. 优化施工作业安全检查内容及相关表格。

4. 引入铁路桥涵工程施工重大危险源施工条件验收要求。

5. 补充完善预应力混凝土连续梁(刚构)施工安全管理和安全技术的相关内容。

6. 增加架桥机等大型起重吊装设备安全监控系统的安装使用要求。

7. 增加桥涵地基、预应力混凝土简支箱梁运架一体作业和节段梁制运安装的内容。

8. 增加施工爬梯、高处作业吊篮和工程线施工的内容。

9. 增加斜拉扣挂法悬拼钢管(箱)拱肋、劲性骨架拱桥施工安全的相关规定。

10. 细化悬臂拼装钢桁架拱桥过程中架梁吊机操作的安全要求。

11. 优化桥梁转体施工中混凝土连续梁有平衡重平转和拱桥竖转、无平衡重平转的有关内容。

12. 增加斜拉桥施工安全管理和安全技术的相关内容。

13. 细化水上及跨越道路施工内容。

14. 完善营业线桥涵施工内容,补充下穿铁路桥梁技术和管理要求。

(六)解决的问题及预期效果

1. 解决的问题

解决《铁路桥涵工程施工安全技术规程》TB 10303—2009 部分内容与近年来发布或修订的法律法规、相关标准的匹配、衔接问题,同时内容与目前工程实际不同步、与其他专业安全技术规程要求不协调等问题。

2. 预期效果

(1)贯彻落实《安全生产法》《铁路安全管理条例》和《建筑施工企业安全生产管理规范》GB 50656—2011 等要求。参照《职业健康安全管理体系要求》GB/T 28001—2011、《企业安全生产标准化管理规范》GB/T 33000—2016,各章节增加关于主要危险源、危险因素辨识的内容,针对不同的施工内容制定了相应的安全检查表,提出了具体要求,提高了标准的针对性和可操作性。

(2)补充完善技术要求,提高规程指导性。坚持以人为本、安全发展理念,对安全生产工作提出新要求。增加基坑开挖、支护和降排水、人工挖孔桩(挖井)、脚手架、高处作业爬梯等专项施工方案管理、施工安全技术和现场安全作业的要求,补充门式起重机走行轨道基础、水下爆破作业的施工安全技术要求,补充立体交叉作业安全防护的要求。完善与新工艺、新技术、新材料、新设备相关的安全技术要求。

(3)与全套施工安全技术规程协调配套。全套施工安全技术规程按照同步发布、同步实施、配套使用原则编制，编制过程中注意本套标准之间、与相关标准之间的协调一致。

（七）历史沿革

1. 1987年，铁道部（铁基〔1987〕240号）发布《铁路桥涵施工技术安全规则》TBJ 403—1987，自1987年10月1日起实施。

2. 2003年，铁道部（铁建设函〔2003〕99号）发布《铁路工程施工安全技术规程（上册）》TB 10401. 1—2003和《铁路工程施工安全技术规程（下册）》TB 10401. 2—2003，自2003年6月1日起实施。

3. 2009年，铁道部（铁建设〔2009〕181号）发布《铁路桥涵工程施工安全技术规程》TB 10303—2009，自2009年9月24日起实施。

4. 2020年，国家铁路局（国铁科法〔2020〕6号）发布《铁路桥涵工程施工安全技术规程》TB 10303—2020，自2020年5月1日起实施，为现行版本。

二十一、《铁路隧道工程施工安全技术规程》TB 10304—2020

（一）编制背景

铁路工程建设普遍存在工期紧、任务重、流动性强、临时设施多、施工和职业卫生条件较差、作业人员水平参差不齐等特点，安全事故时有发生。因此，如何通过技术规程约束铁路隧道工程建设中的不安全行为，为保障作业安全提供基本遵循显得尤为重要。《铁路隧道工程施工安全技术规程》自2009年颁布已历时多年，部分内容已不能与近年来发布或修订的法律法规、相关标准实现相应的匹配或衔接，并存在与目前工程实际要求不同步、与其他专业安全技术规程不协调等问题，有必要对规程进行一次全面系统修订。

为贯彻“安全第一、预防为主、综合治理”的安全生产方针，体现以人为本、安全发展理念，统一铁路隧道工程施工安全技术要求，规范施工安全管理和施工作业行为，保障人身、设备、设施安全，根据《国家铁路局2016年铁路工程建设标准编制计划》（国铁科法函〔2016〕29号）要求，组织中铁二局集团有限公司等单位开展《铁路隧道工程施工安全技术规程》全面修订工作。

贯彻国家安全生产有关法律法规，总结近年来工程建设经验，修订《铁路隧道工程施工安全技术规程》。规范铁路隧道专业安全管理和作业行为，明确施工现场危险源、危害因素辨识和应急预案编制与演练等方面的内容，对建设各方管理层、技术层和作业层的风险管理、安全管理及施工作业等提出具体要求（图3-34、图3-35）。

图 3-34 成贵铁路玉京山隧道

图 3-35 隧道施工安全警示

（二）编制目的

1. 贯彻新发展理念。聚焦质量安全、防灾救援，加强“四新”技术应用，提高铁路隧道安全管理水平，保障铁路隧道建设安全。

2. 解决突出问题。吸纳隧道建造新技术、生态环保新要求、防灾减灾新成果，突出铁路隧道安全管理的全过程系统性、整体性、协同性和可操作性。

3. 满足创新发展需求。依托隧道领域先进科研成果和成熟运用经验，优化完善相关技术要求，提升规范的实用性和适用性，满足铁路隧道建设发展需要。

4. 促进行业施工质量安全体系建立。建立健全铁路隧道工程施工质量、环境、职业健康安全管理体系，对施工安全管理、施工安全技术、施工安全作业进行管理与控制。

（三）编制原则

1. 政策引导、依法合规。贯彻国家有关法律、法规、规章和标准规范等对安全生产的要求，树立安全发展理念，弘扬生命至上、安全第一的思想，健全安全生产保障体系。

2. 抓住关键、明确要求。注重标准间的统一协调，突出基本施工作业安全的基础性、通用性，不纳入某一专业特有的安全要求，明确技术措施必要前置条件，突出标准的系统性、完整性和可操作性。

3. 覆盖全面、创新驱动。全面总结铁路工程施工安全生产经验，广泛调研工程建设项目现场存在的突出问题，系统分析典型事故案例资料，借鉴国内外先进理念和方法，总结新工艺、新技术、新材料、新设备应用相关安全技术要求。

4. 突出重点、便于操作。针对铁路建设项目施工阶段的安全控制重要环节，明确管理手段，统一施工安全技术要求，规范铁路工程施工安全管理和施工作业行为，强化重点设施、部位和重大危险源管理。

（四）编制过程

《铁路隧道工程施工安全技术规程》编制过程总体上分为五个阶段。

前期准备阶段。开展铁路隧道施工安全相关问题研究，调研现阶段隧道施工技术特点，全面总结隧道施工工艺、管理等方面成果。

工作大纲阶段。确定规程编制原则、适用范围、内容框架、进度计划、工作分工等，组织铁路建设管理、勘察设计、工程监理、施工建造、运营管理等单位多位权威专家完成技术审查。

征求意见稿阶段。编制完成征求意见稿条文和条文说明，向铁路建设管理、勘察设计、工程监理、施工建造、运营管理、科研院所等单位广泛征求意见，共收到13家单位反馈意见215条。组织相关单位多位权威专家完成技术审查。

送审稿阶段。编制完成送审稿条文和条文说明，向铁路建设管理、勘察设计、工程监理、施工建造、运营管理、科研院所、政府部门等单位广泛征求意见，共收到7家单位反馈意见133条，组织相关单位多位权威专家完成技术审查。

报批稿阶段。编制完成报批稿条文和条文说明，经审核通过，于2020年2月13日发布，自2020年5月1日起实施。

（五）主要内容

《铁路隧道工程施工安全技术规程》是铁路工程建设施工类重要的行业标准，是在系统总结铁路隧道安全管理的实践经验和科研成果的基础上修订而成。

原规程条文共554条，新修订的规程条文共569条，其中原规程保留56条、修改161条、增加352条、删除130条。规程条文修订情况统计如图3-36所示。

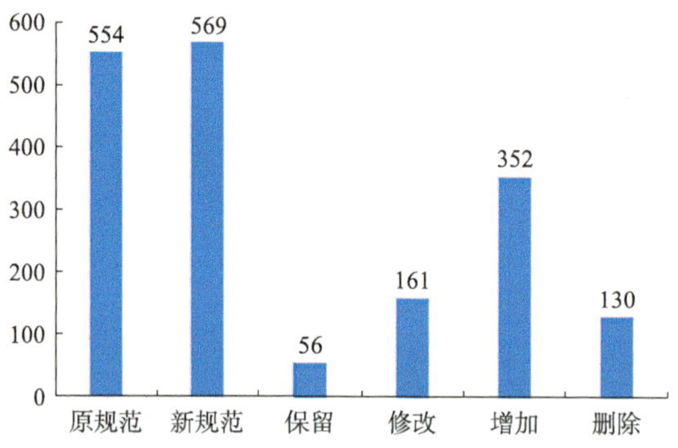

图3-36　规程条文修订情况统计

规程基本构架：

规程共分16章，包括总则，术语，基本规定，洞口工程，超前地质预报，洞身开挖，装渣、弃渣与运输，支护与加固，衬砌，监控量测，施工风水电与防尘、照明，不良地质和特殊岩土地质隧道，辅助坑道，全断面隧道掘进机（TBM）施工，盾构施工，应急管理等。主要分为四大板块：

第一板块：总则。明确规程编制目的、适用范围，提出隧道工程施工安全管理、施工安全技术、施工安全作业的管理与控制要求，规定建设各方制定安全生产规章制度、落实安全生产责任，开展安全作业培训、编制实施应急预案等内容。

第二板块：术语。规定与铁路隧道工程施工作业密切相关的术语，如超前地质预报、超前钻探、瓦斯溢出、岩墙、岩爆、辅助坑道、全断面隧道掘进机、护盾式TBM等内容。

第三板块：基本规定。明确建设各方应做好安全管理和安全技术工作，提出隧道施工人员、隧道施工机械、风险管理等方面的共性要求。

第四板块：施工安全具体规定。明确洞口工程，超前地质预报，洞身开挖，装渣、弃渣与运输，支护与加固，衬砌，监控量测，施工风水电与防尘、照明，不良地质和特殊岩土地质隧道，辅助坑道，全断面隧道掘进机（TBM）施工，盾构施工，应急管理等安全技术要求。

主要修订内容：

1. 贯彻近年来国家、行业有关法律法规、规章和技术标准等对安全生产的新要求。

2. 规定铁路隧道施工中安全管理、安全技术和现场安全作业的具体要求。

3. 明确施工现场危险源、危害因素辨识和应急预案编制与演练等方面的内容。

4. 删减施工安全管理检查表、施工安全技术检查表、施工安全作业检查表和简图。

5. 对规程结构进行调整:新增第 2 章术语;将原规程第 10 章施工排水和第 11 章通风、防尘与风水电供应合并为规程第 11 章施工风水电与防尘、照明;将原规程第 13 章斜井与竖井更名为辅助坑道;将原规程第 16 章逃生及救援更名为应急管理。

6. 第 3 章基本规定增加“隧道施工人员”一节,对隧道施工人员做出了针对性规定。

7. 第 7 章章名改为“装渣、弃渣与运输”;增加运输车况、防溜措施、载人车辆的相关安全规定。

8. 第 9 章衬砌将焊接作业改为动火作业,并增加设阻燃挡板防止引发火灾、中毒事故相关要求。

9. 第 13 章辅助坑道增加平导、横洞和交叉口等节,并对无轨运输中人员运输相关安全要求进行规定。

10. 第 14 章全断面隧道掘进机(TBM)施工、第 15 章盾构施工两章对掘进出渣异常进行相关安全规定;并增加了运输安全技防、人防措施和大坡度防溜车措施。

11. 第 16 章更新隧道施工应急救援相关要求和措施。

(六)解决的问题及预期效果

1. 解决的问题

(1)对不良地质隧道如岩溶、富水软弱破碎围岩、风积砂及含水砂层、瓦斯、有毒有害气体、高地应力、膨胀岩(土)、黄土、多年冻土、高地温、采空区、放射性等隧道施工安全进行了详细的分类和规定,极大地提高了实用性和可操作性。

(2)完善隧道应急管理,从程序、处理方法、注意事项等全面进行了规定,提升了行业应急能力。

2. 预期效果

通过修订,删除不符合现代铁路隧道相关规定,更新新技术新材料应用中应注意的安全规定,更加适合现代铁路隧道施工安全管理,符合国家发展的战略日标，社会效益较大。

（七）历史沿革

1. 1987 年，铁道部（铁基〔1987〕240 号）发布《铁路隧道施工技术安全规则》TBJ 404—1987，自 1987 年 10 月 1 日起实施。

2. 2003 年，铁道部（铁建设函〔2003〕99 号）发布《铁路工程施工安全技术规程（上册）》TB 10401.1—2003、《铁路工程施工安全技术规程（下册）》TB 10401.2—2003，自 2003 年 6 月 1 日起实施。

3. 2009 年 9 月，铁道部（铁建设〔2009〕181 号）发布《铁路隧道工程施工安全技术规程》TB 10304—2009，自 2009 年 9 月 24 日起实施。

4. 2020 年 2 月，国家铁路局（国铁科法函〔2020〕6 号）发布《铁路隧道工程施工安全技术规程》TB 10304—2020，自 2020 年 5 月 1 日起实施，为现行版本。

二十二、《铁路轨道工程施工安全技术规程》TB 10305—2020

（一）编制背景

随着近年铁路建设发展，新的轨道施工技术、施工装备等相继出现（图 3-37），《铁路轨道工程施工安全技术规程》TB 10305—2009 中部分条款已不适应目前现场实际需要，个别检查表执行不彻底、不便于使用，需要进行优化完善，以适应当前铁路轨道工程施工安全管理和施工安全作业的需要。

图 3-37　高速铁路轨道施工

为贯彻国家有关安全生产的法律法规，借鉴国内外有关施工安全的先进理念和方法，在深入开展专题调研的基础上，系统分析铁路轨道工程施工中的安全管理现状和典型事故案例，全面总结铁路轨道工程施工安全的经验教训，从技术、管理两个维度,按管理层、技术层、作业层等三个层面,组织中铁一局集团有限公司等单位开展《铁路轨道工程施工安全技术规程》全面修订工作。

通过对中南通道、宁西、云桂铺架等项目进行实地调研,查阅项目竣工文件内业资料、试验检测资料、质量检查资料,考察施工现场等,并召开会议进行专题讨论;对中铁电气化局、兰渝、中铁二局、中铁三局、中铁四局、中铁十一局、中铁十七局、铁一院、铁二院、铁科院等单位进行书面函征、电话咨询;充分梳理沪汉蓉、精伊霍、奎北、昆沾、玉蒙、宁西、吐库、西平、中南通道、宁西等客货共线铁路的建设运营现状及需要改进的问题。

(二)编制目的

1. 贯彻安全发展理念。全面体现以人为本、安全发展理念,梳理安全控制要点和难点,明确安全控制手段和措施,实现人员安全、设备安全、工艺技术安全。

2. 解决安全突出问题。针对铁路轨道施工技术发展与原标准部分内容不适应不匹配问题,吸纳轨道施工新技术、低碳环保新要求、防灾减灾新成果,优化规程章节结构、内容及适应性。

3. 满足安全发展需求。依托国内外铁路的建设经验和先进科研成果,完善相关安全技术要求,提升规程的先进性和合理性,适应铁路轨道施工安全发展需要。

4. 保障轨道施工安全。执行"安全第一,预防为主,综合治理"的安全生产方针,统一铁路轨道工程施工安全技术要求、规范安全管理和施工作业行为。

(三)编制原则

1. 注重安全、以人为本。贯彻落实国家有关法律、法规、规章和标准规范等对安全生产工作的有关规定和要求,充分体现以人为本,贯彻安全发展的理念。

2. 把握重点、明确措施。针对铁路建设项目施工阶段的安全控制重要环节,严格执行强制性标准底线规定,强化管理手段、安全措施和施工作业安全要求。

3. 总结经验、科学编制。总结铁路工程安全生产管理经验,调研现场存在的问题,分析典型事故案例,借鉴国内外先进理念和方法,推动轨道安全施工与时俱进。

4. 安全可靠、技术先进。推进采纳安全、可靠、高效的施工工艺,体现"四新"技术及机械化、工厂化、专业化、信息化等现代化管理手段对安全控制的新要求。

(四)编制过程

《铁路轨道工程施工安全技术规程》编制过程总体上分为五个阶段。

前期准备阶段。深入项目现场，对规程在现场的执行情况与实际安全管理现状进行详细研判分析，为规程修编提供基础资料。

工作大纲阶段。确定标准编制原则、主要修订内容和进度安排等，组织铁路建设管理、勘察设计、运营管理等各单位权威专家开展工作大纲技术审查。

征求意见稿阶段。编制完成征求意见稿条文和条文说明，向铁路建设管理、勘察设计、工程监理、施工建造、运营管理、科研院所等单位广泛征求意见，共收到11家单位反馈意见123条，组织相关单位权威专家完成技术审查。

送审稿阶段。编制完成送审稿条文和条文说明，向铁路建设管理、勘察设计、工程监理、施工建造、运营管理、科研院所等单位广泛征求意见，收到6家单位26条意见。组织相关单位权威专家完成技术审查。

报批稿阶段。编制完成报批稿条文和条文说明，经审核通过，于2020年2月13日发布，自2020年5月1日起实施。

（五）主要内容

《铁路轨道工程施工安全技术规程》是铁路工程建设施工类重要的行业标准，系统总结铁路轨道工程施工的实践经验和科研成果，在《铁路轨道工程施工安全技术规程》TB 10305—2009基础上全面修订而成。原规程条文共386条，新修订的规程条文共454条，其中原规程保留97条、修改175条、增加182条、删除114条，规程条文修订情况统计如图3-38所示。

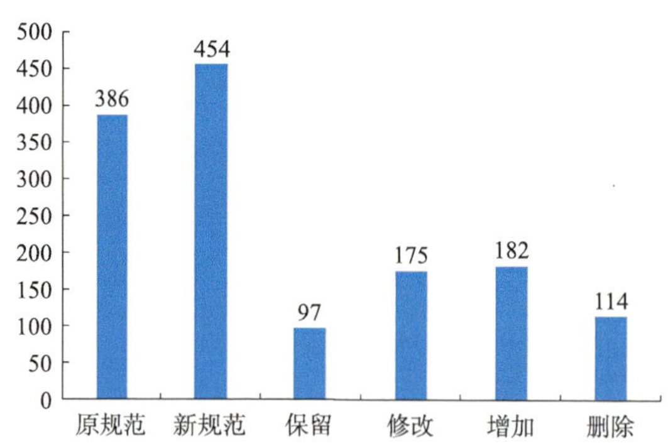

图3-38　规程条文修订情况统计

规程基本构架：

规程共分15章，包括总则、术语、基本规定、轨道板（枕）制造、轨道材料的装卸、运输和存放、有砟道床施工、无砟道床施工、无缝线路铺设、有缝线路铺设、道岔和钢轨伸缩调节器铺设、轨道精调整理、钢轨预打磨、工程运输、营业线轨道施工、相关工程。主要分为四大板块：

第一板块：总则。强调“安全第一，预防为主，综合治理”的安全生产方针，明确规程适用范围，规定建立健全安全、质量、环境及职业健康管理体系，提出轨道工程施工安全管理与控制等要求。

第二板块：术语。规定与铁路轨道工程施工作业密切相关的术语，如交叉作业、营业线施工、邻近营业线施工、基地站、前方站等。

第三板块：基本规定。明确建设各方应在遵守基本安规的基础上，做好轨道工程施工安全技术及安全管理工作，提出细化安全检查内容、检查方法、考核办法等相关要求。

第四板块：施工安全具体规定。明确轨道板（枕）制造、轨道材料的装卸运输和存放、有砟道床施工、无砟道床施工、无缝线路铺设、有缝线路铺设、道岔和钢轨伸缩调节器铺设、轨道精调整理、钢轨预打磨、工程运输、营业线轨道施工及相关工程等安全技术要求。

主要修订内容：

1. 纳入近年来国家、相关行业部委有关安全生产的法律、法规、规章和技术标准对铁路轨道工程施工安全的新要求。

2. 提出铁路轨道工程施工安全管理标准化、信息化和文明施工的相关安全要求。

3. 优化施工安全管理检查表、施工安全技术检查表及施工安全作业检查表，补充铁路轨道施工关键工序安全管控措施和要求，删除插图。

4. 增加“术语”一章，对安全技术交底、营业线施工等进行定义。

5. 增加“轨道板（枕）制造”一章，规定有砟轨道精调整理、无砟轨道精调整理等安全作业要求。

6. 增加“钢轨预打磨”一章，规定钢轨打磨车打磨、小型机具打磨等安全作业要求。

7. “无缝线路铺设”一章，取消基地钢轨焊接，长钢轨铺设按有砟轨道和无砟轨道分开编写，增加钢轨胶结绝缘接头施工安全作业要求。

8. 增加钢轨伸缩调节器铺设的安全作业规定。

9. “有砟道床施工”一章，删除预铺道砟摊铺机作业相关内容。

10. “无砟道床施工”一章，删除 CRTSⅡ型双块式无砟轨道施工相关内容。

11. “工程运输”一章，结合现行铁路运输行业相关规程、规则、办法以及工程线施工特点等进行优化。

12.“营业线轨道施工”一章，结合铁路营业线施工安全的相关规定、管理办法等进行完善。

（六）解决的问题及预期效果

1. 解决的问题

（1）现场对规程中“管理层、技术层、作业层”三个层面的管理要求认识不到位，安全管理处于较为粗放的模式，安全检查执行不统一。

（2）针对规程中“×××施工作业安全检查表”，个别人理解每天都需现场填写。而现场的作业是动态的，仅凭定点定时的检查填表，不能反映总体安全情况，普遍认为没有意义。且规程中没有明确是否存档，没有上级部门督促检查，导致执行不到位。

（3）近几年铁路轨道新结构、新技术应用较多，规程中没有体现，如 CRTSⅢ型板式无砟轨道、板式道岔等新的技术内容。

（4）原规程中对影响轨道施工安全的长钢轨运输、枕轨运输、运枕门吊走行轨端头止挡装置、大号码道岔运输等相关要求不透彻、有缺项。

为切实解决上述问题，保障铁路轨道工程施工安全，新规程明确各阶段建设单位、设计单位、监理单位、施工单位等各单位的安全管理责任，优化各类检查表格，并根据现有铁路轨道工程施工内容和安全管控项目，新增轨道板（枕）制造、轨道精调整理、钢轨预打磨等章节，并重点对工程运输安全管理进行详细规定。

2. 预期效果

新规程较原规程覆盖面更广，涵盖轨道工程施工阶段各个环节，从新规程的现场使用情况看，对现场反映的有关责任、流程以及实际操作等存在的问题得到良好改善和优化，实用性明显增强，社会效益巨大。新规程的发布实施，有效提高轨道工程施工的安全保障。

（七）历史沿革

1. 1962 年，铁道部发布《铁路铺轨工程技术安全规则》。

2. 1987 年，为更好贯彻安全生产的方针，部（85）铁基字 165 号及铁基〔1986〕291 号文安排制、修订 12 项施工技术安全规则，其中包含《铁路轨道施工技术安全规则》TBJ 401—87。

3. 2003 年，在 1987 年版 12 本施工技术安全规则的基础上，修编形成《铁路工程施工安全技术规程》（上、下册）TB 10401—2003。增加安全生产责任制相关内容，轨道部分内容增加长大坡道的轨节铺设、硫黄锚固、弹性支承块式整体道床轨道、单枕法铺设无缝线路、大型养路机械作业等施工安全技术要求。

4. 2009 年，铁道部（铁建设〔2009〕181 号）发布《铁路轨道工程施工安全技术规程》TB 10305—2009，从技术、管理两个维度，按管理层、技术层、作业层等三个层面，规范建设、勘察设计、施工、监理单位等建设各方的工作内容与技术要求。

5. 2020 年，国家铁路局（国铁科法〔2020〕6 号）发布《铁路轨道工程施工安全技术规程》TB 10305—2020，为现行版本。

二十三、《铁路通信、信号、信息工程施工安全技术规程》TB 10307—2020

（一）编制背景

为贯彻“安全第一、预防为主、综合治理”的安全生产方针，体现以人为本、安全发展理念，规范铁路通信、信号、信息工程施工安全技术管理和施工作业，预防事故发生，根据《国家铁路局 2016 年铁路工程建设标准编制计划》（国铁科法函〔2016〕29 号）要求，组织通号工程局集团有限公司等单位开展《铁路通信、信号、电力、电力牵引供电工程施工安全技术规程》全面修订工作，将强电部分与弱电部分分离，并增加信息工程相关内容，编制《铁路通信、信号、信息工程施工安全技术规程》。

自 2009 年以来，随着国内高速铁路、城际铁路的快速发展，铁路通信、信号、信息技术不断创新及应用，系统安全性和可靠性得到充分验证。《铁路通信、信号、电力、电力牵引供电工程施工安全技术规程》TB 10306—2009 为 2009 年发布实施以来，部分内容已不能与近年来发布的法律法规、标准规范良好匹配衔接。为保障铁路通信、信号、信息工程施工安全，需对规程进行全面修订（图 3-39、图 3-40）。

贯彻国家和铁路行业有关政策、法规，系统研究相关标准规范，全面总结铁路通信、信号、信息工程建设及施工现场实践经验，充分借鉴国内外相关标准，对现行规程进行结构整合，补充完善通信、信号、信息专业施工安全共性要求等方面内容，删除部分设备安装内容和施工质量管理要求，确保规程结构设置清晰合理、内容编排准确全面，提高指导工程设计的先进性、合理性。同时将《铁路通信、信号、电力、电力牵引供电工程施工安全技术规程》TB 10306—2009 中强电部分与弱电部分分离，并增加信息工程相关内容，并与《铁路工程基本作业施工安全技术规程》TB 10301—2020 配套使用。

图 3-39　信号电缆施工

图 3-40　铁塔施工

（二）编制目的

1. 贯彻“安全第一、预防为主、综合治理”的安全生产方针，突出以人为本、安全发展理念，促进经济社会高质量发展。

2. 充分考虑人身安全、设备安全和列车运行安全，适应铁路安全技术发展，预防事故发生，补充和完善新工艺、新技术、新材料、新设备方面的施工安全技术措施。

3. 符合设计规范及铁路工程基本作业施工安全技术规程的要求，与相关标准保持协调，处理好与施工建造、质量验收等相关标准规范之间的关系。

4. 体现全方位全过程安全控制理念，在源头控制、过程控制、细节控制等方面明确关键性施工要求。

（三）编制原则

1. 安全第一、依法合规。落实《中华人民共和国安全生产法》《中华人民共和国消防法》等有关法律法规要求，贯彻“安全第一、预防为主、综合治理”安全生产方针，充分体现以人为本，坚持安全发展理念。

2. 总结经验、协调配套。系统总结国家铁路、地方铁路建设运营经验，全面梳理相关安全管理规定，与国家、行业施工安全技术标准相协调。

3. 问题导向、切合现场。针对铁路建设项目施工安全控制重要环节、施工过程中存在的人身安全和设备安全隐患，从技术和管理角度规范铁路通信、信号、信息工程施工安全技术措施，保障施工中的人身安全、设备和系统安全。

4. 指导施工、严控风险。注重标准的严谨性和可操作性，兼顾系统性和完善性，针对不同环境、不同场景、不同施工阶段，完善相应的施工安全技术要求。

（四）编制过程

《铁路通信、信号、信息工程施工安全技术规程》TB 10307—2020 编制过程总体上分为五个阶段。

前期准备阶段。赴郑徐、宝兰、石济、武九等工程现场开展调研，了解相关工程安全管理经验，收集梳理施工项目中可能存在的人的不安全行为、设备的不安全状态和管理上的缺陷问题。组织专题论证会，讨论规程定位及切入点，明确与相关标准的关系。

工作大纲阶段。确定标准编制原则、适用范围、内容框架、进度计划、工作分工等，组织铁路建设管理、勘察设计、工程监理、施工建造、运营管理等单位多位权威专家完成技术审查。

征求意见稿阶段。编制完成征求意见稿条文和条文说明，向铁路建设管理、勘察设计、工程监理、施工建造、运营管理、科研院所等 23 家单位广泛征求意见，共收到反馈意见 168 条。组织相关单位多位权威专家完成技术审查。

送审稿阶段。编制完成送审稿条文和条文说明，向铁路建设管理、勘察设计、工程监理、施工建造、运营管理、科研院所等 11 家单位广泛征求意见，共收到反馈意见 105 条，组织相关单位多位权威专家完成技术审查。

报批稿阶段。编制完成报批稿条文和条文说明，经审核通过，于 2020 年 2 月 13 日发布，自 2020 年 5 月 1 日起实施。

（五）主要内容

《铁路通信、信号、信息工程施工安全技术规程》TB 10307—2020 是铁路工程建设施工类重要的行业标准，是在系统总结铁路工程安全生产管理经验，全面分析建设项目现场存在问题和典型事故案例的基础上修订而成，为铁路通信、信号、信息施工人身安全、设备安全和列车运行安全提供了重要保障。原规程条文共459条，其中弱电专业231条，新修订的规程条文共167条，其中原规程保留89条、修改32条、增加46条、删除42条，规程条文修订情况统计如图3-41所示。

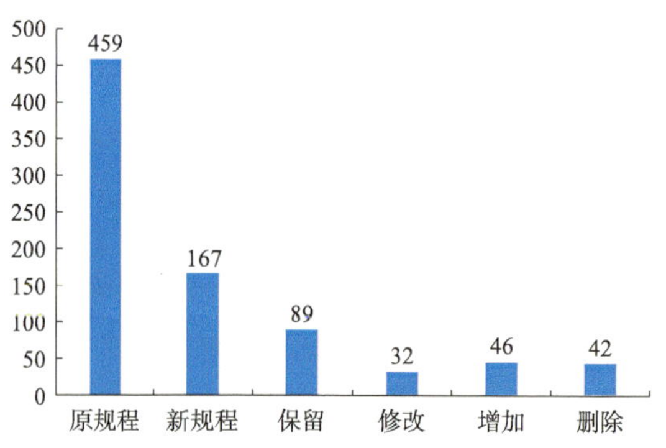

图3-41 规程条文修订情况统计

规程基本构架：

规程共分6章，包括总则、术语、通用要求、通信、信号、信息等。主要分为四大板块：

第一板块：总则、术语、通用要求。明确编制目的、适用范围、相关术语，总结归纳通信、信号、信息专业共性要求，规定钻孔作业、光电缆线路、视频监控前端设备、隧道及桥梁地段施工、机房设备、网络安全等技术要求。

第二板块：通信。规定通信杆塔、天馈线及漏泄同轴电缆、施工调试等施工安全技术要求。

第三板块：信号。规定地面固定信号、道岔转辙装置及道岔融雪装置、轨道占用检查装置、驼峰信号设备、应答器及室外地面电子单元、车载地面检测设备、施工调试与开通等施工安全技术要求。

第四板块：信息。规定显示设备、广播设备、售检票设备、安全检查设备、施工调试等施工安全技术要求。

主要修订内容：

1. “总则”章，规定编制目的、适用范围等共性要求。删除“六位一体”管理要求，对已纳入《铁路工程基本作业施工安全技术规程》TB 10301—2020的施工组织设计、同一工点交叉作业、安全检查等相关内容不再重复规定。危险源与联调联试相关要求纳入“通用要求”章。

2. 新增“术语”章。规定规程所用术语。

3. 原规程第2章“基本规定”中施工安全管理、施工安全技术及相关规定内容已纳入《铁路工程基本作业施工安全技术规程》TB 10301—2020中，不再重复规定。

4. 新增“通用要求”章，将通信、信号、信息专业施工安全共性要求进行总结归纳，包括一般规定、钻孔作业、光电缆线路、视频监控前端设备、隧道及桥梁地段施工、机房设备、网络安全等内容，并与《铁路工程基本作业施工安全技术规程》TB 10301—2020配套使用。

5. “通信”章，规定通信杆塔、天馈线及漏泄同轴电缆、施工调试等施工安全要求。删除重大危险源、箱式机房、密闭空间、通话柱、扩音柱、水线缆敷设、机车通信设备安装等内容。删除设备单机调试、通信系统割接等内容中的施工质量管理要求，保留施工安全相关规定。

6. “信号”章，规定地面固定信号、道岔转辙装置及道岔融雪装置、轨道占用检查装置、驼峰信号设备、应答器及室外地面电子单元、车载地面检测设备、施工调试与开通等施工安全要求。增加信号标志牌、道岔融雪装置、室外地面电子单元、车载地面检测设备等施工安全要求；删除了重大危险源、车载信号、箱式机房等内容。删除信号机、转辙装置、轨道电路、应答器、防雷接地、联锁试验、信号系统调试、营业线施工过渡与开通等内容中施工质量管理要求，保留施工安全相关规定。

7. 新增“信息”章，规定显示设备、广播设备、售检票设备、安全检查设备、施工调试等施工安全要求。

（六）解决的问题及预期效果

1. 解决的问题

（1）原规程部分内容与相关标准不匹配不衔接的问题。修订后与《铁路工程基本作业施工安全技术规程》TB 10301—2020配套使用，更系统、科学、合理地规范了铁路通信、信号、信息工程施工安全技术。

（2）将《铁路通信、信号、电力、电力牵引供电工程施工安全技术规程》TB 10306—2009中强电部分与弱电部分分离，新增信息专业施工安全技术要求，在通用要求章节，归纳总结了铁路通信、信号、信息专业施工安全共性要求。

（3）在具体章节中补充了信号标志牌、道岔融雪装置、室外地面电子单元、车载地面检测设备等施工安全要求。

2. 预期效果

进一步规范铁路通信、信号、信息工程施工安全技术管理和施工作业行为，对建设各方的风险管理、安全管理以及施工作业等提出具体要求，确保施工安全。贯彻国家有关法律、法规，规章和标准规范等对安全生产工作的新要求，充分体现以人为本，坚持安全发展的理念。符合国家发展的战略目标，社会效益较大。

二十四、《铁路电力、电力牵引供电工程施工安全技术规程》TB 10308—2020

（一）编制背景

党的十八大以来，以习近平同志为核心的党中央站在国家政治、经济和社会发展全局的战略高度，高度重视安全生产工作，提出了一系列加强安全生产工作的新思想、新观点、新要求。随着新《安全生产法》《生产安全事故应急预案管理办法》相继公布和实施，对安全生产责任制、安全机构设置、安全管理人员配备及安全技术操作规程有了新的要求。

为贯彻“安全第一、预防为主、综合治理”的安全生产方针，体现以人为本、安全发展理念，规范铁路电力及电力牵引供电工程施工安全技术管理和施工作业，预防事故发生，组织中铁电气化局集团有限公司等单位开展《铁路通信、信号、电力、电力牵引供电工程施工安全技术规程》TB 10306—2009 全面修订工作，合并电力、电力牵引供电专业内容，编制《铁路电力、电力牵引供电工程施工安全技术规程》。

结合各专业施工现场的现状（图 3-42），吸纳相关科研成果，进一步细化现有规程，体现出较强的实用性，更好的服务安全生产。

图 3-42　铁路牵引变电所施工现场

（二）编制目的

1. 规范施工安全管理。进一步规范铁路电力及电力牵引供电工程施工安全管理和施工作业行为，对建设各方管理层、技术层和作业层的风险管理、安全管理以及施工作业等提出具体要求，确保施工安全。

2. 服务体系要求。满足国家铁路局构建铁路工程建设标准体系要求，将《铁路通信、信号、电力、电力牵引供电工程施工安全技术规程》TB 10306—2009 中强电部分与弱电部分分离。

3. 解决实际问题。随着铁路工程建设水平不断发展，《铁路通信、信号、电力、电力牵引供电工程施工安全技术规程》TB 10306—2009 部分内容已不能与法律法规、相关标准互相匹配或衔接。

4. 保障施工安全。总结近年来铁路工程建设经验，增补安全环境监测等新增系统及设备施工安全技术要求，删除接触网吸流变压器安装、变电所现场配置电解液等施工安全技术要求。

（三）编制原则

1. 统筹规划、全面落实。贯彻国家有关法律法规、规章和标准规范等对安全生产的新要求，遵循“安全第一、预防为主、综合治理”的安全生产方针，充分体现以人为本，坚持安全发展理念。

2. 注重实际、科学编制。从技术和管理角度系统规定安全技术要求，保障施工过程人身安全、设备系统安全、行车运输安全。注重标准的严谨性和可操作性，兼顾系统性和完善性，技术措施、作业要求等要求细化到位。

3. 立足现场、突出重点。符合国家、行业施工安全相关技术标准，借鉴相关单位的管理技术，总结铁路电力、电牵工程安全生产经验，针对铁路电力、电牵工程建设项目施工安全控制重要环节，规范相关安全技术要求。

4. 技术先进、协调统一。适应铁路建设发展和科技进步需要，补充加强与“四新”相关的施工安全技术要求。专门规定电力、电力牵引供电工程专业特有的安全技术要求，同时与设计、施工、验收等相关行业标准协调统一。

（四）编制过程

《铁路电力、电力牵引供电工程施工安全技术规程》编制过程总体上分为五个阶段。

前期准备阶段。开展铁路电力、电力牵引供电工程施工安全基础研究，调研国内外电力、电力牵引供电工程施工技术特点，分析电力、电力牵引供电工程安全技术规程，全面总结电力、电力牵引供电工程安全风险点。

工作大纲阶段。确定标准编制原则、适用范围、内容框架、进度计划、工作分工等，组织铁路建设管理、勘察设计、施工建造、运营管理、科研院所等单位权威专家完成技术审查。

征求意见稿阶段。编制完成征求意见稿条文和条文说明，向铁路建设管理、勘察设计、施工建造、运营管理、科研院所等单位广泛征求意见，共收到13家单位反馈意见157条，组织相关单位多位权威专家完成技术审查。

送审稿阶段。编制完成送审稿条文和条文说明，向建设管理、勘察设计、施工建造、运营管理、科研院所等单位征求意见，共收到9家单位反馈意见91条，组织相关单位多位权威专家完成技术审查。

报批稿阶段。编制完成报批稿条文和条文说明，经审核通过，于2020年2月13日发布，自2020年5月1日起实施。

（五）主要内容

《铁路电力、电力牵引供电工程施工安全技术规程》是铁路工程建设施工安全类重要的行业标准，是在系统总结铁路电力及电力牵引供电专业勘察设计、施工建造、运营管理的实践经验和科研成果的基础上修订而成。

原规程条文共459条，其中强电专业228条，新修订的规程条文共121条，其中保留50条、修改及整合后56条、增加15条、删除7条，规程条文修订情况统计如图3-43所示。

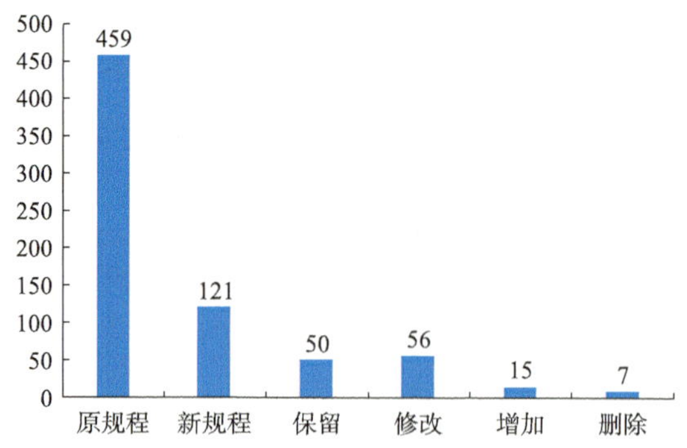

图3-43 规程条文修订情况统计

规程基本构架：

规程共分5章，包括总则、术语、通用要求、电力、电力牵引供电等，另有1个附录。主要分为四大板块：

第一板块:总则。明确规程编制目的、适用范围、与基本安规的关系等内容。

第二板块:术语。对所用术语指向相关标准规范。

第三板块:通用要求。规定限界要求、距带电体最小安全距离、施工机具使用、盘柜搬运和安装、SF6 气瓶搬运和保管、电缆头制作、防感应电、吊装作业、高处作业、隧道内作业、化学锚栓拉拔试验、车梯使用、轨行车辆使用,以及开挖及浇筑、电缆线路、防雷及接地和电气试验等电力、电力牵引供电工程中共性安全技术要求。增加了防感应电措施,轨行车辆使用,切割机、台钻、喷灯及喷枪施工机具作业的安全技术要求。

第四板块:专业技术要求。提出变、配电所、架空线路、低压配电、电气照明、支柱组立、变电所电气设备安装、埋入件安装、工厂化预配、支持结构装配、承力索及接触线架设、接触悬挂调整、接触网设备安装、附加导线、工程调试与送电开通、营业线及临近营业线施工等安全技术要求。

主要修订内容:

1.“总则”章,规定编制目的、适用范围等共性要求。增加建立健全“质量管理体系、环境管理体系、职业健康安全管理体系”要求。删除“六位一体”、设计、施工组织设计、危险源辨识等相关要求。

2. 新增“术语”章。对所用术语指向相关标准规范。

3. 原“基本规定”章名称修改为“通用要求”。主要规定限界要求、距带电体最小安全距离、施工机具使用、盘柜搬运和安装、SF6 气瓶搬运和保管、电缆头制作、防感应电、吊装作业、高处作业、隧道内作业、化学锚栓拉拔试验、车梯使用、轨行车辆使用,以及开挖及浇筑、电缆线路、防雷及接地和电气试验等电力、电力牵引供电工程中共性安全技术要求。增加了防感应电措施,轨行车辆使用,切割机、台钻、喷灯及喷枪施工机具作业的安全技术要求。

4.“电力”章,增加 GIS 开关柜安装、低压母线桥、桥梁隧道照明、电力工程调试与送电开通、营业线及邻近营业线等施工安全技术要求。

5.“电力牵引供电”章,删除膨胀螺栓、超拉作业、吸流变压器、电容补偿、变压器吊芯、阀型避雷器、现场配电池电解液等相关内容;增加工厂化预配车间设置、腕臂预配、吊弦压接,吊柱、补偿装置、弹性吊索、电连接线线夹压接安装等相关施工安全技术要求。其中:

(1)“接触网设备安装”节增加隔离开关、分段分相绝缘器、地面磁感应装置和线岔设备安装相关安全技术要求。

(2)“附加导线”节增加预绞式护线条、预绞式接头、预绞式耐张线夹安装等相关安全技术要求。

(3)“电力牵引供电工程调试及送电开通”节增加牵引供电远动系统调试相关安全技术要求。

6. 附录删除各种停电作业票等内容。

（六）解决的问题及预期效果

1. 解决的问题

(1)原规程标龄较长，部分内容与法律法规、标准不匹配不衔接的问题。

(2)在通用章节中补充了防感应电措施、轨行车辆使用、切割机、台钻、喷灯及喷枪施工机具作业的安全技术要求。

(3)在具体章节中补充了GIS开关柜安装、低压母线桥、桥梁隧道照明、工厂化预配车间设置、腕臂预配、吊弦压接、增补安全环境监测等系统及设备、调试与送电开通、营业线及邻近营业线施工安全技术要求。

2. 预期效果

进一步规范铁路电力及电力牵引供电工程施工安全管理和施工作业行为，对建设各方管理层、技术层和作业层的风险管理、安全管理以及施工作业等提出具体要求，确保施工安全。针对铁路建设项目施工阶段的安全控制环节，按照强制性标准要求，明确管理手段、技术措施和关键工序作业要求。注重标准的严谨性和可操作性，兼顾系统性和完整性，技术措施、作业要求等内容应细化到位，并明确必要前置条件。贯彻国家相关法律法规、规章制度，细化标准规范等对安全生产工作的新要求，充分体现以人为本，坚持安全发展的理念。符合国家发展的战略目标，社会效益巨大。

第三节　验收类标准

二十五、铁路工程施工质量系列验收标准

铁路工程施工质量系列验收标准的发布，进一步完善了以高铁为代表的各类型铁路工程勘察、设计、施工等验收标准体系，为保障铁路工程建设质量和铁路运输安全提供重要依据。

(一)编制背景

验收标准是衡量铁路工程建设质量的标尺,是保障铁路运输安全的重要基础标准。既是建设各方质量控制工作中对标检查的镜子,也是政府质量监督执法工作的依据和准绳,对于推动铁路工程质量全面提升,打造精品工程,具有非常重要的作用,特别是在铁路建设任务十分繁重、建设条件更加复杂的情况下,具有重大的现实意义。

为贯彻创新、协调、绿色、开放、共享的发展理念,落实放管服改革要求,推动铁路工程提质升级,进一步完善具有世界先进水平的高速铁路标准体系和具有中国特色的普速铁路标准体系,组织开展铁路工程施工质量系列验收标准修订工作。

站在新的历史起点,科学总结铁路建设质量管理的经验,编制发布新验收标准,是加强铁路工程质量管理、推进高质量发展的重要举措。截至 2019 年底,发布实施的验收标准共 17 项(表 3-11)。

表 3-11　17 项验收标准

序号	标准名称	标准编号
1	铁路轨道工程施工质量验收标准	TB 10413—2018
2	铁路路基工程施工质量验收标准	TB 10414—2018
3	铁路桥涵工程施工质量验收标准	TB 10415—2018
4	铁路隧道工程施工质量验收标准	TB 10417—2018
5	铁路通信工程施工质量验收标准	TB 10418—2018
6	铁路信号工程施工质量验收标准	TB 10419—2018
7	铁路电力工程施工质量验收标准	TB 10420—2018
8	铁路电力牵引供电工程施工质量验收标准	TB 10421—2018
9	铁路混凝土工程施工质量验收标准	TB 10424—2018
10	高速铁路路基工程施工质量验收标准	TB 10751—2018
11	高速铁路桥涵工程施工质量验收标准	TB 10752—2018
12	高速铁路隧道工程施工质量验收标准	TB 10753—2018
13	高速铁路轨道工程施工质量验收标准	TB 10754—2018
14	高速铁路通信工程施工质量验收标准	TB 10755—2018
15	高速铁路信号工程施工质量验收标准	TB 10756—2018
16	高速铁路电力工程施工质量验收标准	TB 10757—2018
17	高速铁路电力牵引供电工程施工质量验收标准	TB 10758—2018

（二）编制目的

1. 体现新发展理念，进一步完善各类型铁路验收标准体系，为保障铁路工程建设质量和铁路运输安全提供重要依据，划出铁路工程建设的“质量红线”。

2. 科学总结铁路建设质量管理的经验，形成先进完备的铁路工程验收标准体系，推动铁路工程质量全面提升，使铁路工程质量基础更加坚实。

3. 明确建设各方验收工作要求，提高标准针对性和可操作性，吸纳最新科技手段，提高标准的科学性。覆盖各类型铁路、主要铁路工程专业以及工程施工全过程。

（三）编制原则

1. 目标导向、适应发展。全面贯彻创新、协调、绿色、开放、共享的发展理念，适应铁路发展新要求，完善铁路工程施工验收质量标准体系。

2. 吸纳成果、突出重点。突出行业标准特点，吸纳最新质量检测技术和手段，淘汰落后工艺和验收项目，提高标准科学性和规范性。

3. 规定明确、便于操作。突出工程质量控制关键环节，调整检验单元划分原则及验收要求，优化验收程序和验收表格填写内容，进一步提高标准可操作性。

4. 成果支撑、技术先进。系统总结铁路工程施工质量验收实践经验，积极应用“四新”技术，提升隐蔽工程质量，体现标准先进性。

（四）编制过程

铁路工程施工质量系列验收标准编制过程总体上分为五个阶段。

前期准备阶段。对现场质量安全监督和调研发现的突出问题，以及建设项目竣工验收中暴露出来的有关缺陷等进行认真梳理研究，明确标准编制中应重点关注的主要问题。

工作大纲阶段。确定系列验收标准的编制原则、主要修订内容和进度安排等，组织勘察、设计、施工、运营各方权威专家开展工作大纲技术审查。

征求意见稿阶段。在广泛听取铁路建设各方对现行验收标准的意见及修改建议的基础上，编制完成征求意见稿条文和条文说明。广泛征求铁路勘察设计、施工建造、运营管理、科研高校等单位意见，组织各领域权威专家对征求意见稿开展技术审查。

送审稿阶段。编制完成送审稿条文和条文说明，广泛征求铁路勘察设计、施工建造、运营管理、科研高校等单位意见，组织各领域权威专家开展送审稿技术审查。

报批稿阶段。编制完成报批稿条文和条文说明，经审核通过后发布实施。

（五）主要内容

2018 年发布的铁路工程施工质量系列验收标准共 17 项，包括路基、桥梁、隧道、轨道、通信、信号、电力、电力牵引供电等铁路主要工程施工质量验收内容。

1.《铁路轨道工程施工质量验收标准》TB 10413—2018

标准基本构架：

标准共分 16 章，包括总则、术语、基本规定、原材料及轨道主要部件进场检验、CRTS 双块式无砟道床、弹性支承块式无砟道床、长枕埋入式无砟道床、有砟轨道铺轨前铺砟、无缝线路、有缝线路、有砟道岔、钢轨伸缩调节器、轨道结构过渡段、钢轨预打磨、轨道附属设施、单位工程综合质量评定等，另有 4 个附录。主要分为四大板块：

第一板块：总则。明确标准编制目的、适用范围、铁路轨道工程施工应执行国家法律法规及相关技术标准、建立健全质量保证体系等内容。

第二板块：术语。规定与铁路轨道工程施工质量验收密切相关的术语，如工程施工质量、验收、进场检验、见证检验等。

第三板块：基本规定。明确轨道工程施工质量控制、轨道工程施工质量验收、轨道工程施工质量验收单元划分、轨道工程施工质量验收程序等内容。

第四板块：具体要求。提出原材料进场检验、无砟道床、有砟轨道、有缝线路、无缝线路、有砟道岔、钢轨预打磨等验收要求。

主要修订内容：

（1）调整单位工程划分，与运营管理单位管理单元协调一致。

（2）调整和优化验收单元数量，兼顾不同工程验收单元划分的灵活性。

（3）明确轨道主要材料和部件进场检验方法，建立工厂（场）化制品视同合格品使用的通用性原则。

（4）提出隐蔽工程、关键工序及重要工艺的验收要求。

（5）优化有砟轨道精调整理后道床状态参数检验内容。

（6）优化无缝线路应力放散及锁定作业质量控制内容。

（7）优化道岔铺设检验指标。

（8）明确单位工程综合质量评定内容。

2.《铁路路基工程施工质量验收标准》TB 10414—2018

标准基本构架：

标准共分 15 章，包括总则、术语和符号、基本规定、工程材料、地基处理、基床以下路堤、基床表层以下过渡段、路堑、基床、路基支挡工程、路基防护、路基防排水、路基相关工程及设施、变形观测与评估、路基单位工程综合质量等，另有9个附录。主要分为四大板块：

第一板块：总则。明确标准编制目的、适用范围、路基工程施工应执行国家法律法规及相关技术标准、建立健全质量保证体系等内容。

第二板块：术语。规定与路基工程施工质量验收密切相关的术语，如进场检验、见证检验、物理改良土、级配碎石等。

第三板块：基本规定。明确路基工程施工质量控制、质量验收、验收单元划分、质量验收程序等内容。

第四板块：具体要求。明确原材料进场检验、地基处理、基床以下路堤、基床表层以下过渡段、路堑、基床、路基支挡工程、路基防护、路基防排水、路基相关工程及设施等验收要求。明确路基单位工程实体质量和主要功能核查、质量评定，路基工程变形观测与评估一般规定和主控项目要求。

主要修订内容：

（1）补充路基隐蔽工程的检查验收要求，规定路基工程隐蔽工程和重要工序施工影像资料的留存要求。

（2）调整施工质量验收单元划分，并规定施工前施工单位结合工程特点制定分项工程和检验批的划分方案。

（3）明确路基工程施工质量控制、验收内容和要求。

（4）新增强夯置换、钢筋混凝土灌注桩、素混凝土桩、混凝土预制桩、桩帽、托梁（承载板）、筏板结构等地基处理的质量验收内容。

（5）补充岩溶及采空区注浆整治段落处理效果的验收要求。

（6）明确在填筑施工前通过填筑压实工艺性试验确定路基填筑施工控制参数的要求。

（7）完善基床表层以下过渡段质量控制验收内容和要求。

（8）明确过渡段基坑回填、过渡段填筑、混凝土填层、路堤与路堑过渡段填层等验收要求。

（9）新增槽型挡土墙、站场路基的验收要求。

（10）完善锚杆、锚杆注浆的质量检验要求。

（11）补充干砌片石、固沙工程的施工质量检验内容。

（12）补充仰斜排水孔等相关验收内容。

(13)明确路基单位工程综合质量评定、资料核查内容。

3.《铁路桥涵工程施工质量验收标准》TB 10415—2018

标准基本构架：

标准共分19章，包括总则、术语、基本规定、明挖基础、桩基础、沉井基础、墩台、预应力混凝土简支T梁、预应力混凝土简支箱梁、预应力混凝土连续梁和连续刚构、结合梁、钢桁梁、拱桥、斜拉桥、钢筋混凝土刚构(架)和框架桥、支座、桥梁附属设施、涵洞、桥涵单位工程综合质量评定等，另有5个附录。主要分为四大板块：

第一板块：总则。明确标准编制目的、适用范围、铁路桥涵工程施工应执行国家法律法规及相关技术标准、建立健全质量保证体系等内容。

第二板块：术语。规定与铁路桥涵工程施工质量验收密切相关的术语，如工程施工质量、验收、进场检验、见证检验等。

第三板块：基本规定。明确桥涵工程施工质量控制、桥涵工程施工质量验收、工程施工质量验收单元划分、工程施工质量验收程序等内容。

第四板块：具体要求。提出桥涵基础、墩台、预应力混凝土梁、结合梁、钢桁梁、拱桥、斜拉桥、支座、桥梁附属设施、涵洞等验收要求。

主要修订内容：

(1)突出工程结构安全性、可靠性、耐久性和系统使用功能等方面的质量目标要求，保证铁路安全平稳运营。

(2)优化工程施工质量验收的单元划分、组织程序、实施方法和工作内容。

(3)调整检验项目、质量指标和检验方法，质量检测工作更趋科学、合理、先进、有效。

(4)梳理分析高速铁路桥涵工程施工中的易发质量通病，制定针对性控制措施。

(5)标准进一步突出施工质量验收要求，精简施工操作具体内容。

(6)突出工程施工质量全过程控制，明确了进场检验、隐蔽工程和关键工序质量验收的原则要求。

(7)优化原材料、拌和物等质量验收程序。明确了原材料(构配件)进场后、混凝土拌和物出场前、混凝土试件龄期满足要求后可统一进行验收。

(8)取消管柱基础、砌体承台、砌体墩台、钢筋混凝土简支梁、斜腿刚构、明桥面等结构的相关内容。

(9)增加单位工程验收时进行质量控制资料核查和工程实体质量和主要功能核查的内容。

(10)补充预应力钢筋混凝土简支箱梁验收内容,按照后张法预制、先张法预制、架桥机架设、支架现浇施工、移动模架现浇施工、移动支架拼装分别进行施工质量验收。

(11)增加支架法现浇混凝土连续梁施工质量验收内容,完善转体法施工混凝土连续梁的验收要求。

(12)补充钢管混凝土拱、劲性骨架拱、钢拱等施工质量验收内容。

(13)增加对柱桩和复杂地质条件下桩基地质条件进行逐桩确认的要求。统一桩身顶端处理工艺,明确混凝土超灌部分采用机械切除。

(14)优化桥梁锥体填筑质量验收要求,明确锥体填筑与路基过渡段填筑同步施工、一并验收。

(15)增加支承垫石分项工程,明确支承垫石顶面高程、中心位置及锚栓孔验收要求。

(16)完善摩阻测试结果使用的规定,明确设计单位根据施工单位提供的现场实测结果对张拉控制力进行确认和调整。

(17)完善钢桁梁验收内容,补充混凝土桥面板和钢桥面板施工质量验收要求。

(18)细化高强度螺栓连接副进场复验内容,明确扭矩系数、螺栓楔负载、螺母保证荷载、螺母硬度、垫圈硬度等项目进场复验的要求。

(19)混凝土刚构(架)分部工程中增加了预应力分项工程,明确预应力原材料、张拉、压浆和封锚等验收要求。

(20)纳入支座砂浆原材料、配合比设计、施工、养护等验收内容。

(21)增加遮板、挡砟墙(防护墙)、电缆槽竖墙、桥梁梁端防水装置、桥梁防落梁挡块、桥面排水设施、防抛网、防异物侵限设施、综合接地等桥梁附属设施验收的内容。

4.《铁路隧道工程施工质量验收标准》TB 10417—2018

标准基本构架:

标准共分15章,包括总则,术语,基本规定,原材料、构配件和半成品,加固处理,洞口及明洞(棚洞)工程,洞身开挖,支护,衬砌,防水和排水,辅助坑道,附属设施,明挖隧道,盾构(TBM)隧道,隧道单位工程质量综合验收等,另有6个附录。

主要分为四大板块：

第一板块：总则。明确标准编制目的、适用范围、铁路隧道工程施工应执行国家法律法规及相关技术标准、建立健全质量保证体系等内容。

第二板块：术语。规定与铁路隧道工程施工质量验收密切相关的术语，如工程施工质量、验收、进场检验、见证检验等。

第三板块：基本规定。明确隧道工程施工质量控制、隧道工程施工质量验收、工程施工质量验收单元划分、工程施工质量验收程序等内容。

第四板块：具体要求。提出原材料和半成品、加固处理、明洞工程、支护、衬砌、防水排水、隧道等验收要求。

主要修订内容：

(1)明确铁路隧道施工应用新工艺、新技术、新材料、新设备的验收要求，增加环保、水保工程与主体工程同时设计、同时施工和同时验收的要求。

(2)调整检验批、分项、分部、单位工程的划分原则和规模，增加明挖隧道、盾构(TBM)隧道按单位工程进行验收，原材料、构配件和半成品的检验不纳入检验批。

(3)明确工厂化生产的半成品和构配件质量验收要求，规定信息化追踪管理相关内容。

(4)新增地表注浆、隧底加固桩验收内容。

(5)强调洞口加固防护措施的验收要求，突出了对洞门结构、洞口防排水等工程实体的验收。

(6)调整洞身开挖验收内容，突出开挖成形断面的验收要求，强调对隧道洞周岩溶等不良地质情况探测的验收要求。

(7)增加水平旋喷桩验收内容，规定支护结构实体的验收要求，优化了锚杆、钢筋网、钢架等的验收内容，调整喷射混凝土的检验数量和方法。

(8)调整衬砌验收单元，按衬砌部位进行划分，强调衬砌实体工程的断面、强度、耐久性、密实度的质量验收。

(9)增加检查井、保温排水沟、泄水洞、隧底排水沟等相关内容的验收要求，强调防水板搭接、焊接等环节的检验内容。

(10)强调辅助坑道口封闭和与正洞交叉口的验收，调整辅助坑道开挖验收频次。

(11)增加疏散救援设施、附属洞室、综合接地验收内容，规定综合接地体及弃渣场容量、防污染、绿化和复垦的验收内容。

（12）增加明挖隧道地下连续墙、钻孔灌注桩、钢筋混凝土支撑、钢支撑、基坑开挖、桩间网喷混凝土、土钉墙、锚杆（索）、地基处理、混凝土垫层、衬砌结构、防排水和基坑回填等验收内容。

（13）增加盾构（TBM）隧道始发、接收洞（井）、管片预制、管片安装、同步注浆、二次注浆、豆砾石填充及注浆、管片防水等验收内容。

（14）调整单位工程质量综合验收内容，优化核查方法和数量。

5.《铁路通信工程施工质量验收标准》TB 10418—2018

标准基本构架：

标准共分为21章，包括总则、术语和缩略语、基本规定、室内设备、通信线路、传输、接入网、电话交换、数据通信网、有线调度通信、移动通信、会议电视、电报、综合视频监控、专用应急通信、时钟同步、时间同步、综合布线、电源设备、电源及设备房屋环境监控、综合网络管理等，另有5个附录。主要分为四大板块：

第一板块：总则。明确标准编制目的、适用范围、工程设计文件和合同文件的施工质量要求、室外设备安装位置和方式要求、验收手段、检测方法、检测数据等基本要求。

第二板块：术语和缩略语。规定《铁路工程基本术语标准》GB/T 50262、《建筑工程施工质量验收统一标准》GB 50300 等标准相关术语内容适用于该标准。明确与铁路通信工程施工质量验收密切相关的缩略语，如鉴权中心缩写为 AuC、基站收发信机缩写为 BTS、域名服务器缩写为 DNS 等。

第三板块：基本规定。明确通信工程开工前质量管理检查，施工所需材料，构配件和设备施工质量验收，施工质量验收单元划分，施工质量验收内容、要求、程序和组织等基本内容。

第四板块：具体要求。以单位工程进行章节划分，提出包括室内设备、通信线路、传输、接入网、电话交换、数据通信网、有线调度通信、移动通信、会议电视、电报、综合视频监控等验收要求。

主要修订内容：

（1）规定通信各子系统室内设备进场检验、安装、布线及配线、管槽安装、防雷及接地的通用要求。

（2）提出光电缆进场检测的项目及性能、敷设方式、防护间距、埋深、接地等要求，增加光缆监测系统验收要求。

(3)规定传输设备安装和配线、单机检验、系统检验和网管检验的要求。

(4)规定接入网设备安装和配线、单机检验、系统检验和网管检验的要求,增加无源光网络(PON)的验收内容。

(5)增加数字程控交换和基于 IP 的电话交换的呼叫保持率、呼叫接通率、检验数量、检验方法相关验收要求。

(6)增加路由器、交换机等数据网络设备,以及数据网系统和网管的验收要求。

(7)增加跨交换机调度业务功能、与 GSM-R 系统间互联互通功能等验收要求。

(8)规定 GSM-R 数字移动通信设备安装、无线通信杆塔、核心网、无线子系统、无线终端、系统服务质量等的验收要求。

(9)规定会议电视设备安装和配线、单机检验、系统检验和网管检验等。

(10)规定电报设备安装和配线、单机检验、系统检验有关性能、功能等检验要求。

(11)规定综合视频监控设备安装和配线、单机检验、系统检验和网管检验的要求。

(12)规定应急通信中心设备检验、应急现场接入设备检验、专用应急通信系统检验,以及隧道应急电话检验的要求。

(13)规定时钟同步设备安装和配线、单机检验、系统检验和网管检验的要求。

(14)规定时间同步设备安装和配线、单机检验、系统检验和网管检验的要求。

(15)规定综合布线设备安装、管槽安装、缆线布放,以及布线系统检验的要求。

(16)规定电源设备安装和配线、电源设备检验的主要检测内容、功能性能及检测方法等要求。

(17)规定电源及设备房屋环境监控设备安装和配线、单机检验、系统检验和网管检验的要求。

(18)规定综合网络管理设备安装和配线、单机检验和系统检验的检测内容、功能性能及检测方法等要求。

6.《铁路信号工程施工质量验收标准》TB 10419—2018

标准基本构架:

标准共分为 21 章,包括总则,术语和缩略语,基本规定,室内设备,光电缆线路，地面固定信号，轨道占用检查装置，道岔转辙装置，道岔融雪装置，应答器及室外地面电子单元，车载信号的地面检测设备，道口信号设备，无线调车机车信号和监控系统，驼峰信号，电源设备检验，计算机联锁（CBI）系统检验，列车运行控制系统检验，列车调度指挥系统（TDCS）/调度集中（CTC）系统检验，信号监测系统检验，动车段（所）控制集中系统检验，闭塞检验等，另有6个附录。主要分为四大板块：

第一板块：总则。明确标准编制目的、适用范围、工程设计文件和合同文件的施工质量要求、室外设备安装位置和方式要求、验收手段、检测方法、检测数据等基本要求。

第二板块：术语和缩略语。规定《铁路工程基本术语标准》GB/T 50262、《建筑工程施工质量验收统一标准》GB 50300 等标准相关术语内容适用于该标准。明确与铁路信号工程施工质量验收密切相关的缩略语，如计算机联锁缩写为CBI、调度集中缩写为 CTC、中国列车运行控制系统缩写为 CTCS 等。

第三板块：基本规定。明确信号工程开工前质量管理检查，施工所需材料，构配件和设备施工质量验收，施工质量验收单元划分，施工质量验收内容、要求、程序和组织等基本内容。

第四板块：具体要求。以铁路信号工程分部工程及单位工程进行章节划分，提出光电缆线路、地面固定信号、轨道占用检查装置、道岔转辙装置、计算机联锁（CBI）系统检验等验收要求。

主要修订内容：

（1）细化室内电缆引入接地、电源防雷接地、传输通道防雷接地、安全保护接地的验收内容。

（2）增加光缆敷设及防护验收内容，细化不同地形下的箱盒安装检验、接续及引入等内容。

（3）增加发车线路表示器及进路表示器的验收内容，细化不同地形下的信号机、信号标志牌安装检验的内容。

（4）补充轨道占用检查装置的施工质量验收关于轨道电路室外设备的扼流变压器的验收标准。

（5）增加外锁闭装置、密贴检查器、道岔缺口监测装置的安装及验收相关内容。

（6）明确道岔融雪装置进场检验，道岔融雪设备安装及配线等的验收标准及道岔融雪装置单项检验内容。

(7)增加应答器及室外地面电子单元进场检验,应答器、室外地面电子单元等的验收标准及应答器单项检验内容。

(8)补充车载信号的地面测试设备进场检验,车载信号的地面测试设备箱及测试环线等的验收标准。

(9)增加道口信号设备进场检验,道口信号设备安装的验收标准及道口信号设备检验要求。

(10)明确无线调车机车信号和监控系统进场、监控系统设备安装及监控系统设备检验要求。

7.《铁路电力工程施工质量验收标准》TB 10420—2018

标准基本构架:

标准共分 14 章,包括总则,术语,基本规定,基础、构支架及遮栏、栅栏,电气装置,电缆电线,35 kV 及以下架空电力线路,低压配电,电气照明,电力远动系统,柴油发电机组,光伏发电系统,机电设备监控系统,防雷与接地等,另有 9 个附录。主要分为四大板块:

第一板块:总则。明确标准编制目的、适用范围。统一铁路电力工程施工质量验收标准、完善电力工程施工检测手段和方法、满足国家现行有关标准的要求。

第二板块:术语。规定《铁路工程基本术语标准》GB/T 50262、《建筑工程施工质量验收统一标准》GB 50300、《铁路电力设计规范》TB 10008 等标准相关术语内容适用于该标准。

第三板块:基本规定。规定铁路电力工程施工现场应具备的条件,施工和监理单位在进行施工现场质量控制的内容要求和组织流程。

第四板块:具体分部验收要求。提出电力工程施工基础、电气装置、电缆电线、35 kV 及以下架空电力线路、低压配电、电力远动系统、柴油发电机组、防雷与接地等质量验收要求。

主要修订内容:

(1)调整范围适用于新建和改建设计速度为 200 km/h 及以下铁路电力工程施工质量的验收。

(2)强化隐蔽工程质量控制,增加影像资料留存要求。

(3)调整铁路电力工程施工质量验收的单位工程、分部工程、分项工程和检验批的划分。

(4)优化验收项目,简化内业资料填写要求;调整检验批要求。

(5)增加商品混凝土验收要求内容,现场搅拌混凝土基础原材料验收由原《铁路混凝土工程施工质量验收标准》TB 10424 改为采用《混凝土结构工程施工质量验收规范》GB 50204。

(6)增加户外高压开关箱(柜)、安全监控系统、远动终端设备及通信管理机验收内容。

(7)增加电缆进场验收抽样进行 20℃ 导体直流电阻试验、主绝缘耐压试验、绝缘层平均厚度试验,无卤低烟类电缆应抽样进行绝缘燃烧腐蚀性及透光率试验,阻燃类电缆应抽样进行成束燃烧试验,耐火类电缆应抽样进行电缆在火焰条件下保持线缆完整性试验的内容。

(8)增加电缆检测及电缆敷设隐蔽前拍摄影像资料要求。

(9)增加基坑开挖深度、拉线底盘、卡盘埋设拍摄影像资料及钢管杆、预绞丝金具、绝缘线、护线条相关验收内容。

(10)增加 UPS 不间断电源装置及 EPS 应急电源装置验收内容。

(11)增加灯桥验收相关内容。

(12)增加并列或并网运行联锁功能验收要求。

(13)增加光伏应急电源与常用电源之间防止并列运行的验收要求。

(14)增加接地网制作、接地体焊接、综合地线连接拍摄影像资料要求。

8.《铁路电力牵引供电工程施工质量验收标准》TB 10421—2018

标准基本构架:

标准共分 6 章,包括总则、术语、基本规定、牵引变电所、接触网、供电调度及远动系统等,另有 6 个附录。主要分为四大板块:

第一板块:总则。明确标准编制目的、适用范围,统一铁路电力牵引供电工程施工质量验收标准,满足国家及行业现行有关标准的要求等内容。

第二板块:术语。规定《铁路工程基本术语标准》GB/T 50262、《建筑工程施工质量验收统一标准》GB 50300、《铁路电力牵引供电设计规范》TB 10009 等标准相关术语内容适用于该标准。

第三板块:基本规定。规定电力牵引供电工程施工现场应具备的条件,施工和监理单位在进行施工现场质量控制的内容要求和组织流程。

第四板块:具体分部验收要求。提出牵引变电所、接触网、供电调度及远动系统等质量验收要求。

主要修订内容：

(1)修订标准范围适用于设计时速 200 km 及以下铁路电力牵引供电工程施工质量的验收。

(2)强化隐蔽工程质量控制，增加影像资料留存要求。

(3)调整铁路电力牵引供电工程的单位工程、分部工程、分项工程和检验批的划分；优化验收项目，简化内业资料填写要求。

(4)调整检验批要求，增强标准科学性和可操作性。

(5)增加牵引变电所箱式分区所和箱式开闭所、信息采集系统、SF6 气体在线监测报警系统、电能质量监测系统、避雷器动作计数器的验收内容。

(6)补充化学锚栓、工厂化预配、隔离开关操作机构箱及避雷器动作计数器等验收内容。

(7)突出关键工序、隐蔽工程的控制，增加了基础制作、电缆敷设保护、电缆附件制作与安装、接地网等关键工序拍摄照片、录制影像的要求。

(8)规定接触网设备、配件及高压电力电缆进厂检验方法。

9.《铁路混凝土工程施工质量验收标准》TB 10424—2018

标准基本构架：

标准共分 10 章，包括总则、术语和符号、基本规定、模板及支(拱)架分项工程、钢筋分项工程、混凝土分项工程、预应力分项工程、砌体分项工程、特殊混凝土、混凝土实体质量核查等，另有 12 个附录。主要分为四大板块：

第一板块：总则。明确标准编制目的、适用范围、混凝土工程施工应执行国家法律法规及相关技术标准、建立健全质量保证体系等内容。

第二板块：术语。规定与混凝土工程施工质量验收密切相关的术语，如胶凝材料、电通量、抗冻等级、碱活性骨料等。

第三板块：基本规定。明确混凝土工程施工质量控制验收一般规定、施工质量验收单元划分、验收内容和要求、验收程序和组织等内容。

第四板块：具体要求。提出模板及支(拱)架分项工程、钢筋分项工程、混凝土分项工程、预应力分项工程、砌体分项工程、特殊混凝土、混凝土实体质量核查等验收要求。

主要修订内容：

(1)优化工程施工质量验收的单元划分、组织程序、实施方法和工作内容。

(2)调整检验项目、质量指标和检验方法，质量检测工作更趋科学、合理、先进、有效。

(3)分析混凝土工程施工中的易发质量通病,制定针对性控制措施。

(4)突出施工质量全过程控制、质量验收要求,精简施工操作具体内容。

(5)明确进场检验、隐蔽工程和关键工序质量验收的原则要求。

(6)明确隐蔽工程验收检查应留存影像资料和完整的质量检验记录。

(7)明确抽样检验、试验数量调整的相关规定,对来源稳定的合格产品或同一抽样对象已有检验成果等情况可以减少抽样检验、试验数量。

(8)明确原材料(构配件)进场后、混凝土拌和物出场前、混凝土试件龄期满足要求后可统一进行验收。

(9)完善粉煤灰、硅灰、减水剂和引气剂的验收项目和技术要求。

(10)增加石灰石粉、降黏剂、增黏剂、膨胀剂和内养护剂的验收内容。

(11)增加小型预制构件验收的相关内容,明确小型预制构件尺寸允许偏差、外观质量等项目的检验数量和方法。

10.《高速铁路路基工程施工质量验收标准》TB 10751—2018

标准基本构架:

标准共分15章,包括总则、术语和符号、基本规定、工程材料、地基处理、基床以下路堤、基床表层以下过渡段、路堑、基床、路基支挡工程、路基边坡防护、路基防排水、路基相关工程及设施、变形观测、路基单位工程质量综合验收等,另有3个附录。主要分为四大板块:

第一板块:总则。明确标准编制目的、适用范围、高速铁路路基施工应执行国家法律法规及相关技术标准、建立健全质量保证体系等内容。

第二板块:术语。规定与高速铁路路基工程施工质量验收密切相关的术语,如站场路基、细粒含量、化学改良土等。

第三板块:基本规定。明确高速铁路路基工程施工质量控制验收一般规定、施工质量验收单元划分、验收内容、验收程序和组织等内容和要求。

第四板块:具体要求。明确地基处理、基床以下路堤、基床表层以下过渡段、路堑、基床、路基支挡工程、路基边坡防护、路基防排水、路基相关工程及设施等验收要求。明确路基工程变形观测与评估、单位工程综合质量验收一般规定和主控项目要求。

主要修订内容:

(1)统一高速铁路路基工程施工质量的控制、检验和验收等要求。

(2)规定路基工程隐蔽工程和重要工序施工影像资料的留存要求。

(3)补充站场路基填筑、工程材料、路堑坡体排水、防风沙设施、防雪害设施等验收单元技术内容。

(4)规定路基施工全部进场材料的质量验收要求。

(5)完善桩基施工的工艺性试验相关要求。

(6)完善真空预压、堆载预压的卸载技术条件。

(7)完善岩溶及采空区注浆整治段落处理效果的验收要求。

(8)增加按过渡段设计的短路基级配碎石填料和压实质量验收内容。

(9)完善化学改良土混合料的块料粒径控制技术条件。

(10)补充按过渡段设计的短路基、堤堑连接处、半挖半填路基的检验规定。

(11)补充槽型挡土墙的验收要求,完善锚杆、锚索注浆质量检验要求。

(12)补充空心砖内客土植生防护、喷混植生、植生袋、生态袋、植被毯的质量验收内容。

(13)补充孔窗式护墙(坡)和柔性防护网的质量验收要求。

(14)增加边坡支撑渗沟防护、路堑坡体排水的仰斜孔和引水管、排水管及防冻胀出水口保温防护等工程质量验收内容和规定。

(15)补充防风防沙设施和防雪害设施的验收要求等规定。

(16)明确变形观测实施前应制定线下工程沉降变形观测实施方案及评估细则。

11.《高速铁路桥涵工程施工质量验收标准》TB 10752—2018

标准基本构架:

标准共分20章,包括总则、术语、基本规定、明挖基础、桩基础、沉井基础、墩台、预应力混凝土简支箱梁、预应力混凝土简支T梁、预应力混凝土连续梁和连续刚构、结合梁、钢桁梁、拱桥、斜拉桥、钢筋混凝土刚构(架)和框架桥、支座、桥梁附属设施、涵洞、沉降变形观测、桥涵单位工程综合质量评定等,另有5个附录。主要分为四大板块:

第一板块:总则。明确标准编制目的、适用范围、高速铁路桥涵工程施工应执行国家法律法规及相关技术标准、建立健全质量保证体系等内容。

第二板块:术语。规定与高速铁路桥涵工程施工质量验收密切相关的术语,如工程施工质量、验收、进场检验、见证检验等。

第三板块:基本规定。明确高速铁路桥涵工程施工质量控制、高速铁路桥涵工程施工质量验收、工程施工质量验收单元划分、工程施工质量验收程序等内容。

第四板块：具体要求。提出高速铁路桥涵基础、墩台、预应力混凝土梁、结合梁、钢桁梁、拱桥、斜拉桥、支座、桥梁附属设施、涵洞、沉降变形监测等验收要求。

主要修订内容：

(1)突出工程结构安全性、可靠性、耐久性和系统使用功能等方面的质量目标要求，保证铁路安全平稳运营。

(2)优化工程施工质量验收的单元划分、组织程序、实施方法和工作内容。

(3)调整检验项目、质量指标和检验方法，质量检测工作更趋科学、合理、先进、有效。

(4)梳理分析高速铁路桥涵工程施工中的易发质量通病，制定针对性控制措施。

(5)进一步突出施工质量验收要求，精简施工操作具体内容。

(6)突出工程施工质量全过程控制，明确进场检验、隐蔽工程和关键工序质量验收的原则要求。

(7)优化原材料、拌和物等质量验收程序。明确原材料(构配件)进场后、混凝土拌和物出场前、混凝土试件龄期满足要求后可统一进行验收。

(8)增加浮式沉井、支承垫石、先张法预应力混凝土简支T梁预制、劲性骨架拱、钢筋混凝土拱桥、框架桥等分部工程，明确相关验收要求。

(9)增加对柱桩和复杂地质条件下桩基地质条件进行逐桩确认的要求。统一桩身顶端处理工艺，明确混凝土超灌部分采用机械切除。

(10)优化桥梁锥体填筑质量验收要求，明确锥体填筑与路基过渡段填筑同步施工、一并验收。

(11)完善摩阻测试结果使用的规定，明确设计单位根据施工单位提供的现场实测结果对张拉控制力进行确认和调整。

(12)增加转体系统分项工程。明确了球铰、转盘、滑道、牵引系统等项目的安装质量要求。

(13)细化高强度螺栓连接副进场复验内容，明确扭矩系数、螺栓楔负载、螺母保证荷载、螺母硬度、垫圈硬度等项目进场复验的要求。

(14)提出支座砂浆原材料、配合比设计、施工、养护等验收内容。

(15)增加人行步板、防抛网、防异物侵限设施、综合接地和桥下防护栅栏等验收要求。

12.《高速铁路隧道工程施工质量验收标准》TB 10753—2018

标准基本构架：

标准共分15章，包括总则，术语，基本规定，原材料、构配件和半成品，加固处理，洞口、明洞（棚洞）及缓冲结构，洞身开挖，支护，衬砌，防水和排水，辅助坑道，附属设施，明挖工程，盾构（TBM）隧道工程，隧道单位工程质量综合验收等，另有6个附录。主要分为四大板块：

第一板块：总则。明确标准编制目的、适用范围、高速铁路隧道工程施工应执行国家法律法规及相关技术标准、建立健全质量保证体系等内容。

第二板块：术语。规定与高速铁路隧道工程施工质量验收密切相关的术语，如工程施工质量、验收、进场检验、见证检验等。

第三板块：基本规定。明确高速铁路隧道工程施工质量控制、高速铁路隧道工程施工质量验收、工程施工质量验收单元划分、工程施工质量验收程序等内容。

第四板块：具体要求。提出原材料和半成品、加固处理、明洞工程、支护、衬砌、防水排水、隧道等验收要求。

主要修订内容：

（1）明确高速铁路隧道施工应用新工艺、新技术、新材料、新设备的验收要求，增加环保、水保工程与主体工程同时设计、同时施工和同时验收的要求。

（2）调整检验批、分项、分部、单位工程的划分原则和规模，增加明挖工程、盾构（TBM）隧道工程按单位工程进行验收，增加隐蔽工程检查影像记录等要求，明确检验批一般项目的检验合格条件。

（3）提出对原材料和构配件进场检验统一管理，提出验收频次要求，明确工厂化生产的半成品和构配件质量验收要求，规定信息化追踪管理相关内容。

（4）优化调整地表注浆、洞内预注浆、井点降水及其他加固措施的施工质量验收要求。

（5）强调洞口加固防护措施的验收要求，突出对洞门结构、洞口防排水等工程实体的验收。

（6）调整洞身开挖验收内容，突出开挖成型断面的验收要求，强化对隧道周边岩溶、断层等不良地质情况探测要求。

（7）规定支护结构实体的验收要求，优化了锚杆、钢筋网、钢架等的验收内容，调整喷射混凝土的检验数量和方法。

（8）调整衬砌验收单元按衬砌部位进行划分，加强衬砌实体工程的断面、强度、耐久性、密实度的质量验收，吸纳先进的隧道结构尺寸验收检测手段。

(9)增加泄水洞功能的验收要求，规定注浆效果验收指标，加强易形成质量缺陷环节的检验方法和数量。

(10)调整辅助坑道验收频次，增加明挖工程验收要求。

(11)增加消防水池、防护门的验收要求，规定弃渣场的位置、容量、绿化、复垦及防污染的验收内容。

(12)增加明挖工程验收要求，包括地下连续墙、钻孔灌注桩、钢筋混凝土支撑、钢支撑、基坑开挖、桩间网喷混凝土、土钉墙、锚杆（索）、地基处理、混凝土垫层、衬砌结构、防排水和基坑回填等内容。

(13)合并盾构和TBM掘进机章节，将管片验收纳入半成品验收内容。

(14)调整单位工程综合质量验收内容，优化核查方法及数量。

13.《高速铁路轨道工程施工质量验收标准》TB 10754—2018

标准基本构架：

标准共分20章，包括总则、术语、基本规定、原材料及轨道主要部件进场验收、CRTSⅠ型板式无砟道床、CRTSⅡ型板式无砟道床、CRTSⅢ型板式无砟道床、CRTS型双块式无砟道床、道岔区轨枕埋入式无砟轨道、道岔区板式无砟轨道、有砟道床、有砟道岔、钢轨伸缩调节器、轨道结构过渡段、线间及两侧封闭层、无缝线路、轨道精调整理、钢轨预打磨、线路标志及标记、单位工程综合质量评定等，另有4个附录。主要分为四大板块：

第一板块：总则。明确标准编制目的、适用范围、高速铁路轨道工程施工应执行国家法律法规及相关技术标准、建立健全质量保证体系等内容。

第二板块：术语。规定与高速铁路轨道工程施工质量验收密切相关的术语，如工程施工质量、验收、进场验收、检验等。

第三板块：基本规定。明确高速铁路轨道工程施工质量控制、轨道工程施工质量验收、工程施工质量验收单元划分、工程施工质量验收程序等内容。

第四板块：具体要求。提出原材料及轨道主要部件进场验收，CRTSⅠ型、Ⅱ型、Ⅲ型板式无砟道床，CRTS型双块式无砟道床，道岔区轨枕埋入式无砟轨道，道岔区板式无砟轨道等验收要求。

主要修订内容：

(1)增加具有自主知识产权的CRTSⅢ型板式无砟轨道工程施工质量验收相关内容。

(2)补充 CRTS 双块式无砟轨道轨排框架法施工工艺相关质量验收内容。

(3)调整优化验收单元,突出结构实体工程、隐蔽工程和关键工序施工质量的验收。

(4)调整检验项目、质量指标和检验方法。

(5)梳理分析轨道工程施工中的易发质量通病,制定针对性控制措施。

(6)补充轨道施工中防排水的技术要求。

(7)增加 CRTSⅢ型板式无砟轨道等相关术语解释。

(8)补充轨道施工与信号系统及综合接地系统等接口的相关要求。

(9)增加底座伸缩缝宽度、底座两侧排水坡的技术要求和伸缩缝填缝的技术要求。

(10)补充支承层实体质量相关技术指标检验要求。

(11)增加“轨排框架法”组装及调整轨排工艺相关内容。

(12)明确底座及限位凹槽、隔离层及弹性缓冲垫层、道岔板铺设、自密实混凝土层、道岔钢轨件安装、道岔钢轨焊接等的质量标准、检验项目和检验方法。

(13)提出封闭层及伸缩缝外观质量及外形尺寸允许偏差等主控项目和一般项目的检验项目、检验数量、检验方法和标准要求。

(14)明确无砟轨道和有砟轨道精调整理、道岔精调整理的检验项目、检验数量、检验方法和标准要求。

14.《高速铁路通信工程施工质量验收标准》TB 10755—2018

标准基本构架:

标准共分为 21 章,包括总则、术语和缩略语、基本规定、室内设备、通信线路、传输、接入网、电话交换、数据通信网、有线调度通信、移动通信、会议电视、电报、综合视频监控、专用应急通信、时钟同步、时间同步、综合布线、电源设备、电源及设备房屋环境监控、综合网络管理等,另有 5 个附录。主要分为四大板块:

第一板块:总则。明确标准编制目的、适用范围、工程设计文件和合同文件的施工质量要求、室外设备安装位置和方式要求、验收手段、检测方法、检测数据等基本要求。

第二板块:术语和缩略语。规定《铁路工程基本术语标准》GB/T 50262、《建筑工程施工质量验收统一标准》GB 50300 等标准相关术语内容适用于该标准。明确与铁路通信工程施工质量验收密切相关的缩略语,如鉴权中心缩写为 AuC、基站收发信机缩写为 BTS、域名服务器缩写为 DNS 等。

第三板块:基本规定。明确通信工程开工前质量管理检查,施工所需材料,构配件和设备施工质量验收,施工质量验收单元划分,施工质量验收内容、要求、程序和组织等基本内容。

第四板块:具体要求。以单位工程进行章节划分,提出包括室内设备、通信线路、传输、接入网、电话交换、数据通信网、有线调度通信、移动通信、会议电视、电报、综合视频监控等验收要求。

主要修订内容:

(1)细化光电缆进场检验、敷设、间距、埋深、连续、引入及防护等验收要求。

(2)增加 OTN 光接口性能、设备抖动、合波分波器性能、光放大器性能等有关验收要求。

(3)补充以太网方式的无源光网络(EPON)、吉比特的无源光网络(GPON)等验收要求。

(4)增加基于 IP 的电话交换网功能、系统性能、冗余配置及倒换功能的验收要求。

(5)增加网络安全配置和功能应符合网络自身安全、入侵防范、网络管理安全、网络安全审计、安全运行管理等要求。

(6)增加有线调度通信系统的主备用调度交换机倒换时间等验收要求。

(7)增加多点控制单元、网守、会议电视终端等设备的单机验收要求。

(8)规定电报网设备安装和配线、单机检验、系统检验相关功能和性能等要求。

(9)增加综合视频监控云台设备的水平、垂直转动角度单机验收要求。

(10)增加隧道应急电话进场检验、安装、布线及配线、防雷及接地、安装位置及安装方式验收要求。

(11)增加时钟同步网设备安装和配线、设备单机检验、网系统、网管检验等要求。

(12)明确交、直流配电设备,高频开关电源设备功能性能验收要求。

(13)提出监控系统设备安装和配线、监控系统设备单机检验、监控系统检验等要求。

(14)明确综合网管设备安装和配线、综合网管单机检验和综合网管系统检验要求。

(15)增加服务器、存储设备等单机检验要求。

15.《高速铁路信号工程施工质量验收标准》TB 10756—2018

标准基本构架：

标准共分为17章，包括总则、术语和缩略语，基本规定，室内设备，光电缆线路，地面固定信号，轨道占用检查装置，道岔转辙装置，道岔融雪装置，应答器及室外地面电子单元，车载信号的地面检测设备，电源设备检验，计算机联锁（CBI）系统检验，列车运行控制系统（CTCS）检验，调度集中（CTC）系统检验，信号监测系统检验，动车段（所）控制集中系统检验等，另有6个附录。主要分为四大板块：

第一板块：总则。明确标准编制目的、适用范围，提出施工质量应满足工程设计文件和合同文件的要求、室外设备安装位置和方式、验收手段、检测方法、检测数据等基本要求。

第二板块：术语和缩略语。规定《铁路工程基本术语标准》GB/T 50262、《建筑工程施工质量验收统一标准》GB 50300等标准相关术语内容适用于该标准。明确与铁路信号工程施工质量验收密切相关的缩略语，如计算机联锁缩写为CBI、调度集中缩写为CTC、中国列车运行控制系统缩写为CTCS等。

第三板块：基本规定。明确信号工程开工前质量管理检查，施工所需材料，构配件和设备施工质量验收，施工质量验收单元划分，施工质量验收内容、要求、程序和组织等基本内容。

第四板块：具体要求。以铁路信号工程分部工程及单位工程进行章节划分，提出室内设备、光电缆线路、地面固定信号、轨道占用检查装置、道岔转辙装置、计算机联锁（CBI）系统检验等验收要求。

主要修订内容：

（1）细化室内电缆引入接地、电源防雷接地、传输通道防雷接地、安全保护接地的验收内容。

（2）增加光缆敷设及防护验收内容，细化不同地形下的箱盒安装检验内容。

（3）增加进路表示器、信号机接地验收内容，细化不同地形下的信号机、信号标志牌安装检验的内容。

（4）细化不同地形下的ZPW-2000轨道电路、25 Hz、高压脉冲轨道电路的安装检验的内容。

（5）增加钢轨伸缩调节器处连接线、轮对踏面诊断处连接线、轨道电路防雷接地验收内容。

（6）增加道岔缺口监测装置进场检验、安装及配线要求，明确道岔转辙装置单项检验、道岔缺口监测设备的验收内容。

(7)细化道岔融雪设备室外电气控制柜、隔离变压器、电加热元件、轨温传感器、气象站等验收内容，增加电气控制柜配线、接地设备验收内容。

(8)增加电子单元设备箱配线、接地设备及应答器单项验收内容。细化了不同地形下的应答器、室外电子单元安装检验的内容。

(9)规定动车段(所)控制集中系统功能检验、动车段(所)控制集中系统接口检验内容。

16.《高速铁路电力工程施工质量验收标准》TB 10757—2018

标准基本构架：

标准共分 14 章，主要内容包括总则、术语、基本规定、基础、构支架及遮栏、栅栏、电气装置、电缆线路、35 kV 及以下架空电力线路、低压配电、电气照明、电力远动系统、柴油发电机组、光伏发电系统、机电设备监控系统、防雷与接地等，另有 9 个附录。主要分为四大板块：

第一板块：总则。明确标准编制目的，适用范围，统一高速铁路电力工程施工质量验收标准，满足国家现行有关标准的规定等内容。

第二板块：术语。规定《铁路工程基本术语标准》GB/T 50262、《建筑工程施工质量验收统一标准》GB 50300、《铁路电力设计规范》TB 10008 等标准相关术语内容适用于该标准。

第三板块：基本规定。规定高速铁路电力工程施工现场应具备的条件，施工和监理单位在进行施工现场质量控制的内容要求和组织流程。

第四板块：具体分部验收要求。提出基础、构支架及遮栏、栅栏，电气装置，电缆线路，35 kV 及以下架空电力线路，低压配电，电气照明，电力远动系统，柴油发电机组，防雷与接地等质量验收要求。

主要修订内容：

(1)调整高速铁路电力工程施工质量验收的单位工程、分部工程、分项工程和检验批的划分等内容。

(2)增加商品混凝土验收要求、安全警示标识、封闭式母线验收等内容。

(3)补充进场验收委托有资质的检验检测机构进行抽样检验的要求。

(4)增加户外高压开关箱、安全监控系统、远动终端设备及通信管理机验收内容。

(5)增加箱式变电站及箱式电抗器涉及的排水、栅栏安装等相关验收内容。

(6)明确电线进场验收委托有资质的检验检测机构进行抽样检验的要求。

(7)增加基坑开挖深度、杆塔基础形式、拉线底盘、卡盘埋设拍摄影像资料及钢管杆、预绞丝金具、绝缘线、护线条、警示标识等相关验收内容。

(8)补充 UPS 不间断电源装置及 EPS 应急电源装置验收内容和灯桥验收等内容。

(9)增加并列或并网运行联锁功能和光伏应急电源与常用电源之间防止并列运行的验收要求。

(10)补充接地网制作、接地体焊接、综合地线连接拍摄影像资料要求。

17.《高速铁路电力牵引供电工程施工质量验收标准》TB 10758—2018

标准基本构架:

标准共分 6 章,主要内容包括总则、术语、基本规定、牵引变电所、接触网、供电调度系统等,另有 7 个附录。主要分为四大板块:

第一板块:总则。明确标准编制目的、适用范围,统一高速铁路电力牵引供电工程施工质量验收要求,满足国家现行有关标准的要求等内容。

第二板块:术语。规定《铁路工程基本术语标准》GB/T 50262、《建筑工程施工质量验收统一标准》GB 50300、《铁路电力牵引供电设计规范》TB 10009 等标准相关术语内容适用于该标准。

第三板块:基本规定。规定高速铁路电力牵引供电工程施工现场应具备的条件,施工和监理单位在进行施工现场质量控制的内容要求和组织流程。

第四板块:具体分部验收要求。提出牵引变电所、接触网质量、供电调度系统等质量验收要求。

主要修订内容:

(1)修改范围适用于高速铁路电力牵引供电工程施工质量的验收。

(2)调整高速铁路电力牵引供电工程的单位工程、分部工程、分项工程和检验批的划分;优化验收项目,简化内业资料填写要求,调整检验批要求。

(3)加强牵引变电所材料进场检验的质量抽查及检验检测,增加电缆进场检验抽样检验的内容。

(4)调整牵引变电所工程施工质量验收分部工程、分项工程的划分。

(5)新增箱式分区所、箱式开闭所、箱式 AT 所分部工程。

(6)突出关键工序的施工质量控制,增加基础、电缆头的制作与安装、接地网和保护管槽(埋深)拍摄影像资料的内容。

(7)加强接触网材料设备进场检验的质量抽查及检测检验。明确电缆、接触网零部件、接触线及承力索、绝缘器材等进场检验的质量抽查及检测检验。

(8)调整接触网工程施工质量验收分部工程、分项工程的划分。

(9)规定接触网腕臂结构、吊弦等工厂化预装配半成品的检测方式和验收内容。

(10)修改隧道后置化学锚栓锚固抗拔力检验原则，突出工程结构安全性、可靠性、系统使用功能等方面的质量控制要求。

(六)历史沿革

1.《铁路轨道工程施工质量验收标准》TB 10413—2018

(1)1987 年，铁道部发布《铁路轨道工程质量评定验收标准》TBJ 413—1987。

(2)1998 年，为满足铁路轨道工程质量检验需要，铁道部（铁建〔1998〕51 号）发布《铁路轨道工程质量检验评定标准》TB 10413—1998。

(3)2003 年，铁道部（铁建设〔2003〕127 号）发布《铁路轨道工程施工质量验收标准》TB 10413—2003。主要修订内容有：提出铁路轨道工程的施工要求、质量保证措施、验收方法、验收程序和质量标准，明确了建设各方在施工质量控制中的职责，严格了材料进场验收和施工质量检测的程序及方法，体现了科学性和可操作性，突出了验标对铁路轨道工程施工质量的控制和提高新线开通速度的要求。

(4)2018 年，国家铁路局（国铁科法〔2018〕91 号）发布《铁路轨道工程施工质量验收标准》TB 10413—2018，为现行版本。

2.《铁路路基工程施工质量验收标准》TB 10414—2018

(1)1987 年，铁道部发布《铁路路基工程质量评定验收标准》TBJ 414—1987。

(2)1998 年，为满足铁路路基工程质量检验需要，铁道部（铁建〔1998〕51 号）发布《铁路路基工程质量检验评定标准》TB 10414—1998。

(3)2003 年，铁道部（铁建设〔2003〕127 号）发布《铁路路基工程施工质量验收标准》TB 10414—2003。主要修订内容有：修改标准的适用范围，旅客列车设计行车速度由 140 km/h 调高到 160 km/h，完善工程施工质量验收的方法、程序和质量标准；补充和完善地基处理验收内容和方法；采用双指标控制基床底层和基床表层施工质量验收；规定路堑施工质量控制要求；增加路堤与桥台间过渡段的检验方法与内容；增加取土场（坑）、弃土场（堆）的验收等内容。

(4)2018 年，国家铁路局（国铁科法〔2018〕91 号）发布《铁路路基工程施工质量验收标准》TB 10414—2018，为现行版本。

3.《铁路桥涵工程施工质量验收标准》TB 10415—2018

(1)1987 年,铁道部发布《铁路桥涵工程质量评定验收标准》TBJ 415—87 及《铁路特大桥工程质量评定验收标准》TBJ 416—1987。

(2)1998 年,为满足铁路桥涵工程质量检验需要,铁道部(铁建〔1998〕51 号)发布《铁路桥涵工程质量检验评定标准》TB 10415—1998。

(3)2003 年,铁道部(铁建设〔2003〕127 号)发布《铁路桥涵工程施工质量验收标准》TB 10415—2003。主要修订内容有:修改标准的适用范围,将旅客列车设计行车速度由 140 km/h 提高到 160 km/h,取消优良等级评定,增加对结构实体质量进行检测的要求,补充换填地基、重锤夯实地基、强夯地基、挤密桩、砂桩、碎石桩、粉喷桩、旋喷桩、爬模、结合梁、造桥机、斜拉桥水平转体施工等方面的内容。

(4)2018 年,国家铁路局(国铁科法〔2018〕91 号)发布《铁路桥涵工程施工质量验收标准》TB 10415—2018,为现行版本。

4.《铁路隧道工程施工质量验收标准》TB 10417—2018

(1)1987 年,铁道部发布《铁路隧道工程质量评定验收标准》TBJ 417—1987。

(2)1998 年,为满足铁路隧道工程质量检验需要,铁道部(铁建〔1998〕51 号)发布《铁路隧道工程质量检验评定标准》TB 10417—1998。

(3)2003 年,铁道部(铁建设〔2003〕127 号)发布《铁路隧道工程施工质量验收标准》TB 10417—2003。主要修订内容有:取消优良等级评定,补充模板、管棚、超前小导管、仰拱填充、施工缝和变形缝处理、盲管(沟)、辅助坑道坑道口及封闭、消防等内容。

(4)2018 年,国家铁路局(国铁科法〔2018〕91 号)发布《铁路隧道工程施工质量验收标准》TB 10417—2018,为现行版本。

5.《铁路通信工程施工质量验收标准》TB 10418—2018

(1)1987 年,铁道部发布《铁路通信工程质量评定验收标准》TBJ 418—1987。

(2)2000 年,铁道部(铁建设函〔2000〕172 号)发布《铁路通信工程质量检验评定标准》TB 10418—2000。主要修订内容有:将质量评定与验收分开;评定部分增加检验内容;验收部分纳入施工技术要求。

(3)2003 年,铁道部(铁建设〔2003〕127 号)发布《铁路运输通信工程施工质量验收标准》TB 10418—2003。主要修订内容有:明确标准适用范围,旅客列车最高行车速度小于等于 160 km/h,完善工程施工质量验收的方法、程序和质量标准；补充与铁路运输相关的光纤用户接入网、铁路运输调度通信、列车无线调度通信、区段通信、站场通信、车站客运信息系统、数据接入终端、中间站环境及电源监控；简化涉及公共通信网（传输、交换、微波等）内容。

（4）2018 年，国家铁路局（国铁科法〔2018〕91 号）发布《铁路通信工程施工质量验收标准》TB 10418—2018，为现行版本。

6.《铁路信号工程施工质量验收标准》TB 10419—2018

（1）1987 年，铁道部发布《铁路信号工程质量评定验收标准》TBJ 419—87。

（2）2000 年，铁道部（铁建设函〔2000〕172 号）发布《铁路信号工程质量检验评定标准》TB 10419—2000。主要修订内容有：增加“建设单位或监理单位意见”的内容；分项工程检验项目由保证项目、基本项目、允许偏差项目（或其中两项）组成；取消新建或大修中逐渐淘汰的背板信号机。

（3）2003 年，铁道部（铁建设〔2003〕127 号）发布《铁路信号工程施工质量验收标准》TB 10419—2003。主要修订内容有：修改适用范围、将旅客列车最高行车速度由 140 km/h 提高到 160 km/h；完善工程施工质量验收的方法、程序和质量标准；增加信号设备、器材的监测内容及信号标志牌、光纤线路的验收标准；补充地面固定信号、轨道电路、电（光）缆线路、室内设备施工等技术内容。

（4）2018 年，国家铁路局（国铁科法〔2018〕91 号）发布《铁路信号工程施工质量验收标准》TB 10419—2018，为现行版本。

7.《铁路电力工程施工质量验收标准》TB 10420—2018

（1）1987 年，铁道部发布《铁路电力工程质量评定验收标准》TBJ 420—1987。

（2）2000 年，铁道部（铁建设函〔2000〕172 号）发布《铁路电力工程质量检验评定标准》TB 10420—2000。

（3）2003 年，铁道部（铁建设〔2003〕127 号）发布《铁路电力工程施工质量验收标准》TB 10420—2003。主要修订内容有：将旅客列车设计行车速度由 140 km/h 提高到 160 km/h，完善工程质量验收方法、程序和质量标准，取消优良等级评定等内容。

（4）2018 年，国家铁路局（国铁科法〔2018〕91 号）发布《铁路电力工程施工质量验收标准》TB 10420—2018，为现行版本。

8.《铁路电力牵引供电工程施工质量验收标准》TB 10421—2018

（1）1987 年，铁道部发布《铁路电力牵引供电工程质量评定验收标准》TBJ 421—1987。

（2）2000 年，铁道部（铁建设函〔2000〕172 号）发布《铁路通信工程质量检验评定标准》TB 10418—2000。

（3）2003 年，铁道部（铁建设〔2003〕127 号）发布《铁路电力牵引供电工程施工质量验收标准》TB 10421—2003。主要修订内容有：将旅客列车设计行车速度由 140 km/h 提高到 160 km/h，完善工程质量验收方法、程序和质量标准，取消优良等级评定等内容。

（4）2018 年，国家铁路局（国铁科法〔2018〕91 号）发布《铁路电力牵引供电工程施工质量验收标准》TB 10421—2018，为现行版本。

9.《铁路混凝土工程施工质量验收标准》TB 10424—2018

（1）2003 年，铁道部（铁建设〔2003〕127 号）发布《铁路混凝土与砌体工程施工质量验收标准》TB 10424—2003。主要内容：将铁路工程中有关混凝土与砌体工程施工质量验收的内容合并，统一了铁路混凝土与砌体工程的施工要求、验收方法、验收程序和验收质量。

（2）2005 年，为加强铁路混凝土工程施工质量管理，铁道部（铁建设函〔2005〕160 号）发布《铁路混凝土工程施工质量验收补充标准》。主要技术内容有：明确耐久性混凝土工程施工质量过程控制原则；提出耐久性混凝土工程施工质量过程控制原则等。

（3）2010 年，铁道部（铁建设函〔2010〕240 号）发布《铁路混凝土工程施工质量验收标准》TB 10424—2010。主要修订内容有：落实六位一体建设管理要求，对质量安全投资控制、环境保护和技术创新提出了针对性管理措施。

（4）2018 年，国家铁路局（国铁科法〔2018〕91 号）发布《铁路混凝土工程施工质量验收标准》TB 10424—2018，为现行版本。

10.《高速铁路路基工程施工质量验收标准》TB 10751—2018

（1）2005 年，为加强客运专线铁路工程施工质量管理，铁道部（铁建设〔2005〕160 号）发布《客运专线铁路路基工程施工质量验收暂行标准》。主要技术内容有：明确客运专线路基单位工程综合质量评定、实体工程质量及主要功能核查要求；规定建设各方在工程施工质量控制过程中的具体职责；规定质量检测的方法和手段；统一工程施工质量验收记录等资料管理与保存的要求；提出对客运专线铁路工程施工及验收的各方人员进行上岗培训的要求。

（2）2010 年，为满足高速铁路路基质量检验需要，铁道部（铁建设〔2010〕240 号）发布《高速铁路路基工程施工质量验收标准》TB 10751—2010。主要技术内容有：明确路基填料的选择和生产的要求；提出在进行大面积填筑前，不同填料应分别进行摊铺压实工艺试验；明确路基与桥台过渡段、路基与横向结构物过渡段、路堤与路堑过渡段、路基与隧道间过渡段、桥台与隧道间过渡段等质量控制内容；提出单位工程综合质量控制资料核查、实体工程质量及主要功能核查、观感质量评定的要求，规定观感质量评定标准。

（3）2018 年，国家铁路局（国铁科法〔2018〕91 号）发布《高速铁路路基工程施工质量验收标准》TB 10751—2018，为现行版本。

11.《高速铁路桥涵工程施工质量验收标准》TB 10752—2018

（1）2010 年，铁道部（铁建设〔2010〕240 号）发布《高速铁路桥涵工程施工质量验收标准》TB 10752—2010。主要技术内容有：落实“六位一体”建设管理要求，对质量、安全、工期、投资控制、环境保护和技术创新提出针对性管理措施；强调现代化施工管理手段应用，从积极推广机械化、工厂化、专业化、信息化施工角度，明确指导性原则要求；调整检验项目、质量指标和检验方法；提出对特殊环境条件结构复杂桥梁工程实施风险管理的规定。

（2）2018 年，国家铁路局（国铁科法〔2018〕91 号）发布《高速铁路桥涵工程施工质量验收标准》TB 10752—2018，为现行版本。

12.《高速铁路隧道工程施工质量验收标准》TB 10753—2018

（1）2010 年，铁道部（铁建设〔2010〕240 号）发布《高速铁路隧道工程施工质量验收标准》TB 10753—2010。主要技术内容有：落实“六位一体”建设管理要求，对质量、安全、工期、投资控制、环境保护和技术创新提出针对性管理措施；强调现代化施工管理手段应用，从积极推广机械化、工厂化、专业化、信息化施工角度，明确指导性原则要求；调整检验项目、质量指标和检验方法；加强对软弱围岩及不良地质铁路隧道施工安全的要求；增加综合接地、沉降观测与评估的验收内容等。

（2）2018 年，国家铁路局（国铁科法〔2018〕91 号）发布《铁路隧道工程施工质量验收标准》TB 10753—2018，为现行版本。

13.《高速铁路轨道工程施工质量验收标准》TB 10754—2018

（1）2010 年，铁道部（铁建设〔2010〕240 号）发布《铁路轨道工程施工质量验收标准》TB 10754—2010。主要修订内容有：落实“六位一体”建设管理要求，对质量、安全、工期、投资控制、环境保护和技术创新提出了针对性管理措施；突出工程结构安全性、可靠性、耐久性和系统使用功能等方面的质量目标要求，保证高速铁路安全平稳运营；对高速铁路轨道工程施工现场管理、施工质量控制、沉降评估、与线下工程的交接等进行了原则性规定。

（2）2018 年，国家铁路局（国铁科法〔2018〕91 号）发布《高速铁路轨道工程施工质量验收标准》TB 10754—2018，为现行版本。

14.《高速铁路通信工程施工质量验收标准》TB 10755—2018

（1）2007 年，铁道部发布《客运专线铁路通信工程施工质量验收暂行标准》（铁建设〔2007〕251 号）。主要修订内容有：突出单位工程综合质量检查、实体工程质量及主要功能核查要求；强调工程施工质量应达到设计要求的使用功能、结构安全和耐久性能，满足设计使用年限内正常运营的需要；明确建设各方在工程施工质量控制过程中的具体质量职责；规定工程施工应采用先进的技术、设备和工艺，保证质量，保障安全；提出质量检测应采用先进、成熟、科学的方法和手段，质量数据做到全面、真实、可靠的技术要求。

（2）2010 年，铁道部（铁建设〔2010〕240 号）发布《高速铁路通信工程施工质量验收标准》TB 10755—2010。主要修订内容有：规定施工质量应达到标准及设计要求的使用功能、安全及质量性能、设计使用年限等技术要求；明细建设各方工程施工质量控制过程中的职责和管理、技术、作业三个层面的控制内容，体现了质量终身负责制要求；规定工程施工应采用先进、成熟、科学的质量检验方法和手段，使数据全面、真实、可靠；规定工程施工质量验收记录等资料管理与保存的要求；提出工程施工及验收人员上岗培训的要求；提出工程施工质量、安全、环境保护、职业健康等方面的验收内容和要求；体现工程施工的源头控制、过程控制、细节控制的要求。

（3）2018 年，国家铁路局（国铁科法〔2018〕91 号）发布《高速铁路通信工程施工质量验收标准》TB 10755—2018，为现行版本。

15.《高速铁路信号工程施工质量验收标准》TB 10756—2018

（1）2007 年，铁道部发布《客运专线铁路信号工程施工质量验收暂行标准》（铁建设〔2007〕213 号）。主要修订内容有：突出单位工程综合质量检查、实体工程质量及主要功能核查要求；强调工程施工质量应达到设计要求的使用功能、结构安全和耐久性能，满足设计使用年限内正常运营的需要；明确建设各方在工程施工质量控制过程中的具体质量职责；规定工程施工应采用先进的技术、设备和工艺，保证质量，保障安全；提出质量检测应采用先进、成熟、科学的方法和手段，质量数据做到全面、真实、可靠的技术要求。

（2）2010 年，铁道部（铁建设〔2010〕240 号）发布《高速铁路信号工程施工质量验收标准》TB 10756—2010。主要修订内容有：增加工序操作责任人的记录要求，体现对管理层、技术层、作业层人员的质量责任追溯；优化工程施工质量验收的单元划分、组织程序、实施方法和工作内容；统一在无砟轨道地段的信号工程安装质量要求，突出了无砟轨道路基、桥梁及隧道地段信号设备安装的特殊验收要求，细化了在不同地段信号设备基础安装的形式；明确电缆敷设、电缆防护、电缆接续、电缆成端质量指标，规定信号电缆敷设前应进行单盘检测，并要求建立单位对电缆接续进行旁站监理；完善各种箱盒在路基地段、桥梁防护墙地段、隧道地段的安装质量要求，提出箱盒基础支架严禁跨桥梁伸缩缝安装；结合京津、武广、郑西高速铁路箱式机房的现场运输、吊装、拼接、安装及室内走线等提出了具体质量要求；增加道岔融雪装置验收内容，明确道岔融雪装置的电气控制柜、隔离变压器、电加热元件、气象站及室内控制终端的施工质量要求。

（3）2018 年，国家铁路局（国铁科法〔2018〕91 号）发布《高速铁路信号工程施工质量验收标准》TB 10756—2018，为现行版本。

16.《高速铁路电力工程施工质量验收标准》TB 10757—2018

（1）2010 年，铁道部（铁建设〔2010〕240 号）发布《高速铁路电力工程施工质量验收标准》TB 10757—2010。主要修订内容有：对质量、安全、工期、投资控制、环境保护和技术创新提出针对性管理措施；为管理制度、人员配备、现场管理、过程控制标准化提供配套性标准规定；强调现代化施工管理手段应用，从积极推广机械化、工厂化、专业化、信息化施工角度，明确指导性原则要求；体现全方位过程质量控制理念，在源头控制、过程控制、细节控制方面明确建设各方关键性工作等内容。

（2）2018 年，国家铁路局（国铁科法〔2018〕91 号）发布《高速铁路电力工程施工质量验收标准》TB 10757—2018，为现行版本。

17.《高速铁路电力牵引供电工程施工质量验收标准》TB 10758—2018

（1）2006 年，铁道部（铁建设函〔2006〕167 号）发布《客运专线铁路电力牵引供电工程施工质量验收暂行标准》。

（2）2010 年，铁道部（铁建设〔2010〕240 号）发布《高速铁路电力牵引供电工程施工质量验收标准》TB 10758—2010。主要修订内容有：对质量、安全、工期、投资控制、环境保护和技术创新提出针对性管理措施；为管理制度、人员配备、现场管理、过程控制标准化提供配套性标准规定；强调现代化施工管理手段应用，从积极推广机械化、工厂化、专业化、信息化施工角度，明确指导性原则要求；体现全方位过程质量控制理念，在源头控制、过程控制、细节控制方面明确建设各方关键性工作等内容。

(3)2018年，国家铁路局(国铁科法〔2018〕91号)发布《高速铁路电力牵引供电工程施工质量验收标准》TB 10758—2018，为现行版本。

第四章 2021年度铁路工程建设标准基础性课题研究情况

内容导读

基础研究是标准化水平大幅提升的关键抓手。立足"四个面向"，聚焦国家创新驱动发展战略和川藏铁路建设等重大工程，着眼铁路工程建设关键领域和重点环节，核心技术研究取得重大突破。持续深化基础理论研究，加快推动与重点标准编制的深度融合，助力实现标准质量水平质的稳步提升。为强化标准技术先进性和经济合理性，夯实编制基础、巩固技术支撑，深入开展基础研究工作。

2021 年以来，又有 4 项铁路工程建设标准基础性课题陆续开展研究，部分课题已结题。贯彻落实习近平总书记在北斗全球卫星导航系统建成暨开通仪式上的讲话精神，开展铁路工程应用北斗技术标准研究；围绕服务国家重大战略工程实施，完成复杂艰险山区铁路新型工程地质遥感解译技术标准研究；围绕服务经济社会绿色发展，完成铁路桥梁灌注桩后压浆技术标准研究；围绕加强"四新"技术应用，完成铁路桥梁转体技术深化研究。

第一节　综合应用类

一、铁路工程建设应用北斗技术标准研究

(一)研究背景

为贯彻落实党中央、国务院关于交通强国建设要求，大力发展智慧交通，推动及加强北斗卫星导航系统在铁路建设及运营中应用，立足行业需求，提出推进铁路＋北斗融合创新应用标准研制建议，充分发挥标准规范市场的有效作用，加强各级标准组织协调，推动行业北斗卫星导航系统应用各方面可持续发展，保障行业的有效管理和整体运行，服务铁路高质量发展。

铁路工程建设中应用卫星导航技术日益广泛，然而，我国铁路建设和运维期

的测量、定位和监测仍依赖于 GPS，在关键信息基础设施安全保护方面存在隐患。为维护国家关键基础设施安全，适应智慧高铁建设和铁路“走出去”需求，服务铁路高质量发展，形成拥有自主知识产权的基于北斗导航系统的铁路工程测量和监测技术，利用 BDS 技术优势解决山区及复杂环境下测量定位难题，加快推动铁路＋北斗技术融合创新应用，深入开展铁路工程建设应用北斗技术标准基础研究十分迫切且意义重大。

铁路行业积极推动和加强北斗卫星导航系统在铁路建设及运营中的应用，国家相关部门联合启动北斗铁路行业综合应用示范工程项目，其中就包含铁路工程测量方面的示范工程，相关需求调研如图 4-1 所示。通过基于 BDS 的铁路工程测量示范工程应用的带领，北斗和铁路工程测量将进一步融合，从而促进两个行业健康发展，并服务于国家综合立体交通网建设。

图 4-1　赴铁五院开展北斗技术标准需求调研

（二）研究内容及技术路线

1. 对已有标准进行分析和总结

随着北斗卫星导航应用技术的发展、铁路系统北斗应用逐步成熟以及北斗卫星导航系统应用的深入，为了更好地反映我国北斗导航定位在铁路行业应用产业发展的技术方向和主流技术，同时考虑各种与既有卫足导航定位系统的兼容性，亟须对现有的标准进行分析和总结。

2. 确定重点领域和重要技术标准

以北斗在铁路行业开展的应用领域为切入点，结合已总结的经验和研究成果，开展标准化工作。

（1）制定北斗铁路工程测量技术指标和方法，研究基于北斗连续运行基准站网的铁路工程勘测、精密控制测量的技术要求和精度指标，为铁路工程勘测降本增效提供标准支撑。

(2)制定北斗/惯性导航(BDS/INS)轨道不平顺的移动精密测量技术标准，规范该测量方式在铁路轨道移动测量方面的应用场景、控制基准要求、测量精度等主要指标，为铁路轨道几何状态精密测量提供技术标准支撑。

(3)制定铁路北斗变形监测站建设标准，针对铁路路基、涵洞、桥梁、隧道洞口边坡等构筑物的特性，研究适用于铁路行业的北斗变形监测站选点、土建、设备与安装、集成与调试、与国家北斗连续运行基准站网的联测方式、精度指标、质量检查与监理和验收方法，为形成北斗变形监测站建设标准奠定基础。

技术路线如图 4-2 所示。

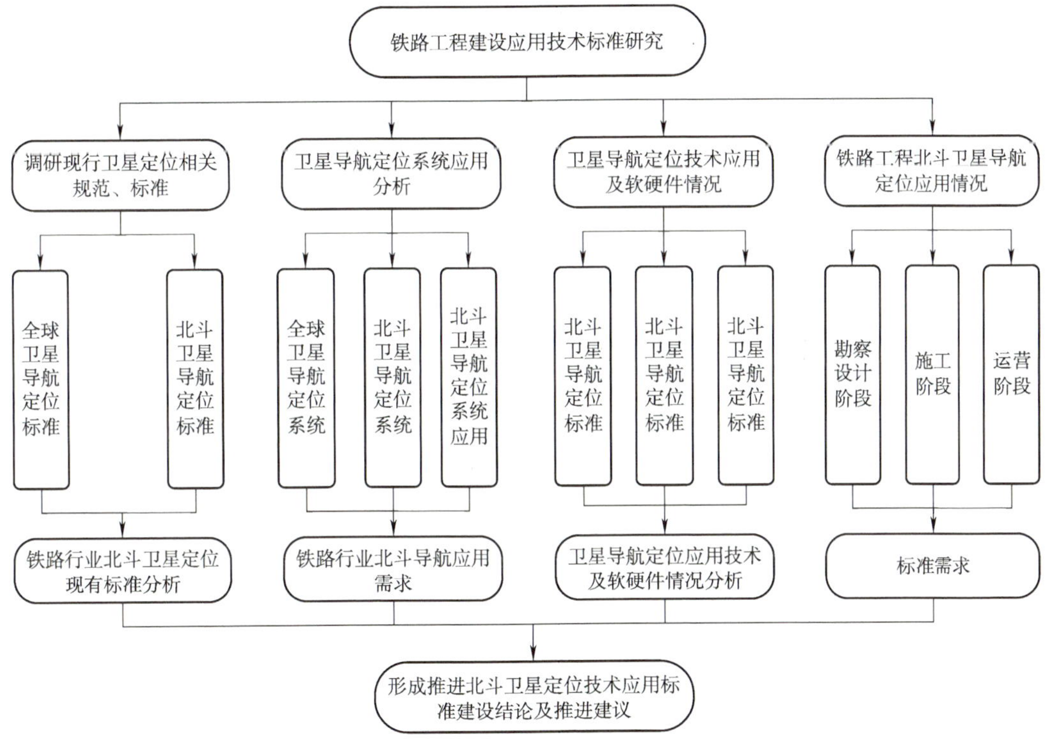

图 4-2　技术路线图

(三)研究方法

本研究采用实践分析与归纳总结相结合的研究方法，制定我国铁路行业建设应用北斗技术标准。

1. 调研分析法。调研卫星导航在相关领域的规范和标准，结合铁路勘察、施工及运营维护阶段北斗在铁路系统的测量需求，对前期在不同线路、示范地点的建设经验和大量的应用数据、科研成果进行归纳和总结，制定我国铁路行业建设应用北斗技术指标、作业方法，为标准编制提供依据。

2. 实践研究法。研究铁路勘察、施工及运营维护阶段的测量基准需求，分析国家北斗地基增强网的现状，制定建设覆盖铁路北斗连续运行基准站网的技术设计方案。研究基于北斗系统的铁路工程控制网测量技术标准、完整的北斗铁路工程控制测量体系，制定面向铁路勘测、施工和运维阶段的工程控制测量技术要求。

3. 收集分析法。收集GNSS自动化变形监测相关规范和标准，并依据前期在有关铁路示范地点的建设经验和测试数据，分析铁路路基、桥梁、涵洞等观测数据的完整率、信号强度、定位精度等，研究适用于铁路行业的北斗沉降监测站建设方案，为后续标准编制工作提供理论、试验数据支撑。

4. 归纳总结法。系统梳理我国铁路行业轨道几何状态及平顺性检测的相关标准规范与技术现状，依据北斗/INS轨道测量及不平顺检测技术取得的大量数据和相关性实验，分析归纳技术优势，制定满足铁路工程建设、运营维护要求的北斗/INS轨道测量规范。

（四）阶段研究成果

标准是引领北斗卫星导航系统规范有序发展的重要技术手段，通过发挥标准抢占技术前沿、引领技术创新方面的重要导向作用，强化北斗卫星导航系统重要技术标准，巩固和协调北斗卫星导航系统建设中涌现出的新技术、新体制和新产品等创新性成果，结合铁路行业需求，实现北斗产业的整合、重组、提升，加强我国北斗产业体系的综合竞争力，加快北斗应用推广与产业化进程。

1. 对比分析其他行业卫星导航系统相关标准制定的情况，目前我国铁路行业北斗系统应用标准化工作已有一定基础，但有些问题需开展研究。主要有以下三个方面：一是开展体系建设顶层设计与预先性研究。二是开展重点方向标准研究和检测评定体系建设。三是稳步推进北斗系统应用标准的制修订和宣贯工作。

2. 北斗卫星导航系统在公安执法、国家电网、移动通信、金融证券等重要行业领域，已出台相关标准明确规定北斗系统的使用，为北斗系统应用及产业化发展起到了有效的支撑及示范作用。铁路行业暂无针对北斗应用直接相关的行业标准，随着北斗在交通运输体系下的全面应用，需要深入开展标准化研究和制定工作。

3. 由于本次研究时间有限，铁路行业应用北斗的最新进展及其他行业的最新动态信息获取不全，当前北斗软硬件处于研制发展阶段，尚未开展北斗软硬件在既有铁路接触网高压线及声屏障遮挡条件下的试验分析研究，尚未开展融合北斗系统的列控系统、通信系统的研究。

第二节　地质勘察类

二、复杂艰险山区铁路新型工程地质遥感解译技术标准研究

（一）研究背景

为适应复杂艰险山区铁路建设需要，进一步探索和促进新型遥感技术的科学应用，针对复杂艰险山区铁路高地温、活动断裂、高山峡谷无人区不良地质问题及长大深埋隧道区岩性识别难题，开展热红外遥感技术的高地温和活动断裂解译、高山峡谷区不良地质地表形变遥感监测和解译、高光谱遥感技术的长大深埋隧道岩性解译和无人机辅助野外地质调查适用性分析等研究工作，为编制标准提供技术支撑。根据《国家铁路局 2020 年铁路工程建设标准编制计划》（国铁科法函〔2020〕34 号）要求，组织中铁工程设计咨询集团有限公司等单位开展《复杂艰险山区铁路新型工程地质遥感解译技术标准研究》。

遥感技术具有广域性、多源性、动态性的特点，可以宏观、全面、动态地获取某一区域的地质信息，在铁路长大干线方案复杂区域，需进行大面积工程地质选线地区，特大桥、特长隧道和大型枢纽工程的选址中，遥感技术与地面调查、物探、钻探等常规勘察技术相结合，为线路前期方案研究和科学决策提供可靠的地质依据。位于全球陆地地形地貌和地质构造演化最复杂、构造活动最强烈地区的复杂艰险山区铁路，沿线地形、地质条件复杂，自然环境恶劣、交通不便、人迹罕至，且多为无人区。一方面，常规的遥感解译方法不足以支撑复杂艰险山区铁路方案研究，有必要探索采用新型遥感技术对控制复杂艰险山区铁路线路方案的深大活动断裂、高山峡谷崩塌、滑坡、泥石流等不良地质及岩性进行解译，拓展工程地质遥感解译工作方法，丰富解译成果内容，在指导地面勘察工作的同时，弥补地面调查、物探、钻探等常规地面勘察工作的不足，在保证勘察质量的前提下实现有效减少地面勘察工作量、提高勘察工作效率的目的。另一方面，复杂艰险山区铁路在重大工程施工建设和运营期间，均面临深大活动断裂、高山峡谷崩塌、滑坡、泥石流等地质灾害的风险，严重危及工程建设及运营安全。发展多传感器、大范围、高时效、高精度、多源数据融合的工程地质遥感解译技术，有利于提高重大工程施工建设和运营阶段的防灾减灾、应急抢险和安全保障能力，从而保障重大工程建设和运营期间的安全。

系统梳理复杂艰险山区铁路遥感工作，总结热红外、InSAR、高光谱、无人机等新型遥感技术在工程地质勘察中应用的基础理论、试验研究、科研课题和工程应用案例，研究各项技术在复杂艰险山区铁路应用的边界条件、对特定工程地质要素的解译精度和适用性，制定相关遥感数据处理、工程地质要素解译的作业流程，提出相关标准的制定建议，为修订《铁路工程地质勘察规范》《铁路工程地质遥感技术规程》等相关标准提供技术依据。复杂艰险山区铁路路基如图 4-3 所示。

图 4-3　复杂艰险山区铁路路基

（二）研究内容

1. 高光谱遥感岩性解译研究

调研高光谱遥感岩性解译的国内外研究现状，探究高光谱遥感岩性解译机理，总结卫星高光谱遥感数据源技术参数及预处理方法，选择复杂艰险山区铁路沿线经典区域开展野外岩性采集，提出野外光谱采集质量控制方法和铁路沿线岩性光谱样本库建设方法，提出高光谱遥感岩性解译标准制定建议。

2. 热红外遥感地表热异常提取和活动断裂解译技术研究

调研热红外地表异常与活动断裂（地震）关系国内外研究现状，分析基于 ASTER、Landsat TM/ETM +/TIRS 等星载热红外遥感数据的地表温度反演及地表热异常提取方法，选取复杂艰险山区铁路沿线典型区域开展热红外遥感地表热异常提取测试工作，研究热红外地温异常与活动断裂的关系，提出热红外遥感地表热异常和活动断裂解译标准制定建议。

3. 高山峡谷区不良地质 InSAR 形变遥感监测技术研究

调研高山峡谷区不良地质 InSAR 形变遥感监测和解译的国内外研究现状，选择复杂艰险山区铁路沿线典型区域获取 Sentinel-1、ALOS PALSAR 等多源多轨道

SAR 数据，分析 D-InSAR、PS-InSAR、SBAS-InSAR 等技术的适用条件、InSAR 技术形变监测误差产生的影响因素及消除方法，通过与光学遥感数据解译、地面调查、GNSS 或水准实测等方法进行对比，研究不同 InSAR 技术获取地表形变的精度及适用性，提出高山峡谷区不良地质 InSAR 形变遥感监测和解译技术标准制定建议。

4. 无人机辅助地质调查技术研究

调研无人机遥感技术在地质调查工作中的应用现状，研究适用于高海拔复杂山区的无人机遥感平台及载荷系统，选择复杂艰险山区铁路沿线典型地质体，开展无人机遥感数据采集与处理技术研究、基于无人机 LiDAR、倾斜摄影的辅助地质勘察技术研究，分析基于无人机遥感的复杂艰险山区铁路地质灾害风险调查与评价方法，提出无人机辅助地质勘察标准制定建议。

（三）研究方法

1. 文献研究法。检索高光谱遥感、热红外遥感、InSAR 技术、无人机技术国内外研究资料，收集各项技术的相关基础理论、试验研究、科研课题、工程应用案例，了解各项技术的应用领域和应用边界条件，使其更好地服务于复杂艰险山区铁路勘察工作。

2. 调查研究法。调查研究新型遥感技术在复杂艰险山区铁路地质勘察中的实际应用情况，了解各项技术对控制线路方案的高地温、活动断裂、高山峡谷崩塌、滑坡、泥石流、地表变形和地层岩性等地质问题的解译及成果资料，总结实践经验。

3. 实验研究法。选取复杂艰险山区铁路典型区域开展基于星载热红外遥感的地表温度反演及地表热异常提取测试、InSAR 技术地表形变提取测试、野外岩石光谱采集、无人机遥感数据采集等现场测试采集工作，获取现场第一手数据资料，为后续工作的开展奠定基础。

4. 对比分析法。开展多种 InSAR 技术地表形变监测与对比研究，通过与光学遥感数据解译、地面调查、GPS 或水准实测等常规方法进行对比，得出不同 InSAR 技术获取地表形变的精度及适用性的数据和结论。

5. 归纳总结法。通过对大量现场实测数据的分类、归纳，以定性与定量相结合的方式对测试结果进行精度评价及适用性研究，提出热红外、InSAR、高光谱及 LiDAR 等新型工程地质遥感解译技术标准制定建议以及无人机辅助地质勘察标准制定建议。

（四）研究成果

针对复杂艰险山区铁路高地温、活动断裂、高山峡谷区不良地质、岩性解译难度大等问题，选取沿线典型区域作为重点研究对象，开展热红外、InSAR、高光谱、无人机等新型遥感技术研究工作，测试和论证各项技术对于复杂艰险山区特定工程地质要素解译的适用性，提出数据获取、数据处理、解译方法、精度评价等技术要求，提出相应技术的标准制定建议。

1. 热红外遥感地表热异常提取和活动断裂解译技术

(1)制定热红外遥感地表热异常和活动断裂解译相关标准，以补充条款的形式纳入现行铁路行业标准《铁路工程地质遥感技术规程》TB 10041，具体条款及条文说明如下：

条款 1.0.1 铁路工程地质勘察，尤其是地形地质条件复杂、构造活动频发的山区铁路工程地质勘察，宜采用热红外遥感技术进行地下水、温泉、充水断层、含水裂隙、隐伏断层、浅层岩溶的解译，并辅助开展工程地质活动断裂填图。

条文说明 1.0.1 本课题研究表明，热红外遥感技术对地表热异常反应敏感，尤其是对于地下水、温泉、充水断层、含水裂隙、隐伏断层、浅层岩溶等地质体产生的地温异常现象。因此，热红外遥感技术对于上述地质体类型具有很好的解译效果。

(2)数据选择

条款 1.1.1 热红外遥感解译应根据工作目的、区域地质特征等，合理选择热红外遥感数据。

条文说明 1.1.1 目前常用的卫星热红外遥感数据源及相关技术参数如表 4-1 所示。在收集热红外遥感数据时，要了解热红外扫描图像的成像时间、气象条件、扫描角度、温度灵敏度、地面测温等资料。热红外遥感数据的获取时段，要根据研究目的、区域地质特征、温度效应及其他因素等全面考虑而定。此外，为了便于解译成果的相互印证和综合分析，尤其是当单一平台或单一时相数据不满足解译要求时，要选择多平台、多时相热红外遥感数据。

表 4-1 常用卫星热红外遥感数据源及相关技术参数

传感器	卫星平台	热红外波段数	热红外光谱范围(μm)	空间分辨率	宽幅
ASTER	EOS(美国)	5	8.125～8.475	90 m	60 km×60 km
			8.475～8.825		
			8.925～9.275		
			10.25～10.95		
			10.95～11.65		

续上表

传感器	卫星平台	热红外波段数	热红外光谱范围(μm)	空间分辨率	宽　幅
AVHRR	NOAA(美国)	3	3.55～3.93	1.1 km	—
			10.30～11.30		
			11.50～12.50		
MODIS	EOS(美国)	16	3.660～3.840	1 km	—
			3.929～3.989		
			3.929～3.989		
			4.020～4.080		
			4.433～4.498		
			4.482～4.549		
			6.535～6.895		
			7.175～7.475		
			8.400～8.700		
			9.580～9.880		
			10.780～11.280		
			11.770～12.270		
			13.185～13.485		
			13.485～13.785		
			13.785～14.085		
			14.085～14.385		
ETM+/TM 6	Landsat(美国)	2	10.0～12.9	60 m(重采样30 m)	185 km×185 km
			10.4～12.5	120 m	
IRS红外相机	HJ-1A/B(美国)	2	3.50～3.90	150 m	720 km×720 km
			10.5～12.5	300 m	
Landsat8 TIRS	Landsat(美国)	2	10.60～11.20	100(重采样30 m)	185 km×185 km
			11.50～12.50		

(3)解译方法

条款1.2.1 热红外遥感地表热异常解译应采取以下流程:地表温度热红外遥感反演、区域地表环境背景温度模拟和地表温度异常信息提取。

条文说明1.2.1 利用单窗或劈窗算法开展地表温度热红外遥感反演,在反演的地表温度信息中包含了大气等效温度、地表环境温度等信息,需要进一步模拟地表环境背景温度场，并进行去除，最后得到地表温度异常信息。

条款 1.2.2 热红外遥感解译应采用多类型遥感数据和反演算法，并结合区域地质资料，对解译结果进行综合分析。

条文说明 1.2.2 实际工作中，热红外遥感解译应采用多种解译方法，并通过对解译结果的综合分析，不断积累解译经验，进一步提高热红外遥感地温异常解译的效率和准确率。

（4）精度评价

条款 1.3.1 热红外遥感地温异常解译完成后应对解译效果进行精度评价。

条文说明 1.3.1 热红外遥感地温异常解译精度，可以通过已知温度异常点的回归分析来验证。

（5）现场验证

条款 1.4.1 热红外遥感地温异常解译完成后，应开展现场验证工作，结合踏勘、钻探、物探等形式核查验证。

条文说明 1.4.1 现场验证是遥感工作不可缺少的重要过程，能够核查验证、修改补充遥感解译成果，提高最终解译成果的质量和正确率。

2. 高山峡谷区不良地质 InSAR 形变遥感监测和解译技术

（1）制定不良地质 InSAR 形变遥感监测和解译相关标准，以补充条款的形式纳入现行铁路行业标准《铁路工程地质遥感技术规程》TB 10041，具体条款及其条文说明如下：

条款 2.0.1 铁路工程地质勘察，可采用 InSAR 技术开展不良地质识别和形变监测，并与光学遥感解译、地面调查、现场监测等方法进行综合分析。

条文说明 2.0.1 根据《铁路工程不良地质勘察规程》TB 10041—2012，不良地质是指滑坡和错落，危岩、落石和崩塌，岩堆，泥石流，风沙，岩溶，人为坑洞，水库坍岸，地震，放射性，有害气体、高地温，地面沉降。《铁路工程不良地质勘察规程》TB 10041—2012 修编工作中将错落并入了滑坡，地震改为活动断裂与地震，同时增加了高地应力。目前该规程修编报批稿已完成，计划 2022 年颁布实施。为与《铁路工程不良地质勘察规程》最新版本相统一，结合 InSAR 技术应用范畴，本条建议中的不良地质指滑坡、危岩落石和崩塌、岩堆、泥石流、风沙、人为坑洞、水库坍岸、活动断裂与地震、地面沉降。

课题研究表明：采用 InSAR 技术监测地表形变的理论精度可达毫米级，但受 SAR 数据空间失相关、时间失相关和大气延迟等因素影响，加之地表形变计算过程复杂，涉及算法众多，影响计算结果精度的因素也很多，其实际精度要低于理论精度，同时受限于 SAR 数据精度，通过应用 InSAR 技术监测到的地表形变来识别不良地质体，可能存在错判或漏判。因此，采用 InSAR 技术开展不良地质形变提取和解译，要与光学遥感解译、地面调查、现场监测等方法相结合，进行综合分析。

(2)数据选择

条款 2.1.1 采用 InSAR 技术开展不良地质识别和形变监测，应搜集以下资料：

①基础资料：区域地质、历史地震、既有不良地质及其形变监测资料；

②雷达数据；SAR 卫星数据、SAR 卫星精密轨道数据；

③辅助数据；DEM 数据、光学遥感影像、数字地形图；

④气象资料以及人类工程活动情况等。

条款 2.1.2 雷达数据收集应根据工作目的、精度要求，结合工作区地形特点、植被覆盖情况，以及拟采用的 InSAR 技术方法，选择适宜的 SAR 卫星存档数据或编程数据。SAR 卫星存档数据选择可参照表 4-2。

条文说明 2.1.1、2.1.2 不良地质形变遥感监测和解译精度高低主要取决于所采用的 SAR 数据源的精度。在开展工作之初，要明确工作目的和精度要求，选择满足工作精度要求的 SAR 数据。参考《地质灾害 InSAR 监测技术指南（试行）》规定，SAR 数据分辨率建议标准为：①根据成图比例尺确定：当不良地质 InSAR 形变遥感监测和解译精度要求成图比例尺为 1∶10 万时，宜采用分辨率优于 15 m 的 SAR 数据；当成图比例尺为 1∶25 万时，宜采用分辨率优于 30 m 的 SAR 数据。②根据形变遥感监测精度要求确定：形变监测精度为分米级至米级时，宜采用分辨率优于 40 m 的 SAR 数据；形变监测精度为厘米级至分米级时，宜采用分辨率优于 20 m 的 SAR 数据；形变监测精度为亚毫米级时，宜采用分辨率优于 5 m 的 SAR 数据。

DEM 数据为 InSAR 技术应用中最为重要的辅助数据，其精度和质量是控制 InSAR 监测地表形变精度的决定性因素之一。SAR 卫星获取的相位包括参考椭球面相位、地形相位、大气相位、噪声相位和地表形变相位。其中地形相位采用 DEM 模拟计算，如 DEM 精度过低、质量不高或者与 SAR 数据时相不一致，会直接影响到地形相位的精度，进而影响到 InSAR 技术形变监测结果的精度和可靠性。在《地质灾害 InSAR 监测技术指南（试行）》中，对 DEM 数据的精度和质量要求作了详细的规定。建议 DEM 数据按以下要求收集：①DEM 数据精度要求：DEM 数据分辨率宜优于 SAR 数据分辨率。②DEM 数据质量要求：在空间上应保持一致，

表 4-2　常用星载 SAR 传感器基本参数及应用特征

数据名称	ERS-1/2	JERS-1	Radarsat-1	ENVISAT	ALOS-1	Radarsat-2	TerraSAR-X	COSMO-Skymed	Sentinel	ALOS-2
国家/机构	欧空局	日本	加拿大	欧空局	日本	加拿大	德国	意大利	欧空局	日本
运行时间	1991—2000/ 1995—2012	1992—1998	1995—2013	2002—2012	2006—2010	2007—	2007—	2007—	2014—	2014
波段	C	L	C	C	L	C	X	X	C	L
极化方式	VV	HH	HH	HH/ VV	全极化	单极化/ 双极化/ 全极化	全极化	HH,VV,HV, VH,HH/VV, HH/HV, VV/VH	HH + VV, VV + VH	全极化
幅宽(km)	100	80	50 ~ 100	100 ~ 400	30 ~ 350	聚焦模式 18 超级条带模式 20 条带模式 50 其他模式 50 ~ 500	凝视模式 10 聚束模式 20 条带模式 30 扫描模式 150 宽扫描模式 270	聚束模式 7 ~ 10 条带模式 30 ~ 40 扫描模式 100 ~ 200	聚束模式 20 条带模式 80 扫描模式 250 宽扫描模式 400	聚束模式 25 条带模式 50 扫描模式 350 ~ 490
空间 分辨率(m)	25	25	8 ~ 30	25 ~ 100	7 ~ 100	聚焦模式 1 超级条带模式 3 条带模式 5 其他模式 > 5	凝视模式 0. 25 聚束模式 1 条带模式 3 扫描模式 18. 5 宽扫描模式 40	聚束模式 1 条带模式 3. 15 扫描模式 30 宽扫描模式 100	聚束模式 5 条带模式 5 × 20 扫描模式 20 宽扫描模式 20	聚束模式 1 × 3 条带模式 3/6/10 扫描模式 100
重复周期 (d)	35	44	24	35	46	24	11	16	12	14
存档数据 情况	全球覆盖 20 次以上	全球覆盖 5 次以上	部分地区 覆盖	全球覆盖 25 次以上	全球覆盖 15 次以上	部分地区 覆盖	部分地区 覆盖	部分地区 覆盖	部分地区 覆盖	部分地区 覆盖
可否编程 定制	否	否	否	否	否	是	是	是	是	是
数据特点	具有较早的存档数据，数据稳定性较差，处理难度大	具有较早的存档数据，数据分辨率较低，质量一般	具有较早的存档数据，数据质量一般	存档数据数量较多，高山峡谷区干涉效果较差	存档数据数量较多，空间基线较长	数据质量较好，高分辨率单景数据覆盖范围较大	存档数据较少，数据质量好，重返周期短	存档数据数量较多，数据质量好，重返周期短，空间基线较长	存档数据数量较多，数据质量好，覆盖范围较大，重返周期短，分辨率较低	数据质量好，覆盖范围较大，重返周期短，可适用于植被茂密地区

且无跳变和空洞。当跳变和空洞面积≤20% 时，可用其他 DEM 数据补充，当跳变和空洞面积 >20% 时，应更换 DEM 数据。③DEM 数据现势性要求与 SAR 数据时相接近。④DEM 数据如用矢量地形图生成时，其平面精度和高程精度换算关系可参考《地面沉降 InSAR 监测规范》DD 2014-11。

对于地形陡峭地区，为尽可能消除 SAR 几何畸变造成的探测盲区，SAR 数据选择建议采取如下策略：①选择雷达视线向与最大位移方向夹角最小的 SAR 卫星数据；②SAR 卫星升轨数据、降轨数据联合使用。雷达卫星均采用侧视成像方式，存在山体叠掩、阴影、顶底倒置等几何畸变现象，尤其在地形陡峭地区，SAR 卫星视线向迎坡面如坡度过陡，几何畸变现象会更为严重、影响区域会更广，导致几何畸变区域无法探测到有效数据，存在监测盲区。本项目研究区域金沙江两岸自然坡度大，无论雷达卫星的升轨还是降轨 SAR 卫星数据，均在 SAR 卫星迎坡面出现严重的几何畸变现象，在研究过程中采用升轨与降轨 SAR 数据联合使用的策略，基本上解决了因几何畸变存在的监测盲区问题，仅极少数存在几何畸变的区域，无论 SAR 卫星在升轨还是降轨飞行时都无法进行有效探测，存在监测盲区。

对于植被茂密地区，建议选择长波长的 SAR 数据。不同雷达波段对地物的穿透性不同，雷达波波长越长，其穿透性越强，反之，则越弱。在植被茂密地区，短波长的 SAR 数据相干低，不能进行有效监测，可选择 L 波段的 SAR 数据。本课题对 ALOS 卫星的 L 波段 SAR 数据与 sentinel-1 卫星 C 波段的 SAR 数据穿透性进行了一定对比研究结果，研究表明：L 波段对植被的穿透性强于 C 波段，在植被旺盛生长的夏季，也能保持很好的相干性。

SAR 影像的极化方式有 HH、VV、HV、VH 四种。HH、VV 为同极化，HV、VH 为交叉极化。因不同雷达极化模式获取相同观测目标的回波信号间存在一定的差异，会影响 InSAR 数据处理中 SAR 影像的相干性，故采用 InSAR 技术监测不良地质形变时，应首选同极化 SAR 卫星数据，次选交叉极化 SAR 卫星数据。

不同 InSAR 技术方法其原理各不相同，对 SAR 数据量的要求也不尽相同。可根据具体采用的 InSAR 技术方法，确定需要收集的 SAR 卫星数据数量。一般要求为：D-InSAR，2 景；PS-InSAR≥20 景，山区可适当增加；SBAS-InSAR≥5 景；CR-InSAR≥2 景；POT-SAR≥2 景；MAI-InSAR≥2 景。

(3)技术方法

条文 2.2.1 采用 InSAR 技术开展不良地质识别和形变监测，应充分利用多源多轨道 SAR 数据，综合运用 D-InSAR、TS-InSAR 等多种 InSAR 技术方法。

条文说明 2.2.1 理论上,CR-InSAR 形变监测精度可达亚毫米级,PS-InSAR 形变监测精度可达毫米级,D-InSAR、SBAS-InSAR 形变监测精度可达厘米级,POT-SAR 形变监测精度可达毫米级可达亚像素分辨率。为确保各种尺度的变形都能监测到,可综合应用各种 InSAR 技术方法。

课题研究表明:雷达卫星为近地极轨卫星,飞行方向为近南北向,采用侧视成像方式,故雷达干涉测量只对雷达视线向(即东西方向)形变敏感,对卫星飞行方向(即南北方向)的形变不敏感。因而基于干涉测量原理的 InSAR 技术方法,如 D-InSAR、CR-InSAR、PS-InSAR、SBAS-InSAR 等,仅能监测东西方向的形变,且其所能监测到的形变尺度只能达到厘米级;而且监测的是缓慢形变,对于形变梯度过大或者形变速率过快的形变,则不能监测。对于形变梯度过大或者形变速率过快的形变,可以采用 POT-SAR、MAI-InSAR 技术。POT-SAR 技术可以估算方位向和距离向的形变,但容易受像素匹配失败影响,出现无监测数据区域;MAI-InSAR 技术的精度与干涉图信噪比、相干系数等有关。

条文 2.2.2 采用 InSAR 技术开展不良地质识别和形变监测,应根据工作目的、工作精度要求,结合工作区地形地貌、植被发育程度等因素,合理选择 InSAR 技术方法,可参照表 4-3。

表 4-3 InSAR 技术方法及其适用性

InSAR 方法		应用环境	适用不良地质体类型	最高监测精度
D-InSAR	单 D-InSAR	适用于 SAR 数据时间间隔短和天气/季节接近的环境	滑坡、泥石流、地面沉降	厘米
TS-InSAR	PS-InSAR	适用于 SAR 数据时间间隔长和监测区天气条件差异大的环境	滑坡、崩塌、泥石流、地面沉降	毫米
	SBAS-InSAR	适用于短时间基线高相干、长时间基线低相干的 SAR 数据	滑坡、泥石流、地面沉降	厘米
CR-InSAR		适用于监测区整体相干性较低的情况,如植被茂密地区。但 CR 需提前布设	滑坡、崩塌、泥石流、地面沉降	毫米
POT-SAR		适用于 SAR 数据时间间隔长和监测区天气条件差异大、地质灾害体变形量大、变形梯度大的环境	滑坡、泥石流、地面沉降	亚毫米
MAI-InSAR		适用于 SAR 数据时间间隔短和天气/季节接近的环境	滑坡、崩塌、泥石流、地面沉降	亚像素分辨率
上述方法组合		所有变形尺度的地质灾害监测		

条文说明 2.2.2 本课题研究表明:在 InSAR 技术方法中,目前应用较多且较成熟的方法有 D-InSAR、PS-InSAR、SBAS-InSAR、CR-InSAR,其原理均基于差分干涉测量原理,可监测 SAR 卫星视线向的一维形变,监测精度可达厘米至亚毫米级。前沿的 InSAR 技术方法有 POT-SAR、MAI-InSAR 等,可监测卫星方位向的一维形变。MAI-InSAR 基于差分干涉测量原理。POT-SAR 是基于像素匹配原理,可监测快速、形变梯度大的亚像素级形变。

InSAR 技术方法各有其优缺点和适用范围,其所能监测的形变速率精度、应用环境、可监测的不良地质体类型均有差异。在具体工作中,应根据工作区的地形地貌、不良地质的形变特征、监测目的和精度要求,选择适宜的 InSAR 技术方法进行形变监测。如植被茂密地区,监测区整体相干性较低,则宜选择 CR-InSAR,并提前布设 CR;当不良地质体形变速率过快或变形梯度过大时,宜选择 POT-SAR;山区多采用 SBAS-InSAR。

(4)数据处理

条文 2.3.1 InSAR 技术数据处理应包括以下步骤:主影像选择;主副影像的配准、裁剪和组合;DEM 与主影像的配准、裁剪;干涉相位计算;差分干涉计算;变形量计算;基准修正;地理编码。

条文说明 2.3.1 InSAR 技术数据处理各步骤具体要求可参照《地面沉降干涉雷达数据处理技术规程》DD 2014-11 中相关规定执行。

(5)成果验证

条文 2.4.1 InSAR 技术不良地质识别和形变监测,可采用多源多轨道 SAR 数据、多种 InSAR 技术方法进行交叉验证,同时采用光学遥感解译、地面调查、现场监测等方法中的一种或多种进行验证。

条文说明 2.4.1 InSAR 技术大多基于干涉测量原理,因存在轨道参数误差、地形数据误差、干涉失相关所引起的相位噪声、相位解缠误差,以及大气延迟等因素,影响不良地质 InSAR 形变遥感监测和解译的精度和可靠性,可能存在误判、漏判,故应与光学遥感解译、现场调查、现场监测等方法中的一种或多种进行验证。

3. InS 高光谱遥感岩性解译技术

(1)制定高光谱遥感岩性解译相关标准,以补充条款的形式纳入现行铁路行业标准《铁路工程地质遥感技术规程》TB 10041,具体条款及条文说明如下:

条文 3.0.1 铁路工程地质勘察,尤其是地形地质条件复杂的山区铁路工程地质勘察,宜采用高光谱遥感技术进行岩性解译,并辅助开展工程地质岩性填图。

条文说明 3.0.1 本课题研究表明，采用高光谱遥感技术进行岩性解译，有其明显的技术优势。尤其是对于含方解石、白云石等矿物的灰岩、白云岩等碳酸盐岩，光谱曲线在 2 300 nm ~ 2 350 nm 区间具有典型的吸收峰特征。高光谱遥感能很好地探测到这类波谱特征。因此，高光谱遥感技术对于灰岩、白云岩等碳酸盐岩具有较好的解译效果。另外，根据相关文献，含绿泥石、绢云母等矿物的硅酸盐岩，含高岭石、蒙脱石的黏土矿物，含黄铁矿、黄铜矿的二价离子矿物，以及含赤铁矿、黄钾铁矾等矿物的铁氧化物，光谱曲线在 400 nm ~ 2 500 nm 范围内均有各自的吸收峰特征，高光谱遥感技术对上述岩性矿物均具有很好的解译效果。

同时，对于地形地质条件复杂的山区铁路（如川藏铁路），采用传统的地面调查和光学遥感解译方法难度大、解译工作效率低。高光谱遥感技术能够进行岩性解译，尤其对于灰岩、白云岩等对工程影响较大的碳酸盐岩具有较好的解译效果。加之川藏铁路沿线独特的自然条件（部分地区岩石裸露、植被发育较少），采用高光谱遥感技术对川藏铁路沿线进行岩性解译，是一种重要而又可行的技术方法。

课题研究表明，采用高光谱遥感技术，基于目前主要星载遥感数据（高分五号、资源一号 02D、Hyperion），可以实现 1∶20 万 ~ 1∶10 万比例尺精度的岩性解译，并辅助开展工程地质岩性填图，尤其是对于灰岩、白云岩等光谱曲线具有典型吸收峰特征的岩性，可以达到更高精度的解译效果，能够更好地满足铁路勘察设计踏勘、初测阶段岩性解译和辅助工程地质岩性填图要求。

需要说明的是，采用高光谱遥感技术进行岩性解译，应充分考虑其适用性。影响高光谱遥感岩性解译的因素有很多，包括岩石风化、植被（冰雪、土壤）覆盖、地形效应等。本次研究表明，对于岩石出露范围大且集中、岩性单一的地区，高光谱遥感岩性解译的效果较好，如本次测试的灰岩、砂岩和闪长岩。考虑高光谱遥感技术主要获取的是地表信息，受植被（冰雪、土壤）覆盖等因素影响较大，对于植被（冰雪、土壤）覆盖较严重地区，高光谱遥感岩性解译效果欠佳，使用时应充分考虑其适用性。

（2）数据选择

条文 3.1.1 高光谱遥感岩性解译应根据工作区植被覆盖、岩石出露、地质特征等，合理选择高光谱遥感数据，并符合下列要求：

①数据获取时间应根据工作区地理位置进行选择。

②云量宜小于 10%。

③当单一平台或单一时相数据不满足解译要求时，应选择多平台、多时相高光谱遥感数据。

条文说明 3.1.1 目前国内外主要星载高光谱遥感数据包括高分五号、资源一号 02D、Hyperion 等，技术参数见表 4-4。

表 4-4 目前主要星载高光谱遥感数据技术参数

名称	国家	在轨状态	空间分辨率（m）	波段数	波段范围（nm）	幅宽（km）
高分五号	中国	2018.5～2020.4，2021.9～	30	330	400～2 500	60
资源一号 02D	中国	2019.9～	30	166	400～2 500	60
Hyperion	美国	2000.11～2017.2	30	242	400～2 500	7.7

从表 4-4 中可以看出，3 种高光谱遥感数据的空间分辨率均为 30 m，波段范围一致。波段数量及光谱分辨率方面，高分五号共 330 个波段，其中，可见光-近红外波段光谱分辨率 5 nm，短波红外波段光谱分辨率 10 nm。资源一号 02D 共 166 个波段，其中，可见光-近红外波段光谱分辨率 10 nm，短波红外波段光谱分辨率 20 nm，Hyperion 数据共 242 个波段；幅宽方面，高分五号、资源一号 02D 的幅宽均为 60 km，而 Hyperion 幅宽为 7.7 km；在轨状态方面，高分五号、资源一号 02D 目前均处于在轨状态，数据正在持续获取；美国 EO-1 Hyperion 卫星于 2000 年发射，于 2017 年停止获取数据。因此，如要开展较早期的高光谱遥感数据对比分析，须获取 Hyperion 数据。另外，经查询，川藏铁路沿线区域 Hyperion 存档数据较少，仅贡觉地区有存档数据 3 景，高分五号、资源一号 02D 存档数据充足，且数据仍在持续更新。

高光谱遥感数据的获取时间，要根据工作区地理位置进行选择。对于我国来说，北方地区宜选择在植被不发育的春秋季节；南方无雪或少雪地区宜选择在冬季，岩石裸露的高寒地区宜选择在夏季。另外，高光谱遥感岩性解译宜选取获取时间较新的数据。

为了便于解译成果的相互印证和综合分析，尤其是当单一平台或单一时相数据不满足解译要求时，要选择多平台、多时相高光谱遥感数据。

(3)数据预处理

条文 3.2.1 高光谱遥感岩性解译应根据数据特点等,开展下列全部或部分预处理:

①去条带噪声。

②辐射校正。

③大气校正。

④几何校正。

条文说明 3.2.1 本条规定了高光谱遥感数据预处理的内容。工作中应根据解译目标和高光谱遥感数据特点,进行条文中所列的全部或部分预处理。

①条带噪声是目前国产星载高光谱数据普遍存在的一种噪声信息,会对高光谱遥感岩性解译结果产生不利影响。去除条带噪声的方法主要包括:频率域低通滤波法、矩匹配法、直方图匹配法、空间域滤波、插值法、主成分分析法等。

②辐射校正将高光谱遥感图像的亮度灰度值转换为绝对辐射亮度的过程。应根据高光谱遥感数据的级别确定是否进行辐射校正。

③大气校正的目的是消除大气和光照等因素对地物反射的影响,获取地物反射率、辐射、地表温度等真实物理模型参数,用来消除大气中水蒸气、氧气、二氧化碳、甲烷和臭氧等对地物反射的影响,消除大气分子和气溶胶散射的影响。常见的大气校正方法有 5S、6S、LOWTRAN、MODTRAN、ATREM、ACORN、FLAASH 模型等,本课题采用 FLAASH 模型对高光谱遥感数据进行大气校正。

④几何校正是指消除或改正遥感数据几何畸变的过程,分为几何粗校正和几何精校正。实际工作中,根据获取的遥感数据特点、解译目的和解译精度要求,对高光谱遥感数据进行几何校正。对于铁路勘察设计的踏勘和初测阶段,高光谱遥感岩性解译作为辅助工程地质调查方法,从遥感卫星地面站或商业机构获取的星载高光谱遥感数据一般满足岩性解译精度要求,不需要进行几何精校正。但是,当图像明显不匹配、或解译精度要求高时,要进行几何精校正。

(4)解译方法

条文 3.3.1 高光谱遥感岩性解译应获取解译目标岩性的端元光谱。端元光谱的获取方式应采用下列一种或多种:

①PPI 自动识别端元。

②ROI 手动识别端元。

③野外(或室内)实测光谱。

④标准光谱库光谱。

条文说明3.3.1 获取端元光谱是高光谱遥感岩性解译重要的一个环节。端元光谱的获取方式有两类：一是直接从高光谱遥感图像上提取的“图像端元”，包括PPI自动识别端元和ROI手动识别端元；二是使用光谱仪在野外或实验室获取岩石样本的“参考端元”，包括野外（室内）实测光谱和标准光谱库光谱。

①PPI自动识别端元是基于高光谱遥感数据，经过最小噪声分离变换（MNF）、计算纯净像元指数（PPI）、N维可视化分析（n-Dimensional Visualizer）和端元选择等步骤，从高光谱遥感数据中提取的端元光谱。

②ROI手动识别端元是根据工作区地质资料，针对解译目标岩性特征，结合高分辨率光学遥感图像，在高光谱遥感数据上选取解译目标岩性的ROI，将ROI的平均光谱值作为端元光谱。ROI的选取受地形地貌及高光谱遥感数据的影响较大，尽量选择地形平坦、影像光谱均一的区域。

③野外（室内）实测光谱采集及数据质量控制方法应执行《岩矿波谱测试技术规程》DD 2014—13。另外，野外实测光谱采集时间宜同高光谱遥感数据获取时间相近，如为不同年份，宜选择与高光谱遥感数据获取时间相同的季节（或月份）。

④标准光谱库光谱是从标准光谱库中选取特定岩石（或矿物）的光谱。目前常用的含岩石矿物光谱信息的标准光谱库有ASTER、IGCP264、USGS等。实际工作中，应根据解译目标的岩性类型，在某个标准光谱库中选取相应岩性的标准光谱。需要注意的是，标准光谱库中的岩石矿物光谱仅提供了光谱曲线信息，没有提供采集样品的地理位置、区域地质、矿物组成与化学成分等信息，且均在室内获取，与影像光谱在空间尺度上差异较大，这将增加岩性解译结果的不确定性。

条文3.3.2 高光谱遥感岩性解译应采用多种解译方法，并结合区域地质资料，对解译结果进行综合分析。

条文说明3.3.2 目前，常用的高光谱遥感岩性解译方法有主要有：光谱角度匹配（SAM）、匹配滤波（MF）、混合调谐匹配滤波（MTMF）、混合像元分解、光谱信息散度等。本课题采用光谱角度匹配（SAM）和混合调谐匹配滤波（MTMF）两种方法开展研究区高光谱遥感岩性解译测试工作。通过分析认为，对于研究区而言，采用光谱角度匹配（SAM）方法的解译效果整体优于混合调谐匹配滤波（MTMF）方法。但是局部区域混合调谐匹配滤波（MTMF）方法效果较好，采用混合调谐匹配滤波（MTMF）方法对于灰岩的解译，经与地质资料和高分辨率光学遥感图像对比分析，解译结果与地质资料吻合。此外，随着遥感大数据、云计算、人工智能等技术的不断发展，针对高光谱遥感数据光谱分辨率高、波段连续性强、数据量大等特点，基于深度学习的高光谱遥感岩性智能解译已经成为当前研究的热点，是未来高光谱遥感岩性解译技术发展的重要方向。因此，在实际工作中，在充分运用光谱角度匹配（SAM）、混合调谐匹配滤波（MTMF）等常规解译方法的同时，加强高光谱遥感岩性智能解译技术研发，开展多种解译方法的对比分析，不断提高解译效率和精度。

（5）精度评价

条文 3.4.1 高光谱遥感岩性解译应分别对单一目标和整体解译的效果进行精度评价。

条文说明 3.4.1 高光谱遥感岩性解译精度评价，即将解译结果同参考结果进行比较，定量描述高光谱遥感岩性解译的解译效果，其中参考结果包括工作区实地岩性调查资料、区域地质岩性填图成果资料等。目前，高光谱遥感岩性解译精度评价方法主要有生产者精度、使用者精度、总体精度、KAPPA 系数等。其中，生产者精度和使用者精度适用于单一解译目标的解译精度评价，总体精度、KAPPA 系数适用于对整体解译效果的评价。

对比高光谱遥感岩性解译结果与研究区修正后的 1:20 万地质图，采用生产者精度、使用者精度、总体精度、KAPPA 系数共 4 个指标对解译结果进行评价。分析不同方法对于不同解译目标的解译效果，积累解译经验，提高解译工作效率和准确率。

4. 无人机辅助地质勘察

制定无人机辅助地质勘察相关标准，以补充条款的形式纳入现行铁路行业标准《铁路工程地质遥感技术规程》TB 10041，具体条款及条文说明如下。

（1）平台及载荷选型

条文 4.1.1 无人机辅助地质勘察应根据勘察目标特征、地形地貌、气象条件等因素，合理选择无人机飞行平台类型。

条文说明 4.1.1 对于大面积地质调查，宜选用固定翼、复合翼无人机；对于重点区域地质详查，宜采用多旋翼无人机。

对于复杂山区环境下无人机辅助地质勘察，无人机平台性能应满足：①升限高度不小于海拔 6 000 m；②续航时间不小于 30 min；③抗风能力：固定翼无人机应具备 4 级风力条件下安全飞行的能力，多旋翼无人机应具备 5 级风力条件下安全飞行的能力；④具备飞行姿态、飞行高度、飞行速度稳定控制功能；⑤配备双天线GNSS导航，定位模块宜满足RTK、PPK等模式要求；⑥地面监控站应具备航线规划和自动作业功能，监控半径应大于5 km，回传画面应至少60帧/s的帧率稳定保持在1 080 P分辨率；⑦电源供给：具备较大容量及较快充电速度；⑧软硬件兼容和扩展能力：具备搭载倾斜摄影、激光雷达等多种载荷能力，必要时可进行扩展组装和二次开发。

另外，选择无人机平台后，还应对相机成像分辨率、激光植被穿透率和激光点云密度的适宜性进行测试，评价是否满足工程地质调查或不良地质解译要求。

条文4.1.2 无人机辅助地质勘察应根据勘察目标任务、成果数据类型和精度要求，合理选择载荷类型。

条文说明4.1.2 无人机载荷类型多样，根据无人机辅助地质勘察目标任务，无人机载荷主要包括数码相机、激光雷达、热红外相机、成像光谱仪、合成孔径雷达等。受限于无人机载重能力和机舱空间，无人机载荷应具备体积小、重量轻、功耗低等特点。无人机辅助地质勘察载荷选择可参照表4-5。

表4-5 不同任务载荷应用场景

调查任务	任务载荷	目的
地形	激光雷达	地表点云数据采集
地貌	数码相机	地表纹理数据采集
水体	数码相机+热红外相机	正射影像、热辐射数据采集
植被	成像光谱仪+激光雷达	植被光谱与点云数据采集
断层	数码相机+激光雷达+热红外相机	地貌、地形、热辐射数据采集
岩性	数码相机+成像光谱仪	岩石纹理与岩石光谱数据采集
边坡变形	激光雷达+合成孔径雷达	变形数据采集
地面沉降	合成孔径雷达	地面沉降数据采集
冰川、积雪	数码相机+激光雷达+合成孔径雷达	地貌、地形、覆盖厚度数据采集

(2)数据采集

条文4.2.1 无人机辅助地质勘察多源数据采集按照接受任务与资料收集、现场踏勘、飞行方案设计、飞行实施、质量检查和外业成果的流程进行。无人机辅助地质勘察多源遥感数据采集流程如图4-4所示。

①接受任务和资料收集。根据任务书确定无人机的作业区域，并收集作业区域相关的地形图、地质图、影像等历史资料和线路方案数据。了解无人机遥感作

业区域的地形地貌、气象条件、地质条件和附近敏感设施、人工建筑等情况，进行分析研究后确定飞行区域的环境条件、设备对任务的适应性。

②现场踏勘。现场勘踏应掌握工作区地形地貌、气象条件、高程变化、交通情况，踏勘点的位置，确定无人机合适的起降位置。根据勘察目标特征、地形地貌、气象条件、成果数据类型和精度要求等，合理选择无人机飞行平台类型和载荷，初步确定无人机飞行方案。

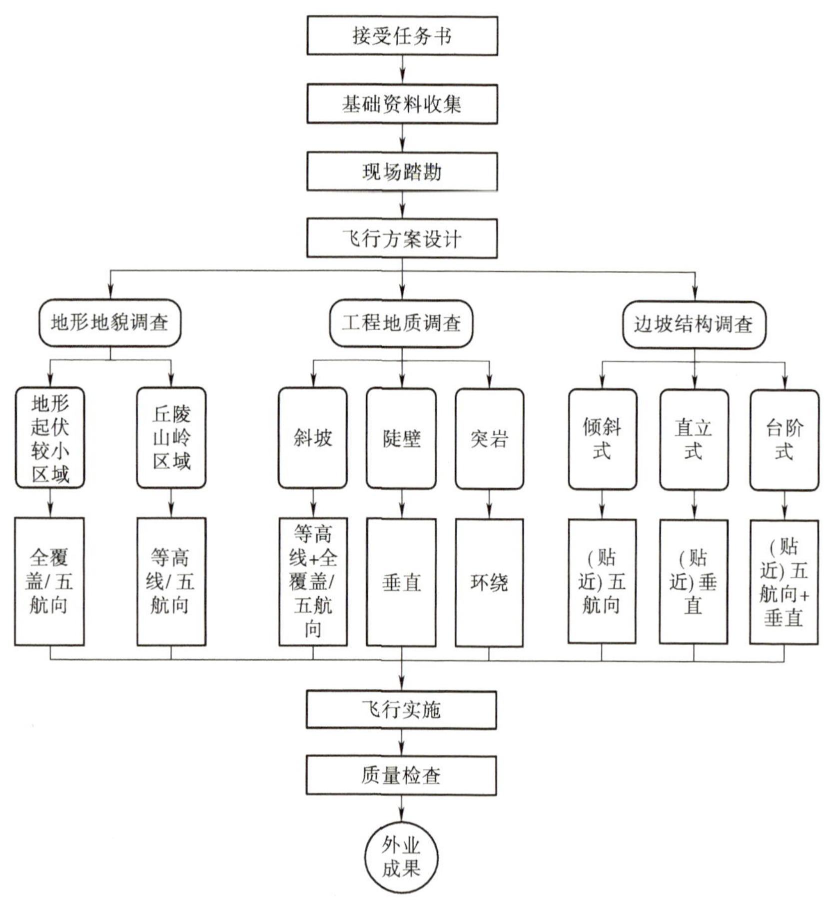

图 4-4 无人机遥感勘察多源数据采集流程

③飞行方案设计。对于复杂山区环境下无人机辅助地质勘察，应针对不同勘察目标任务，选择全覆盖航察法、五航向航察法、等高线航察法、环绕航察法和垂直航察法中一种或多种组合飞行方案。对于地形地貌调查，地形起伏较小区域可采用“全覆盖/五航向航察法”，丘陵山岭区域可采用“等高线/五航向航察法”；对于工程地质调查，斜坡可采用“等高线＋全覆盖/五航向航察法”，陡壁可采用“垂直航察法”，突岩可采用“环绕航察法”；对于边坡结构，倾斜式可采用“五航向航

察法”，直立式可采用“垂直航察法”，台阶式可采用“五航向 + 垂直航察法”。此外，航线设计还应综合考虑影像地面分辨率、点云密度、重叠度、地形起伏、设备性能、飞机性能、空域限制等重要因素。航带重叠度应兼顾数码影像和激光雷达，在丘陵、山地地区，应适当加大航线旁向重叠度。数码影像航向重叠一般应为 60% ~ 65%，个别最大不应大于 75%，最小不应小于 56%，旁向重叠度一般应为 30% ~ 35%，个别最小不应小于 13%。激光旁向重叠度一般至少为 20%，个别最小不应小于 13%。航高的确定应考虑地形起伏、影像地面分辨率、点云密度、激光有效测量距离、飞机安全高度、人眼安全距离等因素，有必要时可对摄区进行分区。

④飞行实施。根据环境数据资料和无人机遥感系统性能指标，判断环境条件是否适合无人机的飞行，不适合时应暂停或取消无人机外业飞行作业。环境条件应主要考虑地形地貌条件、地面和空中风向和风速、大气温度、大气湿度、电磁环境和雷电、云高、云量、光照等因素。多旋翼无人机遥感系统实施作业时，风力应不大于 4 级；固定翼无人机、无人直升机要求风力不大于 5 级。飞行时要确保足够的光照度，同时避免过大的阴影，陡峭山区太阳高度角不小于 40°，应在当地正午前后各 1 小时内摄影。沙漠、戈壁、森林、草地、大面积的盐滩、盐碱地，当地正午前后各 2 小时内不应摄影。应根据激光雷达扫描仪的波长选择合适的飞行时间，同时考虑 GNSS 信号强度和卫星数据的要求等因素。无人机作业过程中，需要在地面监控电脑上对无人机的航高、航速、飞行轨迹进行监测。

(3)不良地质无人机辅助地质勘察

条文 4. 3. 1 不良地质无人机辅助地质勘察，宜采用倾斜摄影和三维激光扫描方法，开展倾斜摄影与激光点云数据采集、岩体模型虚拟重构、岩体节理信息提取与分析工作。

条文说明 4. 3. 1 不良地质无人机辅助勘察与解译工作流程如图 4-5 所示。

图 4-5 中，高分辨率正射影像(DOM)主要用于地表覆盖、地貌特征、危岩空间分布的解译；三维实景倾斜模型主要用于统计分析不良地质边界条件、不良地质体状态、裂隙发育特征等的解译；高精度三维点云模型及三维实景倾斜模型主要用于定量获取斜坡体几何参数、岩体结构面产状及节理信息的解译；高精度数字高程模型、高精度地形断面、大比例尺数字地形：插值提取斜坡形态、斜坡坡度及高度等信息。

需要说明的是，对于复杂山区环境下无人机辅助地质勘察，受无人机续航时间、飞行高度的限制，以及气温、风速等因素的影响，无人机飞行距离一般为 5 km ~

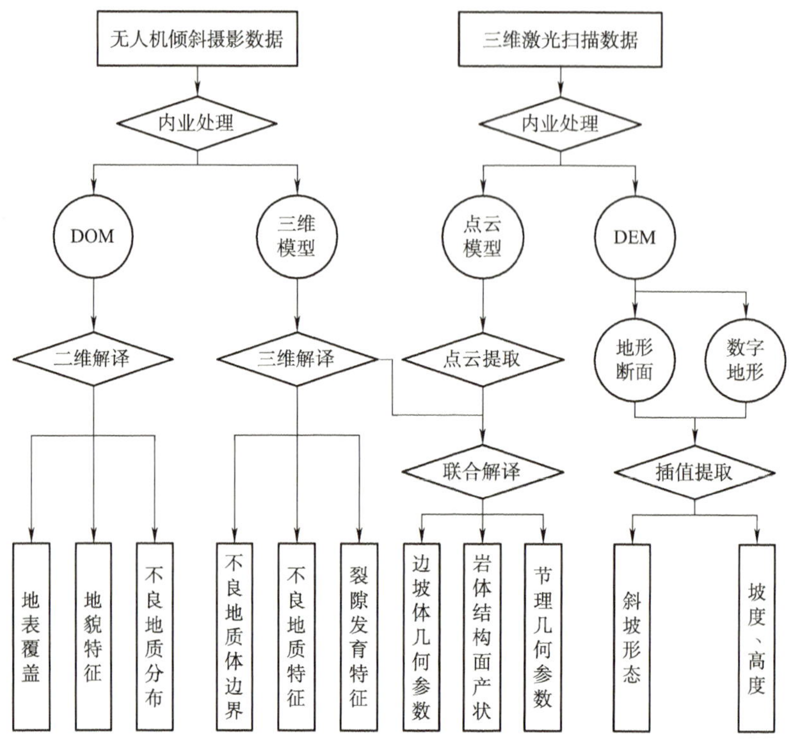

图 4-5　不良地质三维综合解译流程

8 km,无法一次完成大型滑坡、泥石流等不良地质的飞行任务,须分段、多次飞行;同时受地形地貌和 GNSS 影像,坐标的解算往往只有差分解,无固定解,需要在后续的处理中进行校准。此外,无人机倾斜摄影、三维激光扫描应与大尺度光学遥感数据进行综合分析,以实现多层次、多维度勘察信息获取。

第三节　桥梁工程类

三、铁路桥梁灌注桩后压浆技术标准研究

(一)研究背景

为贯彻新发展理念,服务铁路高质量发展,推进灌注桩后压浆技术在铁路工程领域的应用,根据《国家铁路局 2020 年铁路工程建设标准编制计划》(国铁科法函〔2020〕34 号)要求,开展铁路桥梁灌注桩后压浆技术标准研究。课题由西南交通大学组织相关单位共同承担。

目前桥梁灌注桩后压浆技术在工业民用建筑、公路工程领域应用较多,并在

这些领域发布实施了一定数量的标准和规范。开展灌注桩后压浆技术在铁路领域的应用研究，以创新引领新技术研发和应用，为后续开展铁路桥梁灌注桩后压浆技术标准的编制工作提供基础和技术储备，解决铁路桥梁后压浆技术设计无标准可依的现状，助力铁路高质量发展。

全面研究适用于铁路桥梁的灌注桩后压浆技术，提高后压浆工程的安全性、可靠性和经济性，在已有“开式”和“闭式”灌注桩后压浆技术研究的基础上，通过必要的试验和理论分析，重点开展新型“复合式”后压浆技术和标准研究，推动灌注桩后压浆技术创新发展，为铁路领域编制更全面更先进的灌注桩后压浆技术标准提供技术支撑。

（二）研究内容

1. 铁路桥梁灌注桩后压浆技术加固机理及承载特性研究。在国内外已有研究成果的基础上，总结铁路桥梁桩基后压浆施工中的技术和方法，整理“开式”和“闭式”后压浆技术的试验及成果，深入分析后压浆技术的特点及应用效果，开展新型“复合式”后压浆技术的试验研究，探索和揭示桥梁钻孔灌注桩“复合式”后压浆技术加固机理和承载特性。

2. 铁路桥梁灌注桩后压浆技术承载力计算方法研究。在深入整理归类总结现有“开式”和“闭式”后压浆技术结果的基础上，通过对新型“复合式”后压浆技术的试验研究，开展不同地质条件、不同压浆量下的桩侧摩阻力、桩周土抗力、桩底承载力变化的分析研究，深化对铁路桥梁桩基主要构件后压浆的技术要求和桩基承载力计算方法的研究。

3. 铁路桥梁灌注桩后压浆技术质量检测方法研究。整理和总结现有灌注桩以及后压浆技术质量检测方法，结合对“开式”“闭式”和新型“复合式”后压浆技术施工及技术特点的分析，深化桥梁桩基后压浆技术加固后的质量检测评价方法研究，开展后压浆技术“三定”原则中相关控制指标和判定阈值确定的探索研究。

（三）研究方法

1. 文献研究法。通过搜集和整理灌注桩后压浆技术的国内外已有文献及研究成果，在承载力提高、桩侧桩端泥皮沉渣固化、桩侧桩端荷载分担比、沉降特性、施工工艺、压浆控制、总体效果等方面开展“开式”“闭式”后压浆技术特点和优势的归类整理分析，揭示各种后压浆方式的承载特性、变化规律和实际效果，为本项研究提供基础调研支撑。

2. 经验总结法。通过不同工程经验资料的归纳，总结出不同的后压浆形式在不同土层中的压浆压力、压浆时间、压浆效果等工程经验，为灌注桩后压浆技术在铁路领域的推广应用提供宝贵的经验指导和范例。

3. 试验研究法。针对不同的土体（黏性土、粉土、砂性土、全强风化岩层等），开展现场试桩试验和室内试验，揭示桥梁钻孔灌注桩复合式后压浆技术在不同土层中的加固机理和承载特性，为不同后压浆形式的铁路桥梁桩基构件技术要求和桩基承载力计算方法提供可靠支撑。

4. 对比分析法。通过“开式”“闭式”和“复合式”三种灌注桩后压浆形式加固机理及承载特性的试验结果对比，揭示新型“复合式”后压浆技术的技术优势及创新特点，明确“复合式”后压浆技术对不同土体的加固效应，深化对后压浆加固机理的认识。

（四）研究成果

1. 全面总结国内外“开式”和“闭式”“复合式”后压浆技术的试验结论及研究成果，认真分析后压浆影响桩基承载特性的作用机理，准确揭示不同形式后压浆技术对桥梁桩基的加固机理和承载力变化规律。

2. 科学归纳“开式”和“闭式”“复合式”后压浆技术研究成果和工程实践，通过开展“复合式”后压浆技术的理论研究及现场工程测试，提出不同后压浆形式的铁路桥梁桩基建造技术要求和桩基承载力计算方法。

3. 分析“开式”“闭式”和新型“复合式”后压浆技术施工及检测技术特征，结合现有灌注桩以及后压浆技术质量检测方法，提出桥梁桩基后压浆质量“三定”评价指标。

4. 完整提出不同地质条件、不同压浆量下的桩侧摩阻力、桩周土抗力、桩底承载力变化规律，明确给出桥梁桩基础后压浆质量检测评价指标，科学得出桥梁桩基主要构件技术要求和后压浆桩基承载力计算方法。为准确编制铁路桥梁灌注桩后压浆技术标准提供了技术支撑。

四、铁路桥梁转体技术标准研究

（一）研究背景

为适应现代铁路网建设发展需要，完善铁路桥梁转体设计和施工关键技术标准研究，根据《国家铁路局 2020 年铁路工程建设标准编制计划》（国铁科法函〔2020〕34 号）要求，开展《铁路桥梁转体技术研究》工作。课题由中铁工程设计咨询集团有限公司组织相关单位共同承担，工作大纲经专家评审后，课题名称更改为《铁路桥梁转体技术标准研究》。

随着我国综合立体式交通网络建设，上跨公路、铁路等既有基础设施的桥梁不断增多，桥梁转体施工方法由于转体作业时间短、对桥下营业线干扰小等优势在跨线桥梁中得到了广泛的应用。此外，在面对地形艰险复杂的峡谷、深水、山区环境时，转体施工极大降低了施工难度，减少了工程造价，具有显著经济社会效益。目前我国转体桥梁设计及施工技术已经达到国际先进水平，转体施工的铁路桥梁数逐年增多，但缺乏相关规范标准作为设计施工指导。因此，有必要全面总结铁路桥梁和涉铁跨线桥梁转体工程实践经验，对关键问题开展进一步科研攻关，为制定相关标准提供技术支撑。

铁路桥梁转体施工技术要求高、安全风险大，统一铁路桥梁转体技术标准对贯彻安全发展理念，对实现新时代铁路桥梁建造技术持续稳定发展有着无可替代的规范引领作用。深入开展铁路桥梁转体技术标准基础研究，系统全面归纳总结铁路及涉铁转体桥梁的设计、施工、监控技术，形成完整的平转与竖转技术体系内容，为相关标准制修订奠定了坚实基础。

（二）研究内容

1. 平转及竖转桥梁结构设计研究

全面总结分析国内外桥梁转体项目工程实践经验，统计平转及竖转桥型数量，结合不同墩型转体位置提出转体方式对于桥型的适应性选择要求。研究设计荷载与荷载组合取值，针对平转桥体的横向、纵向调整重心深化技术分析，提出转体稳定性的计算方法及合理控制指标。

2. 平转及竖转转体系统设计研究

研究平转体系中转铰、撑脚、转台半径、撑脚与滑道间隙等转动构件关键参数取值，分析转铰、销轴、牵引索、撑脚等转体设施的设计计算方法及合理控制指标。对竖转铰结构的形式统计，分析竖转方式的桥型适用性，提出竖转销轴验算、牵引索力的合理取值。

3. 转体系统施工研究

按照平转转动构件在墩底、墩中、墩顶的不同位置，分类研究梁墩施工合理施工步骤。根据混凝土局部承压要求，分别对平转转铰及滑道下方、竖转转铰及铰座下混凝土密实度保障措施进行研究，提出施工规范建议，进一步提升转体系统施工质量。

4. 转体控制及体系转换研究

对转前墩梁施工精度、转体调试中试转角度及转动过程中转动速度指标研究，提出合理的控制指标。对转体施工组织流程及人员配备进行分析，确保转体过程安全平稳。研究平转多点支撑转体体系转换施工步骤及竖转体系转换方式，提出调整后的质量控制标准。

5. 监控与监测研究

在分析监控对象、监控数据的基础上，通过开发相关监测平台，选用能自动采集传输监测数据的传感器和设备，达到监测信息化的目的。将转体施工的全过程监控数据纳入信息化管理，推动智能监测发展。

（三）研究方法

1. 文献研究法。检索国内外转体施工桥梁设计理论、工程应用等技术资料，了解国外转体工程项目发展历程及应用现状，系统梳理转体桥梁设计、施工、监控等方面的关键技术及工艺流程，为本项研究提供基础支撑。

2. 对比分析法。通过对不同桥梁类型采用转体施工案例数据统计分析，总结桥梁结构与转体系统适应场景之间的联系，通过研究分类提出不同转体方式对于梁型的适用性、普遍性要求，并明确单点支撑点及多点支撑转体系统结构形式计算参数的选择。

3. 理论计算法。根据平转及竖转施工特点，对转体结构上下转盘、转铰、牵引系统等部件进行数学公式推导计算，对各主要构件提出符合实际、安全可靠、经济合理的计算简化公式及参数建议值。

4. 数值分析法。建立转铰转盘模型，对上下转盘复杂应力情况预应力配筋进行分析，研究实体墩、空心墩、双肢薄壁墩等不同墩型对转盘受力影响规律，提出上、下转盘结构形式与合理设计参数。

5. 试验分析法。针对转体速度对转动过程桥梁振动、稳定性、转体悬臂长度的影响，开展现场模型试验和有限元模拟试验（图 4-6），揭示转体桥主梁截面及主墩底截面附加应力与转体加速度关系，确定平转主梁悬臂长度及转体速度限值，提出转体施工检算及监测建议。

（四）研究成果

通过对铁路桥梁转体的设计、施工及监控技术及工程实践经验的全面总结，按照平转和竖转不同类别，系统分析了转体适用桥型、受力体系、转铰构造、速度限值等关键参数，优化完善了铁路桥梁平转与竖转设计、施工、监控协调统一的技

图 4-6 襄北大桥模型试验现场照片

术体系，提出相关技术内容纳入标准的建议。

1. 平转技术研究成果

(1) 平转在桥梁工程中应用广泛，刚构、连续梁、斜拉桥、钢桁梁、拱桥等结构桥型经过一定构造处理后均可采用平转施工方法。

(2) 平转体系中，按照受力模式可分为中心支撑、环道支撑与中心 + 环道支撑三种体系。中心支撑体系由于受力明确，施工便捷，应用最为广泛，适用于平衡体系的转体，同时，环道支撑、中心 + 环道支撑体系为特殊环境下实现平转提供了解决思路。

(3) 跨铁路平转桥梁应根据所跨铁路横断面组成、桥下净空、地形地质条件、沿线敷设的专用管线和接触网柱位置及高度等因素综合确定孔跨布置，保证铁路运营安全。

(4) 平转桥的转体部位应结合现场具体结构形式、场地条件、周边环境、对跨越交通影响等综合考虑确定，宜设置在墩顶或墩底，特殊条件下也可设置在其他合适的位置。

(5) 平转设计中荷载效应考虑恒载、风荷载等荷载作用。风荷载宜按当地 10 年一遇的风荷载进行设计。转体重心高度在 30 m 以内的常规转体结构，转体时可按 0.5 m 偏心考虑附加弯矩值，其他结构，应针对性分析确定其附加偏心值。

(6) 平衡转体时应将转动体系的重心调至转盘轴心位置，调整方式可通过调整结构构造、球铰位置设置偏心、临时配重等方式调整。设计中宜通过结构调整、预偏心方法来消除偏心，施工偏差则宜通过临时配重的方式调整转体系统重心。

(7)转体工况的抗倾覆稳定系数不应小于1.3。

(8)对于桥下交通繁忙干线的合龙段施工,跨中合龙方案应充分考虑对桥下交通影响,可采用永临结合的构造减少上方施工临空的作业时间。

(9)转铰种类众多,应结合转体吨位、转体位置、系统布置等选择合适的转铰形式。

(10)平衡转体时。转铰尺寸宜按照转铰平均压应力14 MPa~16 MPa左右控制。转铰球面半径不宜小于平面半径的3倍。撑脚半径不宜小于转铰平面半径的2倍。撑脚组数不宜小于4组。

(11)转体系统各构件,牵引索、撑脚、转铰、转盘等结构计算理论和方法成熟,可以用于设计。对于受力复杂区域,宜进行有限元辅助分析。

(12)上转盘和下承台应设置合理的尺寸构造,两者之间应预留足够的转体施工、操作空间,下转盘和滑道基础宜设置凸台,避免转体下转盘和滑道的设置截断下承台顶缘钢筋,并保证凸台内钢筋的锚固长度。

(13)某些特殊现场条件下,可选择采用不平衡转体的多点支撑转体,支撑结构可以选择滑动支撑和滚动支撑。多支撑点转体动力应具有同步作业控制系统。

(14)为保证安装精度,转体系统应按设计文件要求的安装顺序进行。转铰和滑道骨架定位设施应有足够的强度和刚度,以保障转铰与滑道位置和高程精度。

(15)下球铰球面以下的结构是施工控制的难点和重点,施工中应通过调整配合比、采用细石自密实混凝土、工艺试验等措施来保证下球铰下方混凝土的密实度。滑板下的混凝土质量控制参照下球铰下混凝土执行。

(16)平转角速度宜根据主梁悬臂长度进行选择:悬臂长度不大于40 m时,角速度宜控制在0.05 rad/min以下;悬臂长度不大于80 m时,角速度宜控制在0.025 rad/min以下。悬臂长度在40 m~80 m之间时,转体角速度的上限值可内插取值。

(17)试转角度应结合现场条件确定。为保证试转数据有效采集,试转角度不宜小于3°。

(18)施工中应控制转体系统的安装精度,其中转铰边缘相对高差不大于1 mm;上下球铰滑动面高程误差不大于1 mm。

(19)对较宽桥面的转体结构,合龙段施工中可采取合龙口两侧梁端横向预应力延迟张拉+相邻节段混凝土提前洒水润湿的组合方案,同时配合精细化振捣和养护的合龙段混凝土浇筑方案。保证合龙段与两侧混凝土的新旧混凝土质量性能协调。

(20)球铰称重技术理论方法成熟,针对超大吨位等采用常规称重困难的工程可采用增加起顶点进行协同称重。

(21)转体过程应对启动牵引力、运行状态牵引力进行测试,并应计算静、动摩擦系数。同时应对其转动角度、悬臂端水平位移、梁面高程、梁体应力、线形、沉降等参数进行跟踪测试。

(22)转体就位后应对梁体高程及轴线进行测量,并对梁体轴线、横向倾斜及高程的偏差进行调整,调整后的偏差值应符合相关验收标准的规定和要求。

(23)平转的偏差调整应按照先轴线后高程的顺序进行。轴线偏差可采用牵引系统点动控制来调整。梁体高程偏差、梁体横向倾斜可采用千斤顶调整。

(24)转体施工应进行转体前施工、转体过程的全过程监控,宜将数据纳入信息化管理。

2. 竖转技术研究成果

(1)竖转施工方式多用于拱桥及拱形结构,例如连续梁拱的拱上结构。

(2)为适应竖转,拱桥应在转动轴附近设置转体结构与转铰相连的结构过渡。

(3)竖转牵引系统应结合竖转方案设置,可采用提升塔吊杆提升,也可采用缆索提升或下放。

(4)转铰方面,主要采用销轴式转铰和接触式转铰,小吨位多采用销轴式转铰,较大吨位竖转多采用接触式转铰,但竖转角度有限。

(5)销轴式转铰可参考钢结构规范方法进行简单检算,接触式转铰可采用接触有限元进行分析。

(6)竖转铰座安装有上下铰座与基础同步定位和先将下铰座与基础浇筑后再安装上铰座2种方法,前者适用于首节段重量较轻的结构,后者适用于首节段重量较重、调整困难的结构。

(7)竖转铰座支撑架结构复杂,应采取施工措施保证其下方密实度,可采用微膨胀混凝土避免混凝土收缩造成的脱沾,或在预埋件底部预留孔道,待预埋段混凝土浇筑完毕后,填充环氧树脂砂浆进一步密实。

(8)竖转提升系统分为塔顶提升系统和过顶提升系统两类。

(9)竖转提升锚固系统及后锚固系统是竖转施工的关键工序,对扣索、索塔、锚碇等结构应针对设计与安全储备。

(10)竖转铰的构造与安装精度、索鞍与牵引动力装置以及塔架和锚固体系是保证竖转质量、转动顺利和安全的关键。拉索的牵引系统当跨径较小时可采用卷扬机牵引,跨径较大时宜采用千斤顶液压同步系统。

(11)竖转工程一般无桥下交通需求,其竖转速度多为千斤顶速度控制,可采用4 m/h ~6 m/h 控制。

(12)竖转角度宜以脱架后 24 h 观测竖转结构不再贴合支架体系为标准确定。

(13)竖转后的质量属于合龙前调整,可参考桥梁平转后的质量标准。

(14)竖转偏差调整应按照先轴线后高程的顺序进行。轴线偏差、高程偏差可采用千斤顶、牵引系统点动控制调整。

第五章 展　　望

内容导读

国家铁路局坚持以习近平新时代中国特色社会主义思想为指导，把握铁路工程建设行业标准站位，立足新发展阶段，完整、准确、全面贯彻新发展理念，服务构建新发展格局，扎实推进铁路标准化工作，为推动铁路高质量发展、加快建设交通强国、全面建设社会主义现代化国家做出贡献。

第一节　形势要求

2022年召开中国共产党第二十次全国代表大会，是党和国家事业发展进程中十分重要的一年。《国家标准化发展纲要》《“十四五”铁路标准化发展规划》陆续发布实施，对铁路工程建设标准化工作提出新要求、设立新目标、布置新任务。做好铁路工程建设标准化工作是保障铁路工程建设平稳有序的必然要求，是服务铁路高质量发展的必需举措，是加快建设交通强国的有力支撑。

一、铁路工程建设标准化工作的新要求

当前，世界百年未有之大变局正加速演变，新一轮科技革命和产业变革带来的激烈竞争前所未有，标准作为创新与竞争的重要手段，日益成为各国博弈焦点。中共中央、国务院印发《国家标准化发展纲要》（以下简称《纲要》），进一步明确将标准化提升到党和国家事业发展全局的战略高度，为新时代标准化事业发展提供了根本遵循。《纲要》提出到2025年，实现标准供给由政府主导向政府与市场并重转变，标准运用由产业与贸易为主向经济社会全域转变，标准化工作由国内驱动向国内国际相互促进转变，标准化发展由数量规模型向质量效益型转变。这“四个转变”给铁路工程建设标准化工作带来新的机遇和挑战。

二、铁路工程建设标准化工作的新目标

标准是经济活动和社会发展的技术支撑，是国家基础性制度的重要方面。标准化在推进铁路治理体系和治理能力现代化中发挥着基础性、引领性作用，是实现科学管理、规范铁路市场的有力支撑，对于服务行业发展、保障铁路建设和运营安全具有重要意义。《“十四五”铁路标准化发展规划》提出到2025年，铁路标准体系谱系化、一体化水平显著提升，标准更加先进适用，参与国际标准化活动能力不断增强，标准化基础不断夯实等4个主要目标。作为铁路标准体系的重要组成，铁路工程建设标准要进一步强化在铁路工程质量控制、安全保障、绿色环保等方面“保基本、兜底线”的作用，推进适应不同铁路特点的重点标准制修订，推动新一代信息技术在铁路工程建设的融合应用，为保障铁路工程质量安全和提高建设投资效益提供技术支撑。

三、铁路工程建设标准化工作的新任务

推动铁路高质量发展是新时代铁路工作的主题，只有高标准才有高质量。做好铁路工程建设标准化工作，要以标准助力高技术创新，推动标准化与科技创新互动，加强关键技术领域标准研究，用科技创新提升标准水平。以标准引领产业优化升级，服务国家重大工程实施和综合交通网络建设，提升铁路工程防灾减灾、智能建造、节能减排等方面技术水平。以标准支撑高效能治理，大力开展铁路标准体系建设，进一步固根基、扬优势、补短板、强弱项，深化拓展铁路治理体系和治理能力现代化建设。以标准促进高水平开放，积极参与国际标准化活动，为优化全球铁路领域标准治理、促进世界铁路技术进步贡献中国智慧和中国方案。以标准保障高品质生活，充分发挥标准在保障工程质量安全方面的突出作用，更好满足人民日益增长的美好生活需要。

第二节 需求分析

根据《国家标准化发展纲要》（附录5）、《“十四五”铁路标准化发展规划》（附录6）、《铁路标准体系建设方案》（附录7）要求，坚持新发展理念，以推动铁路高质量发展为主题，以深化供给侧结构性改革为主线，深入分析国家重大工程规划

建设、综合交通运输体系融合发展、铁路基础设施互联互通等标准化发展需求，依据《铁路工程建设标准管理办法》，结合年度预算情况，确定铁路工程建设标准编制工作思路，明确立项原则。

一、服务国家重大战略实施方面

开展高海拔、高地应力、高地温等复杂地质条件下铁路工程关键技术标准研究工作，推动复杂地质条件下工程建造、生态保护、环境适应等铁路重大工程配套技术标准编制，更好服务川藏铁路建设。

二、优化完善铁路工程建设标准体系方面

贯彻创新、协调、绿色、开放、共享的新发展理念，落实加快交通强国建设要求，适应铁路建设发展需求，更好满足铁路行业履职监管和推动铁路高质量发展要求。在构建先进适用的铁路工程建设标准体系基础上，优化完善铁路工程建设标准体系结构框架及项目构成，使标准体系层次更清晰、分类更合理，明确体系内标准功能定位，以更好地指导建设标准编制工作。

三、加强重点领域标准研究和制修订方面

结合铁路工程建设中采用的智能绿色和“双碳”等“四新”技术应用成果，总结勘察设计、施工验收实践经验，开展相关技术先进、条件成熟的标准制修订和标准前期研究工作。制修订《客货共线铁路设计规范》等一批重要标准。促进“四网融合”，推动市域（郊）铁路和城际铁路发展，开展相关标准制修订和研究工作。

四、推进铁路标准国际化进程方面

高质量服务“一带一路”建设，开展铁路工程建设标准国际化工作。推进由我国主持制定的国际铁路联盟（UIC）标准《高速铁路设计　基础设施》（IRS 60680）等27项ISO、IEC、UIC标准制修订工作。彰显我国铁路在推动标准国际化、促进制度“软联通”方面的新担当新作为。编制发布《铁路路基支档结构检测规程》等标准英文译本翻译工作。开展《高速铁路设计规范》法语、西班牙语等外文翻译工作。

五、加强行业重点标准宣贯培训方面

加强标准宣贯，跟踪国内、国际标准动态，开展铁路工程建设标准应用动态和需求分析。结合国家重点工程建设，组织对铁路工程建设新制修订重点领域标准开展培训讲解工作，使建设各相关方明确标准制修订的主要内容、关键技术和要点，提升标准的实施效果。开展《铁路客车车辆设备设计规范》等标准宣贯。标准发布后，开展回访和调查研究工作，及时了解和掌握标准实施情况。

第三节　项 目 建 议

2022 年铁路工程建设标准化工作严格落实《“十四五”铁路标准化发展规划》《铁路标准体系建设方案》要求，服务国家重大工程建设，助力区域协调发展，积极推进标准制修订工作，深化标准基础研究，健全完善标准管理机制，充分发挥标准规范引领作用，为推动铁路高质量发展、加快建设交通强国贡献标准力量。建议开展标准编制工作 33 项，包括标准制修订 16 项、基础研究 12 项、标准管理 4 项、标准设计 1 项。

一、稳步推进重点标准编制

开展《铁路悬索桥设计规范》制定工作，总结铁路悬索桥设计、建造实践经验和研究成果，确定铁路悬索桥关键技术标准和主要设计参数，提出抗风抗震、施工控制等方面的技术要求。开展《铁路富水隧道技术规范》制定工作，总结铁路富水隧道设计建造经验及技术成果，统一富水隧道的地质勘察、降水降压、注浆与封堵、开挖与支护、防排水、施工防灾等方面技术要求。开展《铁路通信承载网工程检测规程》制定工作，总结多年来铁路通信承载网工程检测经验，统一包括传输、数据、接入系统在内的承载网检测项目和检测方法。开展《铁路综合管线设计规范》制定工作，统一铁路综合管线设计原则与标准，提高管线布置的整体协调性和空间利用率。

二、持续强化标准基础研究

开展《铁路工程建设标准体系分析与优化》研究，满足铁路行业履职监管和

推动铁路高质量发展要求，优化完善铁路工程建设标准体系结构框架及项目构成，将铁路工程造价标准纳入铁路工程建设标准体系，使标准体系层次更清晰、分类更合理。开展《铁路隧道中隔墩的耐撞特性及撞击载荷标准》研究，调研分析国内外典型列车/线路碰撞事故，研究隧道内诱导列车脱轨的设备、人为和环境因素，总结出列车脱轨事故的诱因及其作用机制，分析川藏铁路中隔墩的耐撞特性，提出铁路隧道中隔墩的耐撞特性及撞击载荷标准建议。开展《市域（郊）铁路桥梁装配化技术标准》研究，针对市域（郊）铁路工程特点，深化铁路桥梁节段预制拼装技术研究，开展结构形式、连接节点构造、预制及运架施工工艺、运架一体设备等方面研究，提出预制构件设计、连接构造及预制、运输、安装、验收等方面技术要求。开展《时速 350～400 公里高速铁路隧道洞口缓冲结构标准》研究，分析不同车速、隧道长度、隧道形式（单线、双线）等因素情况下隧道洞口微压波分布特征，研究斜切式、帽檐式、断面扩大式、开孔式四大类型缓冲结构对微气压波的缓解效果，开展列车通过隧道空气动力学性能测试，验证隧道洞门对微气压波的缓解效果。

三、不断提升标准国际化水平

开展《国际铁路联盟（UIC）高速铁路系列标准》研究，调研 UIC 高速铁路标准现状，分析中国高速铁路标准国际化情况，研究各国高速铁路基础设施、通信信号、供电、工程接口等技术内容的设计差异性，制定 UIC 高速铁路系列标准，提升中国标准国际化水平，助力中国高铁走出去。

四、科学有力组织标准宣贯

开展铁路工程建设标准宣贯与实施情况调查，结合国家重点工程建设，组织对铁路工程建设新制修订的重点标准开展培训讲解工作，使建设各相关方明确标准制修订的主要内容、关键技术和要点，提升标准的实施效果。开展标准应用回访和调查研究工作，及时了解和掌握标准实施情况。

五、探索深化团体标准管理

为深入落实《铁路标准体系建设方案》，加快提质铁路工程建设标准子体系，加强有关领域团体标准指导监督，建议建立健全团体标准管理机制。建立与铁路行业相关学会协会联系渠道，加强信息沟通交流，固化联系机制、交流内容和途径方式。参与团体标准征求意见、技术审查等过程环节，鼓励社会团体制定满足市场和创新需要的团体标准。明确团体标准发展方向、制定主体能力、推广应用、实施监督等要求，建立以团体自律和政府必要规范为主要形式的团体标准监督机制。鼓励团体标准制定主体将团体标准有关管理制度、工作信息向社会公开，设置社会公众发表意见建议、投诉和举报的渠道，接受社会监督。鼓励引领科技创新、促进产业升级的团体标准转化为国家标准、行业标准，推动市场化程度高、操作性内容多的国家标准、行业标准转化为团体标准。在制定行业政策和标准规范时，科学合理引用具有自主创新技术、具备竞争优势的团体标准，推动团体标准实施。

附　录

内容导读

现行铁路工程建设标准目录（截至 2021 年底）

序号	标准名称	标准编号	主编单位	参编单位
1	Ⅲ、Ⅳ级铁路设计规范	GB 50012—2012	中铁第四勘察设计院集团有限公司	—
2	铁路工程抗震设计规范（2009 版）	GB 50111—2006	中铁第一勘察设计院集团有限公司	国家地震局工程力学研究所，中国铁道科学研究院集团有限公司，中铁二院工程集团有限责任公司，中国铁路设计集团有限公司，中铁第四勘察设计院集团有限公司，北京交通大学，兰州交通大学
3	铁路工程结构可靠性设计统一标准	GB 50216—2019	中国铁道科学研究院集团有限公司	中国铁路经济规划研究院有限公司，中铁第一勘察设计院集团有限公司，中铁二院工程集团有限责任公司，中国铁路设计集团有限公司，中铁第四勘察设计院集团有限公司，中铁工程设计咨询集团有限公司
4	铁路工程基本术语标准	GB/T 50262—2013	中国铁路设计集团有限公司	—
5	铁路路基设计规范	TB 10001—2016	中铁第一勘察设计院集团有限公司	中国铁道科学研究院集团有限公司，中铁二院工程集团有限责任公司，中国铁路设计集团有限公司，中铁第四勘察设计院集团有限公司
6	铁路桥涵设计规范	TB 10002—2017	中国铁路设计集团有限公司	—
7	铁路隧道设计规范	TB 10003—2016	中铁二院工程集团有限责任公司	中国铁路经济规划研究院有限公司，西南交通大学
8	铁路机务设备设计规范	TB 10004—2018	中铁第四勘察设计院集团有限公司	中国铁路设计集团有限公司
9	铁路混凝土结构耐久性设计规范	TB 10005—2010	中国铁道科学研究院集团有限公司	清华大学，中铁第一勘察设计院集团有限公司，中铁二院工程集团有限责任公司，中国铁路设计集团有限公司，中铁第四勘察设计院集团有限公司，中铁十二局集团有限公司

续上表

序号	标准名称	标准编号	主编单位	参编单位
10	铁路通信设计规范	TB 10006—2016	中铁二院工程集团有限责任公司	北京全路通信信号研究设计院集团有限公司
11	铁路信号设计规范	TB 10007—2017	北京全路通信信号研究设计院集团有限公司	—
12	铁路电力设计规范	TB 10008—2015	中国铁路设计集团有限公司	中铁第四勘察设计院集团有限公司，中铁第五勘察设计院集团有限公司，中铁上海设计院集团有限公司，中铁电气化勘测设计研究院有限公司
13	铁路电力牵引供电设计规范	TB 10009—2016	中铁电气化勘测设计研究院有限公司，中铁电气化局集团有限公司	—
14	铁路给水排水设计规范	TB 10010—2016	中铁第四勘察设计院集团有限公司，中国铁路设计集团有限公司	—
15	铁路工程地质勘察规范	TB 10012—2019	中铁第一勘察设计院集团有限公司	中铁二院工程集团有限责任公司，中国铁路设计集团有限公司，中铁第四勘察设计院集团有限公司，西南交通大学
16	铁路工程物理勘探规范	TB 10013—2010	中铁第四勘察设计院集团有限公司	中铁第一勘察设计院集团有限公司，中铁二院工程集团有限责任公司，中国铁路设计集团有限公司，中铁资源集团有限公司
17	铁路工程地质钻探规程	TB 10014—2012	中铁二院工程集团有限责任公司	中铁第一勘察设计院集团有限公司，中国铁路设计集团有限公司，中铁第四勘察设计院集团有限公司
18	铁路无缝线路设计规范	TB 10015—2012	中铁第四勘察设计院集团有限公司	中国铁道科学研究院集团有限公司，中铁二院工程集团有限责任公司
19	铁路工程节能设计规范	TB 10016—2016	中国铁路设计集团有限公司	—
20	铁路工程水文勘测设计规范	TB 10017—2021	中国铁路设计集团有限公司	中铁第一勘察设计院集团有限公司

续上表

序号	标准名称	标准编号	主编单位	参编单位
21	铁路工程地质原位测试规程	TB 10018—2018	中铁第四勘察设计院集团有限公司	中国铁路设计集团有限公司，中铁二院工程集团有限责任公司，中铁西北科学研究院有限公司，中铁第一勘察设计院集团有限公司，中国铁道科学研究院集团有限公司，中铁工程设计咨询集团有限公司，西南交通大学，中南大学
22	铁路隧道防灾疏散救援工程设计规范	TB 10020—2017	中国铁路经济规划研究院有限公司	西南交通大学，中铁第一勘察设计院集团有限公司，中铁二院工程集团有限责任公司，中国铁路设计集团有限公司，中铁第四勘察设计院集团有限公司
23	铁路路基支挡结构设计规范	TB 10025—2019	中铁二院工程集团有限责任公司	中铁第一勘察设计院集团有限公司，中国铁路设计集团有限公司，中铁第四勘察设计院集团有限公司，中国铁道科学研究院集团有限公司
24	铁路工程不良地质勘察规程	TB 10027—2012	中铁二院工程集团有限责任公司	中铁第一勘察设计院集团有限公司，中国铁路设计集团有限公司，中铁第四勘察设计院集团有限公司
25	铁路动车组设备设计规范	TB 10028—2016	中铁第四勘察设计院集团有限公司	—
26	铁路客车车辆设备设计规范	TB 10029—2009	中铁二院工程集团有限责任公司	中国铁路设计集团有限公司
27	铁路货车车辆设备设计规范	TB 10031—2021	中铁第四勘察设计院集团有限公司	中铁第一勘察设计院集团有限公司，中国铁路经济规划研究院有限公司
28	铁路特殊路基设计规范	TB 10035—2018	中铁第四勘察设计院集团有限公司	中铁第一勘察设计院集团有限公司，中铁二院工程集团有限责任公司，中国铁路设计集团有限公司，中铁西北科学研究院有限公司
29	铁路工程特殊岩土勘察规程	TB 10038—2012	中铁第一勘察设计院集团有限公司	中铁二院工程集团有限责任公司，中国铁路设计集团有限公司，中铁第四勘察设计院集团有限公司
30	铁路工程地质遥感技术规程	TB 10041—2018	中铁工程设计咨询集团有限公司	中国铁路设计集团有限公司，中铁第四勘察设计院集团有限公司
31	铁路工程水文地质勘察规范	TB 10049—2014	中铁第一勘察设计院集团有限公司	—

续上表

序号	标准名称	标准编号	主编单位	参编单位
32	铁路工程摄影测量规范	TB 10050—2010	中铁工程设计咨询集团有限公司	中铁第一勘察设计院集团有限公司，中铁二院工程集团有限责任公司，中国铁路设计集团有限公司，中铁第四勘察设计院集团有限公司，西南交通大学
33	铁路工程卫星定位测量规范	TB 10054—2010	中铁第一勘察设计院集团有限公司	中铁工程设计咨询集团有限公司
34	铁路房屋供暖通风与空气调节设计规范	TB 10056—2019	中国铁路设计集团有限公司	—
35	铁路车辆运行安全监控系统设计规范	TB 10057—2021	中铁二院工程集团有限责任公司	中国铁路经济规划研究院有限公司
36	铁路工程制图标准	TB/T 10058—2015	中铁第一勘察设计院集团有限公司	中国铁路经济规划研究院有限公司
37	铁路工程图形符号标准	TB/T 10059—2015	中铁第一勘察设计院集团有限公司	京沪高速铁路股份有限公司
38	铁路工程劳动安全与卫生设计规范	TB 10061—2019	中国铁路设计集团有限公司	中国铁道科学研究院集团有限公司
39	铁路驼峰及调车场设计规范	TB 10062—2018	中国铁路设计集团有限公司	中国铁道科学研究院集团有限公司，中国铁路经济规划研究院有限公司，北京全路通信信号研究设计院集团有限公司
40	铁路工程设计防火规范	TB 10063—2016	中国铁路设计集团有限公司	广州铁路公安局，中铁上海设计院集团有限公司
41	铁路工程混凝土配筋设计规范	TB 10064—2019	中铁二院工程集团有限责任公司	中铁第一勘察设计院集团有限公司，中国铁路设计集团有限公司，中铁第四勘察设计院集团有限公司，中铁工程设计咨询集团有限公司
42	铁路隧道运营通风设计规范	TB 10068—2010	中铁二院工程集团有限责任公司	西南交通大学
43	铁路驼峰信号及编组站自动化系统设计规范	TB 10069—2017	中铁第一勘察设计院集团有限公司	北京全路通信信号研究设计院集团有限公司，中国铁道科学研究院集团有限公司，中国铁路信息技术中心，中铁二院工程集团有限责任公司

续上表

序号	标准名称	标准编号	主编单位	参编单位
44	铁路客运服务信息系统设计规范	TB 10074—2016	中国铁路设计集团有限公司	中铁第一勘察设计院集团有限公司,中铁第四勘察设计院集团有限公司
45	铁路工程岩土分类标准	TB 10077—2019	中铁第一勘察设计院集团有限公司	中铁第六勘察设计院集团有限公司,西南交通大学,中国铁道科学研究院集团有限公司
46	铁路轨道设计规范	TB 10082—2017	中铁第四勘察设计院集团有限公司	中国铁路经济规划研究院有限公司
47	铁路天然建筑材料工程地质勘察规程	TB 10084—2007	中铁第一勘察设计院集团有限公司	中国铁路设计集团有限公司,中国铁道科学研究院集团有限公司
48	铁路数字移动通信系统(GSM-R)设计规范	TB 10088—2015	北京全路通信信号研究设计院集团有限公司	中国铁路经济规划研究院有限公司,中国铁道科学研究院集团有限公司
49	铁路照明设计规范	TB 10089—2015	中国铁路经济规划研究院有限公司	中铁第四勘察设计院集团有限公司,中国铁路设计集团有限公司
50	铁路军运设施设计规范	TB 10090—2018	驻济南铁路水路军事代表办事处,中铁工程设计咨询集团有限公司	中国铁路经济规划研究院有限公司,中铁第四勘察设计院集团有限公司
51	铁路桥梁钢结构设计规范	TB 10091—2017	中铁大桥勘测设计院集团有限公司	中国铁道科学研究院集团有限公司,中铁工程设计咨询集团有限公司
52	铁路桥涵混凝土结构设计规范	TB 10092—2017	中铁工程设计咨询集团有限公司	中国铁路设计集团有限公司,中铁二院工程集团有限责任公司
53	铁路桥涵地基和基础设计规范	TB 10093—2017	中国铁路设计集团有限公司	—
54	铁路斜拉桥设计规范	TB 10095—2020	中铁大桥勘测设计院集团有限公司	中铁二院工程集团有限责任公司,西南交通大学
55	铁路房屋建筑设计标准	TB 10097—2019	中国铁路设计集团有限公司	中国铁路经济规划研究院有限公司

续上表

序号	标准名称	标准编号	主编单位	参编单位
56	铁路线路设计规范	TB 10098—2017	中铁第一勘察设计院集团有限公司	中铁二院工程集团有限责任公司，中国铁路设计集团有限公司，中铁第四勘察设计院集团有限公司，中国铁道科学研究院集团有限公司，西南交通大学
57	铁路车站及枢纽设计规范	TB 10099—2017	中铁第四勘察设计院集团有限公司	中铁第一勘察设计院集团有限公司，中铁二院工程集团有限责任公司，中国铁路设计集团有限公司，中铁工程设计咨询集团有限公司，北京全路通信信号研究设计院集团有限公司
58	铁路旅客车站设计规范	TB 10100—2018	中国铁路设计集团有限公司	—
59	铁路工程测量规范	TB 10101—2018	中铁二院工程集团有限责任公司	中铁第一勘察设计院集团有限公司，中铁十二局集团有限公司，中铁大桥勘测设计院集团有限公司，中国铁路经济规划研究院有限公司，西南交通大学
60	铁路工程土工试验规程	TB 10102—2010	中铁第一勘察设计院集团有限公司	中国铁路设计集团有限公司，中铁第五勘察设计院集团有限公司，中铁工程设计咨询集团有限公司，中铁十二局集团有限公司，中铁六局集团有限公司
61	铁路工程岩土化学分析规程	TB 10103—2008	中铁二院工程集团有限责任公司	中铁第一勘察设计院集团有限公司
62	铁路工程水质分析规程	TB 10104—2003	中铁二院工程集团有限责任公司	—
63	改建铁路工程测量规范	TB 10105—2009	中铁第四勘察设计院集团有限公司	中国铁路设计集团有限公司，中铁工程设计咨询集团有限公司
64	铁路工程地基处理技术规程	TB 10106—2010	中铁二院工程集团有限责任公司	中铁第四勘察设计院集团有限公司，西南交通大学，中国地质大学
65	铁路工程岩石试验规程	TB 10115—2014	中铁第一勘察设计院集团有限公司	中铁二院工程集团有限责任公司，中铁第四勘察设计院集团有限公司
66	铁路瓦斯隧道技术规范	TB 10120—2019	中铁二院工程集团有限责任公司	中国铁路经济规划研究院有限公司，成贵铁路有限公司，中铁五局集团有限公司，中铁一局集团有限公司，中铁十二局集团有限公司，中铁十九局集团有限公司

续上表

序号	标准名称	标准编号	主编单位	参编单位
67	铁路桥梁钢管混凝土结构设计规范	TB 10127—2020	中铁工程设计咨询集团有限公司	中铁二院工程集团有限公司,清华大学,北京交通大学,兰州交通大学
68	铁路防雷及接地工程技术规范	TB 10180—2016	中铁二院工程集团有限责任公司	中铁第一勘察设计院集团有限公司,中铁第四勘察设计院集团有限公司
69	铁路隧道盾构法技术规程	TB 10181—2017	中国中铁股份有限公司	中铁隧道集团有限公司,中铁二院工程集团有限责任公司,中铁科学研究院有限公司,中铁一局集团有限公司,盾构及掘进技术国家重点实验室
70	公路与市政工程下穿高速铁路技术规程	TB 10182—2017	同济大学,中国铁路经济规划研究院有限公司	中铁上海设计院集团有限公司,中铁第四勘察设计院集团有限公司,中铁工程设计咨询集团有限公司,上海市政工程设计研究总院集团有限公司,中国中铁隧道集团有限公司,中铁十九局集团有限公司
71	铁路工程信息模型统一标准	TB/T 10183—2021	中国铁路设计集团有限公司	中国铁路经济规划研究院有限公司,中铁工程设计咨询集团有限公司,中国铁道科学研究院集团有限公司,中铁第一勘察设计院集团有限公司,中铁二院工程集团有限责任公司,中铁第四勘察设计院集团有限公司,石家庄铁道大学
72	铁路客站结构健康监测技术标准	TB/T 10184—2021	石家庄铁道大学	中国铁路设计集团有限公司,中铁第四勘察设计院集团有限公司,中铁建设集团有限公司
73	铁路自然灾害及异物侵限监测系统工程技术规程	TB 10185—2021	中国铁路经济规划研究院有限公司	中国铁路设计集团有限公司,中国铁道科学研究院集团有限公司,中国中铁电气化局集团有限公司,中铁第四勘察设计院集团有限公司,中铁二院工程集团有限责任公司,中铁第一勘察设计院集团有限公司
74	铁路工程基桩检测技术规程	TB 10218—2019	中国铁道科学研究院集团有限公司	中铁西北科学研究院有限公司,中铁四局集团有限公司
75	铁路隧道衬砌质量无损检测规程	TB 10223—2004	中国铁路工程集团有限公司	中铁地质物探试验研究中心,中铁西南科学研究院
76	铁路工程基本作业施工安全技术规程	TB 10301—2020	中铁十一局集团有限公司	中铁十九、二十一局集团有限公司,中铁城建集团有限公司

续上表

序号	标准名称	标准编号	主编单位	参编单位
77	铁路路基工程施工安全技术规程	TB 10302—2020	中铁十二局集团有限公司	中铁二、十八局集团有限公司
78	铁路桥涵工程施工安全技术规程	TB 10303—2020	中铁三局集团有限公司	中铁大桥局集团有限公司，中国铁建大桥工程局集团有限公司，中铁十六局集团有限公司，中铁上海设计院集团有限公司
79	铁路隧道工程施工安全技术规程	TB 10304—2020	中铁二局集团有限公司	中铁十二、二十局集团有限公司，中铁第六勘察设计院集团有限公司
80	铁路轨道工程施工安全技术规程	TB 10305—2020	中铁一局集团有限公司	中铁四、八局集团有限公司
81	铁路通信、信号、信息工程施工安全技术规程	TB 10307—2020	通号工程局集团有限公司	通号通信信息集团有限公司，中铁十一局集团有限公司
82	铁路电力、电力牵引供电工程施工安全技术规程	TB 10308—2020	中铁电气化局集团有限公司	中铁武汉电气化局集团有限公司，中铁七局集团有限公司
83	铁路工程爆破振动安全技术规程	TB 10313—2019	中国铁道科学研究院集团有限公司	—
84	邻近铁路营业线施工安全监测技术规程	TB 10314—2021	同济大学，中国铁路经济规划研究院有限公司	中国铁道科学研究院集团有限公司，中铁工程设计咨询集团有限公司，中国铁路设计集团有限公司，中铁第四勘察设计院集团有限公司，中铁上海设计院集团有限公司，中铁二十四局集团有限公司
85	川藏铁路隧道施工安全监测技术规程	TB 10315—2021	西南交通大学	中国铁路经济规划研究院有限公司，中铁二院工程集团有限责任公司，中铁第一勘察设计院集团有限公司，中铁隧道局集团有限公司，中铁一局集团有限公司，中铁二局集团有限公司，中铁十二局集团有限公司，中铁十八局集团有限公司，中铁工程装备集团有限公司，中国铁建重工集团股份有限公司

续上表

序号	标准名称	标准编号	主编单位	参编单位
86	铁路建设工程监理规范	TB 10402—2019	西南交通大学，石家庄铁道大学	中国铁道工程建设协会，铁科院（北京）工程咨询有限公司，中铁第一勘察设计院集团有限公司，四川铁科建设监理公司
87	铁路工程地质勘察监理规程	TB/T 10403—2021	中铁第一勘察设计院集团有限公司	中铁二院工程集团有限责任公司，中国铁路设计集团有限公司，中铁第五勘察设计院集团有限公司，中铁第六勘察设计院集团有限公司，中铁华铁工程设计集团有限公司
88	铁路轨道工程施工质量验收标准	TB 10413—2018	中铁一局集团有限公司，中铁八局集团有限公司	—
89	铁路路基工程施工质量验收标准	TB 10414—2018	中铁二局集团有限公司	中铁第五勘察设计院集团有限公司
90	铁路桥涵工程施工质量验收标准	TB 10415—2018	中铁三局集团有限公司	中铁六局集团有限公司，中铁大桥局集团有限公司
91	铁路隧道工程施工质量验收标准	TB 10417—2018	中铁二局集团有限公司	中铁一局集团有限公司
92	铁路通信工程施工质量验收标准	TB 10418—2018	中国铁路通信信号上海工程局集团有限公司	中铁四局集团有限公司
93	铁路信号工程施工质量验收标准	TB 10419—2018	通号工程局集团有限公司	中国铁路通信信号上海工程局集团有限公司，中铁二局集团有限公司
94	铁路电力工程施工质量验收标准	TB 10420—2018	中铁十一局集团有限公司	中铁六局集团有限公司
95	铁路电力牵引供电工程施工质量验收标准	TB 10421—2018	中铁电气化局集团有限公司	—
96	铁路给水排水工程施工质量验收标准	TB 10422—2020	中铁四局集团有限公司	中铁第五勘察设计院集团有限公司，中铁一局集团有限公司，中铁上海工程局集团有限公司
97	铁路站场工程施工质量验收标准	TB 10423—2020	中铁五局集团有限公司	中国铁路经济规划研究院有限公司

续上表

序号	标准名称	标准编号	主编单位	参编单位
98	铁路混凝土工程施工质量验收标准	TB 10424—2018	中铁三局集团有限公司	中国铁道科学研究院集团有限公司，中铁七局集团有限公司，中铁十二局集团有限公司，中铁北京工程局集团有限公司，北京交通大学
99	铁路混凝土强度检验评定标准	TB 10425—2019	中国铁道科学研究院集团有限公司	北京交通大学，兰州交通大学，中铁十二局集团有限公司，中铁三局集团有限公司，中铁十七局集团有限公司
100	铁路工程结构混凝土强度检测规程	TB 10426—2019	中铁二十局集团有限公司	中铁四局集团有限公司，中铁十二局集团有限公司
101	铁路客运服务信息系统工程施工质量验收标准	TB 10427—2020	通号通信信息集团有限公司	中国铁路经济规划研究院有限公司，通号工程局集团有限公司，中铁第四勘察设计院集团有限公司
102	铁路声屏障工程施工质量验收标准	TB 10428—2012	中铁二院工程集团有限责任公司	中国铁路设计集团有限公司，中铁二局集团有限公司，中国铁路经济规划研究院有限公司
103	绿色铁路客站评价标准	TB/T 10429—2014	中国铁路经济规划研究院有限公司，清华大学	中国铁路设计集团有限公司，中铁第四勘察设计院集团有限公司，依柯尔绿色建筑研究中心（北京）有限公司，中国城市科学研究会绿色建筑研究中心，北京清华同衡规划设计研究院有限公司，中南建筑设计院股份有限公司，中铁建设集团有限公司
104	铁路数字移动通信系统（GSM-R）工程检测规程	TB 10430—2014	中国铁路通信信号上海工程局集团有限公司	中国铁路通信信号上海电信测试中心，中铁电化集团北京电信研究试验中心有限公司，中铁第四勘察设计院集团有限公司，通号工程局集团北京研究设计实验中心有限公司
105	铁路图像通信工程检测规程	TB/T 10431—2019	中国铁路通信信号上海工程局集团有限公司	—
106	铁路列车调度指挥系统及调度集中系统工程检测规程	TB/T 10435—2020	卡斯柯信号有限公司	北京全路通信信号研究设计院集团有限公司，中国铁道科学研究院集团有限公司
107	铁路计算机联锁工程检测规程	TB/T 10436—2021	北京全路通信信号研究设计院集团有限公司	中国铁道科学研究院集团有限公司，北京交大微联科技有限公司

续上表

序号	标准名称	标准编号	主编单位	参编单位
108	铁路列车运行控制系统工程检测规程	TB/T 10437—2021	北京全路通信信号研究设计院集团有限公司	中铁二院工程集团有限责任公司，中国铁道科学研究院集团有限公司，北京和利时系统工程有限公司
109	铁路建设项目资料管理规程	TB 10443—2010	中国铁路经济规划研究院有限公司	中国铁道科学研究院集团有限公司，中铁三局集团有限公司
110	铁路路基支挡结构检测规程	TB 10450—2020	中铁二院工程集团有限责任公司	中国铁路设计集团有限公司，中铁第四勘察设计院集团有限公司，四川升拓检测技术股份有限公司
111	客货共线铁路工程动态验收技术规范	TB 10461—2019	中国铁道科学研究院集团有限公司	—
112	铁路工程环境保护设计规范	TB 10501—2016	中铁第四勘察设计院集团有限公司	—
113	铁路建设项目预可行性研究、可行性研究和设计文件编制办法	TB 10504—2018	中铁第一勘察设计院集团有限公司	中国铁路设计集团有限公司，中铁二院工程集团有限责任公司，中铁第四勘察设计院集团有限公司，中铁大桥勘测设计院集团有限公司，中铁工程设计咨询集团有限公司
114	铁路声屏障工程设计规范	TB 10505—2019	中铁第四勘察设计院集团有限公司，中铁二院工程集团有限责任公司	—
115	高速铁路工程测量规范	TB 10601—2009	中铁二院工程集团有限责任公司	中铁第一勘察设计院集团有限公司，中国铁路设计集团有限公司，中铁第四勘察设计院集团有限公司，中铁工程设计咨询集团有限公司，中铁大桥勘测设计院有限公司，中铁二局集团有限公司，西南交通大学
116	高速铁路设计规范	TB 10621—2014	中国铁路设计集团有限公司，中铁第四勘察设计院集团有限公司	中铁第一勘察设计院集团有限公司，中铁二院工程集团有限责任公司
117	城际铁路设计规范	TB 10623—2014	中国铁路设计集团有限公司，中铁第四勘察设计院集团有限公司	—

续上表

序号	标准名称	标准编号	主编单位	参编单位
118	市域(郊)铁路设计规范	TB 10624—2020	中铁第四勘察设计院集团有限公司	中国铁路经济规划研究院有限公司,中车青岛四方机车车辆股份有限公司,中铁第一勘察设计院集团有限公司,中铁二院工程集团有限责任公司,中国铁路设计集团有限公司,中铁工程设计咨询集团有限公司,中铁上海设计院集团有限公司,中铁第五勘察设计院集团有限公司,中铁第六勘察设计院集团有限公司,中国铁道科学研究院集团有限公司,温州市铁路与轨道交通投资集团有限公司
119	重载铁路设计规范	TB 10625—2017	中国铁路设计集团有限公司,中国铁道科学研究院集团有限公司	中国铁路太原局集团有限公司
120	磁浮铁路技术标准(试行)	TB 10630—2019	中国铁路设计集团有限公司,中铁第四勘察设计院集团有限公司,中车工业研究院有限公司	中铁二院工程集团有限责任公司,中铁第五勘察设计院集团有限公司,西南交通大学,中铁磁浮交通投资建设有限公司,湖南磁浮技术研究中心有限公司
121	铁路专用线设计规范(试行)	TB10638—2019	中国铁路设计集团有限公司	—
122	高速铁路安全防护设计规范	TB 10671—2019	中国铁路经济规划研究院有限公司	中国铁路设计集团有限公司,中铁第一勘察设计院集团有限公司,中国铁道科学研究院集团有限公司
123	高速铁路路基工程施工质量验收标准	TB 10751—2018	中铁十二局集团有限公司,中铁城建集团有限公司	中铁二局集团有限公司,中铁四局集团有限公司,中铁八局集团有限公司,中铁十八局集团有限公司,中铁第五勘察设计院集团有限公司
124	高速铁路桥涵工程施工质量验收标准	TB 10752—2018	中铁三局集团有限公司,中铁大桥局集团有限公司	中铁七局集团有限公司,中铁十六局集团有限公司,中铁二十局集团有限公司
125	高速铁路隧道工程施工质量验收标准	TB 10753—2018	中铁隧道局集团有限公司,中铁十九局集团有限公司	中铁一局集团有限公司,中铁二局集团有限公司,中铁二十局集团有限公司,中铁二十一局集团有限公司

续上表

序号	标准名称	标准编号	主编单位	参编单位
126	高速铁路轨道工程施工质量验收标准	TB 10754—2018	中铁八局集团有限公司，中铁一局集团有限公司	中铁四局集团有限公司，中铁十九局集团有限公司
127	高速铁路通信工程施工质量验收标准	TB 10755—2018	中国铁路通信信号上海工程局集团有限公司	中铁电化集团北京电信研究试验中心有限公司，通号工程局集团有限公司，北京铁路通信技术中心
128	高速铁路信号工程施工质量验收标准	TB 10756—2018	中国铁路通信信号上海工程局集团有限公司	通号工程局集团有限公司，中铁十一局集团有限公司
129	高速铁路电力工程施工质量验收标准	TB 10757—2018	中国铁建电气化局集团有限公司，中铁电气化局集团有限公司	中铁十一局集团有限公司
130	高速铁路电力牵引供电工程施工质量验收标准	TB 10758—2018	中国铁建电气化局集团有限公司，中铁电气化局集团公司	—
131	高速铁路工程静态验收技术规范	TB 10760—2021	中国铁路经济规划研究院有限公司	中国铁路上海局集团有限公司，通号工程局集团有限公司，中铁武汉电气化局集团有限公司，中铁工程设计咨询集团有限公司，西南交通大学
132	高速铁路工程动态验收技术规范	TB 10761—2013	中国铁道科学研究院集团有限公司	中国铁路经济规划研究院有限公司
133	铁路结合梁设计规定	TBJ 24—1989	中铁工程设计咨询集团有限公司	—
134	新建铁路工程项目建设用地指标	建标〔2008〕232 号	中国铁路设计集团有限公司	中铁第一勘察设计院集团有限公司，中铁二院工程集团有限责任公司，中铁第四勘察设计院集团有限公司
135	油气输送管道与铁路交汇工程技术及管理规定	国能油气〔2015〕392 号	中国石油管道局设计院，中国铁路经济规划研究院有限公司	中铁第四勘察设计院集团有限公司

现行铁路工程建设标准外文版目录（截至2021年底）

序号	标准名称（中文）	标准编号	标准名称（外文）	翻译语言
1	Ⅲ、Ⅳ级铁路设计规范	GB 50012—2012	Code for Design of Class Ⅲ and Class Ⅳ Railways	英文
2	铁路工程抗震设计规范（2009版）	GB 50111—2006	Code for Seismic Design of Railway Engineering	英文
3	铁路工程基本术语标准	GB/T 50262—2013	Standard for Basic Terms of Railway Engineering	英文
4	铁路工程基本术语标准	GB/T 50262—2013	Стандарт на основные термины железнодорожной техники	俄语
5	铁路路基设计规范	TB 10001—2016	Code for Design of Earthworks and Track Bed for Railway	英文
6	铁路桥涵设计规范	TB 10002—2017	Code for Design of Railway Bridge and Culvert	英文
7	铁路隧道设计规范	TB 10003—2016	Code for Design of Railway Tunnel	英文
8	铁路机务设备设计规范	TB 10004—2018	Code for Design of Railway Locomotive Facilities	英文
9	铁路混凝土结构耐久性设计规范	TB 10005—2010	Code for Durability Design of Concrete Structures of Railway	英文
10	铁路通信设计规范	TB 10006—2016	Code for Design of Railway Communication	英文
11	铁路信号设计规范	TB 10007—2017	Code for Design of Railway Signaling	英文
12	铁路电力设计规范	TB 10008—2015	Code for Design of Railway Electric Power	英文
13	铁路电力牵引供电设计规范	TB 10009—2016	Code for Design of Railway Traction Power Supply	英文
14	铁路给水排水设计规范	TB 10010—2016	Code for Design of Water Supply and Drainage for Railway	英文
15	铁路工程地质勘察规范	TB 10012—2019	Code for Engineering Geology Investigation of Railway	英文
16	铁路工程物理勘探规范	TB 10013—2010	Code for Geophysical Prospecting of Railway Engineering	英文

续上表

序号	标准名称(中文)	标准编号	标准名称(外文)	翻译语言
17	铁路工程地质钻探规程	TB 10014—2012	Specification for Geological Drilling of Railway Engineering	英文
18	铁路无缝线路设计规范	TB 10015—2012	Code for Design of Railway Continuously Welded Rail	英文
19	铁路工程节能设计规范	TB 10016—2016	Code for Design of Energy Conservation for Railway	英文
20	铁路工程地质原位测试规程	TB 10018—2018	Specification for In-situ Geotechnical Testing in Railway	英文
21	铁路隧道防灾疏散救援工程设计规范	TB 10020—2017	Code for Design of Emergency Evacuation and Rescue Works for Railway Tunnel	英文
22	铁路路基支挡结构设计规范	TB 10025—2019	Code for Design of Retaining Structures of Railway Earthworks	英文
23	铁路工程不良地质勘察规程	TB 10027—2012	Specification for Unfavorable Geological Condition Investigation of Railway Engineering	英文
24	铁路动车组设备设计规范	TB 10028—2016	Code for Design of Electric Multiple Unit Facility for Railway	英文
25	铁路客车车辆设备设计规范	TB 10029—2009	Code for Design of Railway Passenger Car Facilities	英文
26	铁路特殊路基设计规范	TB 10035—2018	Code for Design of Special Earthworks for Railway	英文
27	铁路工程特殊岩土勘察规程	TB 10038—2012	Specification for Investigation of Special Rock and Soil for Railway Engineering	英文
28	铁路工程地质遥感技术规程	TB 10041—2018	Technical Specification for Remote Sensing of Railway Engineering Geology	英文
29	铁路工程水文地质勘察规范	TB 10049—2014	Code for Hydrogeological Investigation of Railway Engineering	英文
30	铁路工程摄影测量规范	TB 10050—2010	Code for Railway Engineering Photogrammetry	英文
31	铁路工程卫星定位测量规范	TB 10054—2010	Code for Satellite Positioning Survey of Railway Engineering	英文
32	铁路房屋供暖通风与空气调节设计规范	TB 10056—2019	Code for Design of Heating, Ventilation and Air Conditioning in Railway Buildings	英文
33	铁路工程制图标准	TB/T 10058—2015	Drawing Standards of Railway Engineering	英文
34	铁路工程图形符号标准	TB/T 10059—2015	Standard for Graphical Symbol of Railway Engineering	英文

续上表

序号	标准名称(中文)	标准编号	标准名称(外文)	翻译语言
35	铁路工程劳动安全与卫生设计规范	TB 10061—2019	Code for Design of Occupational Safety and Health for Railway	英文
36	铁路驼峰及调车场设计规范	TB 10062—2018	Code for Design of Railway Hump and Marshalling Yard	英文
37	铁路工程设计防火规范	TB 10063—2016	Code for Design of Fire Prevention for Railway	英文
38	铁路工程混凝土配筋设计规范	TB 10064—2019	Code for Design of Concrete Reinforcement of Railway Works	英文
39	铁路隧道运营通风设计规范	TB 10068—2010	Code for Design of Operation Ventilation of Railway Tunnel	英文
40	铁路驼峰信号及编组站自动化系统设计规范	TB 10069—2017	Code for Design of Railway Hump Signaling and Automation Systemof Marshalling Station	英文
41	铁路客运服务信息系统设计规范	TB 10074—2016	Code for Design of Railway Passenger Transport Service Information System	英文
42	铁路工程岩土分类标准	TB 10077—2019	Standard for Rock and Soil Classification of Railway Engineering	英文
43	铁路轨道设计规范	TB 10082—2017	Code for Design of Railway Track	英文
44	铁路天然建筑材料工程地质勘察规程	TB 10084—2007	Specification for Engineering Geological Survey of Natural Building Materials for Railway	英文
45	铁路数字移动通信系统（GSM-R）设计规范	TB 10088—2015	Code for Design of Railway Digital Mobile Communication System（GSM-R）	英文
46	铁路照明设计规范	TB 10089—2015	Code for Design of Lighting for Railways	英文
47	铁路桥梁钢结构设计规范	TB 10091—2017	Code for Design on Steel Structureof Railway Bridge	英文
48	铁路桥涵混凝土结构设计规范	TB 10092—2017	Code for Design of Concrete Structures of Railway Bridge and Culvert	英文
49	铁路桥涵地基和基础设计规范	TB 10093—2017	Code for Design of Subsoil and Foundation for Railway Bridge and Culvert	英文
50	铁路房屋建筑设计标准	TB 10097—2019	Standard for Design of Railway Buildings	英文
51	铁路线路设计规范	TB 10098—2017	Code for Design of Railway Alignment	英文
52	铁路车站及枢纽设计规范	TB 10099—2017	Code for Design of Railway Station and Terminal	英文

续上表

序号	标准名称(中文)	标准编号	标准名称(外文)	翻译语言
53	铁路旅客车站设计规范	TB 10100—2018	Code for Design of Railway Passenger Station	英文
54	铁路工程测量规范	TB 10101—2018	Code for Railway Engineering Survey	英文
55	铁路工程土工试验规程	TB 10102—2010	Specification for Soil Tests of Railway Engineering	英文
56	铁路工程岩土化学分析规程	TB 10103—2008	Specification for Chemical Analysis on Rock and Soil of Railway Engineering	英文
57	铁路工程水质分析规程	TB 10104—2003	Specification for Water Analysis of Railway Engineering	英文
58	改建铁路工程测量规范	TB 10105—2009	Code for Engineering Survey of Railway Reconstruction Project	英文
59	铁路工程地基处理技术规程	TB 10106—2010	Technical Specification for Cround Treatment of Railway Engineering	英文
60	铁路工程岩石试验规程	TB 10115—2014	Specification for Rock Test of Railway Engineering	英文
61	铁路瓦斯隧道技术规范	TB 10120—2019	Code for Railway Tunnel with Gas	英文
62	铁路防雷及接地工程技术规范	TB 10180—2016	Technical Code for Lightning Protection and Earthing of Railway	英文
63	铁路隧道盾构法技术规程	TB 10181—2017	Technical Specification for Shield Tunnelling for Railway	英文
64	公路与市政工程下穿高速铁路技术规程	TB 10182—2017	Technical Specification for Underpass Highway and Municipal Works in High-speed Railway	英文
65	铁路工程基桩检测技术规程	TB 10218—2019	Technical Specification for Test of Foundation Piles in Railway	英文
66	铁路隧道衬砌质量无损检测规程	TB 10223—2004	Code for Undestructive Detecting of Railway Tunnel Lining	英文
67	铁路工程基本作业施工安全技术规程	TB 10301—2020	Technical Specification for Construction Safety of Railway	英文
68	铁路路基工程施工安全技术规程	TB 10302—2020	Technical Specification for Construction Safety of Railway Earthworks	英文
69	铁路桥涵工程施工安全技术规程	TB 10303—2020	Technical Specification for Construction Safety of Railway Bridge and Culvert	英文
70	铁路隧道工程施工安全技术规程	TB 10304—2020	Technical Specification for Construction Safety of Railway Tunnel	英文

续上表

序号	标准名称(中文)	标准编号	标准名称(外文)	翻译语言
71	铁路轨道工程施工安全技术规程	TB 10305—2020	Technical Specification for Construction Safety of Railway Track	英文
72	铁路通信、信号、信息工程施工安全技术规程	TB 10307—2020	Technical Specification for Construction Safety of Railway Communication, Signalling and Information System	英文
73	铁路电力、电力牵引供电工程施工安全技术规程	TB 10308—2020	Technical Specification for Construction Safety of Railway Electric Power and Traction Power Supply System	英文
74	铁路工程爆破振动安全技术规程	TB 10313—2019	Technical Specification for Safety Control of Blasting Operation in Railway Engineering	英文
75	铁路建设工程监理规范	TB 10402—2019	Code for Supervision of Railway Construction Project	英文
76	铁路轨道工程施工质量验收标准	TB 10413—2018	Standard for Acceptance of Track Works in Railway	英文
77	铁路路基工程施工质量验收标准	TB 10414—2018	Standard for Acceptance of Earthworks in Railway	英文
78	铁路桥涵工程施工质量验收标准	TB 10415—2018	Standard for Acceptance of Bridge and Culvert Works in Railway	英文
79	铁路隧道工程施工质量验收标准	TB 10417—2018	Standard for Acceptance of Tunnel Works in Railway	英文
80	铁路通信工程施工质量验收标准	TB 10418—2018	Standard for Acceptance of Communication System in Railway	英文
81	铁路信号工程施工质量验收标准	TB 10419—2018	Standard for Acceptance of Signaling System in Railway	英文
82	铁路电力工程施工质量验收标准	TB 10420—2018	Standard for Acceptance of Electric Power System in Railway	英文
83	铁路电力牵引供电工程施工质量验收标准	TB 10421—2018	Standard for Acceptance of Traction Power Supply System in Railway	英文
84	铁路给水排水工程施工质量验收标准	TB 10422—2020	Standard for Acceptance of Water Supply and Sewerage Works in Railway	英文
85	铁路站场工程施工质量验收标准	TB 10423—2020	Standard for Acceptance of Station and Yard Works in Railway	英文
86	铁路混凝土工程施工质量验收标准	TB 10424—2018	Standard for Acceptance of Concrete Works in Railway	英文
87	铁路混凝土强度检验评定标准	TB 10425—2019	Standard for Evaluation of Concrete Strength in Railway Works	英文

续上表

序号	标准名称(中文)	标准编号	标准名称(外文)	翻译语言
88	铁路工程结构混凝土强度检测规程	TB 10426—2019	Inspection Specification for Structure Concrete Strength of Railway Engineering	英文
89	铁路客运服务信息系统工程施工质量验收标准	TB 10427—2020	Standard for Acceptance of Railway Passenger Transport Service Information System	英文
90	铁路声屏障工程施工质量验收标准	TB 10428—2012	Standard for Construction Quality Acceptance of Railway Sound Barriers	英文
91	绿色铁路客站评价标准	TB/T 10429—2014	Evaluation Standard for Green Railway Passenger Stations	英文
92	铁路数字移动通信系统(GSM-R)工程检测规程	TB 10430—2014	Specification for Engineering Test of Railway Digital Mobile Communication System(GSM-R)	英文
93	铁路图像通信工程检测规程	TB /T 10431—2019	Specification for Testing Video Communication in Railway	英文
94	铁路列车调度指挥系统及调度集中系统工程检测规程	TB/T 10435—2020	Specification for Engineering Test of Train Dispatching and Commanding System and Centralized Traffic Control System	英文
95	铁路计算机联锁工程检测规程	TB/T 10436—2021	Specification for Engineering Test of Railway Computer Based Interlocking System	英文
96	铁路列车运行控制系统工程检测规程	TB/T 10437—2021	Specification for Engineering Test of Chinese Train Control System	英文
97	铁路建设项目资料管理规程	TB 10443—2010	Specification for Documents Management of Railway Construction Projects	英文
98	客货共线铁路工程动态验收技术规范	TB 10461—2019	Code for Dynamic Acceptance of Mixed Traffic Railway	英文
99	铁路工程环境保护设计规范	TB 10501—2016	Code for Design of Environmental Protection for Railway	英文
100	铁路建设项目预可行性研究、可行性研究和设计文件编制办法	TB 10504—2018	Guidelines for Preparing Pre-feasibility Study, Feasibility Study and Design Documents for Railway Projects	英文
101	铁路声屏障工程设计规范	TB 10505—2019	Code for Design of Railway Noise Barriers	英文
102	高速铁路工程测量规范	TB 10601—2009	Code for Engineering Survey of High-speed Railway	英文
103	高速铁路设计规范	TB 10621—2014	Code for Design of High-speed Railway	英文

续上表

序号	标准名称(中文)	标准编号	标准名称(外文)	翻译语言
104	高速铁路设计规范	TB 10621—2014	Нормы проектирования высокоскоростных железных дорог	俄语
105	高速铁路设计规范	TB 10621—2014	Standar Desain Jalur Kereta Cepat	印尼语
106	高速铁路设计规范	TB 10621—2014	السر الفائقة الحديدية السكك تصميم مواصفات	阿拉伯语
107	高速铁路设计规范	TB 10621—2014	มาตรฐานการออกแบบทางรถไฟความเร็วสูง	泰语
108	城际铁路设计规范	TB 10623—2014	Code for Design of Intercity Railway	英文
109	市域(郊)铁路设计规范	TB 10624—2020	Code for Design of Suburban Railway	英文
110	重载铁路设计规范	TB 10625—2017	Code for Design of Heavy-haul Railway	英文
111	磁浮铁路技术标准(试行)	TB 10630—2019	Technical Standard for Maglev Transit(Trial)	英文
112	铁路专用线设计规范(试行)	TB 10638—2019	Code for Design of Railway Industrial Siding (Trial)	英文
113	高速铁路安全防护设计规范	TB 10671—2019	Code for Design of Safety Protection for High-speed Railway	英文
114	高速铁路路基工程施工质量验收标准	TB 10751—2018	Standard for Acceptance of Earthworks in High-speed Railway	英文
115	高速铁路桥涵工程施工质量验收标准	TB 10752—2018	Standard for Acceptance of Bridge and Culvert Works in High-speed Railway	英文
116	高速铁路隧道工程施工质量验收标准	TB 10753—2018	Standard for Acceptance of Tunnel Works in High-speed Railway	英文
117	高速铁路轨道工程施工质量验收标准	TB 10754—2018	Standard for Acceptance of Track Works in High-speed Railway	英文
118	高速铁路通信工程施工质量验收标准	TB 10755—2018	Standard for Acceptance of Communication System in High-speed Railway	英文
119	高速铁路信号工程施工质量验收标准	TB 10756—2018	Standard for Acceptance of Signaling System in High-speed Railway	英文
120	高速铁路电力工程施工质量验收标准	TB 10757—2018	Standard for Acceptance of Electric Power System in High-speed Railway	英文
121	高速铁路电力牵引供电工程施工质量验收标准	TB 10758—2018	Standard for Acceptance of Traction Power Supply System in High-speed Railway	英文
122	高速铁路工程动态验收技术规范	TB 10761—2013	Technical Code for Dynamic Acceptance of High-speed Railway Project	英文

续上表

序号	标准名称(中文)	标准编号	标准名称(外文)	翻译语言
123	铁路工程建设标准英文版翻译词典	词典	A Dictionary for English Translation of Railway Technical Standard	英文
124	铁路工程建设标准汉语阿拉伯语词典	词典	—	阿拉伯语
125	铁路工程建设标准汉语印尼语词典	词典	—	印尼语

国家铁路局2021年铁路工程建设标准编制计划

序号	项目编号	项目名称	类型	起止年限	主要内容	备注
1	2021JS001	新建铁路工程项目建设用地指标	修订	2021—2022	贯彻落实国家节约、集约用地和国土空间规划要求，总结铁路工程项目建设用地实践经验，补充市域(郊)铁路建设用地指标，修订完善城际铁路等铁路建设用地指标	
2	2021JS002	铁路工程建设标准体系分析与优化	基础	2021—2022	为满足铁路行业履职监管和推动铁路高质量发展要求，优化完善铁路工程建设标准体系结构框架及项目构成，将铁路工程造价标准纳入铁路工程建设标准体系，使标准体系层次更清晰、分类更合理，并明确体系内标准功能定位，以更好地指导建设标准编制工作	
3	2021JS003	川藏铁路超长大纵坡大规模隧道群运营风险防控及安全保障设计标准	基础	2021—2022	开展火灾、地震、滑坡、泥石流、脱轨、隧道渗漏水、列车自身故障等铁路运营灾害风险及耦合致灾风险分析，进一步研究建立包含大规模隧道群风险预警及防范设计、防灾救援安全保障标准、应急救援模式等内容的风险防控体系，为相关标准的制定提供技术支撑	
4	2021JS004	川藏铁路超长大纵坡大规模隧道群防灾疏散救援设施关键标准	基础	2021—2022	在调研总结现有铁路隧道防灾疏散救援设计标准及相关研究基础上，研究大纵坡、大规模隧道群、多灾耦合环境条件下，针对川藏铁路救援站建设、隧道群疏散设施的相关要求及隧道群固定式、移动式防灾救援等技术开展研究，为相关标准的制定提供技术支撑	
5	2021JS005	城际铁路设计规范优化	基础	2021—2022	满足城际铁路建设运营新需求，更好体现城际铁路的功能定位和技术特点，研究优化铁路信号、站场等有关标准，为修订《城际铁路设计规范》提供支撑	

续上表

序号	项目编号	项目名称	类型	起止年限	主要内容	备注
6	2021JS006	国内工程建设标准动态(2021年度)	管理	2021	根据完善铁路工程建设标准体系要求,收集工程建设相关领域发布标准情况,结合铁路工程建设特点,分析发布标准的技术先进性、经济适用性,提出标准优化建议	
7	2021JS007	国外工程建设标准动态(2021年度)	管理	2021	根据完善铁路工程建设标准体系要求,收集相关国家及国际组织发布标准情况,分析标准技术不同点,研究提出我国铁路工程建设标准技术先进性、经济适用性建议	
8	2021JS008	铁路工程建设标准应用动态和需求分析(2021年度)	管理	2021	根据完善铁路工程建设标准体系要求,收集标准的实际应用情况,梳理重点标准实施过程中的典型问题,研究提升标准技术先进性、经济适用性方案,提出标准优化建议	
9	2021JS009	铁路工程建设标准宣贯(2021年度)	管理	2021	结合国家重点工程建设,组织针对铁路工程建设新制修订重点标准开展培训讲解工作,使建设各相关方明确标准制修订的主要内容、关键技术和要点,提升标准的实施效果	
10	2020JS001	铁路工程物理勘探规范	修订	2020—2022	总结铁路工程物理勘探中的新经验和新方法,补充超声波测试、土壤电阻率测试、大地导电率测试、振动测试、天然场面波等技术要求,修正细化隧道围岩弹性波分级数值表	延续项目
11	2020JS002	铁路工程摄影测量规范	修订	2020—2022	总结工程摄影测量实践经验和科研成果,修订有关精度指标等技术内容,增加地面三维模型、无人机航空摄影测量、卫星影像测图等新技术和新方法的相关要求	延续项目
12	2020JS003	铁路工程卫星定位测量规范	修订	2020—2022	总结卫星定位测量实践经验和新方法,修订有关精度指标要求,优化卫星定位测量控制网的精度分级、控制网设计、连续运行参考站测量(CORS)、实时动态定位测量(RTK)、卫星定位高程测量及卫星定位测量数据处理等相关技术要求	延续项目
13	2020JS004	铁路天然建筑材料工程地质勘察规程	修订	2020—2022	总结铁路天然建筑材料场地的地质勘察经验和技术成果,依托室内试验、现场原位测试,完善路基填料、碎石道砟、混凝土骨料、天然石料等技术要求,与《铁路路基设计规范》等现行标准协调配套	延续项目

续上表

序号	项目编号	项目名称	类型	起止年限	主要内容	备注
14	2020JS005	铁路混凝土结构耐久性设计规范	修订	2020—2022	总结铁路混凝土工程实践经验,开展相关试验验证工作,优化铁路混凝土结构、构件的通用耐久性指标,补充严寒地区无砟轨道底座混凝土的耐久性要求,增加隧道初支的耐久性要求	延续项目
15	2020JS006	铁路机电设备监控系统设计规范	制定	2020—2022	总结铁路机电设备监控系统应用经验和研究成果,研究满足不同需求的监控系统实施方案,明确铁路机电设备监控系统系统组成、网络架构、基本功能、监控对象,提出机电设备监控系统设计要求	延续项目
16	2020JS008	铁路隧道衬砌质量无损检测规程	修订	2020—2022	总结铁路隧道衬砌质量检测实践经验和先进成熟技术成果,完善地质雷达法、声波法等技术要求,增加技术成熟的或经济适用的衬砌检测技术方法,补充数据管理及信息化方面的要求	延续项目
17	2020JS009	川藏铁路隧道施工安全监测技术规程	制定	2020—2022	总结铁路隧道施工安全检测经验和技术相关科研成果,针对川藏铁路特殊复杂地质和气象灾害条件,研究制定隧道施工安全专项监测技术要求,以保障隧道施工安全。提出重点监测内容、范围、指标及参数,形成能够指导川藏铁路建设的隧道施工安全监测技术规程	延续项目
18	2020JS018	铁路隧道全断面岩石掘进机法技术规程	制定	2020—2021	全面总结我国隧道全断面岩石掘进机法建设经验,明确掘进机选型、设计与监造,预制构件制作,掘进机运输、组装、调试和拆机,掘进机维修与保养,施工运输,结构设计,辅助工程等方面要求,进一步完善标准体系建设	延续项目
19	2020JS010	川藏铁路复杂艰险山区新型工程地质遥感解译技术标准	基础	2020—2021	针对川藏铁路高地温、活动断裂、高山峡谷无人区不良地质问题及长大深埋隧道区岩性识别难题,开展热红外遥感技术的高地温和活动断裂解译、高山峡谷区不良地质地表形变遥感监测和解译、高光谱遥感技术的长大深埋隧道岩性解译和无人机辅助野外地质调查适用性分析等研究工作,为编制标准提供技术支撑	延续项目
20	2020JS011	铁路桥梁灌注桩后压浆技术标准	基础	2020—2021	总结铁路桥梁施工中的新技术和新方法,分析后压浆技术的特点及应用效果,分析桥梁钻孔灌注桩后压浆技术承载特性,开展不同地质条件、相同压浆量下的桩侧摩阻力、桩周土抗力、桩底承载力变化分析,给出桥桩后压浆质量检测评价指标,提出桥梁主要所属构建技术要求和后压浆桩基承载力计算方法	延续项目

续上表

序号	项目编号	项目名称	类型	起止年限	主要内容	备注
21	2020JS012	铁路桥梁转体技术标准	基础	2020—2021	总结桥梁转体工程实践经验，分析国内外平转法施工桥梁结构特点，结合具体工程实例，开展桥梁转体施工的牵引力计算方法、结构称重方法及结构关键部位局部受力分析，提出铁路转体桥梁及跨越铁路的公路转体桥梁的转体机构形式、相关设计参数及转体施工技术措施要求，为编制标准提供支撑	延续项目
22	2019JS001	客货共线铁路设计规范	制定	2019—2021	总结我国客货共线铁路建设和运营经验，借鉴、吸纳国内外客货共线铁路有关研究成果，统一客货共线铁路设计标准，完善铁路工程建设标准体系	延续项目
23	2019JS002	高速铁路工程静态验收技术规范	修订	2019—2021	总结近年高速铁路静态验收经验，结合智能铁路验收新要求，优化静态验收检测内容，协调动、静态验收检验内容，补充新技术、新工艺、新设备、新材料等有关验收内容，满足高速铁路建设静态验收新需求	延续项目
24	2019JS003	高速铁路工程动态验收技术规范	修订	2019—2021	总结近年高速铁路动态验收经验，结合智能铁路验收新要求，优化动态验收检测内容，协调动、静态验收检验内容，补充新技术、新工艺、新设备、新材料等有关验收内容，满足高速铁路建设动态验收新需求	延续项目
25	2019JS005	铁路工程不良地质勘察规程	修订	2019—2021	总结近年来复杂艰险山区铁路工程建设经验，补充完善岩溶、有害气体、高地温、岩爆和大变形等勘察内容，吸纳无人机勘察、反磁通等值瞬变电磁技术、微动探测技术等勘察新方法，提高不良地质勘察水平和质量	延续项目
26	2019JS006	铁路工程特殊岩土勘察规程	修订	2019—2021	总结近年来铁路工程建设特别是高铁建设的经验和科研成果，修订黄土、软土、多年冻土等特殊土的分类及勘察要求，补充膨胀岩土测试、季节性冻土冻胀性标准等内容，并与《铁路工程地质勘察规范》等标准相协调	延续项目
27	2019JS007	铁路工程土工试验规程	修订	2019—2021	总结近年来铁路工程土工试验研究技术成果，特别是高速铁路试验检测新技术、新方法，实验和验证相结合，修订渗透系数、地基系数等试验方法和有关参数，并与高速铁路有关设计标准和验收标准相协调	延续项目

续上表

序号	项目编号	项目名称	类型	起止年限	主要内容	备注
28	2019JS008	铁路工程岩石试验规程	修订	2019—2021	总结近年来铁路工程建设经验，特别是隧道 TBM 施工经验，吸纳岩石试验研究成果和检测新技术、新方法成果，补充岩石的耐磨硬度、热物理指标、石英含量等试验方法，为川藏铁路建设提供标准支撑	延续项目
29	2019JS009	铁路工程地基处理技术规程	修订	2019—2021	总结近年来标准实施过程中积累的经验和数据，吸纳有关科研成果，修订铁路刚性桩、柔性桩复合验算方法及工后沉降计算方法，提升标准的先进性和经济适用性	延续项目
30	2019JS010	铁路结合梁设计规范	修订	2019—2021	总结我国结合梁设计最新理论、施工方法以及铁路结合梁建设经验，借鉴吸纳国内外有关研究成果，统一钢～混凝土结合梁的设计技术标准、构造要求，完善铁路工程建设标准体系	延续项目
31	2019JS015	邻近营业线施工监测技术规程	制定	2019—2021	在借鉴相关行业标准和研究成果基础上，结合铁路工程特点，研究临近营业线工程施工监测项目、监测频率及精度等内容，提出适用于邻近营业线施工工程的监测技术标准，保障铁路设施安全	延续项目

附录4

铁路工程建设标准局部修订条文

《国家铁路局关于发布铁道行业标准的公告(工程建设标准 2021 年第 3 批)》(国铁科法〔2021〕24 号),公布对《高速铁路设计规范》《城际铁路设计规范》的局部修订条文,自 2021 年 8 月 19 日起实施,具体内容如下。

一、《高速铁路设计规范》TB 10621—2014

1. 修改第 14. 2. 10 条第 2 款。

(1)正文修改为:车站到发线股道及非贯通正线股道出站信号机、发车进路信号机应设置在距邻近的顺向道岔警冲标不小于 5 m 或邻近的对向道岔岔前轨缝处。贯通正线股道出站信号机、发车进路信号机宜设置在距邻近的顺向道岔警冲标不小于 55 m 或距邻近的对向道岔尖轨尖端不小于 50 m 处,邻靠站台的正线股道出站信号机、发车进路信号机可设置在距邻近的顺向道岔警冲标或对向道岔尖轨尖端不小于 30 m 处。

(2)条文说明修改为:

贯通正线是指连接车站并贯穿车站的线路。非贯通正线是指连接车站仅直股伸入车站的线路,包括尽端式车站正线以及贯通式车站仅直股伸入的线路。

车站到发线股道及非贯通正线股道出站信号机、发车进路信号机设置位置汲取了 2018 年在京沈客运专线完成的《优化到发线有效长试验》研究试验成果,该成果采取了到发线出站信号机外移至距警冲标 5 m,并在出站信号机外方设置防护区段、在防护区段外方设置出站应答器组等配套措施。在该成果基础上,将防护区段延伸至站台端部区域,同时将出站应答器组由防护区段外调整至防护区段内,延长防护距离。

2. 修改第 14. 2. 10 条第 3 款。

(1)正文修改为:动车组进路上的调车信号机应设置在距警冲标不小于 5 m 或邻近的对向道岔岔前轨缝处。

（2）条文说明修改为：本款规定动车组进路上的调车信号机应设置在距警冲标不小于 5 m 处，是基于动车组第一轮对中心至车头端部距离不大于 5 m 确定的。

3. 第 14.4.1 条增加一款，款序号为 3。

新增正文：CTCS-3 级线路接入枢纽，受工程条件、运输需求和列控系统接口能力等因素限制，枢纽内设计速度 250 km/h 及以下的线路列控系统等级可采用 CTCS-2 级。

4. 第 14.4.6 条增加三款，款序号分别为 10、11、12。

（1）新增正文：

10 车站到发线股道及非贯通正线股道出站信号机、发车进路信号机外方至站台端部区域应设置防护区段，防护区段常态发 H 码。不具备设置防护区段条件时，应分割股道轨道电路区段。

11 除无配线车站外，车站有直向通过进路的正线股道应分割轨道电路区段。

12 车站相邻股道除防护区段外的 ZPW-2000 轨道电路区段宜采用不同的基准载频。

（2）新增条文说明：

10 到发线增设防护区段有益于冒进防护，提升列车运行的安全性外，还有利于消除机车信号邻线干扰带来的安全隐患，解决出站信号机处绝缘破损带来的安全威胁。对有些不具备设置防护区段的股道，采取分割股道轨道电路区段的措施，可以降低对邻线股道的机车信号干扰。

防护区段常态发 H 码是指以不影响接发车作业为原则，以发 H 码为常态。

11 有直向通过进路的正线股道列车运行速度高，轨道电路最短设计长度不能满足设置保护区段的要求。为满足正线股道机车信号邻线干扰防护需要，采取了分割轨道电路的措施。

12 车站相邻股道除防护区段外的 ZPW-2000 轨道电路区段采用不同的基准载频是克服机车信号邻线干扰的有益措施。

5. 第 14.4.8 条增加一款，款序号为 3。

（1）新增正文：设有防护区段的股道，出站应答器组应设置在防护区段内，靠近站台的应答器宜距站台侧绝缘节 5 m。

（2）新增条文说明：

本款从安全保护角度结合考虑接发车实际情况，在不影响动车组正常运行基础上，出站应答器组距警冲标位置远一些更为有利。同时，考虑到应答器不宜设在站台内,且与站台端留有适当的距离以避免司机误操作冒出站台端产生紧急制动,将应答器组设置在防护区段内靠近站台侧绝缘节 5 m 处。

典型车站股道内站台、信号机、防护区段、应答器组等设备布置举例如说明图 14.4.8 所示。

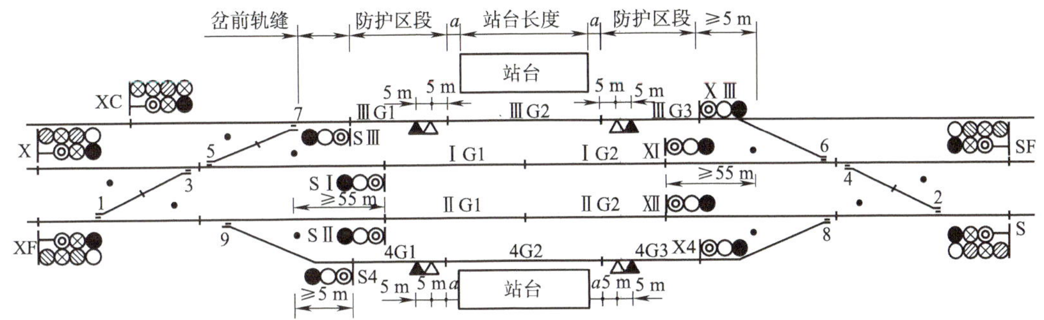

说明图 14.4.8　典型车站股道信号设备布置举例图

注:图中 a 为防护区段距站台端的距离,a 值应根据工程实施条件合理取值并力求最小化。

6. 修改第 3.2.5 条条文说明。修改后为:

1. 贯通式到发线有效长度

双方向使用的到发线有效长度是指线路一端的警冲标至另一端的警冲标距离,或线路一端的警冲标至另一端有效长度计算点的距离,或线路一端的有效长度计算点至另一端有效长度计算点的距离。

贯通式到发线有效长度由有效停车长度、防护区段长度(含安全距离)、防护区段至站台端部距离、警冲标至绝缘节间距离等组成。

(1)有效停车长度:按照目前国内最长的动车组编组长度 439.9 m,并在两端考虑停车余量计算确定。设有旅客站台时,有效停车长度即为站台长度。

(2)防护区段长度:防护区段长度根据 ZPW-2000 轨道电路最小长度、车载信号设备响应时间、应答器组设置、安全距离等计算确定。

(3)防护区段至站台端部距离:结合工程实施条件,防护区段距站台端部留有的余量。

(4)警冲标至绝缘节的距离:《铁路信号设计规范》TB 10007—2017 第 4.1.12 条规定不小于 5 m。

贯通式到发线有效长度如说明图 3.2.5—1 所示。

贯通正线股道出站信号机、发车进路信号机的设置见第 14.2.10 条第 2 款的规定。

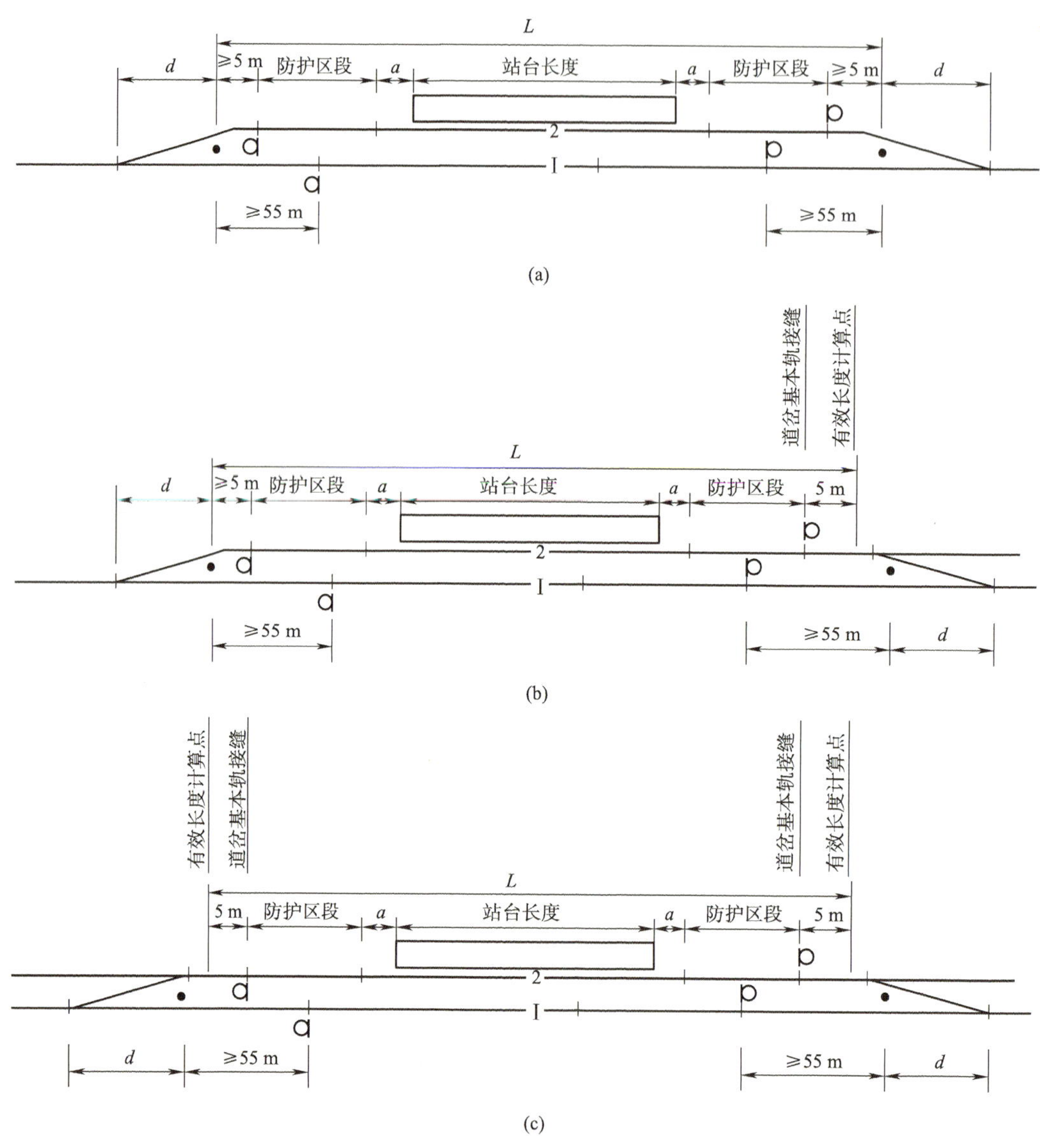

说明图 3.2.5—1　贯通式到发线有效长度示意图

L—到发线有效长度；a—防护区段距站台端的距离；

d—岔心至警冲标的距离，按建筑限界计算确定

2. 尽端式到发线有效长度

尽端式到发线有效长度是指出发端警冲标至尽头端滑移挡车器起点间的距离，由有效停车长度（站台长度）、出发端应答器组至出站信号机或发车进路信号机间距离、尽头端安全距离、应答器组内间距、警冲标至绝缘节间距离等组成。

尽端式到发线有效长度如说明图 3.2.5—2 所示。其中尽头端安全距离按照《CTCS-2 级列控车载设备技术条件》TB/T 3529—2018 第 6.6.3 条的规定取 60 m。

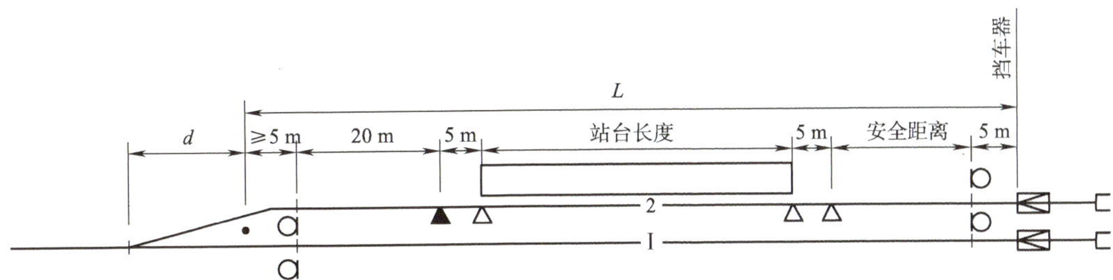

说明图 3.2.5—2　尽端式到发线有效长度示意图

L—到发线有效长度；d—岔心至警冲标的距离

注：挡车器距车挡的距离根据选用的挡车器型号确定

二、《城际铁路设计规范》TB 10623—2014

1. 第 15.4.5 条增加三款，款序号分别为 11、12、13。

(1)新增正文：

11 车站到发线股道及非贯通正线股道出站信号机、发车进路信号机外方至站台端部区域应设置防护区段，防护区段常态发 H 码。不具备设置防护区段条件时，应分割股道轨道电路区段。

12 除无配线车站外，车站有直向通过进路的正线股道应分割轨道电路区段。

13 车站相邻股道除防护区段外的 ZPW-2000 轨道电路区段宜采用不同的基准载频。

(2)新增条文说明：

11 非贯通正线是指连接车站仅直股伸入车站的线路，包括尽端式车站正线以及贯通式车站仅直股伸入的线路。

到发线增设防护区段有益于冒进防护，提升列车运行的安全性外，还有利于消除机车信号邻线干扰带来的安全隐患，解决出站信号机处绝缘破损带来的安全威胁。对有些不具备设置防护区段的股道，采取分割股道轨道电路区段的措施，可以降低对邻线股道的机车信号干扰。

防护区段常态发 H 码是指以不影响接发车作业为原则，以发 H 码为常态。

12 有直向通过进路的正线股道列车运行速度高，轨道电路最短设计长度不能满足设置保护区段的要求。为满足正线股道机车信号邻线干扰防护需要，采取了分割轨道电路的措施。

13 车站相邻股道除防护区段外的 ZPW-2000 轨道电路区段采用不同的基准

载频是克服机车信号邻线干扰的有益措施。

2. 修改第15.4.7条第2款并新增条文说明。

(1)第15.4.7条第2款正文修改为:

2 出站应答器组设置

1)除无配线站外,正线股道出站信号机应设置由有源应答器和无源应答器构成的出站应答器组。

2)设有防护区段的股道,出站应答器组应设置在防护区段内,靠近站台的应答器宜距站台侧绝缘节5 m。

(2)新增第15.4.7条第2款条文说明:

1)城际铁路有岔站正线股道出站信号机设于距警冲标5 m处,大部分正线设有站台,在正线股道无法设置防护区段的情况下,设置由有源和无源应答器构成的出站应答器组有利于冒进信号的防护。

2)本项从安全保护角度结合考虑接发车实际情况,不影响动车组正常运行基础上,出站应答器组距警冲标位置远一些更为有利。同时,考虑到应答器不宜设在站台内,且与站台端留有适当的距离以避免司机误操作冒出站台端产生紧急制动,将应答器组设置在防护区段内靠近站台侧绝缘节5 m处。

3. 修改第3.2.7条条文说明。修改后为:

1. 贯通式到发线有效长度

双方向使用的到发线有效长度是指线路一端的警冲标至另一端的警冲标距离,或线路一端的警冲标至另一端有效长度计算点的距离,或线路一端的有效长度计算点至另一端有效长度计算点的距离。

当采用CTCS-2级列控系统时,到发线有效长度主要由有效停车长度、防护区段长度(含安全距离)、防护区段至站台端部距离和警冲标至绝缘节距离等组成。

(1)有效停车长度:按照8辆编组最大长度214 m,考虑两端停车余量计算确定。设有旅客站台时,有效停车长度即为站台长度。

(2)防护区段长度:防护区段长度根据ZPW-2000轨道电路最小长度、车载信号设备响应时间、应答器组设置、安全距离等计算确定。

(3)防护区段至站台端部距离:结合工程实施条件,防护区段距站台端部留有的余量。

(4)警冲标至绝缘节的距离:《铁路信号设计规范》TB 10007—2017第4.1.12条规定不小于5 m。

贯通式到发线有效长度如说明图 3. 2. 7—1 所示。

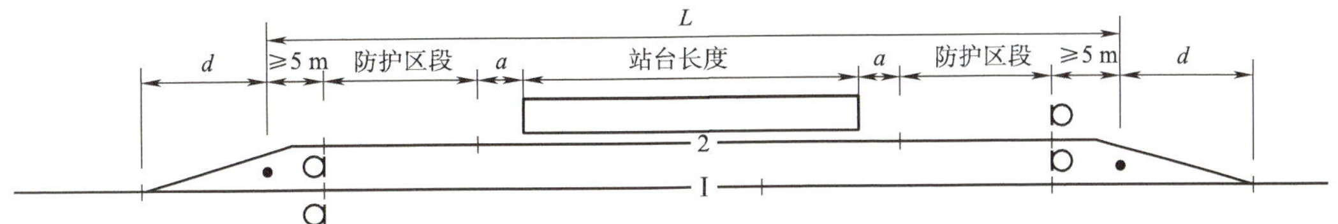

说明图 3. 2. 7—1　贯通式到发线有效长度示意图

L—到发线有效长度；a—防护区段距站台端的距离；

d—岔心至警冲标的距离，按建筑限界计算确定

2. 尽端式到发线有效长度

尽端式到发线有效长度是指出发端警冲标至尽头端滑移挡车器起点间的距离，由有效停车长度（站台长度）、出发端应答器组至出站信号机或发车进路信号机间距离、尽头端安全距离、应答器组内间距、警冲标至绝缘节间距离等组成。

尽端式到发线有效长度如说明图 3. 2. 7—2 所示。其中，安全距离按照《CTCS-2 级列控车载设备技术条件》TB/T 3529—2018 第 6. 6. 3 条的规定取 60 m。

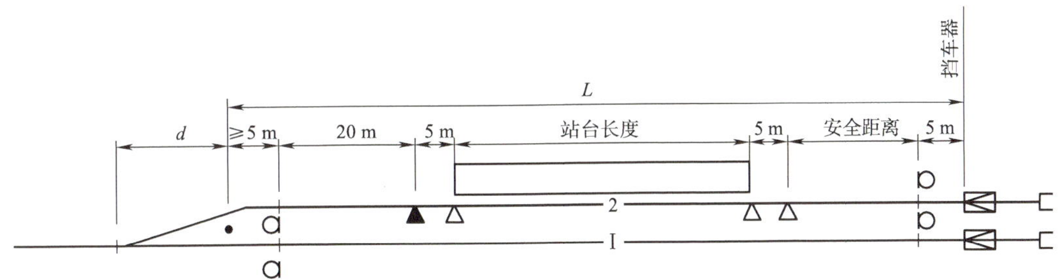

说明图 3. 2. 7—2　尽端式到发线有效长度示意图

L—到发线有效长度；d—岔心至警冲标距离

注：挡车器距车挡的距离根据选用的挡车器型号确定

3. 当采用 CTCS-0 级系统时，其到发线有效长度需按列车运行监控装置（LKJ）停车控制模式距离计算确定

希望各单位在执行局部修订条文中结合工程实际，认真总结经验，积累资料。如发现需要修改和补充之处，请及时将意见及相关资料寄交中铁第四勘察设计院集团有限公司、中国铁路设计集团有限公司，并抄送中国铁路经济规划研究院有限公司。

国家标准化发展纲要

（2021 年 10 月　中共中央　国务院）

标准是经济活动和社会发展的技术支撑，是国家基础性制度的重要方面。标准化在推进国家治理体系和治理能力现代化中发挥着基础性、引领性作用。新时代推动高质量发展、全面建设社会主义现代化国家，迫切需要进一步加强标准化工作。为统筹推进标准化发展，制定本纲要。

一、总体要求

（一）指导思想。以习近平新时代中国特色社会主义思想为指导，深入贯彻党的十九大和十九届二中、三中、四中、五中全会精神，按照统筹推进“五位一体”总体布局和协调推进“四个全面”战略布局要求，坚持以人民为中心的发展思想，立足新发展阶段、贯彻新发展理念、构建新发展格局，优化标准化治理结构，增强标准化治理效能，提升标准国际化水平，加快构建推动高质量发展的标准体系，助力高技术创新，促进高水平开放，引领高质量发展，为全面建成社会主义现代化强国、实现中华民族伟大复兴的中国梦提供有力支撑。

（二）发展目标。到 2025 年，实现标准供给由政府主导向政府与市场并重转变，标准运用由产业与贸易为主向经济社会全域转变，标准化工作由国内驱动向国内国际相互促进转变，标准化发展由数量规模型向质量效益型转变。标准化更加有效推动国家综合竞争力提升，促进经济社会高质量发展，在构建新发展格局中发挥更大作用。

——全域标准化深度发展。农业、工业、服务业和社会事业等领域标准全覆盖，新兴产业标准地位凸显，健康、安全、环境标准支撑有力，农业标准化生产普及率稳步提升，推动高质量发展的标准体系基本建成。

——标准化水平大幅提升。共性关键技术和应用类科技计划项目形成标准研究成果的比率达到50%以上，政府颁布标准与市场自主制定标准结构更加优化，国家标准平均制定周期缩短至18个月以内，标准数字化程度不断提高，标准化的经济效益、社会效益、质量效益、生态效益充分显现。

——标准化开放程度显著增强。标准化国际合作深入拓展，互利共赢的国际标准化合作伙伴关系更加密切，标准化人员往来和技术合作日益加强，标准信息更大范围实现互联共享，我国标准制定透明度和国际化环境持续优化，国家标准与国际标准关键技术指标的一致性程度大幅提升，国际标准转化率达到85%以上。

——标准化发展基础更加牢固。建成一批国际一流的综合性、专业性标准化研究机构，若干国家级质量标准实验室，50个以上国家技术标准创新基地，形成标准、计量、认证认可、检验检测一体化运行的国家质量基础设施体系，标准化服务业基本适应经济社会发展需要。

到2035年，结构优化、先进合理、国际兼容的标准体系更加健全，具有中国特色的标准化管理体制更加完善，市场驱动、政府引导、企业为主、社会参与、开放融合的标准化工作格局全面形成。

二、推动标准化与科技创新互动发展

（三）加强关键技术领域标准研究。在人工智能、量子信息、生物技术等领域，开展标准化研究。在两化融合、新一代信息技术、大数据、区块链、卫生健康、新能源、新材料等应用前景广阔的技术领域，同步部署技术研发、标准研制与产业推广，加快新技术产业化步伐。研究制定智能船舶、高铁、新能源汽车、智能网联汽车和机器人等领域关键技术标准，推动产业变革。适时制定和完善生物医学研究、分子育种、无人驾驶等领域技术安全相关标准，提升技术领域安全风险管理水平。

（四）以科技创新提升标准水平。建立重大科技项目与标准化工作联动机制，将标准作为科技计划的重要产出，强化标准核心技术指标研究，重点支持基础通用、产业共性、新兴产业和融合技术等领域标准研制。及时将先进适用科技创新成果融入标准，提升标准水平。对符合条件的重要技术标准按规定给予奖励，激发全社会标准化创新活力。

（五）健全科技成果转化为标准的机制。完善科技成果转化为标准的评价机制和服务体系，推进技术经理人、科技成果评价服务等标准化工作。完善标准必要专利制度，加强标准制定过程中的知识产权保护，促进创新成果产业化应用。完善国家标准化技术文件制度，拓宽科技成果标准化渠道。将标准研制融入共性技术平台建设，缩短新技术、新工艺、新材料、新方法标准研制周期，加快成果转化应用步伐。

三、提升产业标准化水平

（六）筑牢产业发展基础。加强核心基础零部件（元器件）、先进基础工艺、关键基础材料与产业技术基础标准建设，加大基础通用标准研制应用力度。开展数据库等方面标准攻关，提升标准设计水平，制定安全可靠、国际先进的通用技术标准。

（七）推进产业优化升级。实施高端装备制造标准化强基工程，健全智能制造、绿色制造、服务型制造标准，形成产业优化升级的标准群，部分领域关键标准适度领先于产业发展平均水平。完善扩大内需方面的标准，不断提升消费品标准和质量水平，全面促进消费。推进服务业标准化、品牌化建设，健全服务业标准，重点加强食品冷链、现代物流、电子商务、物品编码、批发零售、房地产服务等领域标准化。健全和推广金融领域科技、产品、服务与基础设施等标准，有效防范化解金融风险。加快先进制造业和现代服务业融合发展标准化建设，推行跨行业跨领域综合标准化。建立健全大数据与产业融合标准，推进数字产业化和产业数字化。

（八）引领新产品新业态新模式快速健康发展。实施新产业标准化领航工程，开展新兴产业、未来产业标准化研究，制定一批应用带动的新标准，培育发展新业态新模式。围绕食品、医疗、应急、交通、水利、能源、金融等领域智慧化转型需求，加快完善相关标准。建立数据资源产权、交易流通、跨境传输和安全保护等标准规范，推动平台经济、共享经济标准化建设，支撑数字经济发展。健全依据标准实施科学有效监管机制，鼓励社会组织应用标准化手段加强自律、维护市场秩序。

（九）增强产业链供应链稳定性和产业综合竞争力。围绕生产、分配、流通、消费，加快关键环节、关键领域、关键产品的技术攻关和标准研制应用，提升产业核心竞争力。发挥关键技术标准在产业协同、技术协作中的纽带和驱动作用，实施标准化助力重点产业稳链工程，促进产业链上下游标准有效衔接，提升产业链供应链现代化水平。

（十）助推新型基础设施提质增效。实施新型基础设施标准化专项行动，加快推进通信网络基础设施、新技术基础设施、算力基础设施等信息基础设施系列标准研制，协同推进融合基础设施标准研制，建立工业互联网标准，制定支撑科学研究、技术研发、产品研制的创新基础设施标准，促进传统基础设施转型升级。

四、完善绿色发展标准化保障

（十一）建立健全碳达峰、碳中和标准。加快节能标准更新升级，抓紧修订一批能耗限额、产品设备能效强制性国家标准，提升重点产品能耗限额要求，扩大能耗限额标准覆盖范围，完善能源核算、检测认证、评估、审计等配套标准。加快完善地区、行业、企业、产品等碳排放核查核算标准。制定重点行业和产品温室气体排放标准，完善低碳产品标准标识制度。完善可再生能源标准，研究制定生态碳汇、碳捕集利用与封存标准。实施碳达峰、碳中和标准化提升工程。

（十二）持续优化生态系统建设和保护标准。不断完善生态环境质量和生态环境风险管控标准，持续改善生态环境质量。进一步完善污染防治标准，健全污染物排放、监管及防治标准，筑牢污染排放控制底线。统筹完善应对气候变化标准，制定修订应对气候变化减缓、适应、监测评估等标准。制定山水林田湖草沙多生态系统质量与经营利用标准，加快研究制定水土流失综合防治、生态保护修复、生态系统服务与评价、生态承载力评估、生态资源评价与监测、生物多样性保护及生态效益评估与生态产品价值实现等标准，增加优质生态产品供给，保障生态安全。

（十三）推进自然资源节约集约利用。构建自然资源统一调查、登记、评价、评估、监测等系列标准，研究制定土地、矿产资源等自然资源节约集约开发利用标准，推进能源资源绿色勘查与开发标准化。以自然资源资产清查统计和资产核算为重点，推动自然资源资产管理体系标准化。制定统一的国土空间规划技术标准，完善资源环境承载能力和国土空间开发适宜性评价机制。制定海洋资源开发保护标准，发展海洋经济，服务陆海统筹。

（十四）筑牢绿色生产标准基础。建立健全土壤质量及监测评价、农业投入品质量、适度规模养殖、循环型生态农业、农产品食品安全、监测预警等绿色农业发展标准。建立健全清洁生产标准，不断完善资源循环利用、产品绿色设计、绿色包装和绿色供应链、产业废弃物综合利用等标准。建立健全绿色金融、生态旅游等绿色发展标准。建立绿色建造标准，完善绿色建筑设计、施工、运维、管理标准。建立覆盖各类绿色生活设施的绿色社区、村庄建设标准。

（十五）强化绿色消费标准引领。完善绿色产品标准，建立绿色产品分类和评价标准，规范绿色产品、有机产品标识。构建节能节水、绿色采购、垃圾分类、制止餐饮浪费、绿色出行、绿色居住等绿色生活标准。分类建立绿色公共机构评价标准，合理制定消耗定额和垃圾排放指标。

五、加快城乡建设和社会建设标准化进程

（十六）推进乡村振兴标准化建设。强化标准引领，实施乡村振兴标准化行动。加强高标准农田建设，加快智慧农业标准研制，加快健全现代农业全产业链标准，加强数字乡村标准化建设，建立农业农村标准化服务与推广平台，推进地方特色产业标准化。完善乡村建设及评价标准，以农村环境监测与评价、村容村貌提升、农房建设、农村生活垃圾与污水治理、农村卫生厕所建设改造、公共基础设施建设等为重点，加快推进农村人居环境改善标准化工作。推进度假休闲、乡村旅游、民宿经济、传统村落保护利用等标准化建设，促进农村一二三产业融合发展。

（十七）推动新型城镇化标准化建设。研究制定公共资源配置标准，建立县城建设标准、小城镇公共设施建设标准。研究制定城市体检评估标准，健全城镇人居环境建设与质量评价标准。完善城市生态修复与功能完善、城市信息模型平台、建设工程防灾、更新改造及海绵城市建设等标准。推进城市设计、城市历史文化保护传承与风貌塑造、老旧小区改造等标准化建设，健全街区和公共设施配建标准。建立智能化城市基础设施建设、运行、管理、服务等系列标准，制定城市休闲慢行系统和综合管理服务等标准，研究制定新一代信息技术在城市基础设施规划建设、城市管理、应急处置等方面的应用标准。健全住房标准，完善房地产信息数据、物业服务等标准。推动智能建造标准化，完善建筑信息模型技术、施工现场监控等标准。开展城市标准化行动，健全智慧城市标准，推进城市可持续发展。

（十八）推动行政管理和社会治理标准化建设。探索开展行政管理标准建设和应用试点，重点推进行政审批、政务服务、政务公开、财政支出、智慧监管、法庭科学、审判执行、法律服务、公共资源交易等标准制定与推广，加快数字社会、数字政府、营商环境标准化建设，完善市场要素交易标准，促进高标准市场体系建设。强化信用信息采集与使用、数据安全和个人信息保护、网络安全保障体系和能力建设等领域标准的制定实施。围绕乡村治理、综治中心、网格化管理，开展社会治理标准化行动，推动社会治理标准化创新。

（十九）加强公共安全标准化工作。坚持人民至上、生命至上，实施公共安全

标准化筑底工程,完善社会治安、刑事执法、反恐处突、交通运输、安全生产、应急管理、防灾减灾救灾标准,织密筑牢食品、药品、农药、粮食能源、水资源、生物、物资储备、产品质量、特种设备、劳动防护、消防、矿山、建筑、网络等领域安全标准网,提升洪涝干旱、森林草原火灾、地质灾害、地震等自然灾害防御工程标准,加强重大工程和各类基础设施的数据共享标准建设,提高保障人民群众生命财产安全水平。加快推进重大疫情防控救治、国家应急救援等领域标准建设,抓紧完善国家重大安全风险应急保障标准。构建多部门多区域多系统快速联动、统一高效的公共安全标准化协同机制,推进重大标准制定实施。

(二十)推进基本公共服务标准化建设。围绕幼有所育、学有所教、劳有所得、病有所医、老有所养、住有所居、弱有所扶等方面,实施基本公共服务标准体系建设工程,重点健全和推广全国统一的社会保险经办服务、劳动用工指导和就业创业服务、社会工作、养老服务、儿童福利、残疾人服务、社会救助、殡葬公共服务以及公共教育、公共文化体育、住房保障等领域技术标准,使发展成果更多更公平惠及全体人民。

(二十一)提升保障生活品质的标准水平。围绕普及健康生活、优化健康服务、倡导健康饮食、完善健康保障、建设健康环境、发展健康产业等方面,建立广覆盖、全方位的健康标准。制定公共体育设施、全民健身、训练竞赛、健身指导、线上和智能赛事等标准,建立科学完备、门类齐全的体育标准。开展养老和家政服务标准化专项行动,完善职业教育、智慧社区、社区服务等标准,加强慈善领域标准化建设。加快广播电视和网络视听内容融合生产、网络智慧传播、终端智能接收、安全智慧保障等标准化建设,建立全媒体传播标准。提高文化旅游产品与服务、消费保障、公园建设、景区管理等标准化水平。

六、提升标准化对外开放水平

(二十二)深化标准化交流合作。履行国际标准组织成员国责任义务,积极参与国际标准化活动。积极推进与共建"一带一路"国家在标准领域的对接合作,加强金砖国家、亚太经合组织等标准化对话,深化东北亚、亚太、泛美、欧洲、非洲等区域标准化合作,推进标准信息共享与服务,发展互利共赢的标准化合作伙伴关系。联合国际标准组织成员,推动气候变化、可持续城市和社区、清洁饮水与卫生设施、动植物卫生、绿色金融、数字领域等国际标准制定,分享我国标准化经验,积极参与民生福祉、性别平等、优质教育等国际标准化活动,助力联合国可持续发展目标实现。支持发展中国家提升利用标准化实现可持续发展的能力。

（二十三）强化贸易便利化标准支撑。持续开展重点领域标准比对分析，积极采用国际标准，大力推进中外标准互认，提高我国标准与国际标准的一致性程度。推出中国标准多语种版本，加快大宗贸易商品、对外承包工程等中国标准外文版编译。研究制定服务贸易标准，完善数字金融、国际贸易单一窗口等标准。促进内外贸质量标准、检验检疫、认证认可等相衔接，推进同线同标同质。创新标准化工作机制，支撑构建面向全球的高标准自由贸易区网络。

（二十四）推动国内国际标准化协同发展。统筹推进标准化与科技、产业、金融对外交流合作，促进政策、规则、标准联通。建立政府引导、企业主体、产学研联动的国际标准化工作机制。实施标准国际化跃升工程，推进中国标准与国际标准体系兼容。推动标准制度型开放，保障外商投资企业依法参与标准制定。支持企业、社会团体、科研机构等积极参与各类国际性专业标准组织。支持国际性专业标准组织来华落驻。

七、推动标准化改革创新

（二十五）优化标准供给结构。充分释放市场主体标准化活力，优化政府颁布标准与市场自主制定标准二元结构，大幅提升市场自主制定标准的比重。大力发展团体标准，实施团体标准培优计划，推进团体标准应用示范，充分发挥技术优势企业作用，引导社会团体制定原创性、高质量标准。加快建设协调统一的强制性国家标准，筑牢保障人身健康和生命财产安全、生态环境安全的底线。同步推进推荐性国家标准、行业标准和地方标准改革，强化推荐性标准的协调配套，防止地方保护和行业垄断。建立健全政府颁布标准采信市场自主制定标准的机制。

（二十六）深化标准化运行机制创新。建立标准创新型企业制度和标准融资增信制度，鼓励企业构建技术、专利、标准联动创新体系，支持领军企业联合科研机构、中小企业等建立标准合作机制，实施企业标准领跑者制度。建立国家统筹的区域标准化工作机制，将区域发展标准需求纳入国家标准体系建设，实现区域内标准发展规划、技术规则相互协同，服务国家重大区域战略实施。持续优化标准制定流程和平台、工具，健全企业、消费者等相关方参与标准制定修订的机制，加快标准升级迭代，提高标准质量水平。

（二十七）促进标准与国家质量基础设施融合发展。以标准为牵引，统筹布局国家质量基础设施资源，推进国家质量基础设施统一建设、统一管理，健全国家质量基础设施一体化发展体制机制。强化标准在计量量子化、检验检测智能化、认证市场化、认可全球化中的作用,通过人工智能、大数据、区块链等新一代信息技术的综合应用,完善质量治理,促进质量提升。强化国家质量基础设施全链条技术方案提供,运用标准化手段推动国家质量基础设施集成服务与产业价值链深度融合。

(二十八)强化标准实施应用。建立法规引用标准制度、政策实施配套标准制度,在法规和政策文件制定时积极应用标准。完善认证认可、检验检测、政府采购、招投标等活动中应用先进标准机制,推进以标准为依据开展宏观调控、产业推进、行业管理、市场准入和质量监管。健全基于标准或标准条款订立、履行合同的机制。建立标准版权制度、呈缴制度和市场自主制定标准交易制度,加大标准版权保护力度。按照国家有关规定,开展标准化试点示范工作,完善对标达标工作机制,推动企业提升执行标准能力,瞄准国际先进标准提高水平。

(二十九)加强标准制定和实施的监督。健全覆盖政府颁布标准制定实施全过程的追溯、监督和纠错机制,实现标准研制、实施和信息反馈闭环管理。开展标准质量和标准实施第三方评估,加强标准复审和维护更新。健全团体标准化良好行为评价机制。强化行业自律和社会监督,发挥市场对团体标准的优胜劣汰作用。有效实施企业标准自我声明公开和监督制度,将企业产品和服务符合标准情况纳入社会信用体系建设。建立标准实施举报、投诉机制,鼓励社会公众对标准实施情况进行监督。

八、夯实标准化发展基础

(三十)提升标准化技术支撑水平。加强标准化理论和应用研究,构建以国家级综合标准化研究机构为龙头,行业、区域和地方标准化研究机构为骨干的标准化科技体系。发挥优势企业在标准化科技体系中的作用。完善专业标准化技术组织体系,健全跨领域工作机制,提升开放性和透明度。建设若干国家级质量标准实验室、国家标准验证点和国家产品质量检验检测中心。有效整合标准技术、检测认证、知识产权、标准样品等资源,推进国家技术标准创新基地建设。建设国家数字标准馆和全国统一协调、分工负责的标准化公共服务平台。发展机器可读标准、开源标准,推动标准化工作向数字化、网络化、智能化转型。

(三十一)大力发展标准化服务业。完善促进标准、计量、认证认可、检验检测等标准化相关高技术服务业发展的政策措施,培育壮大标准化服务业市场主体,鼓励有条件地区探索建立标准化服务业产业集聚区,健全标准化服务评价机制和标准化服务业统计分析报告制度。鼓励标准化服务机构面向中小微企业实际需求，整合上下游资源，提供标准化整体解决方案。大力发展新型标准化服务工具和模式，提升服务专业化水平。

（三十二）加强标准化人才队伍建设。将标准化纳入普通高等教育、职业教育和继续教育，开展专业与标准化教育融合试点。构建多层次从业人员培养培训体系，开展标准化专业人才培养培训和国家质量基础设施综合教育。建立健全标准化领域人才的职业能力评价和激励机制。造就一支熟练掌握国际规则、精通专业技术的职业化人才队伍。提升科研人员标准化能力，充分发挥标准化专家在国家科技决策咨询中的作用，建设国家标准化高端智库。加强基层标准化管理人员队伍建设，支持西部地区标准化专业人才队伍建设。

（三十三）营造标准化良好社会环境。充分利用世界标准日等主题活动，宣传标准化作用，普及标准化理念、知识和方法，提升全社会标准化意识，推动标准化成为政府管理、社会治理、法人治理的重要工具。充分发挥标准化社会团体的桥梁和纽带作用，全方位、多渠道开展标准化宣传，讲好标准化故事。大力培育发展标准化文化。

九、组织实施

（三十四）加强组织领导。坚持党对标准化工作的全面领导。进一步完善国务院标准化协调推进部际联席会议制度，健全统一、权威、高效的管理体制和工作机制，强化部门协同、上下联动。各省（自治区、直辖市）要建立健全标准化工作协调推进领导机制，将标准化工作纳入政府绩效评价和政绩考核。各地区各有关部门要将本纲要主要任务与国民经济和社会发展规划有效衔接、同步推进，确保各项任务落到实处。

（三十五）完善配套政策。各地区各有关部门要强化金融、信用、人才等政策支持，促进科技、产业、贸易等政策协同。按照有关规定开展表彰奖励。发挥财政资金引导作用，积极引导社会资本投入标准化工作。完善标准化统计调查制度，开展标准化发展评价，将相关指标纳入国民经济和社会发展统计。建立本纲要实施评估机制，把相关结果作为改进标准化工作的重要依据。重大事项及时向党中央、国务院请示报告。

附《国家标准化发展纲要》权威解读

《国家标准化发展纲要》权威解读

《开启新时代标准化发展的新征程》

国家市场监督管理总局党组成员、副局长，国家标准化管理委员会主任

田世宏

党中央、国务院印发《国家标准化发展纲要》（以下简称《纲要》），这是以习近平同志为核心的党中央立足国情、放眼全球、面向未来作出的重大决策，是新时代标准化发展的宏伟蓝图，在我国标准化事业发展史上具有重大里程碑意义。

一、充分认识实施《纲要》重大意义

1. 实施《纲要》是立足新发展阶段、实现中国标准化事业历史性转变的迫切需要。新中国成立以来，我国标准化事业在中国共产党坚强领导下经历了从起步探索、开放发展到全面提升的光辉历程，标准供给更加多元高效，标准体系日趋完善，标准技术水平和国际化程度明显提升，标准化效益不断显现，全社会标准化意识持续增强。与此同时，我国标准化还存在标准有效供给不足、标准实施应用不充分、标准国际化水平还不高等问题。在新发展阶段，发挥标准化在推动高质量发展、全面建设社会主义现代化国家中的技术支撑作用，必须推动实现标准供给由政府主导向政府与市场并重转变，标准运用由产业与贸易为主向经济社会全域转变，标准化工作由国内驱动向国内国际相互促进转变，标准化发展由数量规模型向质量效益型转变。

2. 实施《纲要》是贯彻新发展理念、推动经济社会高质量发展的重大举措。习近平总书记明确要求以标准助力创新发展、协调发展、绿色发展、开放发展、共享发展，强调只有高标准才有高质量。要将新发展理念贯彻到标准化工作的各个环节和各个方面，充分发挥标准在引领高质量发展中的作用。在创新发展方面，要求更好发挥标准作为战略性创新资源作用，以标准搭建创新成果与产业、市场之间的桥梁。在协调发展方面，需要健全统一、协同、高效的标准化工作机制，推动城乡、区域协调发展和一二三产业融合发展。在绿色发展方面，要求构建覆盖广泛、技术领先的生态文明标准体系，促进人与自然和谐发展。在开放发展方面，要求推动规则标准等制度型开放，促进国际经贸往来和产业合作。在共享发展方

面，需要推进基本公共服务标准化建设，使发展成果更多更公平惠及全体人民。

3. 实施《纲要》是构建新发展格局、促进高水平自立自强的必然要求。习近平总书记指出，构建新发展格局的关键在于经济循环的畅通无阻，最本质的特征是实现高水平的自立自强。要在畅通国内大循环、促进国内国际双循环中，充分发挥标准的联通与支撑作用。围绕产业链供应链稳定性和竞争力，补足标准短板，促进产业链上下游标准有效衔接。围绕培育完善内需体系，要求充分听取消费者对标准研制、实施的意见，不断升级更新产品和服务标准。围绕国内国际双循环相互促进，要求积极参与国际标准化活动，推动中外标准协调兼容。围绕实现高水平科技自立自强，要求将标准研制嵌入科技研发全过程，加强重要标准攻关，为打赢关键核心技术攻坚战提供标准支撑。

二、深刻领会《纲要》总体要求

《纲要》对我国标准化发展作出整体部署，明确了我国标准化发展的指导思想和目标。

1. 必须坚持以习近平新时代中国特色社会主义思想为指导。这是新时代标准化发展的总指针和总遵循。要把握新发展阶段，贯彻新发展理念，构建新发展格局，深刻认识标准化在国家治理体系和治理能力现代化中的基础性、引领性作用，处理好政府与市场、继承与创新、国内与国际之间的关系，优化标准化治理结构，增强标准化治理效能，提升标准国际化水平，加快构建推动高质量发展的标准体系，以高标准助力高技术创新、促进高水平开放、引领高质量发展，为全面建成社会主义现代化强国、实现中华民族伟大复兴的中国梦提供有力支撑。

2. 准确把握新时代标准化发展目标。到 2025 年，标准化更加有效推动国家综合竞争力提升，促进经济社会高质量发展，在构建新发展格局中发挥更大作用。全域标准化深度发展，农业、工业、服务业和社会事业等领域标准全覆盖；标准化水平大幅提升，标准化的经济效益、社会效益、质量效益、生态效益充分显现；标准化开放程度显著增强，国家标准与国际标准关键技术指标的一致性程度大幅提升；标准化发展基础更加牢固，建成一批国际一流的综合性、专业性标准化研究机构。到 2035 年，标准体系更加健全，标准化管理体制更加完善，市场驱动、政府引导、企业为主、社会参与、开放融合的标准化工作格局全面形成。

三、精准理解《纲要》重点任务

《纲要》明确了七个方面重点任务，这些都是标准化服务经济社会发展的重点领域和推动标准化发展的重要环节，需要全面准确把握，整体推进落实。

1. 推动标准化与科技创新互动发展。要加强关键技术领域标准研究，同步部署技术研发、标准研制与产业推广。以科技创新提升标准水平，健全科技成果转化为标准的机制，完善标准必要专利制度，加强标准制定过程中的知识产权保护。

2. 提升产业标准化水平。要筑牢产业发展基础，推进产业优化升级，实施高端装备制造标准化强基工程，形成产业优化升级的标准群。实施新产业标准化领航工程，引领新产品新业态新模式快速健康发展。实施标准化助力重点产业稳链工程，增强产业链供应链稳定性和产业综合竞争力。实施新型基础设施标准化专项行动，以标准化助推新型基础设施提质增效。

3. 完善绿色发展标准化保障。要实施碳达峰、碳中和标准化提升工程，建立健全碳达峰、碳中和标准，持续优化生态系统建设和保护标准，推进自然资源节约集约利用，构建自然资源标准体系，筑牢绿色生产标准基础，强化绿色消费标准引领。

4. 加快城乡建设和社会建设标准化进程。要实施乡村振兴标准化行动、城市标准化行动。加快数字社会、数字政府、营商环境标准化建设。围绕乡村治理、综治中心、网格化管理，开展社会治理标准化行动。实施公共安全标准化筑底工程，织密筑牢重点领域安全标准网。实施基本公共服务标准体系建设工程，推动基本公共服务均等化、普惠化、便捷化。开展养老和家政服务标准化专项行动，提升保障生活品质的标准水平。

5. 提升标准化对外开放水平。要深化标准化交流合作，履行国际标准组织成员国责任义务，积极参与国际标准化活动。强化贸易便利化标准支撑，大力推进中外标准互认。推动国内国际标准化协同发展，实施标准国际化跃升工程，推进中国标准与国际标准体系兼容。

6. 推动标准化改革创新。要优化标准供给结构，推动形成政府颁布标准与市场自主制定标准二元结构。深化标准化运行机制创新，健全企业、消费者等相关方参与标准制定修订的机制。促进标准与国家质量基础设施融合发展，强化标准实施应用，加强标准制定和实施的监督。

7. 夯实标准化发展基础。要提升标准化技术支撑水平，构建以国家级综合标准化研究机构为龙头，行业、区域和地方标准化研究机构为骨干的标准化科技体系。大力发展标准化服务业，培育壮大标准化服务业市场主体，加强标准化人才队伍建设，营造标准化良好社会环境。

附录 6

“十四五”铁路标准化发展规划

（国铁科法〔2021〕47 号）

标准是经济活动和社会发展的技术支撑，是国家基础性制度的重要方面。标准化在推进国家治理体系和治理能力现代化中发挥着基础性、引领性作用。为促进铁路标准化工作全面发展，根据《国家标准化发展纲要》《交通强国建设纲要》和铁路发展规划的要求，结合铁路改革发展实际需要，制定本规划。

一、发展现状和形势要求

“十三五”期间，铁路标准化工作深入贯彻国家标准化发展要求，在保障铁路建设运营安全，提升工程建设、技术装备和服务质量，促进铁路科技创新和产业升级等方面发挥了重要支撑作用。

1. 铁路标准体系进一步优化完善。服务铁路改革发展，发挥标准在质量控制、安全保障、技术创新、环境保护等方面的技术支撑作用，构建了结构合理、衔接配套、覆盖全面、适应经济社会发展和铁路建设需要的铁路标准体系。“十三五”期间发布铁道国家标准和铁道行业标准 600 余项，强化标准高质量供给，有效满足行业需求。现有铁路标准体系中，在装备制造领域，已完成动车组、大型养路机械、列车运行控制系统及安全核心设备、接触网系统及关键零部件、铁路客货运输设备等成套标准，基本满足铁路技术装备和运输服务需要，在关键部件设备质量和系统稳定性方面发挥了重要技术支撑作用，有力促进了技术装备安全可靠性水平的提升；在工程建设领域，标准以世界领先的高速铁路成套建造技术为龙头，涵盖高速、城际、客货共线、重载、市域（郊）、磁浮等各类铁路和铁路专用线，覆盖铁路工程勘察、设计、施工、验收、投资控制全过程，各专业标准衔接配套。全面开展强制性标准和推荐性标准的精简整合和集中复审，完成 1240 余项标准复审工作。团体标准取得突破，聚焦铁路新技术、新产业、新业态、新模式，发布多项团体标准。企业标准积极融合科技创新成果，在成果转化应用方面发挥了重要作用。

2. 标准服务铁路建设和运营发展成果显著。优化提升了高速铁路和客货共线铁路勘察设计、施工质量验收和安全技术要求，在行业标准中首次统一了重载铁路、市域（郊）铁路、磁浮铁路和铁路专用线主要技术标准，在铁路限界、设计荷载、行车组织及车辆选型等关键指标的确定上突出了技术经济性，指导建成了京张高铁等1.9万公里高速铁路和浩吉铁路等重点铁路项目，有力推动了干线铁路、城际铁路、市域（郊）铁路、城市轨道交通“四网融合”。动车组、交流传动大功率机车、高速铁路列车运行控制系统、铁路数字移动通信系统、轨道及桥梁构件、接触网关键部件等关键技术和运营服务方面取得新成果，提高了设备质量和系统稳定性，技术装备安全可靠性水平进一步提升，铁路运输服务质量持续优化，旅客出行体验不断改善。

3. 标准国际化取得新成绩。积极组织、参与国际标准化活动，提高了中国铁路在国际标准化领域影响力，在国际标准化组织铁路应用技术委员会（ISO/TC269）、国际电工委员会轨道交通电气设备与系统技术委员会（IEC/TC9）中贡献率位居前列。主持编制铁路领域ISO和IEC国际标准21项、参与157项，其中新增主持12项。成功承办IEC/TC9第56届年会。主持完成国际铁路联盟（UIC）《高速铁路实施》系列标准等8项标准编制工作，正在编制《高速铁路设计》系列标准等18项标准，采用我国铁路关键技术及实践经验。积极服务“一带一路”倡议，持续推进铁路标准外文版翻译工作，组织发布114项铁路装备制造标准、70项铁路工程建设标准外文版，基本实现重要铁路装备制造和工程建设标准英文版全覆盖。发布《高速铁路设计规范》英语、俄语、阿拉伯语、泰语、印尼语5种外文译本，向国际社会分享中国高速铁路建设经验和智慧。发布《铁路工程建设标准汉语阿拉伯语词典》等3项词典，为中外技术交流提供有力支撑。中国铁路标准在雅万高铁、中老铁路、中泰铁路等多个境外项目采用，促进我国铁路建设、装备产品的“走出去”。

4. 标准化管理效能不断提升。标准在专家审查基础上，实行重要标准国家铁路局技术委员会审议制度，严格把控标准质量。在标准计划中专项增加前期基础项目，对标准指标的适用性、经济性等开展专项研究，支撑标准高质量供给。健全标准计划项目立项专家评审制度，加强标准需求、技术成熟度及可靠性等各方面评估，不断强化立项管理。加强标准信息化建设，基本实现标准核心业务管理的协同化、平台化，提升铁路行业标准管理规范性和科学性。试行铁路行业专业标准化技术委员会和技术归口单位考核评估，加强标准化技术机构规范化管理。在铁路重大科技创新成果库中纳入铁路标准，积极推荐铁路标准、组织机构和标准化工作者申报中国标准创新贡献奖并多次获奖。建立涵盖建设管理、勘察设计、施工建造、装备制造、运营管理、科研院校等100多家企事业单位的专家库，在标准审查和决策咨询方面发挥了重要作用。建立高效的标准化统筹协商机制，加强与铁路企业沟通，鼓励学会等社会团体制定满足市场和创新需要的标准，逐步健全统一协调、运行高效、政府与市场共治的标准化管理体制。

5. 铁路标准化工作面临新形势、新要求。“十四五”时期是我国全面建成小康社会、实现第一个百年奋斗目标之后，乘势而上开启全面建设社会主义现代化国家新征程、向第二个百年奋斗目标进军的第一个五年，也是加快交通强国建设、推动铁路高质量发展的关键时期。当前和今后一段时期，新一轮科技革命和产业变革深入发展，给铁路技术快速发展提出新的机遇和挑战。世界经济形势面临诸多变数，国际环境日趋复杂，保护主义、单边主义加剧，新冠肺炎疫情影响广泛深远。我国铁路进入高质量发展新阶段，路网建设快速发展，运输质量显著提高，装备水平全面提升，铁路改革逐步深化，国际合作成果丰硕。同时，铁路标准化工作仍存在不足之处。标准体系支撑铁路高质量发展的能力有待进一步提升；推动智能铁路、绿色铁路等相关技术创新成果向标准转化的力度尚需进一步加强；国际标准化服务支持能力和“一带一路”建设需求之间仍有差距；高端标准化人才和国际标准化人才培养仍需进一步强化。面对新形势、新要求，铁路标准化工作必须把握高质量发展要求，充分发挥支撑引领作用，坚持顶层设计与标准实践相结合，提升标准促进治理体系和治理能力现代化的效能，推动铁路建设由规模速度型向质量效益型转变，为服务国家战略、促进经济社会发展提供有力保障。

二、指导方针和主要目标

6.“十四五”时期铁路标准化工作指导思想。以习近平新时代中国特色社会主义思想为指导，全面贯彻党的十九大和十九届历次全会精神，紧紧围绕统筹推进“五位一体”总体布局和协调推进“四个全面”战略布局，按照党中央、国务院决策部署，坚持稳中求进工作总基调，坚持以人民为中心，立足新发展阶段、贯彻新发展理念、构建新发展格局，聚焦交通强国建设，把握科技发展总体趋势和我国铁路发展需求，贯彻落实《国家标准化发展纲要》，着力优化铁路标准体系，加强重点领域标准制修订，提升标准国际化水平，完善标准化体制机制，夯实标准化技术基础，增强标准化服务能力，强化标准实施与监督，为满足铁路改革发展和技术进步需要、服务国家发展战略提供有力支撑。

7.“十四五”时期铁路标准化工作基本原则。

——系统布局。聚焦铁路高质量发展，围绕国家发展战略和重大工程建设需求，加强顶层设计，统筹规划，注重系统性与整体性，合理规划标准化布局，科学确定发展重点领域，全方位提升铁路标准化工作能力。

——创新引领。强化以科技创新为源动力，以科技研发、技术创新推动标准技术水平提升，以标准促进科技成果的转化应用。深化以管理创新为抓手，加大标准立项、制修订、实施监督的创新管理，提高标准化效能。

——重点提升。面向世界科技前沿、面向经济主战场、面向国家重大需求、面向人民生命健康，推进重点领域标准制修订，加强开展铁路发展急需、自主化创新成果的标准转化，补强标准体系的薄弱环节，以点带面整体提升。

——协同联动。推动政府主导制定的标准高质量供给，进一步激发市场自主制定标准活力，坚持统筹兼顾，推动形成政府引导、市场驱动、社会参与、协同推进的标准化工作新格局。

8.“十四五”时期铁路标准化工作发展主要目标。到2025年，铁路标准体系谱系化、一体化水平显著提升，铁路标准体系进一步优化整合，更加系统完备、协调完善。标准更加先进适用，发布实施铁道国家标准和铁道行业标准200项以上，团体标准和企业标准质量显著提升。更好满足铁路建设发展、安全运营等实践需要。参与国际标准化活动能力不断增强，主持及参与国际标准数量进一步上升，国际影响力和贡献度大幅提升，适用国际标准转化率达到95%以上。标准化基础不断夯实，工作体制机制更加健全，标准化技术机构管理更加规范，标准化专业人才满足发展需要。标准实施监督机制更加完善，实施成效更加显著。

三、构建铁路标准体系新格局

9.不断优化完善铁路标准体系。结合铁路科技创新和技术发展，坚持问题导向、目标导向、需求导向，深化铁路标准体系研究，优化政府主导制定标准供给。在现有基本完备的装备制造和工程建设标准子体系基础上，从架构、内涵等方面创新提升，使铁路标准体系更加适应交通强国建设、铁路高质量发展的要求，规划指导铁路标准制修订工作。优化装备技术标准子体系，提质工程建设标准子体系，健全运输服务标准子体系。构建结构更加合理、覆盖更加全面、水平更加先进、支撑更加有力的铁路标准体系。

10. 鼓励团体标准、企业标准创新发展。围绕构建高标准铁路市场体系和加快自主创新，在铁路战略性新兴产业、关键共性技术等领域制定团体标准、企业标准。鼓励社会团体制定满足市场和创新需要的团体标准，及时将先进适用科技创新成果融入标准，提升标准水平。鼓励企业聚焦科技创新前沿领域，制定高于国家标准和行业标准技术要求的企业标准，提升产品和服务质量。鼓励引领科技创新、促进产业升级的团体标准、企业标准转化为国家标准、行业标准。

四、加强重点领域标准制修订

11. 优化装备技术标准。加强基础安全、移动装备、基础设施等相关标准的制修订力度，补强政府主导的安全、基础、通用、节能环保、应急救援等公益类标准，为保障铁路建设和装备质量安全提供技术支撑。

专栏 1　装备技术领域标准制修订重点
通用。制修订空气动力学、高速铁路周界入侵报警系统、铁路沿线环境噪声测量等标准。 机车车辆。制修订动车组牵引计算、动车组走行部及制动系统的关键部件、机车车辆变流器、机车车辆运行安全监测、机车车辆储能电源、关键部件无损检测等标准；研究高速动车组整车试验、动力集中型动车组、混合动力机车和动车组、市域（郊）铁路机车车辆、城际中低速磁浮车辆、铁路驮背运输车、机车车辆防火、机车车辆能耗、机车车辆碳排放等标准。 工务工程。制修订高速铁路 CRTS Ⅲ 型板式无砟轨道混凝土轨道板、弹性支撑无砟轨道部件、架桥机、运梁车、造桥机、综合巡检车、重型轨道车、焊轨车等标准；研究重载铁路轨道不平顺谱等标准。 通信信号。制修订高速列车自动驾驶、编组站综合自动化、铁路无线电监测等标准；研究 CTCS-4 级列车运行控制系统、新一代铁路移动通信系统、铁路通信网络安全、全电子计算机联锁系统、基于北斗的相关监测系统、铁路道岔监测等标准。 牵引供电。制修订高速铁路供电安全检测监测系统，电气化铁道牵引供电系统变压器、避雷器、交流开关设备等标准；研究接触网线索载流性能等标准。 运输设备。制修订货车超偏载检测设备、售检票设备等标准。

12. 提质工程建设标准。强化标准在铁路工程质量控制、安全保障、绿色环保等方面“保基本、兜底线”的作用，推进适应不同铁路特点的重点标准制修订，推动新一代信息技术在铁路工程建设的融合应用，吸收纳入工程造价标准，为保障铁路工程质量安全和提高建设投资效益提供技术支撑。

专栏 2　工程建设领域标准制修订重点
通用。制修订建设工程用地指标标准、工程信息化应用标准、建设项目管理标准、铁路建设工程风险管理标准。 勘测。制修订物理勘探、地质钻探、土工试验等专项地质勘察技术标准和试验方法标准，铁路工程摄影、卫星定位等测量标准，高速铁路与改建铁路工程测量标准；研究北斗、机载激光雷达等新技术应用标准。 设计。制修订高铁物流基地、时速 300 公里有砟轨道和智慧物流园区标准，客货共线铁路和城际铁路设计标准，市域（郊）铁路、磁浮铁路设计配套标准，川藏长大深埋隧道和大跨度拱桥、悬索桥等特殊复杂结构设计标准，绿色客站、桥梁抗风、隧道运营通风、工程抗震、综合管线、机电设备监控等专业配套标准，自然灾害及异物侵限监测标准，工程 BIM 技术应用标准。 施工。制修订川藏铁路隧道施工安全监测、邻近营业线施工监测技术标准，施工危险源、危险因素辨识评估技术标准，路基智能填筑标准。 验收。制修订环境保护工程施工质量控制标准，隧道衬砌等关键部位施工质量验收标准，长大深埋隧道和大跨度悬索桥等特殊复杂结构施工验收标准，高速铁路工程静态、动态验收技术规范。 检测。制修订工程质量无损检测技术标准，结构混凝土等施工质量检测标准，通信承载网、计算机联锁、列控系统、电力及电牵工程检测规程；研究自然灾害及异物侵限系统检测规程。 造价。制修订铁路工程设计概（预）算编制办法和费用定额，铁路工程概预算定额，铁路工程施工机具台班费用定额、材料基期价格，铁路工程量清单规范和铁路工程量计算规则，各专业四新技术和特殊复杂地质条件施工造价标准。

13. 健全运输服务标准。以安全监管、运营高效为重点，进一步推动拓展运输服务领域运输组织标准、服务质量标准、运营维护标准制修订，为保障铁路运输安全效率和提高铁路运输服务质量提供技术支撑。

专栏 3　运输服务领域标准制修订重点
通用。制修订铁路旅客运输词汇、货运术语、高原旅客列车富氧环境技术要求、铁路运输放射性物质监测等标准。 运输组织。制修订铁路危险货物运输、超限超重货物运输、货物装载加固、货物装卸安全、货运术语等标准;研究铁路电子客票、电子支付等标准。 服务质量。制修订旅客运输服务质量评价等标准,研究货物运输服务质量评价标准。 运营维护。制修订铁路安全防护设施技术要求等标准。

五、深化铁路标准化交流合作

14. 持续推进铁路标准国际化。积极参与 ISO、IEC 等国际标准及 UIC 标准制修订工作,在无砟轨道系统、列车过分相系统、高速铁路设计等领域推动我国铁路优势、特色技术纳入国际标准。多渠道开展国际标准化工作宣传,鼓励铁路行业各单位积极选派更多专家参与国际标准化工作,支持企业、社会团体、科研机构等积极参与各类国际性专业标准组织,争取在国际标准化技术机构职务和秘书处方面取得新成绩,积极承办和参与更多国际会议,进一步提高我国铁路国际影响力,增强话语权。及时跟踪国际国外铁路技术标准发展动态,加强国际标准研究,深入开展中外标准差异性和等效性的研究分析,提升适用标准转化率。

15. 进一步增强服务铁路"一带一路"建设能力。加强铁路标准外文版翻译管理,完善标准外文版翻译术语库,研究开发标准外文版翻译语料库,增强标准外文版有效供给。充分发挥我国铁路标准系统、成套的体系优势,结合海外工程承包、对外援建等项目,探索建立中国铁路标准被国外引用或转化的方法体系。积极推动与共建"一带一路"国家对接合作、联合制定标准,推动实现沿线各国标准的"软联通"。

六、加强铁路标准化基础研究

16. 强化标准基础科研支撑。贯彻落实国家发展战略,总结我国铁路建设和运营管理实践经验,优化设计理念和关键技术参数,在确保安全的基础上,进一步提高标准的经济适用性。推动标准化与科技创新互动发展,以科技创新提升标准水平。开展安全管理标准研究，强化铁路安全技术管理基础。开展时速400公里级高速轮轨系统、时速600公里级高速磁悬浮系统、高速铁路货运关键技术标准研究。开展市域（郊）铁路配套技术标准研究。开展川藏铁路超长大纵坡大规模隧道群运营风险防控和疏散救援、环境保护、复杂环境列车自主运行控制等关键技术研究，大风区、地震区铁路安全防灾等关键技术研究。在5G、北斗、人工智能等应用前景广阔领域部署技术研发、标准研制等任务，推动铁路标准关键核心技术突破。开展高速动车组关键部件自主化技术及标准研究，为持续增强高速铁路的全产业链优势，提升产业质量提供支撑。开展铁路工程建设和装备节能降碳技术研究，推动铁路领域绿色健康可持续发展。

七、提升标准化支撑保障能力

17. 完善标准化管理制度体系。研究修订《铁道行业技术标准管理办法》等规范性文件，进一步完善铁路标准化工作管理制度。研究优化专业标准化技术委员会和归口单位管理办法，规范工作流程，提升工作质量，发挥中枢纽带作用，健全有关单位激励、约束机制，不断提高铁路标准化管理效能。研究建立国家标准、行业标准、团体标准、企业标准协同发展的工作机制，加强团体标准制定工作的指导和监督管理，鼓励企业开展和参与标准化工作，发挥团体标准、企业标准在新技术、新产品等领域积极作用。

18. 加强标准化工作基础建设。着眼铁路标准化工作全流程、全过程、全方位，持续优化标准信息服务平台的建设、管理和运维工作，充分发挥其在信息共享、标准比对、数据分析等方面的作用，提高信息化水平。进一步加强标准化人才培养及管理，提高标准化队伍工作水平，特别要注重高端标准化人才和国际标准化人才的重视程度和培养力度，造就一支熟练掌握国际规则、精通专业技术的职业化人才队伍。建立标准专家库动态管理机制，鼓励、支持更多有丰富标准化工作经验的专家参与标准立项评审、标准审查等各项标准化工作，充分发挥专家智库作用。

19. 推动铁路标准宣贯及实施应用。开展铁路关键装备技术标准、市域（郊）及城际铁路建设标准等重要标准的宣贯工作，发挥标准归口管理、标准编制等单位在标准宣贯培训工作中的作用，多渠道多元化开展标准宣贯，促进标准正确贯彻实施。制定法规和政策文件时要积极引用标准，开展产业推进、行业管理、市场准入和安全质量监管中要准确应用标准。开展标准实施效果评价研究，及时掌握标准实施情况。研究建立标准实施信息反馈机制，加强与标准实施应用主体的联络和协调联动。发挥标准与计量、检验检测、认证认可的协同作用，促进铁路领域国家质量基础设施融合发展。

20. 健全规划落实机制。充分发挥行业标准化主管部门的组织领导与统筹协调作用，动员各方力量和资源，形成促进铁路行业标准发展的合力。加强任务分解，明确主体职责，健全标准化管理和协调机制的各项配套政策措施，确保各项标准化工作落到实处。加大财政资金对标准研制、推广和实施监督等工作的支持力度，鼓励和引导社会各界对标准化工作加大投入。跟踪标准化工作实施进展，适时开展各项工作实施效果评估，把相关结果作为改进标准化工作的重要依据。

实现"十四五"铁路标准化发展规划，对于助力铁路高质量发展、深化铁路治理体系和治理能力现代化建设意义重大，铁路标准化工作者要紧密团结在以习近平同志为核心的党中央周围，继续奋斗，勇往直前，努力为建设交通强国贡献标准化力量。

铁路标准体系建设方案

国铁科法函〔2021〕143 号

为深入贯彻党的十九届四中、五中全会精神，推进落实《国家铁路局推进治理体系和治理能力现代化制度体系建设的指导意见》和铁路标准化“十四五”发展规划部署，健全完善铁路标准体系，制定本方案。

一、总体要求

（一）指导思想

以习近平新时代中国特色社会主义思想为指导，深入贯彻党的十九大和十九届二中、三中、四中、五中全会精神，紧紧围绕统筹推进“五位一体”总体布局和协调推进“四个全面”战略布局，立足新发展阶段，贯彻新发展理念，构建新发展格局，以改革创新为根本动力，以推进铁路治理体系和治理能力现代化为方向，以保障铁路安全和运营高效为目的，着力固根基、扬优势、补短板、强弱项，构建安全可靠、系统完备、先进适用的铁路标准体系，为提升铁路监管质量效能提供基本依据，为推动铁路高质量发展提供基础支撑，为确保“十四五”开好局起好步、加快建设现代化经济体系提供有力保障。

（二）基本原则

——统一高效、保障安全。统筹发展和安全，适应铁路建设运营管理需要，增强“全路一张网”、运输集中统一优势效能，发挥铁路标准在保安全、控质量、促融合、提效率等方面的基础性战略性引领性作用，推动铁路高质量发展。

——健全体系、适应发展。针对不同类型铁路，涵盖装备技术、工程建设、运输服务等内容，着眼谱系化、一体化发展方向，体现时代性、先进性、适用性特征，立足铁路、接轨国际，理清界面、分清层次，优化结构、完善内容。

——强化基础、鼓励创新。增强政府主导制定的标准有效供给，鼓励市场自主制定的标准创新发展，以机制创新激发标准体系建设内生动力，以技术创新推动标准体系质量全面提升，以管理创新促进标准体系效能充分发挥。

——统筹设计、突出重点。坚持系统观念，加强前瞻性思考、全局性谋划、战略性布局、整体性推进，统筹强制性标准和推荐性标准、总体目标和阶段任务，抓住重点、把握节奏，稳步有序开展建设。

（三）建设目标

以建设适应高质量发展的铁路标准体系为主线，加强重点领域铁路标准有效供给，通过 3 年左右时间，基本建立涵盖装备技术、工程建设、运输服务等方面，界面更清晰、结构更合理、覆盖更广泛、水平更先进、支撑更有力的铁路标准体系，政府主导制定的标准与市场自主制定的标准协同发展，标准建设与科技创新深度融合，铁路标准体系发展基础更加扎实，铁路标准体系建设机制更加完备，铁路标准体系引领力影响力更加展现，铁路标准体系支撑铁路履职监管和铁路高质量发展的地位作用更加彰显。

二、主要任务

围绕高速、城际、市域（郊）、客货共线、重载等铁路建设运营需要，以健全要紧的、守底线的、强制性的标准为重点，以“按主体分层级、按专业分类别、按效力分属性、按内涵分布署、按行动分阶段”为导向，加快铁路标准立改废释，加快铁路科技创新成果向标准转化，加强重点领域铁路标准高质量创建和高水平供给，加强基础领域铁路标准管理机制创新和支撑能力提升。

（一）强化各层级标准功能定位

按主体分层级，就是按制定主体将铁路标准划分为两大板块四个层级（政府主导制定的国家标准、行业标准，市场自主制定的团体标准、企业标准）。推动有为政府和有效市场更好结合，增强政府主导制定的标准有效供给，鼓励市场自主制定的标准创新发展，推进两大板块标准有机转化，形成政府引导、市场驱动、社会参与、协同推进的铁路标准工作局面。

1. 增强政府主导制定的标准有效供给。立足服务国家战略、保障铁路发展、支撑履职监管的公益属性，坚持国家标准、行业标准“保底线、守门槛”定位，合理确定标准制定范围。更好发挥政府作用，强化铁路标准领域覆盖面广、通用性强等基本技术要求，提升铁路治理的法治化、规范化水平，把该管的管住管好。充分发挥市场在资源配置中的决定性作用，精简整合不涉及重大的、方向性、安全性的标准，为市场自主制定的标准留出发展空间，把该放的放开放到位。

2. 鼓励市场自主制定的标准创新发展。围绕构建高标准铁路市场体系和加快自主创新，坚持团体标准、企业标准“提质量、拉高线”定位，支持在铁路战略性新兴产业、关键共性技术等领域制定团体标准、企业标准。培育发展团体标准，鼓励社会团体制定满足市场和创新需要的团体标准，促进新技术、新产业、新业态、新模式发展。放开搞活企业标准，鼓励企业聚焦科技创新前沿领域，制定高于国家标准和行业标准的企业标准，提升产品和服务质量。支持符合条件且创新性突出、技术先进、效益显著的团体标准、企业标准纳入铁路重大科技创新成果库。

3. 推进两大板块标准有机转化。统筹政府主导制定的标准与市场自主制定的标准，推动各层级标准协调配套、协同发展。鼓励引领科技创新、促进产业升级的团体标准、企业标准转化为国家标准、行业标准，推动市场化程度高、操作性内容多的国家标准、行业标准转化为团体标准、企业标准。健全国家标准、行业标准与团体标准、企业标准相互转化机制，明确转化条件，简化转化程序，缩短转化周期，构建统一协调、运行高效、政府与市场共治的标准管理体制。

（二）明确各类别标准主攻方向

按专业分类别，就是按专业领域将铁路标准划分为三个类别即三个子体系（装备技术、工程建设、运输服务标准子体系）。着眼铁路建设运营全方位全过程质量安全管控，按照谱系化、一体化的要求，优化铁路装备技术标准子体系，提质铁路工程建设标准子体系，健全铁路运输服务标准子体系，推动铁路标准体系高效优质创新发展。

1. 优化装备技术标准子体系。适应具有自主知识产权的高速铁路建设和装备技术发展需要，立足现有的 199 项国家标准（强制性标准 5 项、推荐性标准 194 项）、906 项行业标准（均为推荐性标准），加强标准整合，完善和发展涵盖通用、机车车辆、工务工程、通信信号、牵引供电、运输设备等 6 类标准的装备技术标准子体系，为保障铁路建设和装备质量安全提供技术支撑。

2. 提质工程建设标准子体系。适应铁路工程建设运营和构建高标准铁路建设市场需要，立足现有的 4 项国家标准（强制性标准 3 项、推荐性标准 1 项）、176 项行业标准（强制性标准 119 项、推荐性标准 57 项），完善和发展适应不同类型铁路特点，涵盖通用、勘测、设计、施工、验收、检测、造价等 7 类标准的铁路工程建设标准子体系，为保障铁路工程质量安全和提高建设投资效益提供技术支撑。

3. 健全运输服务标准子体系。适应铁路行车作业、客货运技术要求及服务质量、设备维护质量提升需要，立足现有的 14 项国家标准（均为推荐性标准）、37 项行业标准（均为推荐性标准），加快推进要紧的、守底线的、补短板的标准制修订，构建和完善涵盖通用、行车组织、客货运输、服务质量、运营维护等 5 类标准的铁路运输服务标准子体系，为保障铁路运输安全效率和提高铁路运输服务质量提供技术支撑。

（三）促进各属性标准协同配套

按效力分属性，就是按实施效力将政府主导制定的铁路标准划分为两种属性（强制性标准、推荐性标准）。把握不同属性标准制定的原则、要求、目的、任务，强化强制性标准管理，优化推荐性标准管理，推动两种属性标准协同联动，促进运用标准引领规范铁路改革发展，提高公共服务能力。

1. 强化强制性标准管理。立足保障人身健康和生命财产安全、国家安全、生态环境安全以及满足铁路建设运营基本需要，科学合理确定强制性国家标准和强制性工程建设行业标准制定范围。强化强制性标准的技术法规地位，确保全面覆盖涉及铁路建设运营安全和运输集中统一高效等方面的基本要求，提升标准底线水平。发挥政府在强制性标准编制和实施中的主体作用，加强强制性标准需求分析、立项评估和征求意见，强化依据强制性标准开展监督检查和行政执法，保障公共利益。

2. 优化推荐性标准管理。立足满足基础通用、与强制性标准配套、对铁路行业起引领作用等需要的技术要求，科学合理确定推荐性标准范围。重点制定基础通用、与强制性国家标准配套的推荐性国家标准，着力制定铁路行业的重要产品、工程技术、服务和技术管理的推荐性行业标准。适量控制新增推荐性标准规模，逐步精简现有推荐性标准数量，提升单项标准覆盖面。推动相关法律、法规、规章引用重要推荐性标准，鼓励企业采用推荐性标准，提高标准约束力影响力。

3. 推动两种属性标准协同联动。着力发挥强制性标准保安全的“硬约束”、推荐性标准保基本的“规矩尺”作用，加强强制性标准和推荐性标准的高效供给和衔接配套。健全强制性标准退出机制和推荐性标准提升机制，推动两种属性标准互为补充、互相促进。调研需要提升实施效力的推荐性标准，研判其是否符合强制性标准范围，按照强制性标准制定程序立项编制。梳理评估强制性标准，将不宜强制的标准转化为推荐性标准。

（四）构建全链条标准体系建设新格局

按内涵分布署，就是按格局内涵将其构建工作细分为四个方面布署（管理制度、基础研究、编制实施、信息化建设）。适应铁路标准制定、实施、管理等“全链条”发展需要，发挥标准的规制作用，推进以标准为依据开展行业治理，逐步形成运行机制更加健全、发展基础更加牢固、实施监督更加高效、支撑保障更加有力的铁路标准体系建设新格局。

1. 完善标准管理制度。围绕《标准化法》及国家深化标准化改革的新要求，以制度创新进一步提升标准高质量供给能力。修订《铁道行业技术标准管理办法》《铁路工程建设标准管理办法》，进一步明确标准管理的内容、程序、责任，改进标准起草、审查和发布等工作。优化标准化技术委员会和归口单位管理办法，规范工作流程，提高工作质量，发挥标准化机构的中枢纽带作用。

2. 加强标准基础研究。聚焦国家发展重大需求和铁路发展关键问题，加大科研项目对铁路重点标准研制的支持力度，深化铁路技术标准的基础理论研究，加快铁路技术标准的创新发展，推进机车车辆防火、复杂艰险山区隧道和新型桥梁建造技术等重要标准研究工作，在5G、北斗、人工智能等应用前景广阔领域同步部署技术研发、标准研制等任务，推动铁路标准关键核心技术突破。

3. 强化标准编制实施。调动社会各方积极性，鼓励铁路企业、科研院校、行业学协会等广泛参与铁路标准体系建设。统筹开展标准宣贯，构建多渠道多元化的标准宣贯工作体系。制定政策措施时要积极引用标准，开展产业推进、行业管理、市场准入和安全质量监管中要准确应用标准。运用行政许可、认证认可、行政执法、监督抽查等手段，促进标准实施。

4. 推进标准信息化建设。着眼铁路标准化工作全流程、全过程、全方位，加强铁路安全技术标准研究管理系统、铁路技术标准信息服务平台的建设、管理和运维工作，充分发挥标准管理系统和信息平台在信息共享、标准比对、数据分析等方面的作用。提高标准管理、标准编制、标准公开的信息化水平，为铁路标准体系建设、标准实施应用等提供科学高效的信息化支撑。

（五）推进各阶段工作落地见效

按行动分阶段，就是按任务特性将推进行动划分为三个阶段（2021年、2022年、2023年）。立足目前建设的铁路标准体系1 420项标准（其中国家标准235项、行业标准1 185项，装备技术标准1 159项、工程建设标准204项、运输服务标准57项，强制性标准157项、推荐性标准1 263项，继续有效标准1 111项、拟修订标准190项、拟废止标准35项、拟制定标准84项），突出重点、把握关键，整体推进、有序实施。

2021 年，按照铁路标准体系建设总体要求和主要任务，全面梳理现行铁路国家标准、行业标准，理清标准管理界面，明晰各层级、各类别、各属性标准功能定位和制定范围，提出国家标准、行业标准“立改废”建议，编制完成铁路标准体系建设框架结构图和明细表。补充一批特别紧缺、紧急的标准项目编制计划，年底前启动编制。提出国家标准、行业标准与团体标准、企业标准相互转化建议清单。年底前完成履职监管亟需的 CRTSⅢ型板式无砟轨道混凝土轨道板，高速铁路工程动、静态验收技术规范，高原旅客列车富氧环境技术要求等 62 项重要标准的编制工作。

2022 年，聚焦要紧的、守底线的、补短板的标准，着力推进动车组应急通风系统、复杂艰险山区隧道桥梁建造技术、铁路危险货物运输技术等重点领域标准研究和制修订。修订《铁道行业技术标准管理办法》《铁路工程建设标准管理办法》等制度文件，优化标准化技术委员会和归口单位管理办法。提出强制性标准和推荐性标准制定建议清单，纳入年度标准编制计划。加强对标准实施应用情况的监督检查。吸纳一批优秀团体标准、企业标准进入铁路重大科技创新成果库。

2023 年，着眼部分标准老化、缺少等问题，着力推进动车组整车试验、智慧铁路建设、旅客运输服务质量等重点领域标准研究和制修订。建立标准实施信息反馈和评估机制，及时开展标准维护更新。研究制定团体标准、企业标准转化为国家标准、行业标准的工作机制。研究建立标准分类监督机制，健全以行政管理和行政执法为主要形式的强制性标准监督机制，完善以标准符合性检测、监督抽查、认证为主要形式的推荐性标准监督机制，建立以团体自律和政府必要规范为主要形式的团体标准监督机制。

三、保障措施

（一）加强组织领导。充分发挥局铁路标准体系建设工作领导小组的全面领导作用、局铁路标准体系建设工作组的具体实施作用、局铁路标准体系建设专家组的智力支持作用，形成统一指挥、上下联动、协同高效的工作机制。各部门各单位要高度重视、选派骨干，共同努力、久久为功，持续推进铁路标准体系建设。

（二）加强责任落实。各部门各单位要按照《标准化法》等法律法规关于标准制定的原则、目标和任务，认真落实政府部门的责任和义务，明确职责分工，实化工作举措，主要负责人要承担起第一责任人责任。标准体系建设要统一归口管理、共同参与，做实标准的计划编制、制修订、发布、解释和宣贯等工作。

（三）加强贯彻执行。各部门各单位要按照《铁路标准体系建设方案》确定的思路和原则，对照铁路标准体系建设框架结构图和明细表，锚定工作任务，细化推进时间表和路线图，列出任务清单和责任清单，加强沟通、密切配合，依法依规推进建设，确保工作期到必成。

（四）加强经费保障。在落实"过紧日子"要求的基础上，加强财政资金对行业标准研制、推广和实施监督等工作的支持力度。各部门各单位要合理安排经费，严守财经纪律，规范预算支出。建立多元激励机制，鼓励和引导社会各界对标准工作加大投入。

（五）加强考核评估。建立铁路标准体系建设工作考核评估机制，各部门各单位每半年梳理报告一次铁路标准体系建设任务推进情况，局铁路标准体系建设工作领导小组每年组织开展一次《铁路标准体系建设方案》落实情况评估，评估成果作为年度考核的重要参考。